SPANISH

for

BUSINESS

PATRICIA RUSH
Ventura College

PATRICIA HOUSTON
Pima Community College

RICARDO CASTRO SALAZAR
Business Consultant
Pima Community College
Tucson, Arizona

Prentice
Hall

UPPER SADDLE RIVER, NEW JERSEY 07458

Library of Congress Cataloging-in-Publication Data

Rush, Patricia
     Spanish for business / Patricia Rush, Patricia Houston; Ricardo Castro Salazar, business consultant.
          p. cm. -- (Spanish at work)
     Includes index.
     ISBN 0-13-040945-6 (alk. paper)
     1. Spanish language--Conversation and phrase books (for businesspeople) 2. Spanish
language--Conversation and phrase books--English. 3. Spanish language--Business Spanish.
     I. Houston, Patricia. II. Title. III. Series.

PC4120.C6 R87 2002
468.3'421'02465--dc21

PUBLISHER: *Phil Miller*
SENIOR ACQUISITIONS EDITOR: *Bob Hemmer*
ASSISTANT DIRECTOR OF PRODUCTION: *Mary Rottino*
EDITORIAL/PRODUCTION SUPERVISION: *Nancy Stevenson*
DEVELOPMENT EDITOR: *Mariam Pérez-Roch Rohlfing*
EDITORIAL ASSISTANT: *Meghan Barnes & Pete Ramsey*
PREPRESS AND MANUFACTURING MANAGER: *Nick Sklitsis*
PREPRESS AND MANUFACTURING BUYER: *Brian Mackey*
INTERIOR DESIGN: *Javier Amador-Peña*
INTERIOR IMAGE SPECIALIST: *Beth Boyd-Brenzel*
MANAGER, RIGHTS & PERMISSIONS: *Zina Arabia*
DIRECTOR, IMAGE RESOURCE CENTER: *Melinda Reo*
FORMATTING AND ART MANAGER: *Guy Ruggiero*
ILLUSTRATOR: *Eric Mueller*
COVER PHOTO: *David McGlynn / Getty Images, Inc. - Taxi*

Credits appear on p. A33, which constitutes a continuation of the copyright page.

This book was set in 11/14 Bembo typeface by TSI Graphics and was printed and bound by Courier–Westford. The cover was printed by Phoenix Color Corp.

© 2003 by Pearson Education, Inc.
Upper Saddle River, NJ 07458

Printed in the United States of America
10 9

ISBN 0-13-040945-6

Pearson Education LTD., *London*
Pearson Education Australia PTY, Limited, *Sydney*
Pearson Education Singapore, Pte. Ltd.
Pearson Education North Asia Ltd., *Hong Kong*
Pearson Education Canada, Ltd., *Toronto*
Pearson Educación de Mexico, S.A. de C.V.
Pearson Education—Japan, *Tokyo*
Pearson Education Malaysia, Pte. Ltd.
Pearson Education, *Upper Saddle River*, New Jersey

A la Obra Maestra: Gregory y Alison
Nuestra inspiración. Nuestro orgullo.

Módulo 1

Lección 7 189 — Las finanzas

Lección 8 217 — La industria y la producción

Lección 9 246 — El comercio global

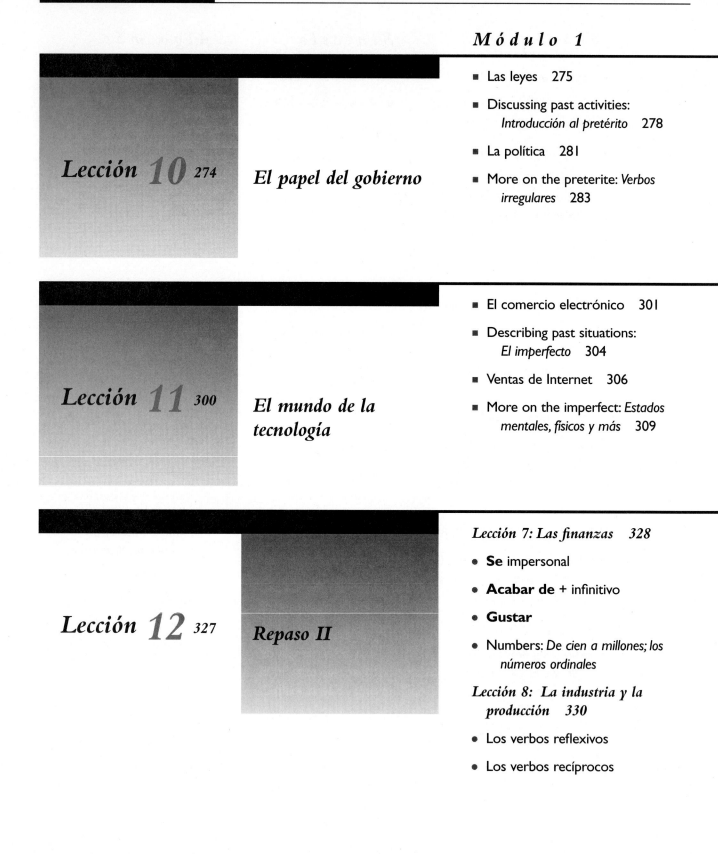

Módulo 2	*Síntesis*	*Algo más*

Preface

Purpose

One of the fastest-growing markets for Spanish-language instruction throughout the country is the field of occupational or vocational courses either for contract training within organizations or for general student access as a regularly scheduled class. This series of materials, *Spanish at Work,* is designed to allow colleges to create and deliver pragmatic, "real-world" language and culture training programs so that students can master "need-to-know" language. It is designed for students without previous Spanish study, at the beginning (not intermediate) level, but it also works well to reinforce background knowledge already in place. *Spanish for Business* is the second of this series, following *Spanish for Health Care.* Students, whether professionals already working in the field or career/goal-oriented students in an occupational training program, are presented key vocabulary in a comprehensible-input format, focusing on easily mastered core expressions. Art, realia, photographs, and brief dialogues reinforce needed terms, supported by brief grammar explanations. In class, students will practice communicative survival using key vocabulary essential to each context to enable them to utilize their Spanish in the real world at work.

Highlights of the Program

Spanish for Business has ten chapters plus a brief preliminary lesson and two review chapters. Each lesson has two modules, each with a vocabulary segment and a grammar segment using the context-appropriate vocabulary. The lessons end with the vocabulary list and synthesis activities combining listening, speaking, reading, and writing. All exercises move from mechanical to production-oriented, following the logical progression of language acquisition. The final section, *Algo más,* features a culturally informative reading and sends the student out to the real world to look for material tied to the theme of the chapter.

Organization of the Text

- **Vocabulary presentation:** Each of the two modules presents key vocabulary by means of art, realia, photographs, and brief dialogues. The inclusion of two separate spreads in each module allows for manageable amounts of easily mastered core expressions pertinent to each occupational area.

- **Grammar approach:** Grammar practice is embedded automatically in context, not called out as mastery exercises. In class, students will focus on communicative survival using basic vocabulary essential to the topic to enable them to utilize their Spanish in the real world of their job environment. Brief grammar explanations, two per module, are presented in "chunks."

■ **Vocabulary summary:** Each module's vocabulary is listed by function—nouns, verbs, adjectives, and other expressions. The glossary at the end of the book lists the lesson in which the item was introduced, intended as a convenient reference, especially for preview/review.

■ *Síntesis:* Skills and topics are interwoven at the end of each chapter into a series of skill-building and skill-chaining activities that bring together the chapter vocabulary, structures, and cultural content. In recognition of the increased interest in Applied Spanish courses across the country, each of the ten regular lessons concludes with a task-based module in which students use Spanish in a realistic, applied way. Modules focus on a variety of fields where students may be likely to seek their future or current careers. Art, articles, and other documents emphasize the usefulness and vitality of Spanish in today's world.

> *A escuchar* develops students' ability to understand spoken Spanish in a variety of authentic contexts.

> *A conversar* includes open-ended speaking activities based on naturally occurring discourse situations. Students learn to express and discuss their own needs and interests.

> *A leer* introduces basic readings for students to become independent readers, able to understand the general meaning of a text as well as to extricate specific information from it.

> *A escribir* provides activities in which students learn to compose messages and memos, paragraphs and publicity announcements.

■ *Algo más:* This section focuses on contemporary cultural issues related to the chapter theme. The *Ventana cultural* reading exposes the student to key information. A broad variety of contemporary topics is featured, appropriate to the lesson's context. *A buscar,* immediately following, then guides students to gather information to enhance their own connection to this topic.
A conocer introduces students to prominent Hispanics succeeding in the occupational field.

Components

- Text

- Workbook

- Audio CD with available tapescript, including listening segments, dialogues, and vocabulary lists

- Instructor's Resource Manual, including tests

- Interactive, text-specific Web site, including tests and links

For the student

Welcome! *Spanish at Work* has been designed for you to use in your daily work situation, improving your ability to interact with your clients. You'll find a user-friendly text, combining appropriate vocabulary and concise grammar explanations with realia from today's world to lead you into the real world of *Spanish for Business.* We want you to be able to react to your daily job environment, meeting your needs with hands-on language and giving you enough to survive in the business area without loading you down with translation exercises. Our real-life context is intended to transfer directly to your daily "need-to-know" activities. We encourage you to jump right in and join us.

Patricia Rush
Patricia Houston

Acknowledgments

First, gracias to all who have helped us to bring *Spanish for Business* into existence. While it is clear that core language courses continue to be the foundation of our profession, the demand for pragmatic, rapid-acquisition courses is exploding. We want to acknowledge our colleagues and our students who have shown us beyond a doubt the unquestionable need for this series. Their insight, support, and collaboration have been a powerful force in the creation of these texts.

We are grateful to the members of the Spanish teaching community for their invaluable comments and suggestions on everything from the sequence of material to the final versions of the lessons: Enrica J. Ardemagni, *Indiana University—Purdue University Indianapolis;* Roberto Bravo, *Texas Tech University;* Teresa H. Johnson, *Saint Louis University;* Dimitrios H. Karayiannis, *Southern Illinois University;* Patricia M. Lestrade, *Mississippi State University;* Krystyna P. Musik, *University of Delaware;* Julia Villaseñor, *Malone College.*

Our Prentice Hall partners enabled the vision to become reality, and we are grateful. We offer special thanks to Phil Miller, Publisher; Bob Hemmer, Senior Acquisitions Editor; Nancy Stevenson, Production Editor; Meghan Barnes, Editorial Assistant; and Stacy Best, Marketing Manager.

Our developmental editor, Mariam Rohlfing, deserves more thanks than we can ever say. Her vision, language skill, organization, and attention to detail keep us focused on our task—she should be listed as a co-author!

We appreciate the expert input provided by Ricardo Castro Salazar, who read our entire manuscript to be sure we provided accurate information.

We owe *besos y abrazos* to our families and friends for enduring our long hours, especially to Bud and Bob. An occasional dialogue is based on reality, so if you recognize yourself in any situation, we hope you like your portrait!

Para Comenzar

¡Por aquí, por favor!

Los saludos y las despedidas

El abecedario

Los números 0–100

El calendario:
- los días de la semana
- los meses del año
- la fecha

Los pronombres personales

Expresiones de cortesía

¡Bienvenidos!

Buenos días, if you are reading this in the morning.

Buenas tardes, if you are reading this in the afternoon.

Buenas noches, if you are reading this after dark.

As a professional working in one of the many areas of business and commerce, you have recognized the growing need for basic Spanish on the job. This book will help you build a language bridge to your Spanish-speaking colleagues and clients. Be aware that because this text is geared to the use of Spanish in the workplace, we will emphasize language that reflects formal, professional relationships more than personal and familiar ones. The formality or informality of address is an extremely important aspect of the Spanish language and the variety of cultures it represents. Just as in English, there are different ways of saying the same thing, frequently varying by region. You will often be presented with more than one possible way to express a given idea; for example, both **cuenta de cheques** and **cuenta corriente** mean *checking account*. We've included similar terms in the glossary for you to reference as needed.

In this preliminary chapter, we will show you such basic—and critical—Spanish points as:

- Greetings, courtesies, and amenities,
- Pronunciation and listening strategies,
- Using *cog*nates (words that you can re*cog*nize from one language to the other),
- The important cultural courtesies implied in polite or formal address and informal address,
- And enough about days, months, and numbers so that you can immediately begin to make appointments, provide telephone numbers, and offer other basic client services.

In addition, we will offer you some strategies to take the stress out of learning a new language and to make your study time efficient, productive—and even fun! The key to your success will be your willingness to practice and speak out loud without worrying about feeling silly and making mistakes. Mistakes are a very normal and natural part of learning a language. The more mistakes you allow yourself to make, the faster you will learn.

Ready? ¿Listos? ¡Vamos!

Los saludos y las despedidas

RECEPCIONISTA:	Buenas tardes. Me llamo Ángela. ¿Cómo se llama usted?
CLIENTE:	Pablo Fernández.
RECEPCIONISTA:	Mucho gusto, señor Fernández.
CLIENTE:	Igualmente.

ASISTENTE:	Buenos días, señorita. Soy Alejandro, el asistente del Sr. Vallejo. A sus órdenes.
CLIENTE:	Mucho gusto. Soy Claudia Móntez, una nueva cliente.
ASISTENTE:	Es un placer.

RECEPCIONISTA:	Hola, Alejandro. ¿Cómo estás hoy?
ASISTENTE:	Regular. ¿Y tú, Ángela?
RECEPCIONISTA:	Muy bien, gracias. Nos vemos.
ASISTENTE:	Hasta luego.

- Use **Buenos días** usually before noon to say *Good morning,* before lunchtime in some regions; **Buenas tardes** until dark to say *Good afternoon,* and **Buenas noches** after dark to say *Good evening* or *Good night.*
- Both **usted** and **tú** mean *you.* In business settings, especially, it is important to show respect by using **usted**, unless addressing very close friends or children. Children show respect to adults by using the **usted** form.
- **Yo soy** followed by a name means *I am.* **Me llamo** followed by a name means *My name is …* (literally: *I call myself …*). Both are proper in making introductions.
- **Mucho gusto** *(it's a pleasure)* and **igualmente** *(likewise)* are courtesies, usually accompanied by the gesture of a handshake.

Para practicar

La fiesta de cóctel. There are so many business receptions and cocktail parties where you don't know anyone! Lift your imaginary martini glass or Perrier in the air and walk around the room, meeting as many of your colleagues (classmates) as possible. Follow the above dialogues for guidance, and don't forget the three steps:

1. the salutation, depending on the time of day
2. the exchange of names
3. the courtesy replies and handshake

When you sit down again, write down as many of the names as you can remember.

El abecedario/el alfabeto

Spanish forms words around vowel sounds, while English forms them around consonants. Mastering these five sounds will enable you to pronounce nearly any word. The vowel sounds in Spanish are short, precise, and clear, not drawn out as in English.

Las vocales		
A	(ah)	Open your mouth and say "**Ah**."
E	(eh)	Did you find a job through the N**e**t?
I	(ee)	We have another m**ee**ting at thr**ee**.
O	(oh)	**Oh**, no, not another meeting!
U	(oo)	**Boo**, scared ya!

¡OJO!

As in English, some letters change pronunciation in certain combinations. Note the following list:

C ca, co, cu, or c preceding consonant sound like (k). ce, ci sound like (s).

G ga, go, gu, or g preceding consonant sound like (g). ge, gi sound like the Spanish **j**.

R rolled or trilled when it is the first letter of a word, just like **RR**.

El abecedario

Letra	Nombre	Ejemplo
A	a	administrador
B	be	banco
C	ce	comercio, cerveza
D	de	decisión
E	e	economía
F	efe	finanza
G	ge	garantía, gente
H	hache *(always silent)*	humor
I	i	industria
J	jota *(like English "h")*	jefe
K	ka	kilo
L	ele	liquidación
M	eme	mercado
N	ene	número
Ñ	eñe *(sounds like ny)*	señores
O	o	oficina
P	pe	producción
Q	cu	quince
R	erre, ere	copiadora, renta, currículum
S	ese	servicios
T	te	tecnología
U	u	uniforme
V	ve (ve chica) *("b" sound)*	vendedor
W	doble ve	windsurf
X	equis	excelente
Y	y griega	yate
Z	zeta *("s" sound)*	zona

■ **Cognados:** As you read down the list of Spanish words on the right of the alphabet list, see how many you can recognize. Cognates are great tools to help you understand spoken and written Spanish.

Para practicar

A. Favor de contestar.   Provide the appropriate information.

1. Which letter is always silent?
2. Pronounce the difference between **n** and **ñ**.
3. Which five letters form the basis for Spanish pronunciation?
4. Pronounce the five Spanish vowels.
5. What do you call words that you can recognize in two languages?

B. Entre amigos.   Spell your name in Spanish, letter by letter, as a classmate writes it down. Check to see if it is correct. When it is, you write as your classmate spells his/her name. Note that it is extremely rare for Spanish speakers to "spell" words or names, as nearly everything is pronounced exactly as it is written!

MODELO: Jaime
Jota-a-i-eme-e

C. Personas famosas.   Continue taking turns spelling out the names of famous people to each other—in Spanish! See how many you can get right.

Los números

Is there anything in our lives that doesn't require numbers? Well, yes, but not that much. By learning a few basic numbers now, you will have the foundation for many client services in Spanish. With just a few numbers, you can give and take telephone numbers or messages and work with money. Add a few days and months and you can make appointments. Two or three more words and you are telling time!

Here we go with numbers 1–15! As you read through these, remember to use the five Spanish vowel sounds as a pronunciation guide.

0	cero	4	cuatro	8	ocho	12	doce
1	uno	5	cinco	9	nueve	13	trece
2	dos	6	seis	10	diez	14	catorce
3	tres	7	siete	11	once	15	quince

Para practicar

A. ¡A contar!   As an events coordinator for a large public relations firm, you often help your technical team with setup. Today your sound crew needs help with audio levels. Be creative and give the countdowns in the following patterns.

1. Count from 1 to 10 in Spanish.
2. Count from 1 to 10 by 2s (2, 4, 6, etc.).
3. Count backwards from 10 to 1.
4. Count from 1 to 15.
5. Count backwards from 15 to 1.
6. Count by 3s from 1 to 15 (3, 6, 9, etc.).

B. Con un socio.   This event is huge! To be certain that the field personnel can communicate with the stage manager during the event, you and your partner are asked to "send and receive" sample messages by radio. One of you will make up a simple arithmetic problem and await a response. Then switch roles—five times. Be careful not to add numbers above 15 yet!

MODELO: E1: *5 y (and) 5 (cinco y cinco)*
E2: *10 (diez)*

Más números

After 15, numbers in Spanish are formed by addition. For example, 16 is the sum of **diez y seis,** and often it is written just that way. Also common is the one-word alternative for numbers from 16 to 29. There is no one-word alternative after 30.

16	diez y seis	o	dieciséis
17	diez y siete	o	diecisiete
18	diez y ocho	o	dieciocho
19	diez y nueve	o	diecinueve
20	veinte		
21	veinte y uno	o	veintiuno
22	veinte y dos	o	veintidós
23	veinte y tres	o	veintitrés
24	veinte y cuatro	o	veinticuatro
25	veinte y cinco	o	veinticinco
26	veinte y seis	o	veintiséis
27	veinte y siete	o	veintisiete
28	veinte y ocho	o	veintiocho
29	veinte y nueve	o	veintinueve
30	treinta		
31	treinta y uno		

When counting things or objects in Spanish, the word **hay** (sounds like "eye", not "hey") can be used to indicate "there is" or "there are." Both questions "is there?" and "are there?" are simply stated with **¿Hay...?** For example:

Hay siete días en una semana.	*There are seven days in a week.*
Hay un banco aquí.	*There is a bank here.*
¿Hay un banco por aquí?	*Is there a bank around here?*
¿Hay bancos por aquí?	*Are there banks around here?*

Para practicar

A. ¡A contar! Count these patterns to test your sound system before a major event.

1. Count from 11 to 30.
2. Count backwards from 30 to 20.
3. Count from 1 to 30 by 5s.
4. Count from 1 to 30 by 2s.
5. Count the number of people in the room with you right now.

B. ¿Cuántos? Oops! A careless technician dropped a light right on your partner's head. Check to see if s/he is alert and can respond to the following questions—in Spanish.

MODELO: E1: *How many hours are in a day?*
E2: *Hay veinticuatro.*

1. How many days are there in a week?
2. How many minutes are there in a half hour?
3. How many days are there in September?
4. How many days are there in February (usually)?
5. How many female students are in your Spanish class?
6. How many male students are in your Spanish class?

¡Y más números!

Learning more numbers may seem difficult, but they are really easy. Pretend you need them for salary negotiations. The bigger the better!

Los números 40–100

40	cuarenta		70	setenta
41	cuarenta y uno		80	ochenta
42	cuarenta y dos, etc.		90	noventa
50	cincuenta		100	cien
60	sesenta			

Remember, there is no one-word spelling alternative for numbers after 29.

Para practicar

A. ¡A contar!   You are in a serious salary negotiation with your new boss. Read the following "per hour" rates he is offering to pay you and counter with an offer that is five dollars more.

MODELO: $30.

> ¿Treinta? No, ¡treinta y cinco!

1.	25	**4.**	50	**7.**	80
2.	30	**5.**	60	**8.**	90
3.	40	**6.**	70	**9.**	95

B. ¡Menos!   Now that you and your boss have come to a salary agreement beyond your wildest dreams, you are going to need an accountant to help you manage your new-found wealth! For every hourly proposal that your accountant makes, offer five dollars less!

MODELO: $100

> ¿Cien? No, ¡noventa y cinco!

1.	95	**5.**	73	**8.**	24
2.	80	**6.**	34	**9.**	100
3.	66	**7.**	59	**10.**	83
4.	41				

El calendario: Los días de la semana

Hay siete días en la semana:

el lunes	*Monday*	**el viernes**	*Friday*
el martes	*Tuesday*	**el sábado**	*Saturday*
el miércoles	*Wednesday*	**el domingo**	*Sunday*
el jueves	*Thursday*		

- Hispanic calendars often use Monday as the first day of the week.
- To say *on* a day, use **el** or **los.**

No hay clase **el** lunes.	*There is no class on Monday.*
No hay clase **los** lunes.	*There is no class on Mondays.*

- Days of the week are not capitalized in Spanish unless they begin a sentence or stand alone as distinct words.
- To ask what day it is, use **¿Qué día es hoy?**
- To answer, use **Hoy es (martes).**

lunes	martes	miércoles	jueves	viernes	sábado	domingo
	1	2 trabajo	3	4	5	6
7	8	9	10	11	12	13
14	15	16	17	18	19	20
21	22	23	24	25	26	27
28	29	30	31			

Para practicar

A. Los días.   You work in a busy office complex Wednesdays through Sundays. Use this calendar to say if you work—**Trabajo**—or don't work—**No trabajo**—on the following days.

MODELO: el dos
       El dos es miércoles. Trabajo.

I. el quince   **3.** el cinco   **5.** el diecisiete
2. el veintiuno **4.** el treinta   **6.** el seis

B. Números.   Here's a list of the days you have to work. Use the calendar to say and write the numbers of the dates in Spanish.

I. El <u>dos</u>, el_____, el _____, el _____ y el_____ son miércoles.

2. El _____, el _____, el _____ y el _____ son sábados.

3. El _____, el _____, el _____ y el _____ son viernes.

4. El _____, el _____, el _____, el _____ y el _____ son jueves.

C. En parejas.   You are both in charge of making sure the office is covered next week Monday through Saturday. Decide which one of you will work which days and then make a list of the dates you are on and off. Use a current calendar for help.

MODELO: E1: *No trabajo el lunes.*
       E2: *Yo sí trabajo el lunes.*

Los meses del año

With the exception of January, all months are cognates. As with days of the week, only capitalize the months if they begin a sentence.

Hay doce meses en el año:

enero	*January*	**mayo**	*May*	**septiembre**	*September*
febrero	*February*	**junio**	*June*	**octubre**	*October*
marzo	*March*	**julio**	*July*	**noviembre**	*November*
abril	*April*	**agosto**	*August*	**diciembre**	*December*

Para practicar

A. Los días festivos. As a window dresser for a large department store, you must keep the store appropriately decorated for major events and holidays. Write what month—or months—you would use the following decorating themes.

1. Santa Claus   **4.** fireworks and flags

2. graduations and weddings   **5.** New Year's

3. the Great Pumpkin   **6.** valentines and cupids

B. Fiesta de cumpleaños. ¡Feliz cumpleaños! Circulate among your classmates and find out who else was born in the same month as you. Get them to sign next to the month. Then, report back to the class how many students you found.

MODELO: *¿Febrero? Firma, por favor. Hay cinco estudiantes con cumpleaños en febrero.*

enero	
febrero	
marzo	
abril	
mayo	
junio	
julio	
agosto	
septiembre	
octubre	
noviembre	
diciembre	

La fecha

To ask what the date is, use: **¿Cuál es la fecha de hoy?** or **¿Qué fecha es hoy?**

Use the following format to answer: **Hoy es el** (número) **de** (mes).

Hoy es el 24 de julio.   *Today is the 24th of July.*

While ordinal number **primero** is used for the first of the month in many places, some regions will use **uno.** All other dates are given in cardinal numbers.

El primero de enero/el uno de enero   *January 1ˢᵗ*
El dos de enero   *January 2ⁿᵈ*

Para practicar

A. Días feriados.   Your corporate office has asked you to block the following holidays on the calendar because it will be closed. Write a memo to your co-workers telling them exactly what days they will have off. Use a current calendar to see what day each date falls on.

MODELO: 1/1
      Sábado, el primero de enero

1. 15/1   **4.** 4/7
2. 12/2   **5.** 2/9
3. 27/3   **6.** 31/10

B. Más cumpleaños.   Find again the people in your class who were born in the same month as you were. Then find out the rest of the date to see if any of them matches yours exactly. If no one was born in the same month as you, use a family member's birthday.

MODELO: E1: *¿Cuál es la fecha de su cumpleaños?*
      E2: *El 14 de febrero.*

Los pronombres personales

Use a subject pronoun to tell who or what is doing an action. Subject pronouns can also express the familiarity or formality of relationships. Professional relationships in Spanish-speaking cultures require the courtesy of the formal term of address (**usted** and **ustedes**) to say *you*, while relationships among friends and family use the informal terms of address (**tú** for the singular form and, in Spain, **vosotros/as** for the plural form). In the professional context of business and commerce, our focus will be on using the more formal forms. **Vosotros/as** will not be included in presentations. For information purposes, it always functions the same as **nosotros/as** in terms of masculine/feminine, stem changes in verb conjugations, and the forms of the possessive adjective **vuestro/a**.

The subject pronouns are:

Singular (one person)		Plural (more than one person)	
yo	*I*	**nosotros/as**	*we*
tú	*you (informal)*	**(vosotros/as)**	*you—plural (informal, Spain)*
usted (Ud./Vd.)	*you (formal)*	**ustedes (Uds./Vds.)**	*you—plural*
él	*he*	**ellos**	*they*
ella	*she*	**ellas**	*they (fem.)*

- Use nosotr**as** *(we)* if referring to an all-female group. In Spanish, if the group is all male or mixed male and female, the masculine form is used, in this case, nosotr**os.**
- Use **tú** *(informal)*, **usted** *(formal)*, or **ustedes** *(plural)* to mean *you* when talking *to* people.
- Use **él** *(he)*, **ella** *(she)*, **ellos** *(they, all masculine, or mixed)*, or **ellas** *(they, feminine)* when talking *about* people.
- Subject pronouns are not necessary in Spanish as the verb form indicates the subject. You will find them used in the early lessons of this book, and then omitted unless included for emphasis or clarity.

Para practicar

A. ¿Recuerda usted?   Answer the following questions about subject pronouns.

1. What information does the subject pronoun supply?
2. In a professional relationship, would you be more likely to express the subject *you* with **tú** or **usted?**
3. What subject pronoun would you use to address more than one person as *you* in most regions, whether the relationship is formal or informal?

B. ¿Quiénes? Which subject pronoun from the list above would you use in the following situations?

MODELO: You are talking about two clients (two possibilities)
ellos or *ellas*

1. You are talking *about* yourself.
2. You are talking *to* an older client.
3. You are talking *about* a client's daughter.
4. You are talking *about* two CEOs (two possibilities).
5. You are talking *to* two CEOs.
6. You are talking *about* yourself and a friend.
7. You are talking *about* the President of the United States.
8. You are talking *to* a seven-year-old customer.

C. ¡Ahora en español! Change the following subjects to subject pronouns.

MODELO: *Usted y su amigo* son inteligentes.
Ustedes son inteligentes.

1. *Elena y María* son socias.
2. *Susana y yo* somos secretarios.
3. *El director y su secretaria* son dinámicos.
4. *El presidente* es perfeccionista.
5. *El vendedor joven (young)* es rebelde.
6. *Usted y sus amigos* son inteligentes.

Expresiones de cortesía

Use these expressions of courtesy to help establish good relations with Spanish-speaking clients.

A sus órdenes.	*At your service; may I help you?*
Por favor.	*Please.*
Gracias.	*Thank you.*
De nada.	*You're welcome.*
No hay de qué.	*You're welcome.*
Con permiso.	*Excuse me.*
Perdón.	*Pardon me.*

- **Con permiso** is primarily used *before* an action—leaving a room, making your way through a crowd, getting up from a table, or interrupting a conversation.
- **Perdón** is usually used *after* the action is complete—if you have accidentally bumped or jostled someone.

Para practicar

A. ¿Qué dice usted?   As a receptionist in a busy office, you interact with people all day long. Give the expression of courtesy that you would use in each of the following situations.

MODELO: a new client comes to your desk
   A sus órdenes.

1. A co-worker brings you a home-grown rose.
2. You ask an applicant for credit to fill out papers.
3. You bump into another colleague behind the crowded desk.
4. You must interrupt the CEO's meeting for an urgent phone call.
5. A client thanks you for your time and help.
6. You have to leave a meeting early to attend to a supplier who is waiting.

Vocabulario

Saludos y contestaciones

bien	*well*	**¿Cómo está Ud.?**	*How are you? (formal)*
bienvenidos	*welcome*		
buenas noches	*good evening, good night*	**¿Cómo estás?**	*How are you? (familiar)*
buenas tardes	*good afternoon*	**hola**	*hello, hi*
buenos días	*good morning*	**mal**	*not well*
		regular	*so-so*

Presentaciones

¿Cómo se llama Ud.?	*What is your name? (formal)*	**igualmente**	*likewise*
¿Cómo te llamas?	*What is your name? (familiar)*	**Me llamo ...**	*My name is...*
		mucho gusto	*pleased/nice to meet you*
es un placer	*it's a pleasure*		

Despedidas

adiós	*good-bye*	**hasta luego**	*see you later*

Expresiones de cortesía

a sus órdenes	*at your service; may I help you?*	**gracias**	*thank you*
		no hay de qué	*you're welcome*
con permiso	*excuse me*	**perdón**	*pardon me*
de nada	*you're welcome*	**por favor**	*please*

Los pronombres de sujeto

él	*he*	**tú**	*you (familiar)*
ella	*she*	**usted**	*you (formal)*
ellos/as	*they*	**ustedes**	*you (plural)*
nosotros/as	*we*	**yo**	*I*

Los días de la semana

¿Qué día es hoy?	*What day is today?*	**miércoles**	*Wednesday*
		jueves	*Thursday*
domingo	*Sunday*	**viernes**	*Friday*
lunes	*Monday*	**sábado**	*Saturday*
martes	*Tuesday*		

Los meses del año

el calendario	*calendar*	**mayo**	*May*
¿Cuál es la fecha de hoy?	*What's today's date?*	**junio**	*June*
		julio	*July*
¿Qué fecha es hoy?	*What's today's date?*	**agosto**	*August*
		septiembre	*September*
enero	*January*	**octubre**	*October*
febrero	*February*	**noviembre**	*November*
marzo	*March*	**diciembre**	*December*
abril	*April*		

Otras expresiones

muy	*very*	**soy**	*I am*

¡OJO! Don't forget to study **los números 0–100!**

LECCIÓN 1

Una entrevista

Módulo I
- Buscando trabajo
- Telling time: *La hora*
- Preparando mi currículum
- Introducing and describing yourself and others: **Ser** + *adjetivos*

Módulo 2
- La entrevista
- Asking for information: *Las preguntas*
- Los recursos humanos
- Descriptions: *Los artículos: género y número*

Síntesis
- A escuchar
- A conversar
- A leer
- A escribir

Algo más
- Ventana cultural: Si usted no habla español...
- A buscar
- A conocer: George P. Bush

Módulo 1

Buscando trabajo

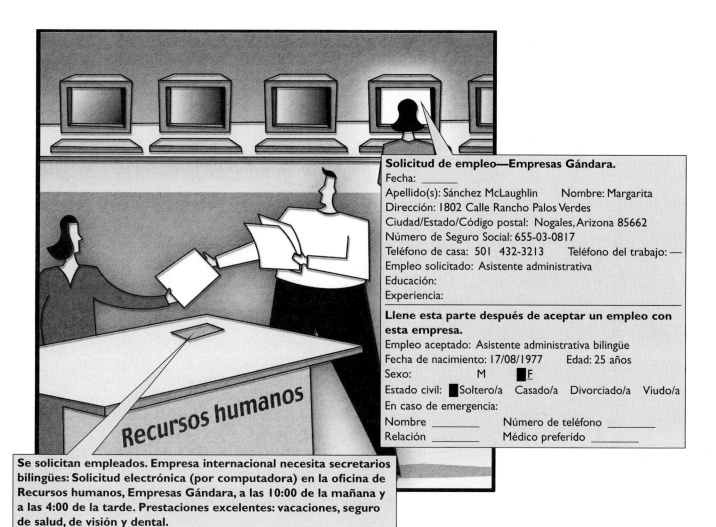

Solicitud de empleo—Empresas Gándara.
Fecha: _____
Apellido(s): Sánchez McLaughlin   Nombre: Margarita
Dirección: 1802 Calle Rancho Palos Verdes
Ciudad/Estado/Código postal: Nogales, Arizona 85662
Número de Seguro Social: 655-03-0817
Teléfono de casa: 501 432-3213   Teléfono del trabajo: —
Empleo solicitado: Asistente administrativa
Educación:
Experiencia:

Llene esta parte después de aceptar un empleo con esta empresa.
Empleo aceptado: Asistente administrativa bilingüe
Fecha de nacimiento: 17/08/1977   Edad: 25 años
Sexo: M   ■F
Estado civil: ■Soltero/a   Casado/a   Divorciado/a   Viudo/a
En caso de emergencia:
Nombre _____   Número de teléfono _____
Relación _____   Médico preferido _____

Se solicitan empleados. Empresa internacional necesita secretarios bilingües: Solicitud electrónica (por computadora) en la oficina de Recursos humanos, Empresas Gándara, a las 10:00 de la mañana y a las 4:00 de la tarde. Prestaciones excelentes: vacaciones, seguro de salud, de visión y dental.

A. ¿Cómo se dice?   Look back at the form and tell what question the following information answers.

MODELO: Sánchez–McLaughlin   *apellidos*

1. (501) 432–3213
2. 1802 Calle Rancho Palos Verdes
3. Nogales, Arizona 85662
4. Soltera
5. 655–03–0817
6. 25 años

B. Entrevista.   One of you is the receptionist in the human resources office; the other is a new employee filling out employment forms. Complete the following interview, then switch roles and do the interview again. Write down the information and check for accuracy. If the questions are too personal, make up the answers!

1.   ¿Apellido(s)?
2.   ¿Nombre(s)?
3.   ¿Dirección?
4.   ¿El teléfono de casa?
5.   ¿Estado civil?
6.   ¿Su fecha de nacimiento?

En la oficina de *Recursos humanos*

The office receptionist talks with the new employee.

RECEPCIONISTA: Buenas tardes. A sus órdenes.

MARGARITA: Buenas tardes, señorita. Tengo cita para llenar una solicitud de empleo por computadora.

RECEPCIONISTA: ¿Cuál es su apellido?

MARGARITA: Mis apellidos son Sánchez–McLaughlin. Mi nombre es Margarita.

RECEPCIONISTA: ¿A qué hora es su cita?

MARGARITA: En diez minutos, a la una.

RECEPCIONISTA: Bueno. Aquí está su nombre. La solicitud está en la computadora número 3. Debe llenar el formulario de información personal directamente en la computadora.

MARGARITA: Muy bien. ¿No necesita mi fecha de nacimiento?

RECEPCIONISTA: Por el momento, no, gracias. Es ilegal preguntar la edad antes de ofrecerle el empleo.

C. ¿Comprende usted?   Give the following information based on the dialogue.

1.   Los apellidos de la candidata: _____.

2.   El nombre de la candidata: _____.

3.   La hora de la cita: _____.

4.   La solicitud tiene información _____.

5.   La recepcionista no necesita la fecha de _____.

D. Mi información personal. Fill out the following form as if you were the job candidate who has just accepted a position.

INFORMACIÓN PERSONAL

Apellido(s): _____

Nombre: _____

Sexo: M   F   Edad: _____

Dirección: _____

_____

Teléfono del trabajo: _____

Estado civil: ____ Soltero/a ____Casado/a

____ Divorciado/a ____Viudo/a

Fecha de nacimiento: _____

Número del Seguro Social: _____

Empresa importante solicita:

Ejecutivos/as

Requisitos: Experiencia mínima de 1 año

Edad de 20 a 35 años

Estudios mínimos de preparatoria
o carrera técnica

Idioma inglés 70%

Excelente presentación

Automóvil

Interesados presentarse con solicitud, currículum y foto reciente de 9:00 a 14:00 hrs. y de 16:00 a 19:00 hrs. en Avenida de los Héroes 201, departamento de Recursos humanos.

E. Impresiones positivas para tener éxito en las entrevistas. Decide if each of the statements following the reading is **Cierto (C)** or **Falso (F)** based on the advice given on how to dress for success. If the statement is incorrect, provide the correct information as stated in the reading.

IMPRESIONES POSITIVAS
para tener éxito en las entrevistas

EL IMPACTO DE LA PRIMERA IMPRESIÓN
- La primera impresión que Ud. causa en el entrevistador es su oportunidad para promocionarse y presentarse como la mejor persona para el empleo.
- Necesita organizar sus ideas e identificar sus talentos, capacidades y aspiraciones futuras.
- La apariencia del/de la solicitante influye mucho en los directores de personal.

EL ARTE DE PLANEAR Y SELECCIONAR LA ROPA APROPIADA
- Determine qué ropa necesita. Comience con artículos básicos.
- Considere su aspecto, preferencias y personalidad.
- Compre artículos de buena calidad para combinar.
- Lleve ropa formal y traje.

MODELO: Es apropiado masticar chicle en una entrevista.
Falso, no es apropiado masticar chicle.

1. La primera impresión es muy importante.
2. La apariencia del solicitante no influye sobre los directores de personal.
3. Es buena idea comprar ropa apropiada, incluyendo artículos básicos.
4. Se debe usar mucho perfume.
5. Es necesario llevar ropa formal para una entrevista.

Estructuras   *Telling time: La hora*

- To ask *What time is it?* use **¿Qué hora es?**
- Answer with: **Es la...** when saying one o'clock, or **Son las...** + the hour for all other hours.

    Es la una.   *It's one o'clock.*   **Son las** dos.   *It's two o'clock.*

- To tell how many minutes past the hour it is, add **y** + the number of minutes.

    Son las tres **y diez.**   *It's 3:10.*   Es la una **y cinco.**   *It's 1:05.*

- To tell how many minutes before the hour it is, use the next hour **menos** the number of minutes.

    Son las **tres menos cinco.**   *It's 2:55.*   Es la **una menos veinte.**   *It's 12:40.*

- For the half hour, use **y media** or **treinta.**

    Son las tres **y media** *or* Son las tres **y treinta.**   *It's 3:30.*

- For quarter hours, **cuarto** and **quince** are interchangeable.

    Son las tres menos **cuarto**   *It's a quarter to three (2:45).*
    or Son las tres menos **quince.**

- Other useful time-telling phrases are: **en punto** for *on the dot* or *sharp;* **de la mañana** for A.M., **de la tarde** for P.M. until dark, and **de la noche** for P.M. after dark. Use **el mediodía** for noon and **la medianoche** for midnight.

    La reunión es a las diez **en punto.**   *The meeting is at ten o'clock sharp.*
    Son las cuatro **de la tarde.**   *It's four P.M.*
    Es **el mediodía.**   *It's noon.*

- To tell the time *at* which an event will take place, use **a las** or **a la** + the hour.

    ¿A qué hora es la cita?   *At what time is the appointment?*
    La cita con el jefe es **a las once.**   *The appointment with the boss is at eleven.*
    Llego a la oficina **a la una.**   *I arrive at the office at one o'clock.*

- Official documents in Spanish—as at times in English—will often use a 24-hour clock (military time).

    1:00 A.M.   Es la **una** de la mañana.   *It is one A.M.*
    1:00 P.M.   Son **las trece** horas.   *It is thirteen hundred hours.*

Para practicar

A. ¿Qué hora es?   Tell what time it is now, according to the following digital clocks. If there is more than one way, give both.

MODELO: 6:30 A.M.

Son las seis y media de la mañana. Son las seis y treinta de la mañana.

1.	2: 20 P.M.	**4.**	6:15 A.M.
2.	8:55 P.M.	**5.**	10:30 A.M.
3.	12:00 A.M.	**6.**	1:20 P.M.

B. Citas.   La señorita Sánchez-McLaughlin has called for an appointment to fill out an application. Read to her the available appointment times listed below.

MODELO: 4:30 P.M.

Hay cita a las cuatro y media de la tarde.

1.	10:15 A.M.	**4.**	5:45 P.M.
2.	2:40 P.M.	**5.**	9:00 A.M. sharp
3.	1:10 P.M.	**6.**	12:30 P.M.

C. ¿A qué hora?   The director of human resources also leads a busy life. Look at her agenda for today and tell at what time she will be in the following places.

MODELO: Café Luna Azul

Al mediodía. or *A las doce.*

6:00	
7:00	Ejercicio en el club
8:10	Cafetería de la empresa — Mario Domínguez
8:45	División de relaciones públicas — conferencia de prensa
12:00	Café Luna Azul con amigas
1:15	Cita con el dentista
2:25	Orientación — nuevos empleados
4:55	Conferencia telefónica con el jefe
7:35	Teatro San Ramón con Miguel
10:00	Reservación en el restaurante Janos
11:30	Las noticias del día — televisión

1. En la División de relaciones públicas—conferencia de prensa
2. En el consultorio del dentista
3. En el café Luna Azul
4. En el teatro San Ramón
5. En la orientación para los nuevos empleados
6. En una conferencia telefónica con el jefe

Preparando mi currículum

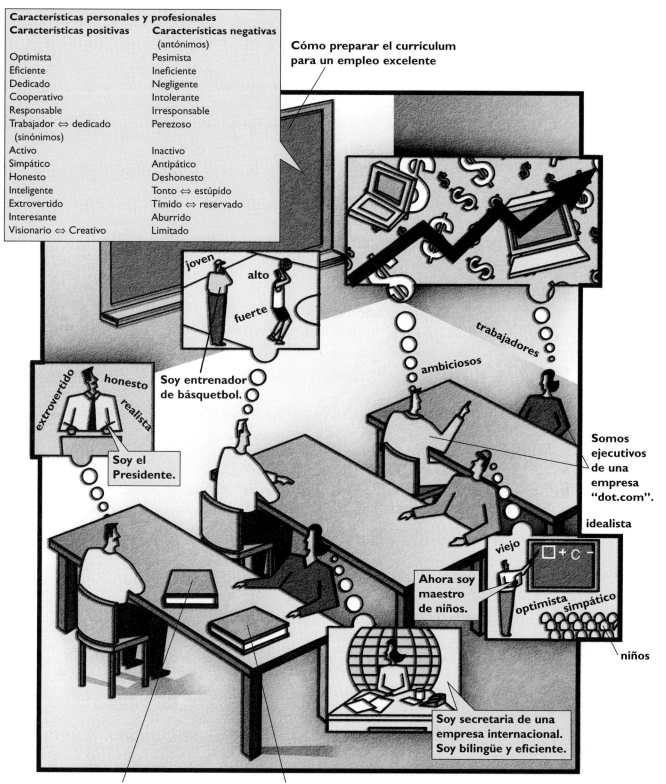

Características personales y profesionales

Características positivas	Características negativas (antónimos)
Optimista	Pesimista
Eficiente	Ineficiente
Dedicado	Negligente
Cooperativo	Intolerante
Responsable	Irresponsable
Trabajador ⇔ dedicado (sinónimos)	Perezoso
Activo	Inactivo
Simpático	Antipático
Honesto	Deshonesto
Inteligente	Tonto ⇔ estúpido
Extrovertido	Tímido ⇔ reservado
Interesante	Aburrido
Visionario ⇔ Creativo	Limitado

Cómo preparar el currículum para un empleo excelente

joven

alto

fuerte

Soy entrenador de básquetbol.

extrovertido honesto realista

Soy el Presidente.

trabajadores

ambiciosos

Somos ejecutivos de una empresa "dot.com".

idealista

viejo

Ahora soy maestro de niños.

optimista simpático

niños

Soy secretaria de una empresa internacional. Soy bilingüe y eficiente.

Diccionario de títulos profesionales y vocacionales

Carreras y profesiones para el nuevo milenio

A. ¿Cómo se dice?   Find the word in column **B** that has the opposite meaning of the word in column **A**.

	A		**B**
1.	optimista	**a.**	antipático
2.	deshonesto	**b.**	trabajador
3.	simpático	**c.**	extrovertido
4.	perezoso	**d.**	pesimista
5.	tímido	**e.**	honesto
6.	dedicado	**f.**	negligente, irresponsable

B. ¿Qué profesión?   Can you identify these professions by their descriptions?

1. un profesor de niños
2. un administrador de empresas
3. sinónimo de jefe de una compañía o nación
4. un instructor para atletas (jugadores de béisbol, fútbol, básquetbol)
5. un asistente administrativo

La preparación es importante

Luis Hoyos is a job-hunting coach teaching a new group of students about the importance of preparing an excellent resumé.

LUIS: Buenos días, clase. Soy Luis Hoyos, el instructor de la clase de preparación de un currículum. Soy creativo y paciente, dos buenas cualidades para mi empleo. Pero primero, háblenme sobre ustedes. ¿Quién es usted?, ¿cómo es? y, en su imaginación, ¿cuál es su profesión?

MARGARITA: Yo soy Margarita Sánchez-McLaughlin. Soy eficiente y bilingüe. En mi imaginación, soy secretaria de una empresa internacional.

JORGE: Yo soy Jorge Arboleda. Soy honesto, inteligente y realista. En mi imaginación soy el Presidente de Estados Unidos.

GUILLERMO: Yo soy Guillermo y mi amiga es Elena. Nosotros somos ambiciosos y visionarios. En nuestra imaginación, somos ejecutivos de una empresa grande de comercio electrónico.

ERNESTO:	Soy Ernesto. Soy viejo pero dedicado a los niños. En mi imaginación, soy maestro de una escuela primaria.
MIGUEL:	Yo soy Miguel. Soy alto, fuerte y agresivo. En mi imaginación soy jugador o entrenador de básquetbol profesional.
LUIS:	¡La imaginación es muy interesante! Ahora, al currículum. En el mercado laboral, ustedes son el "producto" y el currículum es su publicidad. Es importante usar el currículum para demostrar el talento y la experiencia para transformar la fantasía en realidad.

C. ¿Comprende usted?   Decide if each of the statements is **Cierto (C)** or **Falso (F)** based on the dialogue. If the statement is incorrect, provide the correct information.

1. En su imaginación, Ernesto es un jugador de básquetbol.
2. Miguel no es atlético.
3. Guillermo y Elena son pasivos.
4. En el "mercado laboral" *(job market)* los candidatos son los "productos" y el currículum es su publicidad.
5. Para el empleo, las fantasías son negativas.

D. ¿Quién es? ¿Qué es? ¿Cómo es?   For each of the participants in the following list, tell *what s/he does* in the fantasy **(¿Qué es?)** and *what s/he is like* **(¿Cómo es?).**

MODELO: ¿Quién es?   ¿Qué es?   ¿Cómo es?
          Luis   *Es instructor.*   *Es paciente y creativo.*

1. Miguel   3. Ernesto
2. Elena y Guillermo   4. Juan

E. Excelencia en el trabajo.   For each of the following professions, find at least one positive and one negative characteristic.

MODELO: un actor famoso   *Es rico.*   *No tiene privacidad.*
                             Positivo   Negativo

1. un maestro de niños   4. un profesor de español
2. un presidente   5. un estudiante de español
3. un secretario ejecutivo   6. un jugador *(player)* de básquetbol

Lucía Franco Muñoz
Calle 108 Nº 14
Santa Fe de Bogotá, Colombia

Teléfono: (571) 619-38-48
email: lufranco@yahoo.com

Objetivo: Ejecutiva, gerente general, asesora financiera

Educación: Candidata al doctorado en Economía, Universidad de Los Andes. Licenciatura en Ciencias económicas, Magna Cum Laude, Universidad de Pennsylvania, 1997

Experiencia profesional:
1998–presente: Asistente de investigación: Economía y política internacional en la Facultad de Ciencias políticas y económicas de la Universidad de Los Andes
1997–98: Contadora, TRW, Boston

Idiomas: español (lengua materna), inglés (85%)

Conocimientos informáticos: Cinco años de experiencia con programas de MS Office (Word, Excel, Works), y programas de navegación: Internet Explorer y Netscape.

Publicaciones/conferencias: 1995, *Simulación de Sistemas,* Universidad Politécnica de Madrid y el Ministerio de Educación y Ciencia, Vía Satélite en la Universidad Juárez Autónoma de Tabasco, México

Datos personales:
   Estado civil: Soltera
   Lugar y fecha de nacimiento: Bogotá, mayo de 1974
   Disponibilidad para trasladarme y trabajar en el extranjero.
   Intereses: Lectura, cine, viajes, fotografía, deportes (tenis, esquí, golf)
   Puestos voluntarios: Philadelphia Public Schools—University of Pennsylvania Internet Project. Conexión de 11 escuelas públicas locales a Internet. Educación de maestros en el uso de computadoras e integración en su plan de estudios.

F. Entrevista. One of you is the personnel manager and the other the candidate for a job. The personnel manager must greet the candidate, ask his/her name, ask him/her to state the position he/she seeks, and gather information regarding personal characteristics, education, or experience the candidate has. Then, switch roles. Use the model as a guide.

MODELO:
E1: *Buenos días. ¿Cómo se llama Ud.?*
E2: *Soy Rocío Gómez.*
E1: *¿Qué puesto busca?*
E2: *El puesto de secretaria bilingüe.*
E1: *¿Su nivel de educación?*
E2: *Dos años de escuela técnica.*
E1: *¿Su experiencia?*
E2: *Un año en un puesto similar.*

Estructuras

Introducing and describing yourself and others: Ser + adjetivos

The verb **ser** is one of the Spanish equivalents to the verb *to be* in English. Use **ser** to tell who people are, what they do, what they are like, or where they are from. The forms of **ser** are:

ser to be			
yo **soy**	*I am*	nosotros/as **somos**	*we are*
tú **eres**	*you are (familiar)*		
usted **es**	*you are (formal)*	ustedes **son**	*you are (plural)*
él **es**	*he is*	ellos **son**	*they are(m)*
ella **es**	*she is*	ellas **son**	*they are(f)*
—¿Quién **es** usted?		*Who are you?*	
—**Soy** Susana.		*I am Susana.*	
—¿**Son** ustedes secretarias?		*Are you secretaries?*	
—Yo **soy** secretaria y ella **es** recepcionista.		*I am a secretary and she is a receptionist.*	

- To describe what a person or thing is like, use **ser** with an adjective.

—¿Cómo **es** la doctora?	*What is the doctor like?*
—**Es** simpática.	*She is nice.*
—¿Cómo **es** usted?	*What are you like?*
—**Soy** tímido.	*I am timid (shy).*
—El problema **es** difícil.	*The problem is difficult.*

- Many adjectives end in **-o** when describing characteristics of men/boys and **-a** when describing characteristics of women/girls.

Masculine   **Feminine**

Masculine	Feminine	
tímid**o**	tímid**a**	*shy*
extrovertid**o**	extrovertid**a**	*outgoing*
simpátic**o**	simpátic**a**	*nice*
antipátic**o**	antipátic**a**	*unpleasant*
alt**o**	alt**a**	*tall*
baj**o**	baj**a**	*short*
ambicios**o**	ambicios**a**	*ambitious*

Most adjectives ending in a letter other than **-o** or **-a** use only one form for masculine or feminine. All nouns in Spanish have gender classification; that is, they are all designated as masculine or feminine, and their accompanying adjectives must agree in number and gender.

El secretari**o** es inteligent**e**.	*The (male) secretary is intelligent.*
La secretari**a** es inteligent**e**.	*The (female) secretary is intelligent.*
La situación es grav**e**.	*The situation is serious.*
El caso es difíci**l**.	*The case is difficult.*

- To pluralize nouns and adjectives ending in **-o, -a,** or **-e,** simply add an **-s.**

  L**a** ejecutiv**a** es interesante.   La**s** ejecutiva**s** son interesante**s**.

- To pluralize nouns and adjectives ending in consonants, add **-es.**

Es instructo**r**.	*He is an instructor.*
Son instructor**es**.	*They are instructors.*
La instructor**a** es jove**n**.	*The (female) instructor is young.*
Las instructor**as** son jóve**nes**.	*The instructors are young.*

- Use **ser** with adjectives to talk about nationality and country of origin. In Spanish nationalities are not capitalized, but countries are.

Yo **soy mexicana.**	*I am Mexican.*
Yo **soy de** México.	*I am from Mexico.*
El maestro **es puertorriqueño.**	*The teacher is Puerto Rican.*
El maestro **es de** Puerto Rico.	*The teacher is from Puerto Rico.*

- Use **ser** with **de** to tell what something is made of or to whom it belongs.

El portafolios **es de** cuero.	*The briefcase is made of leather.*
El portafolios **es de** la señora Rosa.	*The briefcase is Mrs. Rosa's.*

Para practicar

A. ¿Quiénes?   To whom might the following sentences refer? Insert names of people you know or people who are famous.

MODELO: Es presidente.
George W. Bush es presidente de Estados Unidos y Vicente Fox es presidente de México.

1. Son ejecutivos famosos.
2. Es muy inteligente.
3. Es muy alto.
4. Somos amigos.
5. Son de California.
6. Es de México.

B. ¿Cómo son?   You are sitting in the waiting room of an employment agency, thinking about the other people there and about the things you are experiencing. Use the correct form of the verb **ser** to describe them.

MODELO: (La secretaria) eficiente
La secretaria es eficiente.

1. (Los niños) altos y guapos
2. (Las candidatas jóvenes) mexicanas
3. (La música) suave
4. (El asistente del jefe) atractivo
5. (Ustedes) optimistas
6. (El sofá) de cuero *(leather)*

C. Otra fiesta de cóctel.   You are at a cocktail party and would like to get to know the person next to you—since he/she could be a great contact. Find out everything you can about this interesting stranger: who s/he is, where s/he is from, what profession s/he is in, and what s/he is like. Then, switch roles. When you are finished, describe your new friend to the class.

¿Cómo se llama?	¿De dónde es?	¿Cuál es su profesión?	¿Cómo es?

Módulo 2

La entrevista

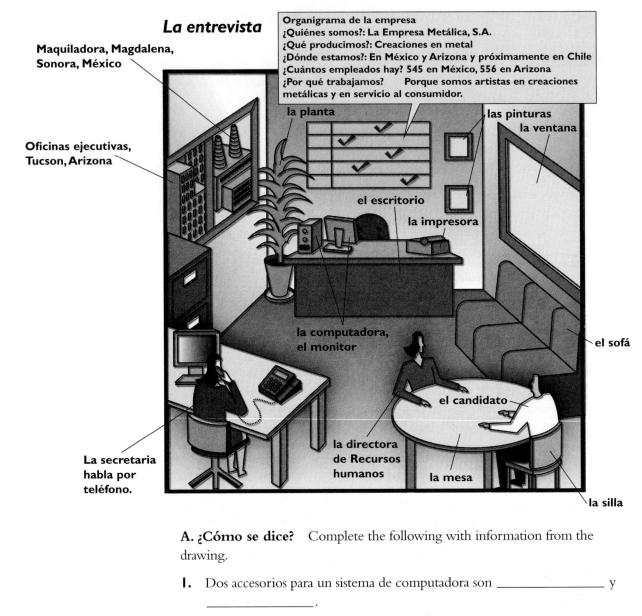

Maquiladora, Magdalena, Sonora, México

Organigrama de la empresa
¿Quiénes somos?: La Empresa Metálica, S.A.
¿Qué producimos?: Creaciones en metal
¿Dónde estamos?: En México y Arizona y próximamente en Chile
¿Cuántos empleados hay? 545 en México, 556 en Arizona
¿Por qué trabajamos? Porque somos artistas en creaciones metálicas y en servicio al consumidor.

la planta

las pinturas
la ventana

Oficinas ejecutivas, Tucson, Arizona

el escritorio

la impresora

la computadora, el monitor

el sofá

el candidato

La secretaria habla por teléfono.

la directora de Recursos humanos

la mesa

la silla

A. ¿Cómo se dice?   Complete the following with information from the drawing.

1. Dos accesorios para un sistema de computadora son _____ y _____.

2. Hay una mesa y dos _____ en la oficina.

3. El _____ es el diagrama con la organización de la compañía, desde el presidente hasta los empleados.

4. Dos decoraciones de la oficina son _____ y _____.

5. Una empresa que tiene una parte en México y otra parte en Estados Unidos es una _____.

B. Preguntas.   Read the answers in column **A** and find the matching question word in column **B.**

	A		**B**
1.	Hay 100 empleados en esta empresa.	**a.**	¿Por qué...?
2.	En México y en los Estados Unidos.	**b.**	¿Qué...?
3.	Producimos creaciones en metal.	**c.**	¿Dónde...?
4.	Porque somos artistas.	**d.**	¿Cuántos...?

La entrevista

Margarita is waiting for her interview for her dream job.

DIRECTORA: ¿Margarita? Soy Carlota Sommers, la directora de Recursos humanos de esta empresa. Pase a la oficina, por favor.

MARGARITA: Mucho gusto, señora Sommers. Yo soy Margarita Sánchez-McLaughlin. ¡Qué bonita oficina! Es moderna y atractiva. Las oficinas donde trabajo ahora son modernas, pero pequeñas.

DIRECTORA: ¿Dónde trabaja ahora?

MARGARITA: Trabajo y estudio en una universidad de México.

DIRECTORA: ¿Qué estudia?

MARGARITA: Economía internacional y administración de empresas.

DIRECTORA: ¿Por qué quiere ser secretaria aquí?

MARGARITA: Porque soy bilingüe y necesito experiencia en una empresa internacional.

DIRECTORA: Usted es una candidata excelente. ¿Tiene alguna pregunta?

MARGARITA: Sí, tres preguntas. ¿Cuántos empleados hay en la empresa?

DIRECTORA: En la empresa somos unos 2,000 (dos mil) empleados.

MARGARITA: ¿Cuál es el salario normal de una secretaria en la compañía?

DIRECTORA: El salario normal de una secretaria es de 15 dólares por hora. Hay excelentes prestaciones y la posibilidad de recibir promociones rápidas. ¿Cuál es la otra pregunta?

MARGARITA: ¿Cuándo es mi primer día?

C. ¿Comprende usted?   Answer the following questions based on the dialogue.

1. ¿Quién es la directora de Recursos humanos?
2. ¿Quién es la candidata?
3. ¿Cómo es la oficina de la directora de Recursos humanos?
4. ¿Por qué quiere Margarita ser secretaria bilingüe?
5. ¿Cuánto dinero ofrece la empresa a las secretarias?
6. ¿Cuántas preguntas tiene Margarita?

D. Preguntas para la entrevista. The interview is a very important occasion to gather information about a potential employer. Write four questions that you would *like* to ask in an interview before accepting a job.

MODELO: *¿Hay prestaciones médicas?*

E. Supervisión de personal. After reading the informational brochure on the supervision seminar, complete the following statements.

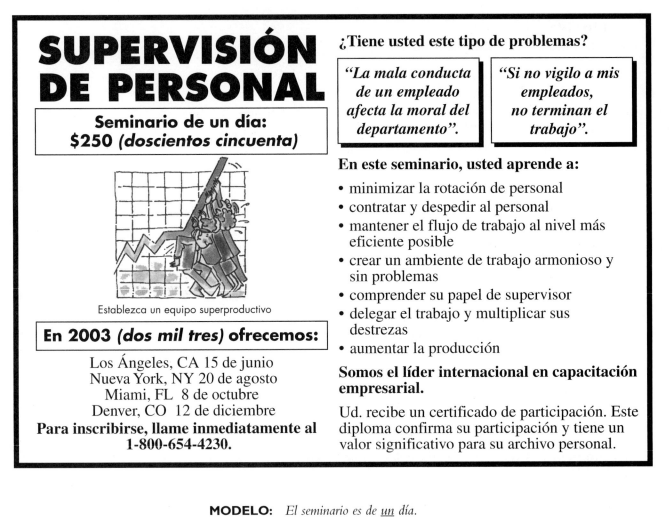

SUPERVISIÓN DE PERSONAL

**Seminario de un día:
$250 (*doscientos cincuenta*)**

Establezca un equipo superproductivo

En 2003 (*dos mil tres*) ofrecemos:

Los Ángeles, CA 15 de junio
Nueva York, NY 20 de agosto
Miami, FL 8 de octubre
Denver, CO 12 de diciembre
**Para inscribirse, llame inmediatamente al
1-800-654-4230.**

¿Tiene usted este tipo de problemas?

"La mala conducta de un empleado afecta la moral del departamento".

"Si no vigilo a mis empleados, no terminan el trabajo".

En este seminario, usted aprende a:

- minimizar la rotación de personal
- contratar y despedir al personal
- mantener el flujo de trabajo al nivel más eficiente posible
- crear un ambiente de trabajo armonioso y sin problemas
- comprender su papel de supervisor
- delegar el trabajo y multiplicar sus destrezas
- aumentar la producción

Somos el líder internacional en capacitación empresarial.

Ud. recibe un certificado de participación. Este diploma confirma su participación y tiene un valor significativo para su archivo personal.

MODELO: *El seminario es de <u>un</u> día.*

1. El precio del seminario es de _____ dólares.

2. Hay _____ fechas diferentes en _____ ciudades *(cities)* diferentes.

3. Para inscribirse, el número de teléfono es el _____.

4. Tres cosas que usted aprende en el seminario son: _____,
_____ y _____.

5. Al terminar el curso, Ud. recibe _____.

Estructuras   *Asking for information: Las preguntas*

- To ask a question requiring a yes or no answer, change the intonation of a statement.
- The word *do*, used in English questions, is not translated into Spanish.
- The subject of the sentence usually comes after the verb in a question.

¿Tiene usted prestaciones?	*Do you have benefits?*
¿Está la directora?	*Is the director in?*

- The Spanish question **¿verdad?** or **¿no?** can be added to the end of a statement if your question is just confirming what you believe to be true. It is the equivalent of the English, *right?*

Usted es Marta, ¿verdad?	*You are Marta, right?*
Mario tiene cita a las tres, ¿no?	*Mario has an appointment at three, doesn't he?*

- When your question requires new information to be provided, use the following question words:

¿Quién/es?	*Who?*	**¿Quién** es el señor?	*Who is that man?*
¿Qué?	*What?*	**¿Qué** es esto?	*What is this?*
¿Cuál/es?	*Which?*	**¿Cuál** de ellas es la jefa?	*Which one of them is the boss?*
¿Dónde?	*Where?*	**¿Dónde** está la oficina?	*Where is the office?*
¿Cuándo?	*When?*	**¿Cuándo** es la cita?	*When is the appointment?*
¿Cómo?	*How?*	**¿Cómo** está usted?	*How are you?*
¿Cuánto/a?	*How much?*	**¿Cuánto** dinero hay?	*How much money is there?*
¿Cuántos/as?	*How many?*	**¿Cuántos** libros hay?	*How many books are there?*
¿Por qué?	*¿Why?*	**¿Por qué** necesita dinero?	*Why do you need money?*

- Some question words have plural forms (**¿Cuál?** and **¿Quién?**) depending on whether the questioner is expecting a singular or plural response.

—**¿Quién es** la señora alta?	*Who is the tall woman?*
—**Es Mónica,** una amiga.	*She is Monica, a friend.*
—**¿Quiénes son** las señoras altas?	*Who are the tall women?*
—**Son Mónica y Elena,** unas amigas.	*They are Monica and Elena, some friends.*
—**¿Cuál es la jefa?**	*Which woman is the boss?*
—**La señora alta** es la jefa.	*The tall woman is the boss.*
—**¿Cuáles son los formularios?**	*Which are the forms?*
—**Son los papeles** azules.	*They are the blue papers.*

- **¿Cuánto?,** meaning *how much,* can become feminine, depending on the noun that follows.

¿Cuán**to** tiemp**o** hay entre candidatos?	*How much time is there between candidates?*
¿Cuán**ta** informa**ción** hay?	*How much information is there?*

- **¿Cuántos?,** meaning *how many,* can also become feminine, depending on the noun that follows.

¿Cuán**tos** candidatos hay?	*How many candidates are there?*
¿Cuán**tas** cit**as** hay hoy?	*How many appointments are there today?*

- Use **¿Cuál?** or **¿Cuáles?** to indicate a selection—or selections—from a group. It is used instead of **¿Qué?** when asking for specific or personal information, rather than general definitions.

¿Qué es el correo electrónico?	*What is e-mail?*
¿Cuál es su número de teléfono?	*What is your telephone number?*
¿Cuáles son sus números de teléfono?	*What are your telephone numbers?*

Para practicar

A. Una invitación.   Read the following invitation and answer the questions.

¡La Empresa Metálica, S.A. celebra la apertura (opening) de su nueva fábrica (factory) y Ud. está invitado a la celebración!

La fiesta es el quince de septiembre, desde las 8 de la tarde hasta la medianoche, en las oficinas administrativas, Calle 10, Nº 12, al lado de la nueva fábrica.

Favor de confirmar su presencia en el número de teléfono: 630-2115 antes del diez de septiembre.

1.   ¿Quiénes celebran la fiesta?
2.   ¿Por qué celebran una fiesta?
3.   ¿Cuándo es la celebración?
4.   ¿Cuántas horas dura *(lasts)* la celebración?
5.   ¿Dónde es la celebración?
6.   ¿Cuál es el número de teléfono para confirmar su presencia?

B. ¡Jeopardy!   The following statements are logical answers to specific questions. Provide a logical question for each.

MODELO: Son las ocho de la noche.
             ¿Qué hora es?

1.   Estoy bien, gracias.
2.   La oficina está en la calle Estonia.
3.   La cita es a las 5.
4.   Yo soy Patricia y ella es Elena.
5.   Hay 24 horas en un día.
6.   Hay dos secretarias bilingües.
7.   La directora tiene cita con la candidata porque necesita una empleada inmediatamente.
8.   El número de teléfono de la fábrica es el 222-2314.

C. Entre amigos. With a partner, make up five questions about your Spanish class. Then ask other students to answer them.

MODELO: ¿Quién es el profesor/la profesora?
El profesor es el señor Fernández.

Los recursos humanos

Orientación para los nuevos empleados
Agenda:
1. Bienvenida y presentación de los administradores
2. Menú de prestaciones
   a. Seguros: visión, dental, salud, vida
   b. Pensión
   c. Vacaciones y permisos
3. La póliza de empleados
4. Los sindicatos: Presentación del Comité de Afiliación.
   a. Estudios pagados
   b. Rectificación de problemas y quejas
5. Preguntas

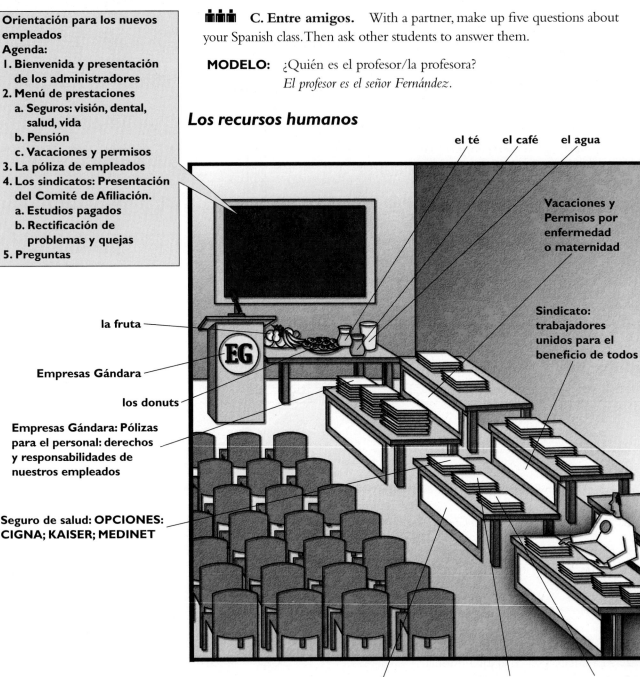

el té   el café   el agua

Vacaciones y Permisos por enfermedad o maternidad

Sindicato: trabajadores unidos para el beneficio de todos

la fruta

Empresas Gándara

los donuts

Empresas Gándara: Pólizas para el personal: derechos y responsabilidades de nuestros empleados

Seguro de salud: OPCIONES: CIGNA; KAISER; MEDINET

PRESTACIONES   Seguro de vida: Met Life   Seguro dental/ de visión

A. ¿Cómo se dice?   Can you associate the Spanish words or phrases from column **A** with a product, place or group from column **B**.

	A		B
I.	un sindicato	**a.**	los seguros, las vacaciones, permisos para ausentarse
2.	vacaciones	**b.**	Folger's
3.	seguros	**c.**	siete días en Disneylandia
4.	el café	**d.**	Met Life, CIGNA, MEDICARE
5.	prestaciones	**e.**	Teamsters, AFL–CIO

B. Las prestaciones.   Tell what benefit or benefits you might use in the following situations.

I.   You have the stomach flu.
2.   You have worked hard for a year and need a rest.
3.   You want to protect your family financially in case of your natural or accidental death.
4.   You are going to have a baby.
5.   You need to see a dentist.

Bienvenida a las Empresas Gándara

Margarita accepts a position at Gándara Enterprises.

DIRECTORA: Bueno, Margarita. Las referencias de sus trabajos previos son excelentes. El entusiasmo y el interés que usted muestra (*show*) hacia las Empresas Gándara también son muy buenos. ¡Bienvenida a la familia Gándara!

MARGARITA: Muchas gracias, Sra. Sommers. Estoy muy contenta. ¿Qué necesito hacer?

DIRECTORA: Primero, me llamo Carlota. Entre nosotras la formalidad no es necesaria.

MARGARITA: ¡Qué amable! Gracias, Carlota.

DIRECTORA: Segundo, aquí hay unos papeles para usted: el contrato, el formulario médico para certificar la salud y las opciones para los seguros de vida, salud y visión. Y estos papeles son muy importantes para sacar los permisos federales y la visa de trabajo.

MARGARITA: Bueno. No necesito permiso federal de México para trabajar en Estados Unidos. Aquí tengo la visa y todos los papeles.

DIRECTORA: ¡Excelente! Mañana hay una orientación para explicar las opciones del sindicato y nuestra política de personal. Entonces podemos contestar sus preguntas. Hasta mañana, Margarita. Bienvenida.

MARGARITA: Hasta mañana, Carlota. Y muchas gracias.

C. ¿Comprende usted?   Fill in the missing information based on the dialogue.

1. Las _____ de los trabajos previos de Margarita son excelentes.

2. Entre Margarita y la directora, la _____ no es necesaria.

3. Los _____ que Margarita necesita son: el contrato, las opciones de los seguros y el permiso federal para trabajar.

4. La _____ de una empresa explica las responsabilidades y los derechos de los empleados.

5. Durante la _____ para los nuevos empleados, los administradores contestan las preguntas.

D. La cronología.   One of our writers has no sense of time. Please help out by putting the following sentences in the correct order of a normal hiring process sequence.

A. _____ Margarita firma el contrato.
B. _____ Hay una entrevista.
C. _____ Margarita escribe un currículum o llena una solicitud.
D. _____ Después de trabajar un año, Margarita va de vacaciones a Disneylandia.
E. _____ Hay una orientación para los nuevos empleados.

E. ¡El equipo perfecto! You've just been hired for your dream job. Read the company bulletin on rules and regulations governing your new position and then prepare a five-point summary to share with your family. Compare your list with a classmate's.

Bienvenidos al equipo

Estimado miembro del equipo:

¡Felicitaciones! Ya es parte de nuestro equipo perfecto. Estamos encantados de tenerlo con nosotros. Nuestro objetivo como compañía es proveer a nuestros clientes el mejor servicio y el mejor producto posibles. Si usted tiene preguntas después de leer este boletín, debe consultar a su supervisor.

Directivas del equipo:

1. Período introductorio
- Los primeros 120 *(ciento veinte)* días de empleo son el período introductorio. Durante este tiempo usted tiene la oportunidad de determinar su satisfacción con el trabajo. A la vez, su jefe evalúa su trabajo para determinar si usted está en el puesto apropiado.

2. Sus horas de trabajo
- Su supervisor le notifica sobre los días y horas exactas que usted trabaja.

3. Asistencia y puntualidad
- Es importante llegar todos los días a tiempo. Si usted se ausenta o llega tarde al trabajo, puede recibir una acción correctiva.

4. La igualdad de oportunidad en el empleo
- La política de nuestra compañía es tratar a todos los solicitantes de empleo y a todos los miembros del equipo igualmente, basándonos exclusivamente en requisitos relacionados con el trabajo y no en la raza, religión, color, sexo, nacionalidad, edad, incapacidad o cualquier otra clasificación protegida por la ley local, estatal o federal.

5. El acoso sexual
- Se prohíbe a todos los miembros del equipo, tanto mujeres como hombres, acosar sexualmente a cualquier persona.

6. Normas sobre apariencia
- Su apariencia es lo primero que ve un cliente. Como miembro del equipo perfecto, usted debe ofrecer una apariencia profesional.

Estructuras   *Descriptions: Los artículos: género y número*

You have already seen that all nouns in Spanish have *gender*, meaning they are classified as either masculine or feminine. Words associated with nouns—adjectives and articles—take on the same characteristics as the noun and will match the noun in number and gender.

- There are four ways to express *the* in Spanish. The one you use depends on the characteristics of the noun that follows it—whether it is masculine or feminine, singular or plural.

The definite article: *The*		
	Singular	**Plural**
Masculine	**el** teléfono	**los** teléfonos
Feminine	**la** casa	**las** casas

- Noun gender has little to do with being male or female, unless the noun refers to a sexed being:

el director   **los directores**
la directora   **las directoras**

- Nouns ending in **-e** generally have the same form for men and women. Only the article will change. It is important to note that in groups of mixed males and females, the masculine form is used. Nouns ending in **-ista** are both masculine and feminine.

el estudiant**e**	*the (male) student*
la estudiant**e**	*the (female) student*
los estudiant**es**	*the students (either all male or mixed male and female)*
el tur**ista**	*the (male) tourist*
la tur**ista**	*the (female) tourist*

- In general, nouns ending in **-a, -ción, -sión, -dad, -tad,** and **-tud** are feminine.

la op**ción**	las op**ciones**	la solici**tud**	las solici**tudes**
la universi**dad**	las universi**dades**	la facul**tad**	las facul**tades**

- Generally, nouns ending in **–o** or **–l** are masculine:

el formulari**o**   **los** formulari**os**
el pape**l**   **los** pape**les**

- There are many exceptions to the general rules of gender. Some of the most common are:

la man**o (f)**   *the hand*
el dí**a (m)**   *the day*
el map**a (m)**   *the map*

- Additional exceptions include words ending in **–ma.** While there are **–ma** words that are feminine: **la mamá** (*the mama*) and **la pluma** (*the pen*), many **–ma** words are masculine.

el proble**ma**   *the problem*   **el** trau**ma**   *the trauma*
el dra**ma**   *the drama*   **el** idio**ma**   *the language*

Note: In a sentence, when the word **de** comes directly before **el,** they form the contraction **del.**

el libro **de + el** candidato ⇒ el libro **del** candidato   *the candidate's book*

- To say *a, an,* or *some,* use the form of the indefinite article that matches the noun in number and gender. **Un** and **unos** are masculine indefinite articles and **una** and **unas** are feminine indefinite articles.

The indefinite article: *a, an, some*				
	Singular		**Plural**	
Masculine	**un** libro	*a book*	**unos** libros	*some books*
Feminine	**una** mesa	*a table*	**unas** mesas	*some tables*

Para practicar

A. Buscando trabajo.   Use the correct form of the definite article **(el, la, los** or **las)** to identify these things associated with job hunting. Be careful!

1. _____ señor Rodríguez está en _____ oficina.

2. _____ teléfonos están en _____ mesas.

3. _____ seguros de salud y vida son parte de _____ prestaciones.

4. _____ sindicato es una unión de _____ empleados.

5. _____ problema está en _____ salario.

6. _____ información está en _____ Manual de política del personal.

B. El mundo del comercio.   Complete the following thoughts, first with a form of the indefinite article **(un, una, unos,** or **unas),** and then with the name of an appropriate person, place, or thing. When you are finished, compare your responses with those of a classmate.

MODELO: _____ sindicalista famoso es _____.
   Un sindicalista famoso es César Chávez.

1. _____ empresa famosa es _____.

2. _____ economista importante es _____.

3. _____ sindicato famoso es _____.

4. _____ programa televisivo de noticias *(news)* financieras es _____.

5. _____ universidad famosa por su programa de negocios y comercio es _____.

6. _____ publicación famosa de negocios es _____.

C. En la oficina.   You and a partner have just been named to the renovation committee for your office. As you look at the following list, decide what is good, what is bad, and what you will need new. Include any additional items that you think of.

MODELO: sillas horribles
Necesitamos (we need) unas sillas nuevas.
2 diccionarios modernos
Hay diccionarios buenos.

Inventario de la oficina:

1.   publicaciones de 1977 (mil novecientos setenta y siete)
2.   100 plumas *(pens)* viejas
3.   2 teléfonos celulares
4.   recepcionistas excelentes
5.   una copiadora "ditto"
6.   una secretaria perezosa

¡OJO!

Many vocabulary words are almost identical to English so they don't need to be translated. As you study your vocabulary words, look for tips to help you learn these parallel words. You'll note that double consonants, as in *aggressive* (**agresivo**) don't exist in Spanish, except for **cc, ll,** and **rr,** each of which has a different sound than if they were single consonants.

ción=*tion*	**educación**=*education*
dad=*ity*	**realidad**=*reality*
oso=*ous*	**ambicioso**=*ambitious*
ista=*ist/istic*	**pesimista**=*pessimistic*
mente=*ly*	**generalmente**=*generally*

Vocabulario Módulo 1

Sustantivos

el apellido	*last name*	la mano	*hand*
el artículo	*article*	la mañana	*morning*
la carrera	*career*	la medianoche	*midnight*
el caso	*case*	el/la médico/a	*doctor*
la cita	*appointment, date*	el mediodía	*noon*
la ciudad	*city*	el mercado	*market*
el código postal	*Zip code*	la mujer	*woman*
el comercio	*trade, commerce*	el nacimiento	*birth*
el cuarto	*quarter, room*	el/la niño/a	*boy, girl*
el currículum	*resumé*	el nombre	*name*
(vitae)		la parte	*part*
la dirección	*address*	el personal	*personnel*
la edad	*age*	la prestación	*benefit*
el/la ejecutivo/a	*executive*	la publicidad	*advertising*
el/la empleado/a	*employee*	el puesto	*position/job*
el empleo	*employment*	los recursos	
la empresa	*enterprise, firm*	humanos	*human resources*
el/la		la relación	*relationship*
entrenador/a	*coach, trainer*	la ropa	*clothing*
la entrevista	*interview*	la salud	*health*
el/la		el seguro	*insurance*
entrevistador/a	*interviewer*	el seguro social	*Social Security*
el estado	*state*	el sexo	*sex*
el formulario	*form*	la solicitud	*application*
el hombre	*man*	el título	*title, degree*
el/la jefe/a	*boss, chief*	el trabajo	*work*
el/la jugador/a	*player*	el vestido	*dress*
el/la maestro/a	*teacher*		

Verbos

comenzar (ie)	*to begin*	necesitar	*to need*
comprar	*to buy*	ofrecer (zc)	*to offer*
dar	*to give*	ser	*to be*
demostrar (ue)	*to demonstrate*	solicitar	*to apply for*
llegar	*to arrive*	tener (ie) (g)	*to have*
llenar	*to fill (out)*		

¡OJO!

From time to time you will see verbs followed by a series of letters in parentheses—e.g., **comenzar (ie)** or **demostrar (ue)**. These are spelling hints that will help you to conjugate the verbs in later chapters.

Adjetivos

aburrido/a	*boring*	**nuevo/a**	*new*
alto/a	*tall*	**paciente**	*patient*
antipático/a	*unpleasant*	**perezoso/a**	*lazy*
bajo/a	*short*	**preferido/a**	*preferred*
bilingüe	*bilingual*	**primero/a**	*first*
casado/a	*married*	**realista**	*realistic*
este/a	*this*	**simpático/a**	*nice*
estúpido/a	*stupid*	**soltero/a**	*single*
extrovertido/a	*extroverted*	**su/sus**	*your, his, her, their*
hispanohablante	*Spanish speaker*		
joven	*young*	**tonto/a**	*dumb, silly*
limitado/a	*limited*	**trabajador/a**	*hard-working*
medio/a	*half*	**viudo/a**	*widowed*
mi, mis	*my*		

Otras expresiones

¿A qué hora…?	*At what time?*	**en punto**	*on the dot*
ahora	*now*	**menos**	*less*
aquí	*here*	**para**	*for*
¿Cómo?	*How?*	**¿Qué hora es?**	*What time is it?*
¿Cuál/es?	*Which (one/s)?*		
con	*with*	**¿Quién/es?**	*Who?*
con cuidado	*carefully*	**sólo**	*only*
de	*of, from*	**un poco**	*a little*
después	*afterward*	**y**	*and*
directamente	*directly*		

Módulo 2

Sustantivos

la afiliación	*membership, affiliation*	**el/la colega**	*colleague*
		el comité	*committee*
el agua (f.)	*water*	**el/la**	
el almuerzo	*lunch*	**consumidor/a**	*consumer*
el ambiente	*environment*	**el contrato**	*contract*
el archivo	*file*	**el correo**	*mail*
la ausencia	*absence*	**el derecho**	*right*
el beneficio	*benefit*	**el dinero**	*money*
el boletín	*bulletin*	**la economía**	*economics*
la bolsa	*stock market*	**la enfermedad**	*illness*
el café	*coffee*	**el equipo**	*team*
la clase	*class*	**el escritorio**	*desk*
el/la cliente/a	*client, customer*	**la escuela**	*school*

el estacionamiento	*parking*	**la pérdida**	*loss*
el estante	*shelf*	**el permiso**	*permission, permit*
el/la estudiante	*student*	**la pintura**	*painting*
la fábrica	*factory*	**la planta**	*plant*
la fruta	*fruit*	**la pluma**	*pen*
la garantía	*guarantee*	**la policía**	*police*
el gobierno	*government*	**la política**	*politics, policy*
la impresora	*printer*	**la póliza**	*policy*
la lengua	*language, tongue*	**la pregunta**	*question*
		la puerta	*door*
la ley	*law*	**la queja**	*complaint*
la maquiladora	*twin plant*	**el salario**	*salary*
la maternidad	*maternity*	**el seminario**	*seminar*
la mesa	*table*	**la silla**	*chair*
el mundo	*world*	**el sindicato**	*labor union*
el negocio	*business*	**el sistema**	*system*
el organigrama	*organizational chart*	**el té**	*tea*
		la ventana	*window*
el papel	*paper, role*	**la vida**	*life*

Verbos

ayudar	*to help*	**leer**	*to read*
buscar	*to look for*	**obtener (ie) (g)**	*to obtain*
comprender	*to understand*	**pagar**	*to pay*
contestar	*to answer*	**producir (zc)**	*to produce*
establecer (zc)	*to establish*	**recibir**	*to receive*
estudiar	*to study*	**requerir (ie)**	*to require*
hablar	*to talk, speak*	**sacar**	*to take out*
hacer	*to do, make*	**terminar**	*to end, finish*
incluir	*to include*		

Adjetivos

amable	*kind*	**pagado/a**	*paid*
bienvenido/a	*welcome*	**previo/a**	*previous*
bonito/a	*pretty*	**segundo/a**	*second*
contento/a	*happy, content*	**todo/a**	*all*
grande	*big*	**unido/a**	*united*

Otras expresiones

a la vez	*at the same time*	**¿Por qué?**	*Why?*
¡Adelante!	*Go on!*	**porque**	*because*
aun	*even*	**próximamente**	*shortly*
¿Cuándo?	*When?*	**¿Qué?**	*What?*
¿Cuánto/a?	*How much?*	**si**	*if*
¿Cuántos/as?	*How many?*	**¿Verdad?**	*True? Isn't that so?*
¿Dónde?	*Where?*	**ya**	*already*
durante	*during*		
en cualquier			
momento	*at any time*		

Síntesis

A escuchar

Listen to the following conversation and tell if each of the following statements is **Cierto (C)** or **Falso (F).** If the statement is incorrect, provide the correct information.

1. _____ Carlos es recepcionista en el Departamento de Recursos humanos.

2. _____ Carlos es de México.

3. _____ Carlos es bilingüe.

4. _____ Carmen tiene una cita el lunes.

5. _____ Carlos no trabaja el lunes.

A conversar

In groups of four, discuss which employment benefits are the most important.

MODELO: *Para mí, el seguro de salud es muy importante.*

A leer

Política de la compañía

No toleramos el uso de drogas o alcohol por parte de nuestros empleados. Si usted usa estas sustancias, puede recibir una acción correctiva por parte de la compañía, que puede incluir la pérdida *(loss)* del empleo.

Política para realizar pruebas *(tests)* de drogas y consumo de alcohol

Como condición para obtener un trabajo o mantener su empleo podemos pedirle que se someta *(submit)* a una prueba de drogas y/o alcohol. Si los resultados de la prueba indican que hay evidencia de consumo de drogas ilegales, alcohol o medicación no autorizada, las consecuencias son:

- Si usted es un solicitante, no es apto para el empleo.
- Si usted es un empleado, puede recibir una acción correctiva, incluyendo la pérdida de su empleo.
- De acuerdo a la ley, puede perder su derecho *(right)* a los beneficios de desempleo *(unemployment)* y compensación laboral.

La aceptación de esta política es una condición para ser contratado o mantener el empleo.

ACEPTACIÓN

Comprendo este documento y acepto la información presentada:

_____   _____
EMPLEADO/SOLICITANTE   **NÚMERO DE SEGURO SOCIAL**

_____   _____
TESTIGO *(WITNESS)*   **FECHA**

¿Comprende usted?   After reading the notice on a drug-free workplace, answer the following questions.

1. ¿Cuál es la política de la compañía en relación al uso de drogas y alcohol?
2. ¿Qué puede incluir la acción correctiva?
3. ¿Cuál es una condición para obtener un trabajo o mantener un empleo?
4. ¿Qué sustancias se consideran ilegales?
5. ¿Quiénes necesitan firmar la aceptación?

A escribir

You have been asked to fill in for the human resources manager, who is home ill. You have a candidate to interview in 20 minutes! Write down the five questions you want to be sure to ask. Compare your notes with a classmate's.

MODELO: *¿Cuándo puede comenzar* (begin) *a trabajar?*

Algo más

The **Ventana cultural** is, as its name suggests, designed as a window so that we can get a glimpse of some of the contemporary cross-cultural issues that we will encounter as more and more Latinos arrive in the United States to work, to live, and to travel. There is no doubt that our own everyday culture is changing as a result of the growing Latin influence. Can you see and identify some of the influences in your own community? In the **A conocer** section, we will also encourage you to become more aware of some of the key Latino figures who are having an impact on different aspects of business today.

Ventana cultural

Si usted no habla español...

Según el censo de 2000 *(dos mil)*, hay más de 35.3 millones de hispanos en Estados Unidos y muchos de ellos hablan solamente español. El español es la segunda lengua de esta nación y la importancia de hablar español es más evidente cada día.

Para comunicarse con empleados, colegas o clientes, hay que hablar español. Se ve el impacto del español en los negocios, trabajando con los inmigrantes o con un nuevo ejecutivo de Colombia o Argentina. Es imposible escaparse de la cultura popular en español —del chihuahua que "quiere Taco Bell" o de "la vida loca" de Ricky Martin. Las películas de Antonio Banderas, Jennifer López y Penélope Cruz, así como la música de Marc Anthony y Christina Aguilera, son las puertas a un mundo en español.

Sí, ¡es un mundo en español! En la industria, la agricultura, la Bolsa *(stock market)*, se oye español por todas partes. Ahora es la primera lengua de 332 (trescientos treinta y dos) millones de personas. El español es tan importante que puede ayudarnos a obtener un trabajo —y muchas veces a recibir un salario más alto.

¿Ud. no está convencido todavía? Considere estos datos:

- Más de 3.3 millones de estudiantes en las escuelas secundarias estudian español.
- En empresas de California a Nueva York, muchos patrones pagan la matrícula para los empleados que estudian español.
- Varias agencias públicas del gobierno *(government)*, la policía y los hospitales requieren que sus empleados estudien español.
- El 38% de los ejecutivos de recursos humanos internacionales en compañías basadas en EE.UU. buscan empleados hispanohablantes en México, el Caribe y América Central.
- Y si usted es un hispano con una maestría en administración de empresas *(MBA)*, puede elegir *(choose)* su carrera, porque hay mucha demanda en las corporaciones de comercio internacional, porque hay más puestos que empleados.

Con un poco de español se puede hacer mucho. Aun la información básica, como los saludos, los nombres y los números, puede ayudar mucho en cualquier momento. ¡Y nuestro Presidente habla español!

En mis propias palabras. Write three sentences in your own words of the importance in today's workplace of speaking Spanish. Compare your ideas with a classmate's.

A buscar

The Internet offers a wealth of information in Spanish. Have you looked for job applications, resumés, job listings, bilingual positions, etc., in Spanish? Using the word **empleos** as the "Search" topic, almost 100,000 results appeared! See what you find of interest at one of the following sites.

http://www.empleosprofesionales.com/
http://www.empleosweb.com.ar/
http://www.empleoscr.com/
http://www.empleosvenezuela.com/
http://www.empleosmx.com/
http://www.empleos.net/

A conocer: George P. Bush

George P. Bush comes from a political family: his grandfather was President of the United States, his uncle is currently President and his father is the Governor of Florida. With a mother from Mexico and perfect Spanish, George P. Bush went to the 2000 Republican Convention as a "symbol of diversity deployed **'en español'** to court young and Latino voters for the Bush campaign." Could he emerge as the third "President Bush"? (USA Today, 6/18/00)

Use the Internet to research this politician on the rise and fill in as many of these "vital statistics" as you can. Are there any politically active Latinos in your community?

INFORMACIÓN PERSONAL

Apellido(s): _____

Nombre: _____

Sexo: M   F   Edad: _____

Dirección: _____

_____

Teléfono del trabajo: _____

Estado civil: ___ Soltero/a ___Casado/a

___ Divorciado/a ___Viudo/a

Fecha de nacimiento: _____

Número del Seguro Social: _____

ℒECCIÓN 2

¡Hay tanto que hacer!

Módulo 1
- Necesito un seguro de salud
- Naming and describing: *Más sobre los adjetivos*
- Protección de la propiedad
- Talking about present activities: *Los verbos que terminan en -ar*

Módulo 2
- Mi casa nueva
- Talking about present activities: *Los verbos que terminan en -er, -ir*
- Hay que conectar los servicios
- Physical conditions: *Expresiones con tener y estar*

Síntesis
- A escuchar
- A conversar
- A leer
- A escribir

Algo más
- Ventana cultural: Comprador de casa por primera vez
- A buscar
- A conocer: Henry Cisneros

Módulo I

Necesito un seguro de salud

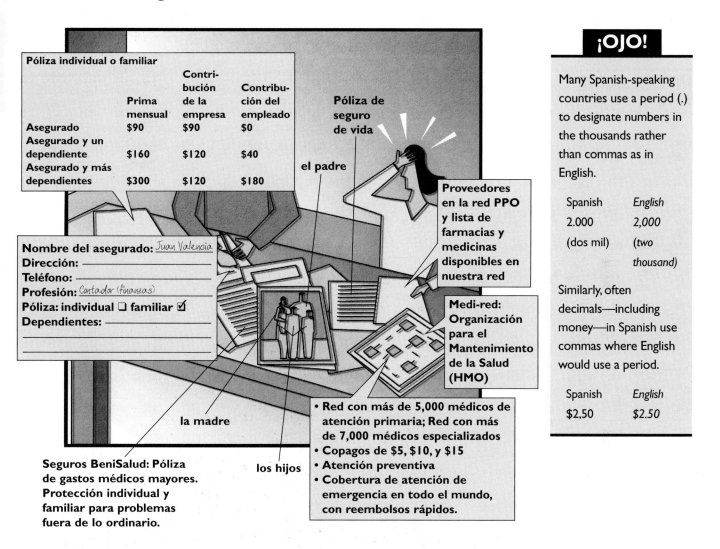

Póliza individual o familiar

	Prima mensual	Contribución de la empresa	Contribución del empleado
Asegurado	$90	$90	$0
Asegurado y un dependiente	$160	$120	$40
Asegurado y más dependientes	$300	$120	$180

Nombre del asegurado: *Juan Valencia*
Dirección: _____
Teléfono: _____
Profesión: *Contador (finanzas)*
Póliza: individual ☐ **familiar** ☑
Dependientes: _____
_____

Póliza de seguro de vida

el padre

Proveedores en la red PPO y lista de farmacias y medicinas disponibles en nuestra red

Medi-red: Organización para el Mantenimiento de la Salud (HMO)

la madre

Seguros BeniSalud: Póliza de gastos médicos mayores. Protección individual y familiar para problemas fuera de lo ordinario.

los hijos

- **Red con más de 5,000 médicos de atención primaria; Red con más de 7,000 médicos especializados**
- **Copagos de $5, $10, y $15**
- **Atención preventiva**
- **Cobertura de atención de emergencia en todo el mundo, con reembolsos rápidos.**

¡OJO!

Many Spanish-speaking countries use a period (.) to designate numbers in the thousands rather than commas as in English.

Spanish	English
2.000	2,000
(dos mil)	(two thousand)

Similarly, often decimals—including money—in Spanish use commas where English would use a period.

Spanish	English
$2,50	$2.50

A. ¿Cómo se dice?   Complete the following with information from the drawing.

1. Una prestación que cubre los gastos del médico, del hospital y de las medicinas es el _____.

2. El tipo de seguro que cubre gastos por problemas fuera de lo ordinario o accidentes catastróficos es una póliza de _____.

3. Un plan de seguros con una red *(network)* de médicos de atención primaria y otra de especialistas es una _____.

4. Un _____ es el dinero que el asegurado paga por cada visita al médico y por cada medicina.

5. El costo mensual (cada mes) del seguro es la _____.

B. ¿Y usted?   Circle one option for each of the following questions as if you were choosing your own health insurance plan.

1.	Yo necesito un plan:	a. individual.	b. familiar.
2.	Normalmente yo:	a. visito al médico con frecuencia.	b. no visito al médico con frecuencia.
3.	Prefiero pagar:	a. un copago con cada visita.	b. una cantidad deducible para toda la familia.
4.	Prefiero pagar la prima:	a. mensualmente.	b. dos veces al año.
5.	Yo necesito un seguro de salud para tener protección:	a. contra todos los problemas menores de salud.	b. contra enfermedades y accidentes catastróficos.

Necesito un seguro de salud

Juan and Lucía have just accepted new jobs with Empresa Metálica, S.A., and are filling out forms for health and life insurance benefits. Although they have just met, they have already become friends as they try to figure out the plans. So many options, so many decisions!

LUCÍA: ¡Ay, Juan! Hay muchos formularios complicados para el seguro de salud. Estoy confundida.

JUAN: Yo también estoy confundido con todos los planes. Hay opciones económicas y opciones caras. Con el plan de gastos médicos mayores, hay una alta cantidad deducible para cada miembro de la familia, pero la hospitalización está cubierta al cien por cien (100 %). Con el plan de la organización de mantenimiento de la salud, no hay cantidad deducible, pero hay muchos copagos altos. Para mí, la decisión es más complicada porque necesito un plan familiar para mi esposa y mis hijos.

LUCÍA: Yo, por fortuna, sólo necesito un plan individual. Aquí hay un plan interesante, pero muchas recetas *(prescriptions)* no están cubiertas. ¡Ay! Tengo el cerebro cansado.

JUAN: Tranquila, Lucía. Tengo un plan nuevo: es mediodía. Tomamos una bebida fría y un sándwich grande y entonces evaluamos las opciones: el plan más económico con la protección más amplia.

LUCÍA: ¡Me gusta el plan! Y después.... ¡el seguro de vida!

JUAN: No, primero el seguro dental y de la vista.

LUCÍA: ¡Ay, Juan…!

C. ¿Comprende usted?   Give the following information based on the dialogue.

1.   ¿Quién necesita un plan familiar?
2.   ¿En qué plan hay una alta cantidad deducible?
3.   ¿En cuál hay copagos?
4.   ¿Quién necesita más el seguro de vida, Juan o Lucía? ¿Por qué?
5.   ¿Por qué es difícil seleccionar un plan?

D. Guía para el Plan HMO de BeniSalud®   After reading the informational brochure on health insurance, complete the following statements.

BeniSalud
PROGRAMA DE BENEFICIOS DE LA HMO

Estos servicios se cubren según se indica y cuando los autorice su médico de atención primaria en su grupo participante.

CANTIDAD DEDUCIBLE	**0**
BENEFICIOS MÁXIMOS	**SIN LÍMITE**
COPAGO MÁXIMO ANUAL	**$800 (OCHOCIENTOS)/INDIVIDUAL MÁXIMO 3 PERSONAS POR FAMILIA**
VISITAS AL CONSULTORIO	**$10 DE COPAGO**
HOSPITALIZACIÓN	**PAGO COMPLETO**
SERVICIOS DE EMERGENCIA	**$35 DE COPAGO (NO SE COBRA SI SE LE ADMITE COMO PACIENTE INTERNO)**

BENEFICIOS DISPONIBLES DURANTE LA HOSPITALIZACIÓN COMO PACIENTE INTERNO

ADICCIÓN O ABUSO DE ALCOHOL, DROGAS U OTRAS SUSTANCIAS	**PAGO COMPLETO**
ATENCIÓN DE UN DOCTOR COMO PACIENTE INTERNO	**PAGO COMPLETO**
ATENCIÓN DE REHABILITACIÓN COMO PACIENTE INTERNO	**PAGO COMPLETO**
ATENCIÓN DE MATERNIDAD	**PAGO COMPLETO**
ATENCIÓN PARA LOS RECIÉN NACIDOS	**PAGO COMPLETO**
ATENCIÓN DE ENFERMERÍA ESPECIALIZADA (Hasta un máximo de 100 días consecutivos)	**PAGO COMPLETO**

INTERRUPCIÓN VOLUNTARIA DEL EMBARAZO

• 1er trimestre	$75 de copago
• 2º trimestre (12–20 semanas)	$150 (ciento cincuenta) de copago
• Después de 20 semanas*	No está cubierto

* (Sólo se cubre cuando la vida de la madre se encuentra en peligro)

---

1.   La cantidad deducible de este plan es _____.

2.   Por una visita al doctor hay que pagar _____.

3.   El copago por servicio de emergencia es de _____.

4.   El plan incluye beneficios como paciente interno para casos de adicción o

abuso de _____, _____ u _____.

Estructuras   *Naming and describing: Más sobre los adjetivos*

- Some of the most useful adjectives in any workplace setting define physical characteristics of people or things. Because the adjective becomes part of the identity of the noun it describes, it assumes the same characteristics as its noun: masculine, feminine, singular, or plural. If you are unsure if a noun is masculine or feminine, you can tell by looking at the article (**el, la, los, las, un, una, unos, unas.**) Remember: If the adjective ends in a letter other than **–o** or **-a**, it becomes plural or singular, but not masculine or feminine.

Colors:

blanco/a	*white*	**la** camis**a blanca**	*the white shirt*
negro/a	*black*	**los** libr**os negros**	*the black books*
rojo/a	*red*	**la** tint**a roja**	*the red ink*
amarillo/a	*yellow*	**las** copi**as amarillas**	*the yellow copies*
azul	*blue*	**los** oj**os azules**	*the blue eyes*
verde	*green*	**la** plant**a verde**	*the green plant*

- For hair and eyes, the following colors are often used:

Hair:

castaño	*brown*	**moreno**	*black or dark brown*
rubio	*blond*	**pelirrojo**	*red*

Eyes:

(de color) café	*brown*	**azules**	*blue*	**verdes**	*green*

Physical or mental characteristics:

alto/a	*tall/high*	**las** señor**as altas**	*the tall women*
bajo/a	*short/low*	**los** niñ**os bajos**	*the short children*
joven	*young*	**el** director **joven**	*the young director*
viejo/a	*old*	**la** client**a vieja**	*the old client (f.)*
gordo/a	*fat*	**el** gat**o gordo**	*the fat cat*
delgado/a	*thin*	**la** secretari**a delgada**	*the thin secretary*
fuerte	*strong*	**la** econom**ía fuerte**	*the strong economy*
débil	*weak*	**el** merca**do débil**	*the weak market*
optimista	*optimistic*	**los** inversion**istas optimistas**	*the optimistic investors*

¡OJO! Nouns and adjectives ending in **–ista** only become singular or plural.

Other

grande	*large*	**un** portafoli**os grande**	*a large portfolio*
pequeño/a	*small*	**un** salari**o pequeño**	*a small salary*

Note: **chico/a** is another way of saying *small.*

- When **grande** is placed before the noun, the meaning changes from *large* to *great,* and the ending **-de** is omitted in the singular.

un gran inventor	*a great inventor*
unos grandes inventores	*some great inventors*
una gran trabajadora	*a great worker*
unas grandes trabajadoras	*some great workers*

- **Bueno** and **malo** are adjectives meaning *good* and *bad.* When placed after the noun they modify, they become masculine or feminine, singular or plural.

bueno/a	*good*	**el** contador **bueno**	*the good accountant*
malo/a	*bad*	**las** notici**as malas**	*the bad news*

- When **bueno** or **malo** is placed before a masculine singular noun, omit the **-o.**

un bue**n** amig**o**	*a good friend*
unos buen**os** amig**os**	*some good friends*
un mal cas**o**	*a bad case*
unos mal**os** cas**os**	*some bad cases*

¡OJO!

Although the most convenient English translations of **me gusta** and **le gusta** are *I like* and *you, he/she like(s),* they literally mean *it is pleasing to me* and *it is pleasing to you/to him/to her.*

Me gusta el plan.	*I like the plan. (The plan is pleasing to me.)*
Le gusta el plan.	*You/he/she like(s) the plan. (The plan is pleasing to you/to him/to her.)*

If more than one thing is pleasing, use **gustan.**

Me gust**an los planes.**	*I like the plans. (The plans are pleasing to me.)*
Le gust**an los planes.**	*You/he/she like(s) the plans. (The plans are pleasing to you/to him/to her.)*

You will learn more about this verb in **Lección 7.**

Para practicar

A. Asociaciones. What color or colors do you associate with the following items? Rewrite the phrase to include the description. Don't forget a verb that matches the subject! Then, tell whether or not you like them.

MODELO: los zapatos *(shoes)* de los ejecutivos
*Los zapatos de los ejecutivos **son negros.***
Me gustan los zapatos negros.

1. el dinero	**5.** una limusina
2. las bananas	**6.** el café
3. las plantas	**7.** un taxi
4. el papel	**8.** IBM

B. Más asociaciones. When you see the following names, what characteristics do you immediately associate?

MODELO: Michael Jordan
Michael Jordan es alto.

1. Roseanne	**5.** el Presidente
2. Danny DeVito	**6.** Steve Forbes
3. Albert Einstein	**7.** Oprah
4. Donald Trump y Bill Gates	**8.** Warren Buffett

C. ¿Problema o beneficio? Make sure the following adjectives match their nouns and then tell a classmate if these economic issues are a benefit **(beneficio)** or a problem **(problema).**

MODELO: economía/fuerte
Una economía fuerte es un beneficio.

1. formularios/complicado	**5.** inversionistas/optimista
2. desempleo/alto	**6.** protección/completo
3. economía/vigoroso	**7.** seguros de vida/ económico
4. empleado/deshonesto	**8.** cantidad deducible/bajo

Protección de la propiedad

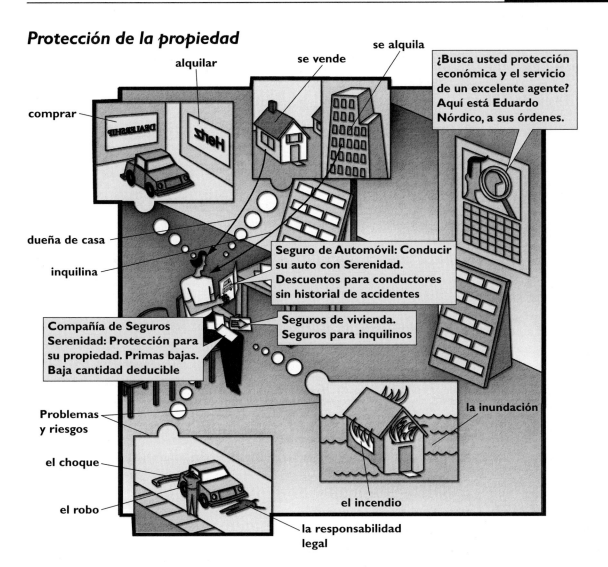

A. ¿Cómo se dice? Find the word in column **B** that has a similar meaning to each one of the words or phrases in column **A**.

A	**B**
1. casa y apartamento	**a.** colisión
2. choque	**b.** persona que maneja un auto o un taxi
3. conductor	**c.** mucha agua por todas partes
4. inundación	**d.** peligro *(danger)* de problemas
5. riesgo	**e.** la persona que paga dinero para usar una cosa
6. dueño/propietario	**f.** la persona que tiene posesión de una cosa
7. inquilino	**g.** viviendas

B. ¿Alquilar o comprar?   Tell if you would be more likely to buy **(yo compro)** or to rent **(yo alquilo)** from the following people or places.

MODELO: *En Avis, yo alquilo coches.*

1. Avis
2. Seguros Allstate
3. Blockbuster Video
4. un restaurante
5. una habitación *(room)* en un hotel
6. un agente de bienes raíces *(realtor)*

La protección para mi propiedad

Lucía has accepted her new job, signed up for her benefits through the company, and is almost ready to start house-hunting in her new city. Clever girl: Before she decides whether to buy or rent a home or apartment and whether or not she can afford to buy a car, she has stopped at an insurance office to find out some of the hidden costs of owner- ship: insurance!

AGENTE: Bienvenida, señorita. Me llamo Eduardo Nórdico, a su servicio.

LUCÍA: Buenas tardes, Sr. Nórdico. Soy Lucía Naranjo. Busco información porque tengo que tomar dos decisiones importantes. ¿Debo comprar o alquilar una casa? y ¿debo comprar un auto usado o usar el transporte público para llegar a mi nuevo trabajo—o caminar?

AGENTE: ¡Ah, sí! Usted necesita unas cotizaciones para seguro de vivienda y seguro de auto.

LUCÍA: ¿Cotización?

AGENTE: Los costos aproximados de la protección contra riesgos.

LUCÍA: ¡Precisamente! Necesito esta información antes de tomar las decisiones.

AGENTE: Usted es obviamente muy inteligente. Pues, primero examinamos sus circunstancias y entonces calculamos varias cotizaciones. ¿Dónde trabaja usted?

C. ¿Comprende usted?   Answer the following questions based on the dialogue.

1. ¿Cómo se llama el agente de seguros?
2. ¿Qué busca Lucía?
3. ¿Cuáles son las dos decisiones importantes de Lucía?
4. ¿Qué significa "cotización"?
5. Antes de calcular las cotizaciones, ¿qué necesita examinar el agente?

D. ¿Mi cobertura es suficiente? After reading the questions many of us have on insurance coverage, answer the specific questions in the following activity by going to the actual website for Allstate. Provide specific information for each item.

Está en buenas manos

- ¿Qué tipos de **Coberturas de Seguros para Automóviles** hay disponibles?
- ¿Mi **Cobertura de Seguro de Propiedad** sube *(goes up)* con el valor de mi propiedad? ¿Qué pasa si yo alquilo; cubriría el seguro del propietario mis propiedades personales?
- ¿Tengo todo lo necesario en mi Cobertura para Seguro de Negocios? ¿Cubre el Seguro de Negocios la pérdida de ingresos si tengo que cerrar mi negocio?
- ¿Tiene Allstate otros productos para asegurar motocicletas? ¿Botes? ¿Vehículos de recreación? ¿Casas de remolque?
- ¿Ofrece Allstate **Descuentos y Ahorros** que puedan ayudarme a reducir el costo de la cobertura? ¿Qué descuentos hay disponibles?

Busque a un agente de Allstate en www.allstate.com/spanish o llámenos gratis al 1-800-224-2084 para ser atendido en español.

1. ¿Qué tipos de seguros para automóviles hay?
2. ¿Es necesario tener seguro de propiedad personal?
3. Si tengo un vehículo de recreación, ¿Allstate tiene seguros?
4. ¿Cómo puedo hablar con un agente?
5. ¿Es buena idea tener seguro de vida?
6. ¿Qué descuentos y ahorros hay?

E. Una posible reclamación. Chances are you've filed an insurance claim at some point for an auto accident, a robbery, fire, flooding … Make a list of the three most important types of insurance you personally believe you should have. Include types of coverage and policy amounts using information from this activity as a resource. Discuss your list with three other students to see if you agree.

Estructuras *Talking about present activities: Los verbos que terminan en -ar*

- An infinitive is the basic form of the verb that is not yet matched to fit a specific person or subject. In English, an infinitive always starts with *to: to play, to speak, to run.*
- In Spanish, infinitives are single words that end in –**ar, –er,** or **–ir.**

   habl**ar** *to speak*   com**er** *to eat*   viv**ir** *to live*

- The portion of the verb that tells the action is the stem and the portion that tells who or what the subject is, the ending.

hablo   *I speak*   **habl** is the stem   and   **o** tells that the subject is **yo.**

- In order to indicate the different subjects of a verb, use different endings. This is called *conjugating a verb.* To conjugate **–ar** verbs, drop the final **–ar** and add these endings:

hablar *to talk, to speak*			
yo habl**o**	*I speak*	**nosotros/as** habl**amos**	*we speak*
tú habl**as**	*you (familiar) speak*		
usted habl**a**	*you (formal) speak*	**ustedes** habl**an**	*you (plural) speak*
él/ella habl**a**	*he/she speaks*	**ellos/as** habl**an**	*they speak*

- Some additional **–ar** verbs that follow this pattern are:

ayudar	*to help*	**llamar**	*to call*
buscar	*to look for*	**mirar**	*to look at*
calcular	*to calculate*	**necesitar**	*to need*
caminar	*to walk*	**observar**	*to observe*
descansar	*to rest*	**preparar**	*to prepare*
escuchar	*to listen*	**regresar**	*to return*
examinar	*to examine*	**tomar**	*to take*
limpiar	*to clean*	**trabajar**	*to work*

- When the subject of the verb is clear from the ending and the context, the subject pronoun may be omitted.

(Yo) hablo con el agente.   *I speak with the agent.*

¡OJO! In a sentence where two verbs come together, the first verb is conjugated and the second verb stays in the infinitive form.

Necesito **hablar** con el agente.   *I need to speak with the agent.*
Voy a **llamar** a la oficina.   *I am going to call the office.*

Para practicar

A. ¿Quién habla? Provide the subject pronoun (or pronouns) that would match the following verbs.

MODELO: Trabaja en una oficina.
           Él, ella or *usted trabaja en una oficina.*

1. Miramos los detalles.
2. Tomo un café.
3. Necesitan más información.
4. Evaluamos los riesgos.
5. Escucha el programa financiero.
6. Calculas el total de los seguros.

B. Una llamada (por teléfono) a la compañía de seguros. By matching the verbs in parentheses to the subjects given, you can follow the steps through corporate phone systems and talk to an agent—someday!

1. Primero, yo _____ (llamar) a la Agencia Nacional de Seguros

para hablar con un agente y _____ (hablar) con una

operadora. Son las diez de la noche y necesito información.

2. La operadora _____ (mirar) la lista de agentes y ella me

_____ (preguntar) el nombre de mi agente.

3. Yo _____ (esperar) en la línea y _____

(escuchar) la música *Muzak* por mucho tiempo.

4. Después, hay una nueva voz (*voice*): "Gracias por su paciencia mientras

nosotros _____ (ayudar) a otros clientes. Si llama por un

accidente o una emergencia, debe llamar al 911".

5. Para mí, no es una emergencia y yo _____ (examinar) mi

teléfono y _____ (limpiar) la cuerda (*cord*), mientras ellos

_____ (trabajar) con otros clientes. ¡Hay muchos!

6. _____ (Pasar) otros cinco minutos. ¡Más música! ¡Más

frustración! Pasa más tiempo—mucho más.

7. Ahora, yo _____ (preparar) un reporte para el trabajo en la

computadora. Y yo _____ (esperar).

8. Por fin, la voz _____ (regresar) a la línea: "Nuestras horas de

trabajo son desde las ocho de la mañana hasta las once de la noche. En este

momento, la oficina está cerrada. Favor de llamar durante las horas de

trabajo." Clic.

9. Yo, inmediatamente _____ (buscar) las Páginas amarillas

(Yellow Pages)... y una nueva compañía de seguros.

Módulo 2

Mi casa nueva

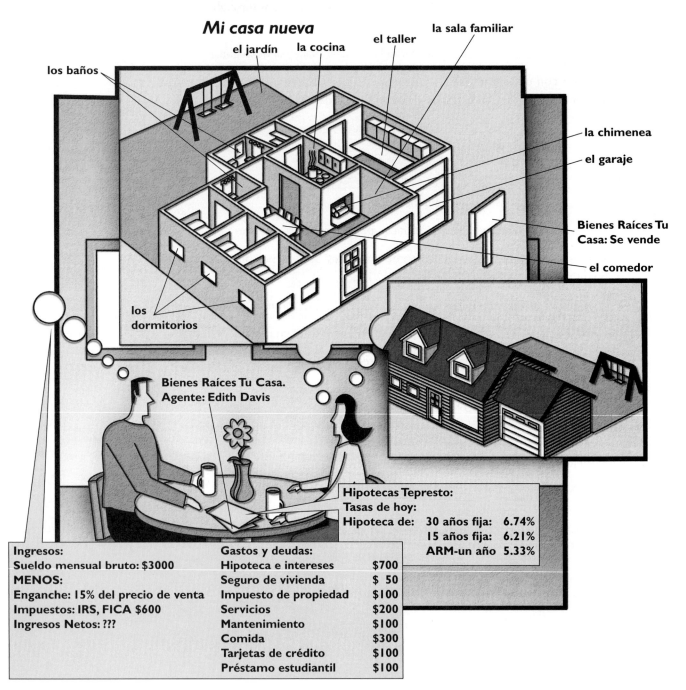

los baños

el jardín   la cocina   el taller   la sala familiar

la chimenea

el garaje

Bienes Raíces Tu
Casa: Se vende

el comedor

los
dormitorios

Bienes Raíces Tu Casa.
Agente: Edith Davis

Hipotecas Tepresto:
Tasas de hoy:

Hipoteca de:		
30 años fija:	6.74%	
15 años fija:	6.21%	
ARM-un año	5.33%	

Ingresos:	Gastos y deudas:	
Sueldo mensual bruto: $3000	Hipoteca e intereses	$700
MENOS:	Seguro de vivienda	$ 50
Enganche: 15% del precio de venta	Impuesto de propiedad	$100
Impuestos: IRS, FICA $600	Servicios	$200
Ingresos Netos: ???	Mantenimiento	$100
	Comida	$300
	Tarjetas de crédito	$100
	Préstamo estudiantil	$100

A. ¿Cómo se dice?   Match the word from column **A** that is best described by each phrase in column **B.**

	A		**B**
1.	hipoteca	**a.**	el salario antes de deducir impuestos
2.	agente de bienes raíces	**b.**	préstamo para comprar una propiedad
3.	tasa de hoy	**c.**	el porcentaje (%) del día de una hipoteca
4.	sueldo bruto	**d.**	el dinero inicial para obtener la hipoteca
5.	enganche	**e.**	profesional de compra y venta de propiedades

B. La casa.   Tell where in the house the following things happen.

1. Yo estaciono el automóvil en el _____.

2. Nosotros preparamos una pizza en la _____.

3. El cuarto para la higiene personal es el _____.

4. La parte del garaje con las herramientas *(tools)* para el mantenimiento de la casa es el _____.

5. El cuarto donde pasamos la noche y dormimos es la _____.

La casa ideal

Juan and his wife, Iris, have just found their dream home. Iris is ready to sign the papers, but Juan has a case of first-time buyer's jitters. Their real estate agent, Edith, has left them alone at Starbucks to decide over a tall, iced mocha.

IRIS: Juan, es la casa ideal para nosotros: un dormitorio para cada niño, dos baños, una linda sala familiar con chimenea, un garaje con taller para tus proyectos y una cocina moderna y eficiente para mí. ¡Es perfecta! Allí, vivimos contentos. Y es más grande que la casa de tu hermano...

JUAN: Yo te comprendo, Iris. Admito que es muy bonita y que la cocina es perfecta y me gusta mucho el taller. Pero con el sueldo que yo recibo y con la hipoteca, el seguro y los impuestos mensuales, estoy nervioso. No quiero vivir cada mes con la misma decisión: ¿comemos o pagamos la hipoteca? Y el enganche es de cinco mil dólares... ($5,000)

IRIS: Juan, entonces aprendemos a economizar. Vendemos los bonos *(bonds)* que recibimos por la boda *(wedding)* y así pagamos el enganche. Lo veo ahora: tú en el taller y yo en la cocina: el aroma de tu comida favorita...

JUAN: Y la casa es más grande que la casa de mi hermano. ¿Bebemos otro café y decidimos?

IRIS: No, Juan. Estos cafés cuestan tres dólares cada uno. Yo creo que debemos economizar inmediatamente. Necesito el teléfono, por favor. ¡Edith necesita saber que hoy vende otra casa!

¡OJO!

You will find several terms used for *down payment*. **Enganche, adelanto,** and **entrada** are all used interchangeably.

C. ¿Comprende usted?   Answer the following questions based on the dialogue.

1. ¿Quién cree que es la casa perfecta?
2. ¿Cuántos cuartos tiene? ¿Cuáles son?
3. ¿Por qué está nervioso Juan?
4. Al final, ¿por qué está interesado Juan?
5. ¿Por qué no beben otro café?

D. ¿Es la hipoteca perfecta para mí?   Decide if each of the statements is **Cierto (C)** or **Falso (F)** based on the brochure. If the statement is incorrect, provide the correct information.

Programa comunitario de hipotecas asequibles para propietarios

Préstamos asequibles para la vivienda

¿Sueña usted con ser un día dueño de su propia casa?

WELLS FARGO

Wells Fargo Bank quiere ayudarle a convertir este sueño en realidad. Por eso hemos creado este programa de préstamos especialmente para personas de nuestra comunidad con ingresos medios. El programa de hipotecas asequibles para propietarios comunitarios (CHAMP, por sus siglas en inglés) puede ser la respuesta que usted busca.

Las condiciones son flexibles, favorables y simplificadas. Los requisitos del pago inicial se han minimizado para evitar el problema de tener que presentar una gran cantidad de dinero en efectivo para poder realizar la compra. Es un fabuloso programa de adquisición de vivienda.
- Sólo 2% de adelanto
- Puede utilizarse la ayuda de un programa aprobado para efectuar el adelanto
- Sin límite máximo para el monto *(amount)* del préstamo
- No se exigen reservas en efectivo
- Precios competitivos

Se considerarán fuentes alternativas de historial de crédito.

CHAMP Community Homeowner Affordable Mortgage Program

---

1. ____ Este programa es para personas con mucho dinero.
2. ____ El programa se llama CHAMP en inglés.
3. ____ Hay que tener un enganche del 20%.
4. ____ Es necesario tener mucho dinero en efectivo para realizar la compra.
5. ____ Las personas que participan en este programa van a alquilar una casa.

E. ¿Comprar o alquilar?   One of you is a banker, the other a footloose-and-fancy-free bachelor. You have differing ideas on whether to purchase a residence or rent. Each should state at least four reasons to back up his opinion.

MODELO: E1: *Las tasas de interés están bajas ahora.*
E2: *¡Pero una casa es mucha responsabilidad!*

Estructuras   *Talking about present activities: Los verbos que terminan en -er, -ir*

- Verbs ending in **-er** and **-ir** follow a pattern similar to the **-ar** ending verbs.
- Use the same endings for both **-er** and **-ir** verbs for all subjects except **nosotros/as.**

	comer *to eat*	**vivir** *to live*
yo	como	vivo
tú	comes	vives
él, ella, usted	come	vive
nosotros/as	comemos	vivimos
ellos, ellas, ustedes	comen	viven

- Additional **-er** and **-ir** verbs that will be useful include:

-er		**-ir**	
aprender	*to learn*	**admitir**	*to admit*
beber	*to drink*	**decidir**	*to decide*
comprender	*to understand*	**discutir**	*to argue*
correr	*to run*	**escribir**	*to write*
creer	*to believe*	**existir**	*to exist*
deber	*to owe* or *ought to/should*	**insistir en**	*to insist on*
leer	*to read*	**recibir**	*to receive*
prometer	*to promise*	**sufrir**	*to suffer*
ver (yo **veo**)	*to see*		
vender	*to sell*		

Para practicar

A. Economizar o no.   The restaurant in your building has an inexpensive part **(la cafetería)** and an expensive one **(el comedor ejecutivo).** Tell where you think the following people probably eat.

MODELO: el presidente de la empresa
        Yo creo que el presidente de la empresa come en el comedor ejecutivo.

1. las "super-modelos" de Vogue
2. la recepcionista
3. los tres empleados nuevos
4. el señor que limpia los baños
5. mi jefe y yo
6. Juan y Lucía
7. los agentes de bienes raíces
8. yo

B. Actividades en el trabajo.   By choosing the correct form of the verb in parentheses, you can describe some of the activities in a busy real estate office.

1. Los clientes _____ (leer) la lista de casas en venta.

2. Dos secretarias _____ (beber) té verde.

3. Un representante _____ (vender) una copiadora.

4. Yo _____ (correr) al ascensor *(elevator)*.

5. Mi agente y yo _____ (ver) la lista de casas en mi barrio.

6. Mi agente _____ (comprender) mis preferencias.

C. Una oficina grande de bienes raíces.   On a sheet of paper, write the following headings:

La sala de espera   La sala de conferencias   La sala de empleados

With a classmate, brainstorm as many activity verbs as possible for each place. Next, from your list of verbs, write sentences telling what people are doing in those places.

MODELO: la sala de espera
            escribir   El cliente escribe información personal en el formulario.

Hay que conectar los servicios

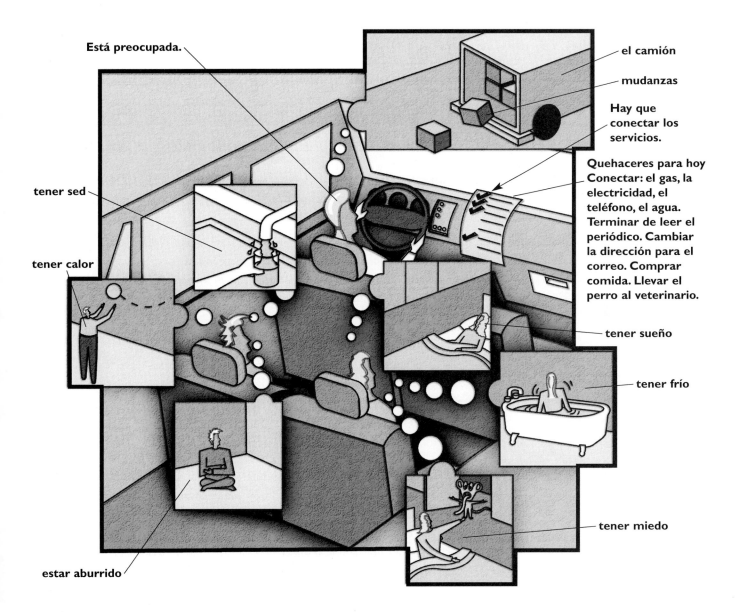

Está preocupada.

el camión

mudanzas

Hay que conectar los servicios.

tener sed

tener calor

Quehaceres para hoy
Conectar: el gas, la electricidad, el teléfono, el agua. Terminar de leer el periódico. Cambiar la dirección para el correo. Comprar comida. Llevar el perro al veterinario.

tener sueño

tener frío

tener miedo

estar aburrido

A. ¿Cómo se dice?   Complete the following with information from the drawing.

1. Un vehículo grande que transporta las cosas de una casa a otra casa nueva es

_____.

2. En una casa nueva, es necesario conectar los siguientes servicios principales:

_____, _____, _____ y

_____.

3. La lista de _____ contiene las tareas *(tasks)* diarias para operar una casa.

4. Los niños no quieren ir a conectar los servicios con su mamá. Ellos están

_____ .

B. Remedios.   Can you offer a verb and a brand-name product to remedy the following situations?

MODELO: tener sed
beber Pepsi

I. tener hambre	**3.** estar muy nervioso	**5.** tener sueño
2. tener calor	**4.** estar aburrido	**6.** estar preocupado

La casa de sueños

Juan and Iris bought their dream house and will move in next week. Today Iris has their two young children, Paquito, seven, and Marisa, four, in the car with her as she arranges to have all of the utilities turned on by moving day.

PAQUITO: Ay, mamá. ¿Por qué tenemos que pasar todo el día en el carro? Tenemos ganas de ir al parque.

IRIS: Tranquilos, niños. Hoy tenemos que conectar los servicios de gas, electricidad y teléfono para la nueva casa antes de mudarnos. Y tenemos que pagar los depósitos.

MARISA: ¿Por qué necesitamos conectar el gas?

IRIS: Necesitamos conectar el gas por muchas razones: si tienes hambre, necesitamos gas para preparar la comida. Si tienes frío, necesitamos gas para la calefacción, y si quieres bañarte, necesitamos gas para tener agua caliente. ¿Saben por qué necesitamos conectar la electricidad?

LOS NIÑOS: ¿Por qué?

IRIS: Para mirar la tele o un vídeo cuando están aburridos, para tener aire acondicionado cuando tienen calor durante el verano y para operar el refrigerador.

MARISA: Y cuando por la noche tengo miedo, necesito electricidad para mi lámpara, ¿verdad?

IRIS: Así es, Marisa. Ahora, sólo tenemos que conectar el teléfono y terminamos. ¿Quién tiene hambre?

LOS NIÑOS: Yo, mamá. Tenemos ganas de ir a McDonald's.

C. ¿Comprende usted? Answer the following questions based on the dialogue.

1. ¿Qué tiene que hacer Iris esta mañana?
2. ¿Por qué necesitan gas en la casa?
3. ¿Qué necesitan durante el verano?
4. ¿Qué necesita Marisa si tiene miedo durante la noche?

D. Agua, luz, teléfono… You've just moved and need to connect your utilities. Read the brochure from MeMudo.com and answer the questions.

Agua, luz, teléfono...

Ya tiene su casita y, ¿ahora qué? En esta página tiene la información necesaria para conectar los servicios básicos o utilidades. Puede hacer o iniciar casi todas las gestiones llamando por teléfono a las diferentes agencias de Puerto Rico. Cada agencia tiene sus requisitos y procedimientos.

Oficina de acueductos y alcantarillados (Agua)

Para una residencia de segunda mano, sólo necesita el número de cuenta del residente anterior. Llame al 758-5454 (Aquatel) y solicite el servicio. Con su nuevo número de cuenta, envíe el pago de $65 para el depósito a la siguiente dirección: AAA PO Box 7066 San Juan, PR 00916-7066

Oficina de energía eléctrica (AEE)

Comience por llamar al 289-3434. Para solicitar servicio residencial, necesita la siguiente información en el momento de llamar:

- Nombre del solicitante
- Número de Seguro Social del solicitante

- Número de licencia de manejar
- Teléfono de casa y/o trabajo
- Dirección de la propiedad

Tiene aproximadamente 15 días para pagar el depósito después de recibir su nuevo número de cuenta. Se puede pagar en cualquier oficina comercial de la autoridad o por correo.

Puerto Rico Telephone Company (PRTC)

Llame al 775-0000, opción 1 para solicitar nuevo servicio. Se requiere la siguiente información:

- Nombre del solicitante
- Número de Seguro Social del solicitante
- Teléfono de casa y/o trabajo
- Dirección física de la propiedad

Hay diferentes opciones para su nuevo número, como el número privado, la compañía de larga distancia, el tipo de tarifa, etc. Debe llamar al 775-0000, opción 2, para coordinar la cita de instalación. En su primera factura aparecen los siguientes cargos: depósito ($20), procesamiento de orden ($35) y cargos de activación ($40).

1. ¿Cuál es el número de teléfono para conectar el agua?
2. ¿Cuánto es el depósito para ese servicio?
3. ¿Cómo se llama la compañía de electricidad?
4. ¿Qué información necesita esa compañía?
5. ¿Cuáles son dos opciones de servicio telefónico?
6. ¿Por qué hay que hacer una cita con PRTC?

E. Necesito servicio telefónico. One of you is a new client of the telephone company and needs new service. The other is the Customer Service Representative **(Representante de Servicio al cliente).** Prepare and present a mini-dialogue with the information necessary to begin service.

MODELO: E1:   *Buenos días. Necesito un número de teléfono para mi nuevo apartamento.*

E2:   *¿Su nombre, por favor?*

Estructuras   *Physical conditions: Expresiones con tener y estar*

- **Estar** *(to be)* and **tener** *(to have)* are two very useful verbs to describe certain temporary physical conditions.
- Use **estar** with an *adjective* to indicate *variable* physical or emotional circumstances. (Like **ser,** the English equivalent is *to be.* Remember that **ser** is used to describe long-term or identifying characteristics, while **estar** is used to indicate that a characteristic is more subject to change and circumstance). Use these forms of **estar:**

estar	to be				
yo	**estoy**	*I am*	**nosotros/as**	**estamos**	*we are*
tú	**estás**	*you are*			
Ud., él, ella	**está**	*you are, s/he is*	**Uds., ellos, ellas**	**están**	*you/they are*

—¿Cómo **están** ustedes?   *How are you?*

—**Estamos** ocupados.   *We are busy.*

The following descriptive words are commonly used with **estar** to describe how people are feeling.

aburrido/a	*bored*	**mal**	*bad, ill*
bien	*well*	**nervioso/a**	*nervous*
cansado/a	*tired*	**ocupado/a**	*busy*
confundido/a	*confused*	**preocupado/a**	*worried*
contento/a	*content, happy*	**regular**	*so-so*
interesado/a	*interested*	**triste**	*sad*

Los agentes **están** preocupad**os** por las tasas de interés.   *The realtors are worried about interest rates.*

La secretari**a está** muy cansad**a**.   *The secretary is very tired.*

■ Use **estar** to indicate where something is located.

La casa **está** en un barrio muy bonito.   *The house is in a lovely neighborhood.*
Las tasas de hoy **están** en el periódico.   *Today's rates are in the newspaper.*

■ The verb **tener** usually means *to have.* Use these forms:

tener	to have				
yo	tengo	*I have*	nosotros/as	tenemos	*we have*
tú	tienes	*you have*			
Ud., él, ella	tiene	*you have, s/he has*	Uds., ellos, ellas	tienen	*you/they have*

Yo **tengo** cita con el agente de bienes raíces.   *I have an appointment with the realtor.*
La agencia **tiene** un equipo moderno.   *The agency has modern equipment.*

■ Used in the following idiomatic phrases with nouns, the English equivalent of **tener** is also *to be. Very* is expressed by **mucho (calor, frío, miedo, sueño)** or **mucha (hambre, sed, prisa, razón).**

tener... años	*to be ... years old*	**tener prisa**	*to be in a hurry*
tener calor	*to be hot*	**tener razón**	*to be right*
tener frío	*to be cold*	**tener sed**	*to be thirsty*
tener ganas de + infinitive	*to feel like*	**tener sueño**	*to be sleepy*
tener hambre	*to be hungry*	**tener que** + infinitive	*to have to ...*
tener miedo	*to be scared*		

Para practicar

A. ¿Cómo están?   Use the correct form of **estar** to describe how the following people feel. Don't forget to make the adjective match the subject.

MODELO: Los niños (aburrido) en la agencia de bienes raíces.
Los niños están aburridos en la agencia de bienes raíces.

1. La agente (preocupado) por el reporte de crédito del cliente.
2. La familia (contento) con su nueva casa.
3. Los compradores (confundido) con todos los papeles y formularios.
4. Todos nosotros (nervioso) antes del examen para ser corredores *(brokers)* de seguros.
5. Cuando las tasas de interés están bajas, todas las compañías de hipotecas (ocupado).
6. Yo (triste) cuando mis clientes no ven la casa de sus sueños.

B. ¿Qué tienen?   It is very late at night at Juan and Iris' home. Use one of the **tener** phrases to give logical information about the following situations.

MODELO: El aire acondicionado está muy fuerte. Necesito un suéter.
Tengo frío.

I.   Son las tres de la mañana y Juan e Iris están cansados de llenar formularios financieros. Ellos…

2.   Marisa ve un monstruo *(monster)* en su dormitorio. Ella…

3.   Paquito necesita un vaso de agua. Él…

4.   Juan está en la cocina. Busca algo para comer. Él…

5.   Hoy es el cumpleaños de Paquito. Ahora él…

6.   Ahora es agosto y el aire acondicionado no funciona. Ellos…

C. En la clase de español.   Make a list of five things you are feeling right now in your Spanish class. Then, look around you and see if you can guess who else might be feeling the same way.

MODELO: Tengo hambre. Estoy contento.
Helen y Roberto también tienen hambre.
Él /La profesor/a está contento/a.

Vocabulario Módulo I

Sustantivos

el ahorro	*savings*	**la llamada**	*call*
el/la asegurado/a	*insured party*	**la madre**	*mother*
la cantidad	*amount*	**el mantenimiento**	*maintenance*
la casa	*house*	**el/la miembro/a**	*member*
el cerebro	*brain*	**el padre**	*father*
la cobertura	*coverage*	**el peligro**	*danger*
el/la conductor/a	*driver*	**la prestación**	*provision,*
el/la contador/a	*accountant*		*benefit*
el copago	*co-payment*	**la prima**	*premium*
la cosa	*thing*	**la propiedad**	*property*
la cotización	*value, price*	**el/la proveedor/a**	*provider*
	quote	**la receta**	*prescription*
el descuento	*discount*	**la reclamación**	*claim*
el/la dueño/a,		**la red**	*network*
propietario/a	*owner*	**el reembolso**	*refund,*
el/la esposo/a	*husband, wife*		*repayment*
el gasto	*expense*	**el riesgo**	*risk*
el/la hijo/a	*son, daughter*	**el robo**	*robbery*
el incendio	*fire*	**la vez**	*time, occasion*
el/la inquilino/a	*renter, tenant*	**la vista**	*vision*
la inundación	*flood*	**la vivienda**	*housing*

Verbos

alquilar	to rent	llamar	to call
caminar	to walk	mirar	to look at
comer	to eat	preferir (ie)	to prefer
conducir (zc)	to drive	regresar	to return (not for objects)
decidir	to decide		
descansar	to rest	tomar	to take, drink
escuchar	to listen to	trabajar	to work
limpiar	to clean	vivir	to live

Adjetivos

alto/a	high	gordo/a	fat
amarillo/a	yellow	malo/a	bad
amplio/a	wide	mayor	greater, older
azul	blue	menor	lesser, younger
blanco/a	white	mensual	monthly
bueno/a	good	moreno/a	dark-haired
bajo/a	low	mucho/a	much
cansado/a	tired	negro/a	black
caro/a	expensive	nuestro/a	our
castaño/a	brown (hair)	otro/a	other, another
chico/a	small	pelirrojo/a	red-haired
confundido/a	confused	pequeño/a	small
cubierto/a	covered	rojo/a	red
débil	weak	rubio/a	blond
disponible	available	verde	green
farmacéutico/a	pharmaceutical	viejo/a	old

Otras expresiones

a su servicio	at your service	le gusta	you, he, she like(s)
antes de	before	más	more
¡Ay!	Oh!	me gusta	I like
cada	each	mí	me
con frecuencia	frequently	pero	but
contra	against	por fortuna	fortunately
entonces	then	pues	well
fuera de	out of	solamente	only
hay	there is, are	también	also, too
hay que	one must		

Módulo 2

Sustantivos

el año	year	la luz	light
el baño	bathroom	el miedo	fear
el barrio	neighborhood	la mudanza	move
los bienes raíces	real estate	la oferta	offer
la calefacción	heating	el periódico	newspaper
el calor	heat	el/la perro/a	dog
el camión	truck	el porcentaje	percentage
el carro	car	el precio	price
la cocina	kitchen	el préstamo	loan
el comedor	dining room	la prisa	hurry
la comida	meal, food	el proyecto	project
la deuda	debt	el quehacer	chore
el dormitorio	bedroom	la razón	reason
el edificio	building	el refresco	soda
el enganche	down payment	la sala	living room
la entrega	delivery	la sala de espera	waiting room
el frío	cold	la sed	thirst
el/la gerente	manager	el sueño	dream, sleep
el hambre (f.)	hunger	el taller	workshop
la hipoteca	mortgage	la tarjeta	card
el impuesto	tax	la tasa	rate
los ingresos	income	la venta	sale
el jardín	garden		
la lámpara de noche	night light		

Verbos

beber	to drink	escribir	to write
cambiar	to change	estacionar	to park
comprender	to understand	estar	to be
correr	to run	llevar	to take along, carry
creer	to believe	mudarse	to move
deber	to owe, ought to, should	prometer	to promise
		saber	to know
discutir	to argue	sufrir	to suffer
dormir (ue)	to sleep	ver	to see

Adjetivos

bruto/a	gross (financial)	mismo/a	same
caliente	hot	sucio/a	dirty
fijo/a	fixed	triste	sad
lindo/a	pretty		

Otras expresiones

así es	*that's the way it is*	**tener ganas**	*to feel like*
hoy	*today*	**tener que + inf.**	*to have to*

Síntesis

A escuchar

Lucía calls her mother in Mexico to tell her all about her new house. Her mother is only listening to one thing!

Listen to the conversation and indicate whether each of the following statements is **Cierto (C)** or **Falso (F).**

1. ____ La mamá de Lucía está muy enferma.
2. ____ Lucía está cansada.
3. ____ Lucía tiene un nuevo apartamento con cuatro dormitorios.
4. ____ Juan y su esposa Iris son nuevos amigos de Lucía.
5. ____ La mamá está interesada en los seguros de la propiedad que tiene su hija.

A conversar

Brainstorm with three classmates the details of a move to a new apartment. What needs to be done in addition to the actual move? Don't forget to cancel the newspaper! Are you hiring a moving company or renting a U-Haul truck? Mention ten things to be sure to remember.

A leer

Envíe esta tarjeta a las personas y compañías que le envían correo.

ME MUDO POR FAVOR, ANOTE MI NUEVA DIRECCIÓN

Poner
el sello
aquí

Envíe esta tarjeta a las personas y compañías que le envían correo.

Nombre
_____

Si es pertinente, nombre de la compañía o de la urbanización de Puerto Rico
_____

Dirección completa de la calle, apartado postal o apartado RR/HCR   N° de apart./Suite
_____

Ciudad u oficina de correos   Estado   Código Postal+4

En su oficina de correos se encuentran a su disposición tarjetas postales adicionales.

SUGERENCIA: Si necesita más tarjetas postales, puede obtenerlas en cualquier oficina de correos. Pida el "Formulario SP3575". Si no es necesario reenviarla, la correspondencia llegará más rápido a su nuevo hogar.
Separe antes de enviar.

Envíe esta tarjeta a las personas y compañías que le envían correo.

Sírvase enviar el correo a mi nueva dirección a partir de: Mes   Día   Año

ANTIGUA dirección

Mi nombre (Apellido, nombre, inicial intermedia)

Si es pertinente, nombre de la compañía o de la urbanización de Puerto Rico

Antigua dirección completa de la calle, apartado postal o apartado RR/HCR   N° de apart./Suite

Ciudad u oficina de correos   Estado   Código Postal+4

NUEVA dirección

Nueva dirección completa de la calle, apartado postal o apartado RR/HCR   N° de apart./Suite

Ciudad u oficina de correos   Estado   Código postal+4

Nuevo número de teléfono (opcional)

Firma   Fecha de hoy: Mes   Día   Año

Si sabe su código postal + 4, por favor utilícelo

SUGERENCIA: Si sabe su código postal + 4, por favor utilícelo. Esto ayudará a procesar su correo con más rapidez y confiabilidad con nuestro equipo electrónico de alta velocidad.
Separe antes de enviar.

¿Comprende usted?   Fill in the above postcard as if you were planning a move.

A escribir

You are considering two job offers. Each provides a different benefits package, containing insurance plans, pension programs, vacation allowance, etc.

Pick six items you wish to stress as you make your job selection. Compare your list with a classmate's.

MODELO: *Es muy importante tener dos semanas de vacaciones.*

Algo más

While it is quite normal in this country for families to make major moves to new cities for jobs, school, or quality of life, traditionally in Hispanic cultures families have not been as mobile as they are here. Many live their lives in the same city, town, or village of their birth. Many never leave the house they were born in. The support offered by the extended family is extremely important in Latin culture. The U.S. notion of "setting up house" may have very different implications for newcomers to this country. Try to imagine how one might feel coming into this situation.

 **Countrywide**

Lista de deseos del comprador
Anote sus preferencias
Precio de la casa
De $ [   ]   a $ [   ]

Comprador de casa por primera vez

Tipo de casa
❑ Residencia para una familia
❑ Condominio

Número de pisos
❑ De un piso
❑ De dos pisos

Número mínimo de habitaciones
❑ 1
❑ 2
❑ 3+

Número mínimo de baños
❑ 1
❑ 2
❑ 3+

Otros cuartos
❑ Comedor formal
❑ Estudio

Otras comodidades del interior
❑ Chimenea
❑ Calefacción central/ aire acondicionado
❑ Sistema de seguridad

Otras comodidades del exterior
❑ Jardín
❑ Piscina
❑ Patio
❑ Vista

Garaje
❑ Para un auto
❑ Para dos autos+

Antigüedad de la casa
❑ Recién construida
❑ Construida hace menos de 10 años
❑ De más de 10 años

Estilo de la casa
❑ Tradicional
❑ Victoriano
❑ Colonial
❑ Rancho

Exterior
❑ Ladrillo
❑ Estuco
❑ Tablas de madera
❑ Troncos

Electrodomésticos
❑ Lavadora/secadora
❑ Lavaplatos
❑ Cocina eléctrica
❑ Cocina a gas
❑ Refrigerador
❑ Horno microondas

En mis propias palabras.   As a real estate agent, you must consider your customers' overall needs as related to home purchase. Would a Hispanic client prefer a certain area? Are there any particular styles of construction that are more appealing? Should the local schools offer bilingual programs? Do the retail stores in the area offer ethnic foods, for example? Jot down at least five items to consider when attempting to "match" a client to a neighborhood, not just a specific house. Compare your list with a classmate's.

A buscar

You've figured out what features are most important in this client's selection of a home. Now you need to investigate mortgages, interest rates, down payments … all the details necessary to provide accurate information, and you're going to do your research in Spanish. Bring at least one interesting piece of information to class. Check out these websites; remember to ask at your local bank for their loan brochures in Spanish.

www.countrywide.com (click on En español)
www.memudo.com
www.immobel.com
www.fmcmortgage.com
www.buycasa.com
www.mexicorealty.com

A conocer: Henry Cisneros

Speaking of housing: Henry Cisneros. Henry Cisneros became the first Hispanic mayor of a major U.S. city when he won the 1981 election in San Antonio, Texas. In 1992, he was appointed to the Cabinet by President Clinton and unanimously confirmed by the U.S. Senate as the Secretary of Housing and Urban Development. Although controversial, some say his leadership role in the Latino community is strong. Can you find the answers to the following questions about Henry Cisneros?

1.   ¿De dónde es?
2.   ¿Cómo se llama la red (*network*) televisiva de la que fue presidente?
3.   ¿Dónde trabaja ahora?

*L*ECCIÓN 3

Tengo que viajar

Módulo 1
- ¿Qué estás haciendo?
- Activities in progress: *El presente progresivo*
- En el aeropuerto
- Ways of being: **Ser** *y* **estar**

Módulo 2
- En el hotel
- Telling what you're going to do: *El verbo **ir** y el futuro inmediato*
- En el restaurante
- More present activities: *Verbos irregulares en el presente*

Síntesis
- A escuchar
- A conversar
- A leer
- A escribir

Algo más
- Ventana cultural: Guía de protocolo: Costa Rica
- A buscar
- A conocer: Laura Esquivel

Módulo I

¿Qué estás haciendo?

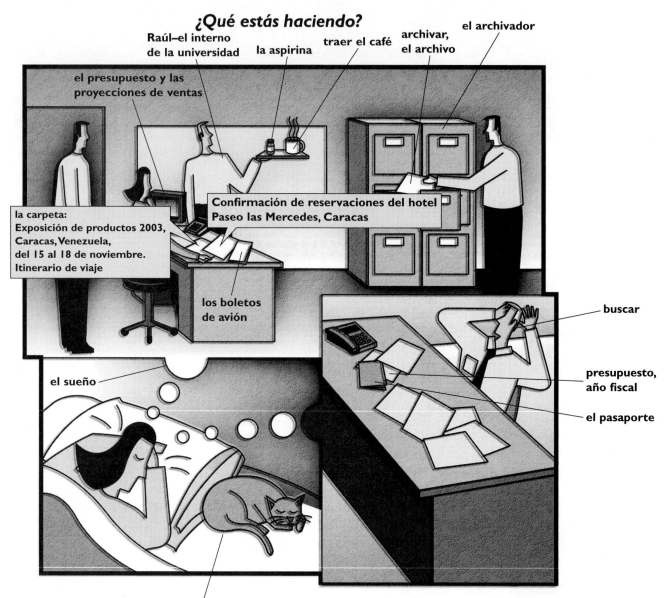

Raúl—el interno de la universidad

la aspirina

traer el café

archivar, el archivo

el archivador

el presupuesto y las proyecciones de ventas

la carpeta:
Exposición de productos 2003, Caracas, Venezuela, del 15 al 18 de noviembre. Itinerario de viaje

Confirmación de reservaciones del hotel Paseo las Mercedes, Caracas

los boletos de avión

buscar

presupuesto, año fiscal

el pasaporte

el sueño

al lado de; dormir

A. ¿Cómo se dice? Complete the following sentences with information from the drawing.

1. Un documento oficial del gobierno con la identificación y ciudadanía (*citizenship*) de una persona es el _____.

2. Una feria comercial donde muchas empresas internacionales presentan sus productos es una _____.

3. Las proyecciones de los gastos y los ingresos para cada departamento de una empresa son el _____.

4. El _____ normalmente es un estudiante universitario que trabaja en una empresa para obtener experiencia.

5. El _____ contiene toda la información acumulada sobre un tema importante o sobre un cliente.

6. El _____ es una parte del calendario para calcular las finanzas. Para muchas empresas, empieza el 1^{ero} de julio y termina el 30 de junio.

B. Acciones. Give the word that the following actions describe. If you cannot remember, check these drawings or drawings from earlier lessons for help.

1. Cerrar los ojos y descansar por ocho horas.

2. Investigar dónde está una cosa perdida (*lost*).

3. Organizar la información poniendo todas las carpetas en un archivador.

4. Transportar una cosa, como un café o un archivo para otra persona.

5. Tener visiones y fantasías durante la noche al descansar.

¿Qué estás haciendo?

Lucía has started her new job as bilingual administrative assistant to the Vice President of International Marketing at the best—or worst—possible time. This is the day before the annual trade show, the largest sales event of the year! So much to learn. So much to do!

JEFE: Buenos días, Lucía. ¿Tiene el itinerario para la Exposición Internacional en Caracas? Necesito los folletos de los productos y la lista de nuestros vendedores en Sudamérica.

LUCÍA: Buenos días, señor. Estoy organizando la carpeta con el itinerario final, los boletos de avión y las reservaciones del hotel. La presidenta está esperando el presupuesto para antes del mediodía. ¿Tiene su pasaporte? (pasan cinco minutos)

JEFE: (por el intercom) Lucía, ¿qué está haciendo? Estoy buscando el archivo pero no está aquí. No veo el pasaporte. ¿Tiene aspirinas?

LUCÍA: Estoy leyendo el folleto para ver si hay errores y escribiendo la lista para la recepción en Caracas. El archivo del presupuesto está al lado del teléfono, con el pasaporte. Raúl le está llevando aspirinas en este momento. (en voz baja) ¡Y tranquilizantes para mí!

C. ¿Comprende usted? Answer the following questions with **Cierto (C)** or **Falso (F).** If the answer is **Falso,** provide the correct information.

1. _____ La exposición internacional es en Bogotá.

2. _____ El jefe está organizando todos los detalles del viaje.

3. _____ La presidenta necesita el presupuesto para las once.

4. _____ Lucía necesita aspirinas y el jefe necesita un tranquilizante.

D. Frecuente Mexicana. After reading the informational brochure from Mexicana, complete the following statements.

Disfrute de nuestro programa de viajero frecuente

Forme parte del exclusivo grupo de personas que ya disfrutan de los privilegios de pertenecer al programa de viajero frecuente de Mexicana de Aviación.

Mexicana, a través del programa Frecuenta, ha creado para usted un sinnúmero de alianzas comerciales con las más grandes y prestigiosas empresas afiliadas, para que cada vez que viaje alrededor del mundo, gane kilómetros y obtenga beneficios al utilizar los servicios de Mexicana y sus empresas afiliadas.

Al alcanzar nuestros niveles Gold y Silver, puede disfrutar de exclusivos beneficios que le ofrecemos a nivel mundial.

Le recomendamos tener a mano su tarjeta Frecuenta cada vez que reserve por Mexicana o utilice los servicios de las empresas afiliadas, y que se la proporcione a la persona que le atienda para que los kilómetros sean acreditados a su cuenta.

Si desea inscribirse o actualizar sus datos, por favor llame a nuestro centro de atención:

En la Ciudad de México:
54 58 09 19 o al 01 800 199 00 Llamada sin costo
Horario de servicio: De 09:00 a 20:00 hrs.
(hora local de la Ciudad de México)
El placer de volar sin límites.
mexicana.com.mx

1. Frecuenta es un programa de _____ frecuente.

2. Los _____ de este programa son para el viajero frecuente de Mexicana de Aviación.

3. Hay beneficios exclusivos en los _____ Gold y Silver.

4. El número de teléfono gratuito en la Ciudad de México es

_____.

5. Los créditos por viajar se dan en _____ y no en millas.

ⅲⅲ E. ¿Qué tengo que hacer? You're leaving on a business trip in the morning, and you're swamped! Make a list of the eight things you must get done at the office and at home, including buying food for Pelusa, your cat.

Compare your list with a classmate's.

MODELO: *comprar comida para la gata*

Estructuras   *Activities in progress: El presente progresivo*

■ To tell what someone is in the process of doing at a specific moment, use the present progressive.

■ **¡OJO!** The present progressive tense in English can refer both to an action currently in progress *or* to an action in the future: *I am having lunch with the President right now* works as well as saying *I am having lunch with the President next week*. The Spanish present progressive can *only* be used to indicate an action currently in progress, right now!

En este momento, estoy hablando con el jefe.   *I am speaking to the boss right now.*

■ The present progressive is formed by a combination of the verb **estar** (indicating a short–term activity) and the present participle *(-ing)* of the verb expressing what activity is in progress.

■ To form the present participle of **–ar** verbs, take off the **–ar** ending and add **-ando.**

hablar > habl + ando = hablando   *speaking*
preparar > prepar + ando = preparando   *preparing*

■ To form the present participle of most **–er** and **–ir** take off the **–er** or **–ir** ending and add **-iendo.**

comer > com + iendo = comiendo   *eating*
escribir > escrib + iendo = escribiendo   *writing*

■ To form the present progressive tense, use a conjugated form of **estar** to indicate the person doing the action, and then the present participle.

Estoy comiendo.   *I am eating.*
Están escribiendo.   *They are writing.*

■ The following verbs have irregular present participles:

dormir *(to sleep)* **durmiendo**   **morir** *(to die)* **muriendo**

■ **¡OJO! Spelling rule:** Any time an unaccented **–i** falls between two vowels, it automatically changes to **–y.**

leer *(to read)* > l**e** + **ie**ndo   **Estoy leyendo.**   *I am reading.*
> le**y**endo

Para practicar

A. Actividades.   By changing the following verbs to the present progressive tense, you should be able to tell what your colleagues are doing right now.

MODELO: El presidente examina el presupuesto.
El presidente está examinando el presupuesto.

1. Las recepcionistas *contestan* los teléfonos.
2. La secretaria *hace* citas con los clientes.
3. El contador *estudia* las facturas *(invoices).*
4. Otra asistente y tú *descansan* en el patio.
5. Unos clientes *esperan* en la sala de espera.
6. El jefe de publicidad y el jefe de mercadeo *(marketing) escriben* la nueva campaña *(campaign).*
7. Yo *miro* un vídeo sobre nuestros productos.
8. El analista de sistemas *trabaja* en la computadora.

B. La agenda.   Tell whom you are with and what you are probably doing at the following times.

MODELO: Son las tres de la mañana y. . .
Son las tres de la mañana y Patty y yo estamos escribiendo la lección tres.

1. Es mediodía y. . .
2. Son las nueve de la noche y. . .
3. Son las seis de la mañana y. . .
4. Son las seis de la tarde y. . .
5. Es medianoche y. . .
6. Son las tres y media de la tarde y. . .
7. Son las tres y media de la mañana y. . .
8. Son las cinco y media de la tarde y. . .

C. Mis compañeros de clase.   Look around the room and describe ten things that your classmates or teacher are doing now.

MODELO: *Laura está escribiendo su tarea.*

En el aeropuerto

el avión **pasajera** **Puerta 6A**

Vuelo 817 sin escala—destino a Caracas. Salida: 5:10 Llegada: 11:35

el maletero

el boleto de vuelta

la tarjeta de embarque

el mostrador, el/la agente

facturar el equipaje

el control de seguridad/ la revisión de equipaje de mano

la maleta

el boleto de ida

Reclamo de equipaje

el portafolios

Información turística

abrocharse el cinturón de seguridad

Taxis

los asistentes de vuelo

el asiento de pasillo **el asiento de ventanilla**

A. ¿Cómo se dice?   Complete the following with information from the drawing.

1. Una persona que viaja en avión es un _____.

2. En la _____ tengo la ropa, los cosméticos y otras cosas que necesito en mi lugar de destino.

3. El _____ 817 (ochocientos diecisiete) con destino a Caracas está llegando.

Más números. You will learn more about the numbers between 101 and the millions in Lección 7. In the meantime, you might find it helpful to learn these:

100	**cien**
101	**ciento uno**
200	**doscientos**
300	**trescientos**
400	**cuatrocientos**
500	**quinientos**
600	**seiscientos**
700	**setecientos**
800	**ochocientos**
900	**novecientos**
1000	**mil**

4. El _____ es un gran tubo metálico que viaja a alturas y velocidades enormes.

5. Un _____ de ida y vuelta normalmente es más económico que uno de ida o de vuelta solamente.

B. El viaje.   Tell if the following things happen at the airport **(Aeropuerto)**, on the plane **(Avión)** or at the destination **(Destino).**

1.   _____ reclamar el equipaje

2.   _____ facturar el equipaje

3.   _____ abrochar el cinturón de seguridad

4.   _____ pasar por el control de seguridad

5.   _____ hablar con el asistente de vuelo

6.   _____ recibir la tarjeta de embarque

Un vuelo extraordinario

Surprise! Lucía's boss called from the trade show in Caracas; their products are very popular. He needs more samples, more brochures, and more help communicating with Spanish-speaking clients. Is it possible for Lucía to fly down immediately? Have passport, will travel!

ASISTENTE
DE VUELO: . . . y las dos salidas de emergencia están aquí y allí. Ahora, si todo el equipaje de mano está debajo del asiento y las mesitas están plegadas, estamos listos para despegar.

PILOTO: Buenas tardes, señoras y señores. Bienvenidos a Aerolíneas AeroCar. Éste es el vuelo número 817 (ochocientos diecisiete) con destino a Caracas. Yo soy su piloto, el capitán Orozco, y el co-piloto que está a mi lado es el capitán Sutherland. Estamos volando a una velocidad de más de 340 (trescientas cuarenta) millas por hora, a una altura de veinte y tres mil pies. El vuelo tiene una duración aproximada de seis horas y diez minutos, con llegada a Caracas a las once y media de la noche. Ahora son las cinco y media hora local. Estamos anticipando un vuelo tranquilo, sin turbulencias, pero recomendamos el uso del cinturón de seguridad si están en sus asientos. Ah, una cosa más. Éste es un vuelo extraordinario: hoy es mi cumpleaños y ustedes están invitados a mi celebración. ¿Dónde es la fiesta? Es aquí, a bordo. ¿Cuándo es? Es ahora mismo. Asistentes de vuelo: ¿Están listos? ¡Preparen la fiesta! Como ven, los asistentes del vuelo están pasando por el pasillo en este momento, con champaña, cerveza y pastel. ¡A celebrar!

C. ¿Comprende usted?   Answer the following questions based on the dialogue.

1. ¿Qué número de vuelo es?   **4.** ¿Quién es el piloto?

2. ¿Desde dónde es la salida?   **5.** ¿Por qué es un vuelo extraordinario?

3. ¿Cuál es el destino?

D. Instrucciones de seguridad.   Decide if each of the statements following the reading is **Cierto (C)** or **Falso (F).** If the statement is incorrect, provide the correct information.

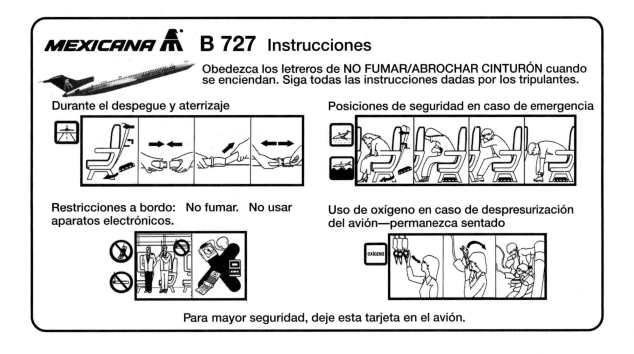

1. _____ Hay que seguir las instrucciones dadas por los asistentes de vuelo.

2. _____ Hay que abrocharse el cinturón de seguridad durante el despegue.

3. _____ Se puede usar el teléfono celular durante el vuelo.

4. _____ Se permite fumar sólo en el baño.

5. _____ Las puertas son las salidas de emergencia, pero las ventanillas no.

6. _____ En caso de despresurización del avión es necesario permanecer sentado.

E. Yo prefiero viajar en. . .   In groups of four, state your favorite means of travel and provide two reasons why.

MODELO: *Yo prefiero viajar en coche porque es muy cómodo* (comfortable) *y no tengo que ir al aeropuerto.*

Estructuras   *Ways of being:* Ser y estar

■ You have already seen that in Spanish, the English verb *to be* has two equivalents: **ser** and **estar.** Each of these Spanish verbs has its own meaning and usage. They are not interchangeable.

Use **estar** to indicate:

■ where something or someone is located

La salida de emergencia **está** aquí.	*The emergency exit is here.*
El piloto **está** en su cabina.	*The pilot is in the cockpit.*

■ physical or mental conditions

Los pasajeros **están** nerviosos.	*The passengers are nervous.*
La asistente **está** cansada hoy.	*The flight attendant is tired today.*

■ circumstances or variable conditions indicating a change from the normal condition

Los ojos del pasajero **están** cerrados.	*The passenger's eyes are closed.*
El asiento **está** roto.	*The seat is broken.*

■ an action in progress with a present participle

Los pilotos **están** revis**ando** el avión.	*The pilots are checking the plane.*
Yo **estoy** mir**ando** la película de a bordo.	*I am watching the in-flight movie.*

Ser is used to:

■ identify or name people or things

Yo **soy** el Capitán Orozco.	*I am Captain Orozco.*
Ésta **es** la salida de emergencia.	*This is the emergency exit.*

■ tell what someone or something is like, including personality and physical traits

¿Cómo **es** el agente?	*What is the agent like?*
El agente **es** simpático y eficiente.	*The agent is nice and efficient.*

■ tell where someone or something is from

La señora **es** de México.	*The woman is from Mexico.*
El avión **es** de las Aerolíneas AeroCar.	*The plane is from AeroCar Airlines.*

- to whom something belongs or what it is made of

  La maleta **es** de María.   *The suitcase is María's.*
  El reloj **es** de oro.   *The watch is made of gold.*

- to indicate the time and place of an event

  La fiesta **es** a bordo del vuelo 817.   *The party is aboard flight 817.*
  La exposición **es** el viernes.   *The trade show is Friday.*

- Some adjectives change meaning completely, depending on whether they are used with **ser** or **estar**

estar aburrido	*to be bored*	**ser** listo	*to be clever*
ser aburrido	*to be boring*	**estar** elegante	*to look elegant*
estar listo	*to be ready or prepared*	**ser** elegante	*to be elegant*

Para practicar

A. ¿Cómo son?   As a frequent flyer who spends a great deal of time in airports, you are an avid people-watcher. Describe what the people or things from column **A** are like by finding a logical description from the choices in column **B** and joining them with **ser.** Be sure to match the adjectives to the subjects.

MODELO: los pilotos   serio
              Los pilotos son serios.

A	**B**
1. el pasajero que no habla inglés	**a.** muy rico
2. los vuelos de seis horas sin película	**b.** alto
3. el jugador de básquetbol	**c.** aburrido
4. los pasajeros que toman mucha champaña	**d.** simpático
5. la señora de primera clase en traje de Dior	**e.** de Venezuela
6. los asistentes de vuelo	**f.** recién casados *(newlyweds)*

B. ¿Cómo están?   Now guess what the following people are feeling in these situations.

MODELO: yo, en el examen de español
Estoy nervioso/a.

1. el pasajero que tiene miedo de volar
2. la señora que va a los funerales de un amigo
3. los estudiantes universitarios en sus vacaciones de primavera
4. la señorita que toma tranquilizantes
5. la familia que viaja durante más de 24 horas

C. En el avión.   You are a flight attendant, hard at work on a full overseas flight. Use the proper form of **ser** or **estar** to describe what is happening on board. Be sure to match the adjectives to the subjects.

MODELO: los pilotos/cansado
Los pilotos están cansados.

1. los padres del bebé que llora/preocupado
2. el vendedor que tiene el contrato importante/contento
3. la familia grande que no habla inglés/de Rusia
4. las maletas con ruedas *(wheels)*/de los asistentes de vuelo
5. la niña que vuela sola por primera vez/nervioso
6. la puerta de la cabina del piloto/cerrado
7. los pasajeros en la cabina de primera clase/rico

Módulo 2

En el hotel

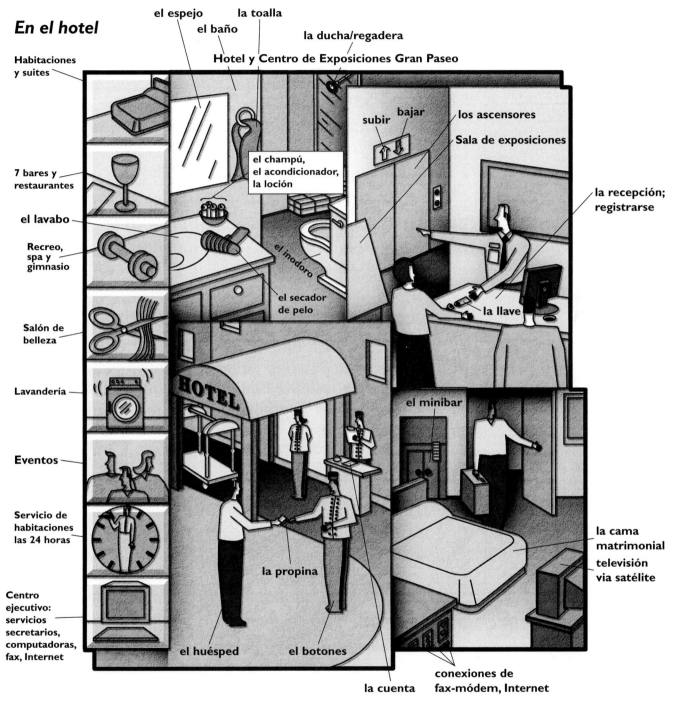

el espejo
la toalla
el baño
la ducha/regadera

Hotel y Centro de Exposiciones Gran Paseo

Habitaciones y suites

subir   bajar   los ascensores

Sala de exposiciones

7 bares y restaurantes

el champú,
el acondicionador,
la loción

la recepción;
registrarse

el lavabo

Recreo, spa y gimnasio

el inodoro

la llave

el secador de pelo

Salón de belleza

Lavandería

el minibar

Eventos

Servicio de habitaciones las 24 horas

la cama matrimonial

televisión vía satélite

Centro ejecutivo: servicios secretarios, computadoras, fax, Internet

la propina

el huésped   el botones

la cuenta

conexiones de fax-módem, Internet

A. ¿Cómo se dice?   Complete the following with information from the drawing.

1. La persona que lleva las maletas a la habitación es el _____.

2. Un cliente de un hotel es un _____.

3. Para recompensar el buen servicio en un hotel o restaurante, el cliente normalmente da una _____ .

4. Para subir o bajar muchos pisos en un edificio alto, uso el

_____ .

5. Para entrar en mi habitación abro la puerta con _____ .

B. Acciones. Match the following activities from column **A** with a description from column **B**.

A		**B**
1. bajar	**a.**	usar el ascensor para ⇑
2. subir	**b.**	quitar el agua con toalla
3. secar	**c.**	presentarse en la recepción
4. registrarse	**d.**	usar el ascensor para ⇓
5. dormir	**e.**	usar la cama

Necesito dormir

Miriam and Patricia, two marketing managers, have just pulled up to their hotel in Caracas after a long flight. Another delay? Watch them turn a problem into a pleasure!

MIRIAM: Paty, ¿por qué no vas directamente a la recepción y yo pago el taxi? Quiero ver mi cama tan pronto como sea posible.

PATRICIA: Bueno. Voy a registrarnos. Las reservaciones están garantizadas.

RECEPCIONISTA: Bienvenida al hotel, señora. ¿Tiene reservación?

PATRICIA: Sí, hay dos reservaciones garantizadas. Soy Patricia Prisa y va a llegar inmediatamente Miriam Rulfo.

RECEPCIONISTA: Aquí tengo las reservaciones, pero las habitaciones no van a estar listas hasta las tres. Los huéspedes anteriores todavía están en los cuartos. Creo que van a salir en media hora. Perdone la molestia.

PATRICIA: ¡Ay, no! Voy a dormir aquí mismo en la recepción.

MIRIAM: Paty, ¿hay algún problema?

PATRICIA: Las habitaciones no van a estar listas hasta las tres.

MIRIAM: ¿Vamos a esperar en el bar?

PATRICIA: Yo tengo una idea mejor. Vamos al spa. ¡Con estos limones, vamos a hacer limonada! Voy a hablar con la recepcionista para ver si ella hace una cita para dos masajes—cortesía de la casa.

C. ¿Comprende usted? Answer the following questions based on the dialogue.

I. ¿Qué va a hacer Miriam mientras Patricia va a la recepción?

2. ¿Qué problema tienen Miriam y Patricia?

3. ¿Por qué no están listas las habitaciones?

4. ¿A qué hora van a estar listas?

5. ¿Dónde van a esperar las dos?

D. Mi ropa está sucia. How lucky can you get! The National Sales Meeting for your company is in Cancún, México, and you've been attending business sessions AND enjoying the beach. Now you need clean clothes. Fill out the list with the ten items you must have laundered, figure out your total bill, and compare your list with your colleague who's sharing the hotel room with you. **¡OJO!** It's Saturday morning and you must attend the afternoon presentations, go to the semi-formal dance this evening, have breakfast with the boss tomorrow, hit the beach for a final tan midday, and fly home Sunday evening.

MODELO: *#1 vestido de seda $41.23*

HOTEL MEDITERRÁNEO
Cancún

FOLIO

LISTA DE LAVANDERÍA, PLANCHADO Y LAVADO EN SECO

NOMBRE _____

HABITACIÓN _____ **FECHA** _____

FAVOR DE LLAMAR AL Nº 55-95 PARA QUE EL ENCARGADO RECOJA SU ROPA. NUESTROS PRECIOS NO INCLUYEN I.V.A. (V.A.T.) NI EL 10% DE SERVICIO

Indique el servicio deseado:
Servicio regular		de 10 AM a 5 PM
Servicio express		50% de sobrecargo
Planchado en una hora		30% de sobrecargo

Nº de piezas Huésped	Nº de piezas Hotel	Damas, niños y caballeros	Lavandería	Planchado	Lavado en seco	TOTAL NO ESCRIBA
		Batas	30.38 pesos	0.00	0.00	
		Blusas	21.70	16.28	27.18	
		Camisones	27.13	0.00	0.00	
		Vestidos	32.55	27.13	41.23	
		Falda	27.13	16.28	27.13	
		Pantalones	27.13	19.53	30.38	
		Pantalones cortos	19.53	11.94	21.70	
		Suéteres	0.00	16.28	27.13	
		Saco	0.00	19.53	30.38	
		Camisas	21.70	16.28	0.00	
		Camisetas	10.85	5.43	0.00	
		Calcetines	9.77	0.00	0.00	
		Playera sport	21.70	16.28	0.00	
		Camisas de seda	0.00	16.28	27.13	

CONCEPTO: _____
SERVICIO ESPECIAL: _____
SUB-TOTAL: _____
10% SERVICIO: _____
10% IVA _____
TOTAL: _____

FIRMA DEL HUÉSPED _____

Servicio de 8:00 a 19:00 hrs. de lunes a sábado; domingo de 9:00 a 17:00 hrs.

E. El tratamiento de VIP.   The concierge has asked you and your colleagues to critique the hotel service. You are to provide him/her with the essential services you demand to return to this hotel for next year's sales meeting. Brainstorm on a flip chart just what you expect.

MODELO: *Servicio de habitación las 24 horas*

Estructuras   *Telling what you're going to do: El verbo ir y el futuro inmediato*

■ Use these forms of the verb **ir** to indicate where someone is going.

ir	to go		
yo	voy	**nosotros/as**	vamos
tú	vas		
él, ella, Ud.	va	**ellos/as, Uds.**	van

—¿**Va** Ud. a la habitación?   —*Are you going to your room?*
—No, **voy** al spa.   —*No, I'm going to the spa.*

■ A simple way to indicate what is going to happen in the future is to use **ir + a +** *an infinitive.*

—¿**Van Uds. a trabajar** hoy?   —*Are you going to work today?*
—Sí, **vamos a trabajar** más tarde.   —*Yes, we are going to work later.*
—¿**Va a estar** lista la habitación pronto?   —*Will the room be ready soon?*
—La habitación **va a estar** lista a las tres.   —*The room will be ready at three.*

Para practicar

A. ¿Dónde?   Tell where these people will have to go in order to do what they need to do.

MODELO: el huésped necesita registrarse en el hotel
El huésped va a la recepción.

1. El señor necesita un periódico.
2. Los niños quieren nadar.
3. Las ejecutivas quieren tomar un vaso de vino.
4. Yo quiero un masaje.
5. Necesito bajar 30 pisos.
6. Ustedes quieren nueva ropa formal para la gala final.
7. Queremos mandar un fax.

B. ¿Qué van a hacer?   Here's the situation. Tell what can be done to fix it.

MODELO: Nosotros tenemos hambre.
Vamos a comer en el restaurante.

1. Carmen tiene sed.
2. Los niños tienen su traje de baño *(bathing suits)*.
3. Los vendedores están cansados después de ocho horas en la exposición.
4. El ejecutivo quiere desayunar *(have breakfast)* en la habitación.
5. Las habitaciones están muy sucias.
6. Ud. necesita ayuda con el equipaje.

C. ¿Y usted?   Pick three places that you will go to today and tell three things that you will do in each place. Compare answers with a classmate.

MODELO: Voy a mi casa.
Voy a limpiar la casa, a preparar la comida y a dormir.

En el restaurante

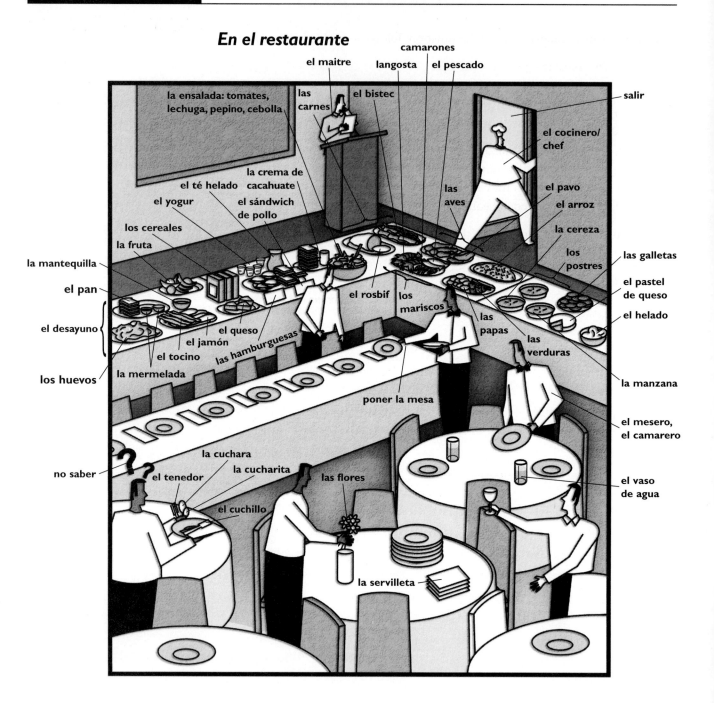

A. ¿Cómo se dice?   Complete the following with information from the drawing.

1. La persona que sirve la comida en un restaurante es el _____.

2. La comida que como a las siete de la mañana es el _____.

3. Después de comer, como una galleta o un pedazo de pastel. Es el

   _____.

4. La persona que prepara la comida es el _____.

5. Los utensilios para comer son el _____, el _____,

la _____ y la _____.

B. Acciones. Find a verb from the drawing that matches the description below.

I. abandonar un sitio para ir a otro

2. situar una cosa en otro lugar

3. tener información sobre algo

4. organizar los utensilios, platos, vasos y servilletas en la mesa

Bienvenidos a La Fuente

Tonight is the grand opening of Paco and José's new restaurant and banquet hall, La Fuente. The décor is elegant, the menu, exquisite and the owners and staff are nervous. Paco, the maitre d' has come running in to tell José, the chef, about a reservation he just took.

PACO: Traigo noticias. Acabo de recibir una reservación para un grupo de veinte personas para las ocho y media en el patio. Dice el señor Fodor que es una celebración importante para un grupo de clientes internacionales y todo tiene que ser perfecto. Quiere un surtido de vinos especiales y un arreglo de flores con rosas y gladiolos. Desea saber si es posible.

JOSÉ: ¿Esta noche? ¿El señor Fodor? Me parece que conozco ese nombre... ¿Veinte personas? ¡Dios mío! ¿Van a comer del buffet o a la carta?

PACO: No lo sé. Pero con comida estamos listos. Vamos a necesitar ayuda de los meseros con las mesas y las flores. *(A los meseros)* Sergio, si tú sales por más flores, yo hago el arreglo.

SERGIO: No se preocupe. Yo salgo por las flores mientras Raúl y Alejandro ponen las mesas en el patio.

JOSÉ: ¡Ya lo sé! Paco, ¿no es el señor Fodor el nuevo crítico de restaurantes...?

C. ¿Comprende usted? Answer the following questions based on the dialogue.

I. ¿Cuándo abre el nuevo restaurante?

2. ¿Quién es Sergio?

3. ¿Para cuántas personas es la reservación especial?

4. ¿Dónde van a comer?

5. ¿Quién es el señor Fodor?

D. El desayuno en mi habitación. Sigh...You're exhausted after a long business week, and tomorrow morning you're having breakfast in bed! Fill out the menu card and place it on your door. Did you order the same as your roommate?

PARA DESAYUNAR EN SU CUARTO.
POR FAVOR, COLGAR DE LA PERILLA EXTERIOR ANTES DE LAS 2 AM

DESAYUNO
DESAYUNO SERVIDO DE LAS 6:00 AM A LAS 11:30 AM

DESAYUNO AMERICANO $14.50

SELECCIÓN DE JUGOS:
☐ NARANJA   ☐ TOMATE   ☐ TORONJA   ☐ MANZANA   ☐ MULTI-VITAMÍNICO

DOS HUEVOS PREPARADOS A SU GUSTO:
☐ FRITOS   ☐ REVUELTOS   ☐ HERVIDOS ___ MINUTOS   ☐ DUROS   ☐ PASADOS POR AGUA

SERVIDOS CON (TRES OPCIONES):
☐ JAMÓN   ☐ TOCINO   ☐ SALCHICHA   ☐ TOMATES   ☐ CHAMPIÑONES   ☐ PAPAS

SU ELECCIÓN DE UNA CESTA DE LA DULCERÍA O   ☐ TOSTADA   ☐ BLANCO
ACOMPAÑADOS DE MANTEQUILLA Y MERMELADAS: ☐ INTEGRAL   ☐ CENTENO

SU SELECCIÓN:
☐ CAFÉ   ☐ CAFÉ DESCAFEINADO   ☐ TÉ CALIENTE

SERVIDO CON:
☐ LECHE   ☐ LECHE DESCREMADA   ☐ CREMA   ☐ LIMÓN

HORAS DE SERVICIO

☐ 6:00–6:30   ☐ 6:30–7:00   ☐ 7:00–7:30   ☐ 7:30–8:00   ☐ 8:00–8:30   ☐ 8:30–9:00

NÚMERO DE HABITACIÓN	NÚMERO DE PERSONAS

♦
HOTEL
INTER·CONTINENTAL
MIAMI

UN 18% DE CARGO DE SERVICIO,
EL CARGO DE ENTREGA Y UN 8.5%
DE IMPUESTOS SOBRE LA VENTA SERÁN
INCLUIDOS EN SU CHEQUE.
GRACIAS POR SU ORDEN.
QUE TENGA MUY BUENAS NOCHES.

E. Restaurante Las Cazuelas. In groups of four, role-play a restaurant scene. Draw straws to see who is the waiter—short straw must take the customers' orders. Three of you are out for a business lunch at Las Cazuelas, a trendy new café. Each of you should order a complete meal, including beverage.

MODELO: E1: *Para mí, una ensalada de pollo y un vino blanco. No necesito pan porque estoy a dieta, pero me gustaría beber un vaso de agua, por favor.*

Estructuras More present activities: Verbos irregulares en el presente

- In the present indicative tense, the following verbs are conjugated as regular **-er** verbs in all forms except the **yo** form.

hacer	*(to make or do)*	**hago,**	haces, hace, hacemos, hacen
poner	*(to put or to set)*	**pongo,**	pones, pone, ponemos, ponen
salir	*(to go out or to leave)*	**salgo,**	sales, sale, salimos, salen
traer	*(to bring)*	**traigo,**	traes, trae, traemos, traen
saber	*(to know—information or how to)*	**sé,**	sabes, sabe, sabemos, saben

- The verb **oír** *(to hear)* follows a different pattern:

oigo, oyes, **oy**e, **oí**mos, **oy**en

- The conjugation of the verb **venir** *(to come)* is similar to **tener:**

vengo, vienes, **vien**e, **veni**mos, **vien**en

- Verbs ending in **-cer** and **-cir** add the letter **z** before the **c** in the **yo** form only:

conocer *(to be acquainted with, to personally know people or places)*	cono**zco,** conoces, conoce, conocemos, conocen
traducir *(to translate)*	tradu**zco,** traduces, traduce, traducimos, traducen
producir *(to produce)*	produ**zco,** produces, produce, producimos, producen

Ways of knowing: saber y conocer

Both **saber** and **conocer** have equivalents in English: *to know.*

- Use **saber** to indicate that someone knows facts, information, or when followed by an infinitive, how to do something.

El mesero **sabe** poner las mesas para el banquete.	*The waiter knows how to set the banquet table.*

- Use **conocer** to indicate that somebody is personally familiar with a person or place.

Conozco un restaurante excelente.	*I know an excellent restaurant.*
Conocemos al chef de aquí.	*We know the chef here.*

Para practicar

A. En el restaurante.   As you sit in a restaurant, you notice what other patrons are doing. Tell if you do the same things.

MODELO: El señor alto trae un periódico para leer.
Yo no traigo un periódico para leer.

1. Un niño pone los pies en la mesa.
2. La adolescente oye música en su Walkman.
3. Roberto sale para fumar.
4. Un cliente hace muchas preguntas sobre la preparación de los platos.
5. El mesero sabe los ingredientes de todos los platos.
6. La señorita de Venezuela traduce el menú al español.
7. El maitre conduce a los clientes a su mesa.
8. El maitre conoce a todos los clientes por su nombre.

B. Solo en el restaurante.   It's the middle of the flu season and the restaurant is booked solid. Many of your co-workers are home sick. You will have to take care of everything except what the client has to do. Tell if you or the client does the following things. If you will both do it, use the **nosotros/as** form.

MODELO: Limpiar las mesas.
Yo limpio las mesas.

1. traer un periódico para leer en la sala de espera
2. poner los tenedores en orden en la mesa
3. conducir hacia el restaurante
4. hacer una reservación
5. oír las preferencias de los clientes
6. oír música Muzak durante la comida
7. salir del restaurante muy tarde
8. explicar las varias preparaciones de las comidas

C. Nuevos meseros.   You and a co-worker have just completed training and are going to be on the floor for the first time. Take turns quizzing each other on the restaurant procedures.

MODELO: preparar una ensalada
E1:   *¿Sabes preparar una ensalada?*
E2:   *Sí, sé preparar una ensalada.*

1. poner la mesa
2. los ingredientes de una margarita
3. hacer reservaciones
4. arreglar las flores
5. ¿?
6. ¿?

Vocabulario Módulo I

Sustantivos

el aeropuerto	airport	**el maletero**	porter, trunk
la altura	altitude	**el mostrador**	counter
el/la amigo/a	friend	**el ojo**	eye
el archivador	filing cabinet	**el oro**	gold
el asiento	seat	**el/la pasajero/a**	passenger
el/la asistente		**el pasillo**	aisle
de vuelo	flight attendant	**el pastel**	cake, pastry
el avión	airplane	**el pie**	foot
la ayuda	help	**el/la piloto**	pilot
el/la bebé	baby	**el portafolios**	briefcase
el boleto	ticket	**el presupuesto**	budget
el capitán	captain	**la puerta**	gate
la carpeta	folder	**el reclamo**	claim
la cerveza	beer	**el reloj**	watch, clock
la champaña	champagne	**la reunión**	meeting
el cinturón	belt	**la salida**	departure, exit
el coche	car	**Sudamérica**	South America
el cumpleaños	birthday	**la tarjeta de**	
el equipaje	luggage	**embarque**	boarding pass
la escala	stop (plane/ship)	**el/la**	
la feria	fair	**vendedor/a**	salesperson
la fiesta	party	**la ventanilla**	window
el folleto	brochure, pamphlet	**el viaje**	trip
el ingreso	income	**el/la viajero/a**	traveler
la llegada	arrival	**la voz**	voice
el lugar	place	**el vuelo**	flight
la maleta	suitcase		

Verbos

abrochar	to buckle	**fumar**	to smoke
archivar	to file	**funcionar**	to function, work
contener (ie)(g)	to contain	**llorar**	to cry
dejar	to leave behind	**morir (ue)**	to die
desear	to desire, want	**quejarse**	to complain
despegar	to take off	**reclamar**	to claim
empezar (ie)	to begin, start	**traer**	to bring
facturar	to check in		

Adjetivos

listo/a	ready, clever	**rico/a**	rich
plegado/a	folded up	**roto/a**	broken

Otras expresiones

al lado de	next to, to the side of	de ida y vuelta	round trip
		debajo de	under, underneath
ahora mismo	right now		
allí	there	en este momento	at this moment
cerca de	near		

Módulo 2

Sustantivos

la alberca	swimming pool	el jamón	ham
el arreglo	arrangement	la langosta	lobster
el arroz	rice	el lavabo	bathroom sink
el ascensor	elevator	la lavandería	laundry
las aves	poultry	la lechuga	lettuce
el bistec	steak	la llave	key
el botones	bellboy	el maitre	maitre d'
la cama		la mantequilla	butter
matrimonial	double bed	la manzana	apple
el camarón	shrimp	el marisco	shellfish
el campo de golf	golf course	el masaje	massage
la carne	meat	la mermelada	marmalade
la cebolla	onion	el/la mesero/a	waiter, waitress
la cereza	cherry	la molestia	bother
el ciclismo	cycling	las noticias	news
la competencia	competition	el pan	bread
la cortesía	courtesy	la papa	potato
la crema de		el pavo	turkey
cacahuate	peanut butter	el pedazo	piece
la cuchara	tablespoon	el pepino	cucumber
la cucharita	teaspoon	el pescado	fish
el cuchillo	knife	la piscina	swimming pool
el desayuno	breakfast	el plato	plate, dish
el dibujo	sketch	el pollo	chicken
la ducha	shower	la propina	tip
el espejo	mirror	el queso	cheese
la flor	flower	el recreo	recreation
la galleta	cookie	la regadera	shower
la habitación	room	el salón de	
el helado	ice cream	belleza	beauty salon
el/la huésped	guest	el secador	
el huevo	egg	de pelo	hair dryer
el inodoro	toilet	la servilleta	napkin

el sitio	site, place	**la toalla**	towel
el surtido	supply, assortment	**el tocino**	bacon
		el tratamiento	treatment
la tarifa	rate	**el vaso**	glass
el tenedor	fork	**la verdura**	green vegetables
la tienda	store	**el vino**	wine

Verbos

abrir	to open	**perdonar**	to pardon
acabar de + inf.	to have just	**poner**	to put, set
bajar	to go down	**preocuparse**	to worry about
conocer (zc)	to know, be acquainted with	**querer (ie)**	to want
		quitar	to remove
decir (i)(g)	to say, tell	**recompensar**	to reward
explicar	to explain	**salir**	to leave
mandar	to send	**secar**	to dry
nadar	to swim	**servir (i)**	to serve
oír	to hear	**subir**	to go up, climb
parecer (zc)	to seem	**traducir (zc)**	to translate

Adjetivos

garantizado/a	guaranteed	**solo/a**	alone
helado/a	iced		

Otras expresiones

algo	something, anything	**me gustaría**	I would like
		mientras	while
dentro de	within	**pronto**	soon
¡Dios mío!	My God!	**tan. . . como**	as . . . as
¿En qué puedo servirle?	How can I help you?	**tarde**	late
		todavía	still
estar a dieta	to be on a diet		

Síntesis

A escuchar

Rolando makes a dinner reservation at the Restaurante La Fuente.

Circle the correct response to the following questions based on the dialogue you hear.

1. _____ Rolando desea una reservación para:

   a. las ocho
   b. las ocho y media
   c. mañana

2. _____ Rolando desea una reservación para:

   a. ocho personas
   b. dieciocho personas
   c. treinta y nueve personas

3. _____ Rolando necesita:

   a. oír la música
   b. celebrar un cumpleaños
   c. una mesa tranquila

4. _____ El maitre va a:

   a. poner una mesa en el patio
   b. poner una mesa enfrente de la orquesta
   c. poner una mesa en la cocina

5. _____ El maitre va a:

   a. pagar la cuenta
   b. traer champaña si todo está bien
   c. cerrar el restaurante

A conversar

Do you travel for business? Where do you go? When do you travel? Do you stay in hotels? What is the main purpose of your trips? If you don't currently travel for business, but are considering a career that may require domestic or international travel, cite reasons for those trips. You may speak about a friend/colleague's excursions. Chat with three classmates to see what you have in common.

A leer

HOTEL
COPACABANA
ACAPULCO

*Una cálida y placentera estancia le espera
en la bahía más hermosa del mundo*
TARIFAS ESPECIALES PARA SOCIOS
DEL CLUB CLAVE
20% DE DESCUENTO
SOBRE LA TARIFA AL PÚBLICO —
PREVIA RESERVACIÓN
*Visite nuestra página en Internet:
http://www.hotelcopacabana.com
e mail: acapulco@hotelcopacabana.com*

*Beneficios especiales para
socios del Club Clave*

*Habitaciones con terraza y vista al mar, dos camas
matrimoniales por habitación con capacidad para
cuatro personas, aire acondicionado, televisión a color,
teléfono directo, lobby bar con música en vivo,
restaurante escénico, cafetería, snack bar, alberca y
jacuzzi al aire libre, cajas de seguridad,
estacionamiento gratuito para autos y autobuses,
servicio de niñera, club de golf muy cerca del hotel,
facilidades para discapacitados, centro de congresos
con salones con capacidad para 1000 personas.*

*Reservaciones (7) 484 32 60 Llamada sin costo 01 800 710 98 88
Al efectuar su pedido y sin salir de casa, solicite su
membresía del Club Clave y compre todo lo que quiera
a precio de socio.*

¿Comprende Ud.?   After reading the informational brochure on the
Copacabana Hotel, answer the following questions.

1. ¿Dónde está el Hotel Copacabana?
2. ¿Cuántas personas pueden estar en una habitación?
3. ¿Cuál es otra palabra para decir alberca?
4. ¿De cuánto es el descuento con reservación previa?
5. ¿Cuál es la dirección en Internet?
6. ¿Cómo es posible hacer una reservación?

A escribir

Prepare notes to give to the firm's advertising agency to develop an ad
campaign for your restaurant/hotel/airline. Cite special perks you offer, such as
"kids eat free", upgrade to suite for business traveler, bonus miles on frequent-
flier programs. List five items you'd like to tout in your publicity. Exchange lists
with a classmate.

MODELO: *Nuestras habitaciones son grandes y modernas.*

Algo más

If you have ever traveled abroad for business or pleasure—especially to a place with a different language or culture, you may have realized how easy it is to misunderstand language, body language or general cultural norms. For instance, did you know that in most Latino cultures, making an "OK" sign by forming the thumb and index finger into a circle is not OK? It has sexual connotations. Did you know that what we call a "mañana" attitude has nothing to do with "lazy" and everything to do with different priorities? Family and social obligations will always take priority over work. And, don't try to cover up a language blooper by using the *false* cognate **embarazado/a.** Instead of being *embarrassed,* you'll be announcing your pregnancy! As you read this **Ventana cultural,** think about some of the cultural issues you might not have been aware of!

GUÍA DE PROTOCOLO: COSTA RICA
No es su típico país latinoamericano
por Dean Foster

RESUMEN

- Costa Rica es diferente a otros países de Centroamérica.

- La cultura es latinoamericana con un poco de Norteamérica.

Costa Rica es poco común en Centroamérica. Cristóbal Colón le dio su nombre y también se conoce como la Suiza de América Central por sus montañas. El país no tiene ejército *(army)* y nunca ha tenido guerras *(war)* con sus vecinos. Casi todos sus habitantes saben leer y el gobierno actual es una democracia estable. Antes de la llegada de los conquistadores, en Costa Rica no había una civilización indígena tan grande como vemos en México, por ejemplo.

MI AMIGO TICO

Los costarricenses se llaman ticos—ticas si son mujeres. Son simpáticos y agradables pero bastante reservados, orgullosos e individualistas. Hay muchos ticos, especialmente hombres de negocios, que hablan inglés, pero agradecen mucho los esfuerzos de los visitantes por hablar en español.

CÓMO DECIR "HOLA"

Por lo general, en Costa Rica se da la mano en vez del abrazo que se ve mucho en Latinoamérica. Las personas no se besan sin conocerse muy bien.

DOS APELLIDOS

Es común usar dos apellidos—el primero del padre y el segundo de la madre, a veces con guión *(hyphen).* No se debe usar el nombre de pila hasta que el/la costarricense se lo diga.

LOS VALORES

A causa del respeto por la ley y la igualdad, hay poca corrupción. No le ofrezca una "mordida" o un soborno *(bribe)* a un policía o diputado. Hay menos regateo en los mercados que en otros lugares. En cuanto al horario, la tendencia es llegar a tiempo para una cita, más o menos.

LA COCINA

El gallo pinto *(painted rooster)* es un plato típico de frijoles y arroz cocidos juntos, con o sin huevos, carne, cebolla y cilantro. El casado es un plato principal con postre y bebida. El picadillo es un puré de vegetales y carne. La propina está incluida en la cuenta normalmente y no es necesario darle propina al taxista.

LOS NEGOCIOS

Hay un jefe en cada empresa, como en todas partes, pero todos tienen el derecho de expresar sus opiniones. El machismo sí existe; las mujeres no tienen un papel tan importante como los hombres en el mundo de los negocios. La verdad y la honestidad se respetan.

En mis propias palabras. It pays to know your client. The above article mentions why Costa Rica is different from some of its Latin American neighbors. You certainly don't want to make any social gaffes that could cost you a business deal. Summarize the information presented in the article using at least five lines. Should you be planning to travel to a different destination, research etiquette norms for that country instead.

A buscar

You must travel abroad to Spanish-speaking countries at least three times a year. In addition, you deal with the domestic offices of the same firms you do business with overseas. Research travel information for two foreign countries. Bring to class listings from travel agencies telling where they are located and what services they offer, especially for the business traveler. The following sites may prove useful.

http://cnnenespanol.com/2000/destinos/04/18/viajes

http://espanol.yahoo.com/Economia_y_negocios/Empresas/Turismo/Agencias_de_viaje

http://www.ciudadesweb.com/vaixell/turisme/agenda/agencias.htm

http://mi-guatemala.tripod.com/Viaje.html

http://panamericanaviajes.com.co/

http://dmoz.org/World/Espa%F1ol/Regional/Chile/Turismo/Agencias_de_Viaje

http://www.enlacesbolivia.net/sp/agencias_de_viaje.s.html

http://onweb.es/nauta/compras/argentina/viaje.htm

http://www.cambiosonora.com/servicios/agenciasdeviaje

http://www.nuvisystem.com/viajes.htm

http://ekeko.rcp.net.pe/rcp/hoteles.shtml

http://www.canalok.com/turismo/agencias

A conocer: Laura Esquivel

If you want to get a sense of the true flavors of México—culturally and gastronomically—meet Laura Esquivel. Her novel about family life on the Texas–Mexico border—*Like Water for Chocolate*—is as rich with the culture of "la frontera" as it is with actual—wonderful—recipes for Mexican foods. Read the book, rent the movie, and get a "taste" of the rich cultures. Then, learn more about the author on the Web.

LECCIÓN 4

El mundo de las ventas

Módulo 1
- Un vendedor excelente
- Indicating relationships: *Los adjetivos posesivos*
- El servicio al cliente es importante
- Describing daily activities: *Los verbos con cambios de raíz*

Módulo 2
- Mayoreo y menudeo
- Comparing and contrasting: *Los comparativos*
- Los pedidos de los clientes
- Comparing and contrasting: *Los superlativos*

Síntesis
- A escuchar
- A conversar
- A leer
- A escribir

Algo más
- Ventana cultural: The Home Depot anuncia sus planes de adquirir Total HOME de México
- A buscar
- A conocer: Estevan Ramos

Módulo I

Un vendedor excelente

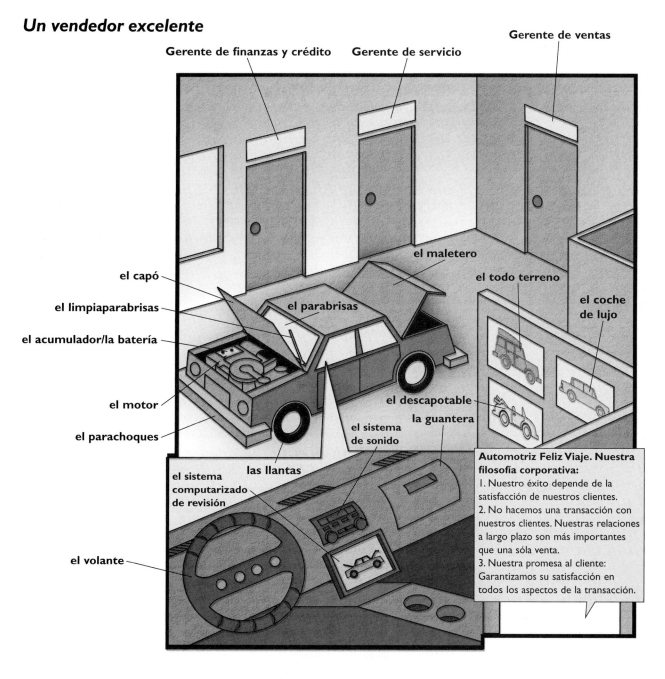

Gerente de finanzas y crédito **Gerente de servicio** **Gerente de ventas**

el maletero

el capó

el limpiaparabrisas

el acumulador/la batería

el parabrisas

el todo terreno

el coche de lujo

el motor

el descapotable

el parachoques

la guantera

el sistema de sonido

las llantas

el sistema computarizado de revisión

el volante

Automotriz Feliz Viaje. Nuestra filosofía corporativa:
1. Nuestro éxito depende de la satisfacción de nuestros clientes.
2. No hacemos una transacción con nuestros clientes. Nuestras relaciones a largo plazo son más importantes que una sóla venta.
3. Nuestra promesa al cliente: Garantizamos su satisfacción en todos los aspectos de la transacción.

A. ¿Cómo se dice? Complete the following sentences with information from the drawing.

1. Para ver el motor de un carro, tengo que abrir el _____.

2. Necesito el _____ para quitar el agua del parabrisas cuando llueve *(rains)*.

3. Pongo las maletas y la llanta de repuesto en el _____.

4. El _____ o la _____ genera electricidad para arrancar el motor.

5. La persona que investiga el crédito de un cliente es el _____.

B. Acciones. Match the following verbs in column **A** to the most logical description in column **B**.

A		**B**
1. comprar	**a.**	discutir el precio de una cosa; regatear
2. vender	**b.**	usar una llave para poner en marcha un motor
3. arrancar el motor	**c.**	dar dinero a cambio de un objeto
4. negociar	**d.**	recibir dinero a cambio de un objeto
5. garantizar	**e.**	prometer la satisfacción de un cliente

Mi carro ideal

Ricardo and Lisa are in a car dealership to do some preliminary shopping for their next vehicle. They are not planning to buy a car tonight. But can the right sales techniques hurry their decision along?

RICARDO: Lisa, mira este modelo deportivo: descapotable; transmisión manual de cinco velocidades; ¡tu color favorito…! Y tiene un sistema de estéreo increíble.

LISA: Muy bonito. Pero no estamos buscando el coche de tus sueños. Esta vez es el coche de mis sueños. Y, ¿qué voy a hacer yo con un coche con dos asientos y un maletero tan pequeñito si siempre tengo que transportar los materiales del trabajo? Y Meli y Fé tienen que transportar a sus amigas y su equipo deportivo. ¿Ves este vehículo todo terreno con cinco puertas? Éste es mi coche nuevo.

VENDEDOR: Buenas noches, señores. Veo que ustedes admiran este todo terreno. Es exactamente el modelo que manejan mi esposa y mis hijas. Miren el interior. El sistema de seguridad con cinturones y bolsas de aire es excelente. Los asientos son de cuero y son fáciles de limpiar y mantener. Para nuestra familia, la mejor opción es este GPS: sistema de posición global. Nuestras hijas no tienen sentido de la dirección y se pierden muy fácilmente. Con el GPS no tienen que llamar a la casa cada cinco minutos para saber en qué dirección deben ir.

LISA: Parece que usted conoce a mi familia. Nuestras hijas son iguales. Me gusta mucho este vehículo. ¿Hay uno en rojo?

VENDEDOR: No, éste es un modelo muy popular. Es el único que hay en el inventario. Hay varias familias que están interesadas… ¿Tienen ustedes un coche que quieren cambiar? Vamos a mi oficina y hablamos de los precios. Si lo compran esta noche, nuestros descuentos son increíbles.

RICARDO: Un momento… ¿Es posible ver el motor y hacer una prueba en la carretera?

C. ¿Comprende usted? Decide if each of the statements is **Cierto (C)** or **Falso (F)** based on the dialogue. If the statement is incorrect, provide the correct information.

1. _____ Ricardo y Lisa buscan un coche para comprarlo esta noche.

2. _____ Lisa quiere un coche deportivo con dos asientos.

3. _____ El coche nuevo va a ser para Lisa.

4. _____ La esposa del vendedor tiene un descapotable.

5. _____ El vendedor habla más con Ricardo que con Lisa.

D. ¿Este coche es para mí? The Taurus from Ford stresses many safety features. Read the following information and decide which three features appeal most to you. Compare your selections with those of a classmate.

MODELO: *La seguridad me importa—me gusta la bolsa de aire lateral.*

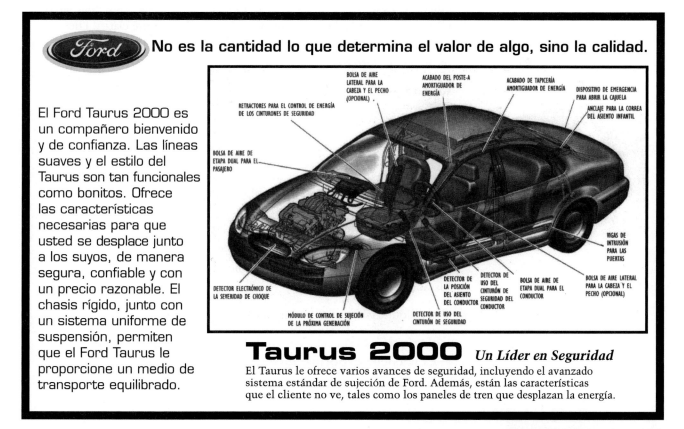

No es la cantidad lo que determina el valor de algo, sino la calidad.

El Ford Taurus 2000 es un compañero bienvenido y de confianza. Las líneas suaves y el estilo del Taurus son tan funcionales como bonitos. Ofrece las características necesarias para que usted se desplace junto a los suyos, de manera segura, confiable y con un precio razonable. El chasis rígido, junto con un sistema uniforme de suspensión, permiten que el Ford Taurus le proporcione un medio de transporte equilibrado.

Taurus 2000 *Un Líder en Seguridad*

El Taurus le ofrece varios avances de seguridad, incluyendo el avanzado sistema estándar de sujeción de Ford. Además, están las características que el cliente no ve, tales como los paneles de tren que desplazan la energía.

Estructuras   *Indicating relationships:*
Los adjetivos posesivos

- Possessive adjectives describe relationships among people and their belongings.

Los adjetivos posesivos

	Singular			Plural	
yo	**mi/s**	*my*	nosotros	**nuestro/a/os/as**	*our*
tú	**tu/s**	*your, (familiar)*			
usted	**su/s**	*your, (formal)*	ustedes	**su/s**	*your*
él	**su/s**	*his*	ellos	**su/s**	*their*
ella	**su/s**	*her*	ellas	**su/s**	*their*

- Possessive adjectives agree in number with the noun that *follows* them. Only **nuestro/a** has additional forms for masculine and feminine.

Mi hija tiene un coche nuevo.	*My daughter has a new car.*
Mis hijas tienen un coche nuevo.	*My daughters have a new car.*
Nuestra familia tiene dos coches.	*Our family has two cars.*

- Since **su/s** can mean *his, her, your, their,* or *its,* the form **de + él, ella, usted, ellos, ellas,** or **ustedes** is frequently substituted to ensure clarity. The accented **él** meaning *he* does not contract to **del.** Only **de + el** (unaccented, meaning *the*) form the contraction.

sus amigos	=	los amigos **de él**	*his friends*
		los amigos **de ella**	*her friends*
		los amigos de **Ud./Uds.**	*your friends*
		los amigos de **ellos/ellas**	*their friends*

Los contratos **de ella** están en el escritorio.	*Her contracts are on the desk.*
El reporte de crédito **de él** está aquí.	*His credit report is here.*

- Note: there is no apostrophe *s* ('s) to show possession in Spanish. Use the **definite article + noun + de** to show possession.

el coche del gerente	*the manager's car*
los accesorios del vehículo	*the vehicle's accessories*

- To find out to whom something belongs ask, **¿De quién es…?**

—**¿De quién es** el coche deportivo?	*Whose sports car is it?*
—**Es el coche deportivo de Ricardo.**	*It's Richard's sports car.*

Para practicar

A. ¿De quién es?   Use the correct possessive adjective to indicate what the following people own.

MODELO: Es el todo terreno de Lisa.
Es su todo terreno.

1.   Son los papeles de Ricardo. Son _____ papeles.

2.   Es la esposa de Ricardo. Es _____ esposa.

3.   Son las hijas de Ricardo. Son _____ hijas.

4.   Son los amigos de ustedes. Son _____ amigos.

B. Posesión.   Give the correct form of the possessive adjectives **mi/s, tu/s, su/s, nuestro/a/os/as.** The subject of the sentence is also the owner of the possessions.

MODELO: Yo tengo un buen mecánico. _____ mecánico trabaja en este taller.
Mi mecánico trabaja en este taller.

1.   Usted tiene un coche nuevo. _____ coche nuevo es elegante.

2.   Ustedes tienen las llaves. _____ llaves están en la mesa.

3.   Ella tiene un gran problema. _____ problema es que no tiene crédito.

4.   Nosotros tenemos una pregunta. _____ pregunta es para el mecánico.

5.   Ellos tienen un parabrisas roto. _____ parabrisas tiene una grieta *(crack).*

6.   Yo tengo dos coches. _____ coches son nuevos.

7.   Mi esposa necesita un coche nuevo. _____ coche está en malas condiciones.

8.   Nosotros tenemos dos hijas. _____ hijas necesitan un sistema GPS.

9.   El mecánico ofrece una garantía ampliada. _____ garantía está vigente por cinco años o 60,000 millas.

El servicio al cliente es importante

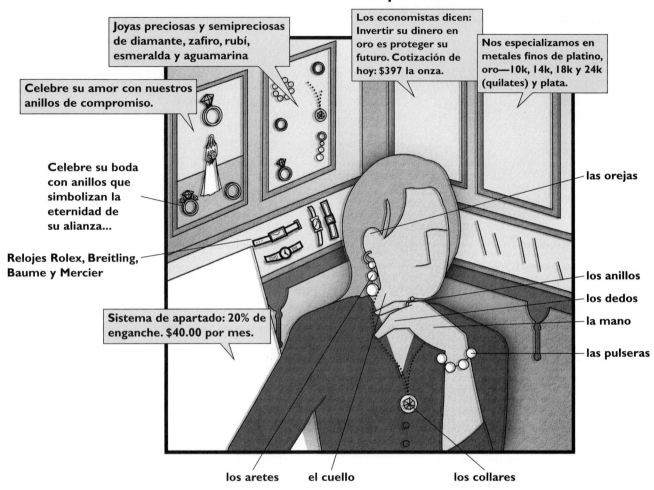

A. ¿Cómo se dice? Complete the following sentences with information from the drawing.

1. Yo llevo aretes en las _____.

2. Yo llevo anillos en los _____.

3. Yo llevo un collar en el _____.

4. Tres piedras preciosas son el _____, el _____ y la _____.

5. Un símbolo del amor que lleva una mujer antes del matrimonio (la boda) es un _____.

B. Acciones.　　See if you can match the phrases in column **A** with close equivalents from column **B**.

	A		**B**
1.	invertir	**a.**	solicitar una cosa de otra persona
2.	elegir	**b.**	comunicar información
3.	decir	**c.**	usar la imaginación y la mente
4.	pensar	**d.**	seleccionar
5.	pedir	**e.**	comprar algo por su valor futuro

En la joyería

Roland has just made the decision of a lifetime. Tonight, when he takes his girlfriend Gina out for a romantic birthday dinner, he will ask for her hand in marriage. But last-minute decisions present some obstacles. Can the local jeweler who promises customer service with "esmero" save the day? Let's listen to the phone call.

JOYERO: Joyería Milano. Eduardo Milano para servirle.

ROLANDO: Buenas tardes, señor Milano. Acabo de tomar una decisión enorme. Esta noche, durante una cena romántica, quiero proponerle matrimonio a mi novia. Necesito saber tres cosas: ¿Cuánto cuesta un anillo de compromiso? ¿A qué hora cierran ustedes la tienda esta noche? Y, si elijo un anillo que a ella no le gusta, ¿puedo devolverlo?

JOYERO: ¡Qué romántico! Primero, si ustedes devuelven el anillo antes de siete días, pueden recibir un reembolso total. Después de siete días, ofrecemos crédito para elegir otro anillo. No se preocupe por eso. Segundo, tenemos una gran selección de anillos de compromiso en varios metales y con varias piedras. ¿Cuánto dinero piensa gastar?

ROLANDO: No sé. ¿Qué recomienda usted?

JOYERO: Nosotros normalmente recomendamos que una persona invierta el equivalente del sueldo de dos meses.

ROLANDO: Bueno. Prefiero pagar un poco menos. Tal vez unos dos mil dólares —si puedo pagar a plazos.

JOYERO: Puede comprar un anillo muy elegante con dos mil dólares. Tenemos varios.

ROLANDO: ¡Excelente! Un último problema. Trabajo hasta las seis y media. ¿A qué hora cierran ustedes?

JOYERO: Cerramos a las cinco. Pero queremos servirle. ¿Dónde piensan comer?

ROLANDO: En la Casa Mallorca en la calle Candilejas.

JOYERO: Vamos a hacer una cosa. Ahora empiezo a procesar su solicitud de crédito por teléfono. Si lo aprueban, puedo llevar dos o tres de los anillos al restaurante quince minutos antes de la cita con su novia, y usted puede elegir uno.

ROLANDO: Ahora entiendo lo que es "servicio al cliente".

JOYERO: Servicio al cliente, sí. Pero yo también soy muy romántico y recuerdo bien la noche de mi compromiso…

C. ¿Comprende usted?   Answer the following questions based on the dialogue.

1. ¿Por qué quiere Rolando pedir la mano de su novia hoy?
2. ¿Qué quiere darle a su novia?
3. ¿Cuánto quiere pagar Rolando por el anillo?
4. Después del trabajo, ¿tiene Rolando tiempo de ir a la joyería?
5. ¿Qué solución propone el joyero?

D. ¿Qué vamos a pedir?   You're going to register your gift selections for your upcoming wedding (or for a friend's marriage). Go online to your favorite department store—or pick up their catalog at the store—and select 20 items you'd really want if you were to register. Compare your list with a classmate's. Did you select any of the same things?

Su Boda
Registro de novias y novios

¡Felicidades! Todos nosotros aquí en Su Boda les deseamos la boda de sus sueños y una vida llena de felicidad. Ahora, ustedes tienen mucho que hacer para iniciar la nueva vida juntos. Y probablemente van a necesitar muchas cosas para iniciar su nueva casa. Déjenos ayudar. Nuestro catálogo tiene miles de artículos perfectos. Con una sola llamada, pueden registrar la lista de regalos de sus sueños. Y los familiares y los amigos pueden hacer sus selecciones fácil y cómodamente desde la computadora de su casa o en una de nuestras tiendas ubicadas por todo el país. Para obtener mayor información, llame gratis al número 1-800-555-4141 y hable con uno de nuestros expertos o visite a uno de nuestros expertos en línea (www.suboda.net) donde hay formularios para inscribirse y para indicar sus selecciones. Juntos celebramos SU BODA.

Estructuras

Describing daily activities:
Los verbos con cambios de raíz

- You have already seen an example of a verb that has a spelling change in the stem (main part of the verb), as well as in the endings:

tener > tengo, tienes, tiene, tenemos, tienen

Note that the **nosotros/as** is based on the infinitive.

- When stem-changing verbs are conjugated, the stressed **e** will become **ie** or **i,** and the stressed **o** will become **ue** in all forms except **nosotros/as.**

	recomendar (ie) *to recommend*	poder (ue) *to be able*	pedir (i) *to ask for*
yo	recom**ie**ndo	p**ue**do	p**i**do
tú	recom**ie**ndas	p**ue**des	p**i**des
Ud./él/ella	recom**ie**nda	p**ue**de	p**i**de
Nosotros/as	recomendamos	podemos	pedimos
Uds./ellos/ellas	recom**ie**ndan	p**ue**den	p**i**den

- More stem-changing verbs are:

e > ie	**o > ue**	**e > i**
cerrar *to close*	**acostar(se)** *to go to bed*	**decir** *to say or tell*
comenzar *to begin*	**almorzar** *to eat lunch*	**despedirse** *to say goodbye*
entender *to understand*	**contar** *to count*	**elegir★** *to, elect, select*
		★ (yo elijo)
invertir *to invest*	**costar** *to cost*	**medir** *to measure*
mentir *to lie*	**dormir** *to sleep*	**repetir** *to repeat*
pensar *to think*	**encontrar** *to meet/find*	**seguir★** *to follow*
perder *to lose*	**recordar** *to remember*	**★ (yo sigo)**
preferir *to prefer*	**volver** *to return*	**servir** *to serve*
querer *to want*		

■ The verb **jugar** *(to play)* is the only **u > ue** verb in Spanish.

juego, **jue**gas, **jue**ga, **ju**gamos, **jue**gan

■ The verb **decir (i)** *(to tell)* has an additional change in the **yo** form

digo, **di**ces, **di**ce, **de**cimos, **di**cen

¡Recuerde! Stem-changing verbs, **e > ie, e > i,** and **o > ue,** change in all forms except **nosotros/as.**

Para practicar

A. ¡Yo también! Break time. You are on a break from your job in a large jewelry store and you overhear two colleagues discussing how they handle things. Tell if you do the same.

MODELO: Almorzamos en la sala de empleados.
Yo almuerzo en un restaurante.

1. Volvemos tarde al trabajo después del almuerzo.
2. Queremos ayudar a los clientes.
3. Pensamos mucho en los clientes.
4. Dormimos en la tienda.
5. Perdemos las llaves de la tienda con frecuencia.

B. ¿Quién? Tell if you in your sales position **(yo),** your client **(mi cliente),** or both **(nosotros)** would do the following things in the store.

MODELO: cerrar la tienda
Yo cierro la tienda.

1. _____ recomendar un regalo
2. _____ preferir un diamante más grande
3. _____ servir café
4. _____ pedir agua
5. _____ medir el dedo para un anillo

6. _____ mirar todo el inventario
7. _____ perder el diamante del anillo
8. _____ volver a casa
9. _____ despedir a los clientes
10. _____ empezar la solicitud de crédito

Módulo 2

Mayoreo y menudeo

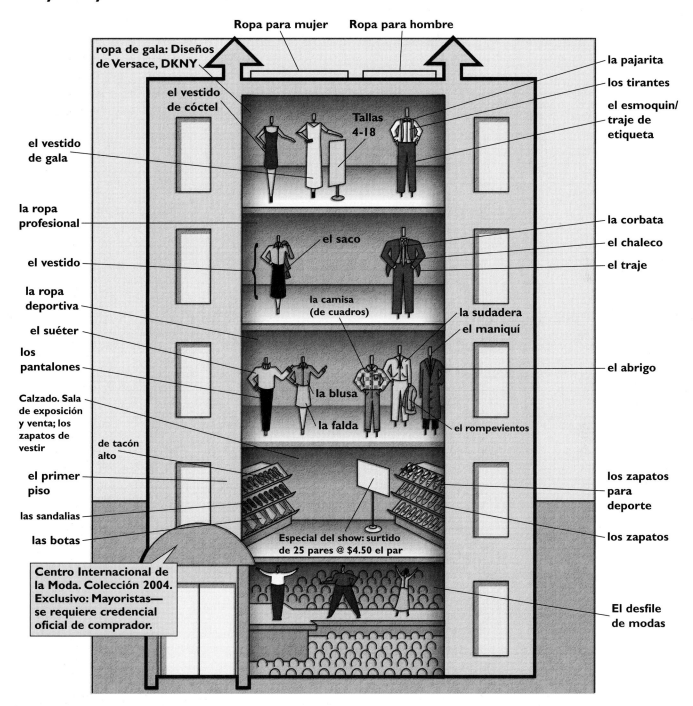

Ropa para mujer   **Ropa para hombre**

ropa de gala: Diseños de Versace, DKNY

el vestido de cóctel

Tallas 4-18

el vestido de gala

la ropa profesional

el vestido

la ropa deportiva

el suéter

los pantalones

Calzado. Sala de exposición y venta; los zapatos de vestir

de tacón alto

el primer piso

las sandalias

las botas

Centro Internacional de la Moda. Colección 2004. Exclusivo: Mayoristas—se requiere credencial oficial de comprador.

el saco

la camisa (de cuadros)

la blusa

la falda

Especial del show: surtido de 25 pares @ $4.50 el par

la pajarita

los tirantes

el esmoquin/ traje de etiqueta

la corbata

el chaleco

el traje

la sudadera

el maniquí

el abrigo

el rompevientos

los zapatos para deporte

los zapatos

El desfile de modas

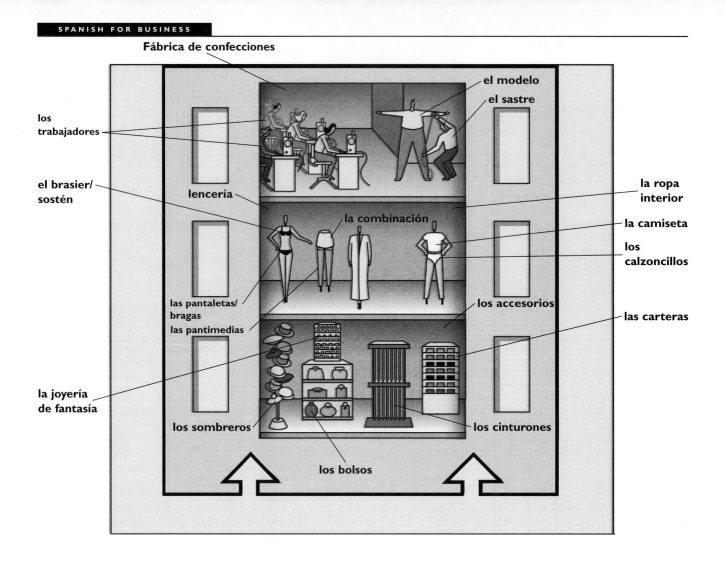

Fábrica de confecciones

los trabajadores

el brasier/ sostén

lencería

el modelo

el sastre

la ropa interior

la camiseta

los calzoncillos

la combinación

las pantaletas/ bragas

las pantimedias

los accesorios

las carteras

la joyería de fantasía

los sombreros

los bolsos

los cinturones

A. ¿Cómo se dice? Once inside the Exposición de Modas, tell in which general category you will find the following groups of clothing and whether each would be in the men's section, the women's section, or both.

1. calzoncillos, camisetas
2. botas, zapatos para deporte y zapatos de vestir
3. pantaletas, sostenes, combinaciones, camisones
4. tirantes, pajaritas
5. bolsos, carteras, cinturones, joyería de fantasía

B. Asociaciones. Which of the following words is best described by these definitions?

| a. desfile de modas | b. mayorista | c. surtido | d. talla |

1. _____ el distribuidor de productos y mercancías

2. _____ un grupo variado de productos

3. _____ la indicación en un artículo de ropa que muestra si es para personas chicas, medianas o grandes.

4. _____ la presentación de una colección de modas con modelos reales.

La moda de hoy

Victoria Vázquez, head fashion buyer for a large chain of department stores, has brought her team to New York this week to begin to plan the summer 2004 collection for the stores. So many designers… so little time. Let's listen to her brief the team on the strategy before hitting the showrooms.

VICTORIA: Escuchen todos: hay más de dos mil (2000) diseñadores sólo en este edificio. Nosotros tenemos menos tiempo aquí que el año pasado y esto quiere decir que tenemos que tomar decisiones más rápidamente que antes. ¿Tienen alguna pregunta?

COMPRADORA DE ROPA DEPORTIVA: Sí. Según las proyecciones para el verano 2004, ¿es más importante buscar estilos económicos que buscar modelos innovadores?

VICTORIA: Como ustedes saben, el precio es tan importante como el estilo, sobre todo para las colecciones para jóvenes. Con las colecciones más elegantes, el precio es menos importante que el estilo.

COMPRADORA DE ACCESORIOS: ¿Dónde empezamos? Y, ¿a qué hora nos reunimos?

VICTORIA: Bueno. Creo que es más lógico empezar con los desfiles de moda. Así podemos ver un poco de todo y eliminar las líneas menos interesantes. ¿Qué tal si nos reunimos en el bar principal del hotel a las seis para comparar notas y elegir un restaurante para la cena?

COMPRADORA DE ZAPATOS: ¡Ay, por favor! Hay tantos restaurantes en este distrito como diseñadores en el edificio. No quiero tomar más decisiones. Tú tienes que decidir. Eres la jefa. Por eso te pagan más dinero…

C. ¿Comprende usted? Decide if each of the statements is **Cierto (C)** or **Falso (F)** based on the dialogue. If the statement is incorrect, provide the correct information.

_____ **1.** Victoria Vázquez es una mayorista.

_____ **2.** El equipo de compradores tiene mucho tiempo para tomar las decisiones importantes.

_____ **3.** Victoria cree que es mejor ver primero los desfiles de modas.

_____ **4.** Van a reunirse a la hora del almuerzo para comparar notas.

_____ **5.** Los compradores no quieren ir al restaurante que Victoria recomienda.

D. Mayoreo y menudeo. As a business major in the university, you're not sure if you'd prefer to enter the world of wholesale or retail sales. Read the Web page for a Mexican wholesaler in hardware, then conduct your own search for wholesalers in an industry of interest to you: food/clothing/electronics. Share your findings with a classmate. To start your search, type in **Mayoreo y menudeo** in your search engine.

MODELO: _Estoy interesada en la venta de ropa al por mayor. Los lugares más importantes en Estados Unidos son Nueva York y Los Ángeles. Prefiero vivir en Nueva York y me gustaría trabajar en ropa deportiva, por ejemplo, para la compañía Nike. Voy a preparar mi currículum._

TORNILLOS, CLAVOS Y HERRAMIENTAS

Empresa 100% mexicana; desde hace 25 años trabajamos con todo tipo de tornillería, clavos y herramientas industriales, caseras y de tipo profesional. Nuestras ventas son de mayoreo y menudeo, otorgando los mejores precios del mercado a nuestros clientes. Abarcamos casi todo el estado de Michoacán, parte de Guanajuato y Guerrero, esforzándonos para mejorar nuestro servicio día a día y proporcionando fuentes de trabajo para el beneficio del estado y del país.

¿Quiénes somos?/Nuestros proveedores/Más información
Ma. Rodríguez del Toro de Lazarín #59-B
Col. G. Bocanegra
Tel. y Fax: (01-4) 316-04-10, 316-05-05

Sin costo al: 01-800-800-8240   e-mail: tch@mich1.telmex.net.mx   Morelia, Michoacán, México

Estructuras   *Comparing and contrasting:*
Los comparativos

- For comparisons of inequality (more than/less than), use **más... que** or **menos... que** with a noun, an adjective, or an adverb.

Hay **más** calzado **que** accesorios.	*There are more shoes than accessories.*
Hay **menos** accesorios **que** calzado.	*There are fewer accessories than shoes.*
Esta colección es **más** bonita **que** la otra.	*This collection is prettier than the other.*

- For comparisons of equality (the same as) use **tan... como** with adjectives and adverbs, and **tanto/a/os/as... como** with nouns.

La falda es **tan** cara **como** el saco.	*The skirt is as expensive as the jacket.*
El precio es **tan** importante **como** el estilo.	*The price is as important as the style.*
Yo tengo **tantos** clientes **como** ellos.	*I have as many clients as they do.*
El calzado cuesta **tanto** dinero **como** la lencería.	*The shoes cost as much money as the lingerie.*

- **Más, menos,** and **tanto como** can all be used with verbs to compare actions.

Yo trabajo **menos** ahora.	*I work less now.*
Nosotros pagamos **más** ahora.	*We pay more now.*
Ellos compran **tanto como** el año pasado.	*They buy as much as last year.*

- Use the following irregular comparisons to say *better, worse, older,* or *younger.*

Su diseñador es **mejor que** mi diseñador.	*Your designer is better than my designer.*
Mi diseñador es **peor que** su diseñador.	*My designer is worse than your designer.*
El vendedor es **mayor que** su jefe.	*The salesman is older than his boss.*
El jefe es **menor que** el vendedor.	*The boss is younger than the salesman.*

- To say *more than* or *less than* or *fewer than* with numbers, use **más de** or **menos de.**

Hay **más de** dos mil exposiciones aquí.	*There are more than two thousand showrooms here.*
Hay **menos de** tres días para ver todo.	*There are fewer than three days to see everything.*

Para practicar

A. ¿Es interesante?   Use **más que** or **menos que** to tell which of the following pairs of fashion merchandise is more interesting or less interesting to you. If they are equally interesting, use **tan... como** or **tanto como.** Don't forget to make your adjectives match the nouns.

MODELO: la lencería/los accesorios
La lencería es más interesante que los accesorios.
Los accesorios son menos interesantes que la lencería.

1. el calzado de hombre/el calzado de mujer
2. los bolsos/los portafolios
3. la ropa deportiva/la ropa de gala
4. los calzoncillos/las bragas
5. los Nike/los Adidas

B. ¿Para hombre, para mujer o unisexo?   Tell if you think the following articles of clothing are worn more by men or women, or whether they are used equally by both sexes.

MODELO: aretes
Hay más mujeres que hombres que llevan aretes.
sudaderas
Hay tantos hombres como mujeres que usan sudaderas.

1. zapatos de tacón alto	**5.** trajes	**8.** sombreros
2. pantalones	**6.** sostenes	**9.** abrigos
3. pajaritas	**7.** chalecos	**10.** pantimedias
4. zapatos de deporte		

C. En la exposición de modas.   You and your partner are attending your first trade show to stock your brand-new store. You don't always agree on strategies. Each of you should look at the following list of options and decide which option is best and explain why. Then, compare your answers. Where you disagree, try to persuade your partner to see your point of view.

MODELO: llegar muy temprano o muy tarde
E1: *Es mejor llegar tarde porque hay menos personas.*
E2: *Es mejor llegar temprano porque hay más selección.*

1. comprar ropa económica o ropa interesante
2. comprar una gran variedad de modelos de zapatos pero solamente un par de cada número o comprar menos modelos, pero muchos pares de cada número
3. comprar ropa para hombres y mujeres o especializarse en ropa de hombres o mujeres
4. volver al hotel para almorzar o almorzar en la sala de exposiciones.
5. ir a una discoteca por la noche o volver a la habitación
6. tener un presupuesto exacto o comprar artículos sin anotar el dinero

Los pedidos de los clientes

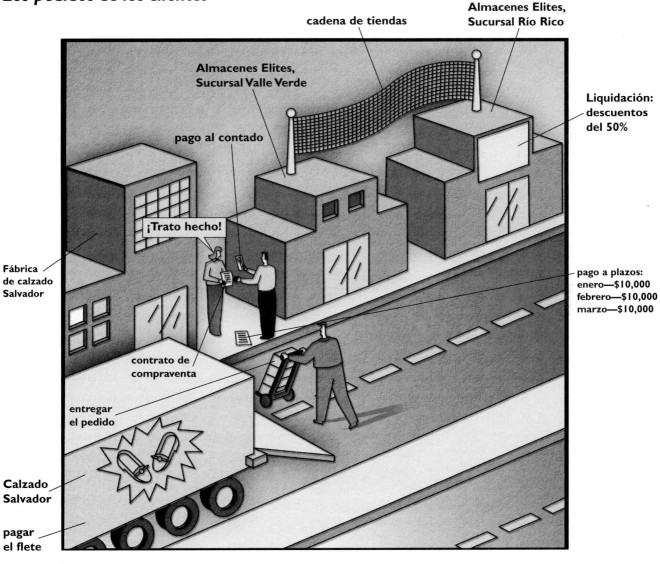

A. ¿Cómo se dice?   Find the word in the drawing that best completes the following sentences.

1. Un documento legal que explica las responsabilidades del vendedor y las del comprador es un _____ .

2. Comprar una cosa y pagar una porción de la cuenta cada mes es pagar _____ .

3. Comprar una cosa y pagar el importe total en el acto es pagar _____ .

4. _____ es el costo del transporte y la entrega de los productos.

5. Es costumbre celebrar el momento en que el vendedor y el comprador aceptan las condiciones de un contrato con la frase "_____".

B.   Acciones.   Match the actions in the left column with words or phrases in the right column.

1. _____ fabricar   **a.** llevarle algo al cliente

2. _____ entregar   **b.** escribir su nombre en un documento legal

3. _____ firmar   **c.** vender productos a precios reducidos

4. _____ liquidar   **d.** producir artículos para la venta

Zapatos y más zapatos

On the hectic last day of the fashion expo, our shoe buyer makes her decisions. Listen as she tries to strike an exclusive deal with her new favorite designer.

AGENTE: Buenas tardes, señora. ¿Tiene alguna pregunta?

COMPRADORA DE CALZADO: Sí. Soy Ángela Marino, compradora de calzado, y represento a la cadena de almacenes más famosa de esta región. Su colección de Verano 2004 (dos mil cuatro) es la línea más original de la exposición. Quiero explorar la posibilidad de ser su agente exclusiva. ¿Con quién debo hablar?

AGENTE: Usted habla con el mejor representante de la empresa. Soy Alejandro Salvador, el diseñador y el dueño. Pero primero es importante explicarle que no buscamos representación exclusiva. Como resultado de esta exposición, tenemos muchos pedidos para enviar zapatos a todas partes.

COMPRADORA: Esa es una mala noticia para nosotros. ¿Esto quiere decir que no puede prometer buen servicio?

AGENTE: De ninguna manera, señora. Nosotros ofrecemos el mejor servicio, la mejor fabricación, los mejores precios y las mejores condiciones de compraventa de la industria. Y usted ya sabe que tenemos los mejores estilos.

COMPRADORA: Está bien. Vamos a hablar un poco de "las mejores condiciones de compraventa" de la industria. Con un pedido de—vamos a decir—veinte mil dólares ($20,000), ¿hay descuentos?

AGENTE: ¿Pagado a plazos o al contado?

COMPRADORA: Al contado, en treinta días.

AGENTE: Si no tenemos que conceder crédito y usted paga un anticipo del 20%, el mayor descuento que puedo ofrecer es del 15%.

COMPRADORA: Y usted paga el flete, ¿verdad?

AGENTE: ¡Ay, señora! Pues, está bien. ¡Trato hecho!

COMPRADORA: ¡Excelente! Sr. Salvador, éste es el contrato más importante de su carrera profesional. Con sus diseños y nuestra campaña de publicidad, usted va a ser el diseñador más famoso del mundo...

C. ¿Comprende usted? Answer the following questions based on the dialogue.

1. ¿Quién es Ángela Marino?
2. ¿Cuál es la función de Alejandro Salvador en la compañía?
3. ¿Por qué no busca Alejandro a un agente exclusivo?
4. ¿Cómo va a pagar Ángela?
5. ¿Quién va a pagar el flete?

D. Flamenco-world.com.   As a professional dancer, your feet are your greatest asset. Your shoes must be the best. Fill out the following order form for your custom-designed shoes; then compare your request with that of a classmate regarding material, size, color, heel type and whether or not you wish nails added to your heel. NAILS? Well, this is flamenco dancing, you know.

Flamenco-world.com

Zapatos fabricados artesanalmente por Coral para Flamenco-world.com

Todos los pedidos son enviados por UPS Express; entrega en 48–72 horas a cualquier parte del mundo.

Modelo Nº 5. Zapato profesional Tango cerrado

- Suela y forro de cuero
- Tacón de madera, clavos en puntera y tacón
- Precio $84.49

Diseña tus zapatos en cuatro sencillos pasos:

1. Selecciona el material y la talla.   Piel ○ Ante ○
Mide tu pie, sin calzado, desde el talón al pulgar: escribe la medida en centímetros o pulgadas y tu talla europea. (ver cuadro de la derecha)

Para evitar errores, también puedes mandarnos una plantilla de tu pie por correo postal a: **Flamenco-world.com**
C/San Bernardo 35 2º D.
Madrid – 28015 (España)

Tabla de equivalencia de tallas y medidas		
Medida en cm.	Talla española	Talla europea
21,5	35	36
22	35 1/2	36 1/2
22,5	36	37
23	36 1/2	37 1/2
23,5	37	38
24	37 1/2	38 1/2
24,5	38	39
25	38 1/2	39 1/2

2. Selecciona el color.
○ Blanco   ○ Gris   ○ Negro   ○ Azul   ○ Rojo   ○ Amarillo   ○ Verde   ○ Marrón   ○ Rosa   ○ Violeta

3. Selecciona el tacón
○ Tacón Nº 1: 5'5cm.–2,16 pulgadas   ○ Tacón Nº 2: 7 cm.–2,75 pulgadas

4. Selecciona si lo quieres con clavos o sin clavos   Con clavos ○   Sin clavos ○
Los zapatos con clavos son más adecuados para el baile.

Pulsa el siguiente botón para efectuar la compra de tus zapatos:

Añadir al carrito

Todos los zapatos se fabrican artesanalmente y bajo pedido. El tiempo de elaboración es de 15 a 20 días laborables. Sólo se admitirán devoluciones en el plazo máximo de 15 días a partir de la fecha de la entrega.

Estructuras *Comparing and contrasting: Los superlativos*

- Use a superlative to express *the most* or *the least* when comparing more than two things.
- The superlative in Spanish uses the definite article **(el, la, los, las)** with the comparative form of the adjective.

Adjetivo:	Esta oficina es **moderna.**	*This office is modern.*
Comparativo:	Esa oficina es **más moderna.**	*That office is more modern.*
Superlativo:	La otra oficina es **la más moderna.**	*The other office is the most modern.*

- Adjectives that have irregular forms in the comparative use the same forms in the superlative, with the addition of the definite article.

bueno > mejor	viejo > mayor
malo > peor	joven > menor

Adjetivo:	Mario es un **buen** vendedor.	*Mario is a good salesman.*
Comparativo:	Enrique es un **mejor** vendedor.	*Enrique is a better salesman.*
Superlativo:	Miguel es **el mejor** vendedor de todos.	*Miguel is the best salesman of all.*

- Another way to give an adjective a superlative meaning of *extremely* or *very* is to add one of the forms **(–o, –os, –a, –as)** of the suffix **–ísimo/a** to the adjective. If the adjective ends in a vowel, drop the final vowel and add the correct form of **–ísimo/a.**

Este zapato es **caro.**	*This shoe is expensive.*
Ese zapato es **carísimo.**	*That shoe is extremely expensive.*

- If the adjective ends in a consonant, add the suffix directly to the stem.

Cambiar un contrato es **difícil.**	*Changing a contract is difficult.*
Cambiar un contrato internacional es **dificilísimo.**	*Changing an international contract is very difficult.*

Para practicar

A. Asociaciones. Write down the names of the people, things, or places you associate with these descriptions and then compare your answers with a classmate.

1. la empresa más famosa de programas de computadora
2. el programa de televisión más popular entre sus amigos
3. la publicidad (*commercial*) más cómica de la tele
4. el auto más caro del mundo

B. Extremísimo.   Anything you can do, I can do better. You and a friend are having a discussion about personal and professional traits. For every statement that your friend makes, use an **–ísimo/a** adjective to show that you and yours are even more so.

MODELO: E1: Estoy cansada.
                      E2: *Yo estoy cansadísima.*

1.   Soy inteligente.
2.   Soy un vendedor malo.
3.   Tengo un problema difícil.
4.   Tengo una reunión importante.
5.   Mis empleados son buenos.
6.   Mi sitio web es popular.
7.   Mis condiciones de compraventa son extrañas.
8.   Mis compradores están contentos con los productos.

C. En pareja.   You and your partner are trying to organize your boss's calendar by priority. As you look at each of these groups of three, put them into priority order according to the adjective given.

MODELO: serio: el problema con el banco
                          el problema de la cafetera rota *(broken coffee pot)*
                          el problema con el pedido extraviado *(lost)*

El problema de la cafetera rota es serio.
El problema con el pedido extraviado es más serio.
El problema con el banco es el más serio.

1.   urgente: la llamada de teléfono de su esposa
                           la llamada internacional de un comprador
                           la llamada de unos televendedores *(telemarketers)*
2.   fácil: buscar información de las cotizaciones en Internet
                        buscar información de las cotizaciones en el banco
                        buscar información de las cotizaciones en el periódico
3.   interesante: ir a otra ciudad para asistir a una exposición de productos
                                 ir a otro país para asistir a una exposición de productos
                                 navegar por Internet para ver los últimos productos
4.   económico: comunicarse con los clientes internacionales por correo electrónico
                                comunicarse con los clientes internacionales por teléfono
                                comunicarse con los clientes internacionales por fax
5.   malo: perder un pedido de $100 (cien)
                       perder un pedido de $1,000 (mil)
                       perder un pedido de $10,000 (diez mil)

Vocabulario Módulo 1

Sustantivos

el acumulador	battery	el/la mecánico	mechanic
el aire	air	la mente	mind
el amor	love	la milla	mile
el anillo	ring	el/la novio/a	boy/girlfriend
el arete	earring	la onza	ounce
la bicicleta	bicycle	la oreja	outer ear
la bolsa	bag	el parabrisas	windshield
el capó	hood	el parachoques	bumper
la carretera	road, highway	la piedra	stone
la cena	dinner	la plata	silver
el collar	necklace	el/la primo/a	cousin
el compromiso	engagement, commitment	la promesa	promise
		la prueba	test
el cuero	leather	la pulsera	bracelet
el dedo	finger	la velocidad	gear
el diamante	diamond	el quilate	karat
el equipo	equipment	el repuesto	spare
la guantera	glove compartment	el sentido	sense
		el símbolo	symbol
la joya	jewel	el sonido	sound
la joyería	jewelry store	el sueldo	salary
el limpiaparabrisas	windshield wiper	el terreno	terrain
		la velocidad	gear
la llanta	tire	el volante	steering wheel
el lujo	luxury	el zafiro	sapphire
el maletero	trunk		

Verbos

acostar(se) (ue)	to put / go to bed	invertir (ie)	to invest
		jugar (ue)	to play
almorzar (ue)	to have lunch	medir (i)	to measure
aprobar (ue)	to approve	mentir (ie)	to lie
arrancar	to start (motor)	pedir (i)	to ask for, order
contar (ue)	to count, to tell	pensar (ie)	to think
costar (ue)	to cost	perder(se) (ie)	to lose, get lost
despedirse (i)	to say farewell	proponer (g)	to propose
elegir (i) (j)	to elect, choose	proteger	to protect
entender (ie)	to understand	recordar (ue)	to remember
gastar	to spend (money)	repetir (i)	to repeat
		volver (ue)	to return
gustar	to like		

Adjetivos

ampliado/a	*extended*	**fácil**	*easy*
arruinado/a	*ruined*	**feliz**	*happy*
automotriz	*car industry*	**tu/tus**	*your*
deportivo/a	*sport*	**vigente**	*valid*
descapotable	*convertible*		

Otras expresiones

a cambio de	*in exchange for*	**fácilmente**	*easily*
a largo plazo	*long-term*	**por eso**	*that's why*
entre	*between, among*	**siempre**	*always*

Módulo 2

Sustantivos

el abrigo	*overcoat*	**el invierno**	*winter*
el almacén	*department store*	**la lencería**	*lingerie*
el anticipo	*advance*	**la línea**	*line*
la blusa	*blouse*	**el maniquí**	*mannequin*
el bolso	*purse*	**el mayoreo**	*wholesale*
la bota	*boot*	**el/la mayorista**	*wholesaler*
las bragas	*panties*	**el medio**	
el calzado	*footwear*	**ambiente**	*environment*
la camisa	*shirt*	**el menudeo**	*retail*
la camiseta	*T-shirt*	**la pajarita**	*bow tie*
la campaña	*campaign*	**las pantaletas**	*panties*
la cartera	*wallet*	**los pantalones**	*pants*
el chaleco	*vest*	**las pantimedias**	*pantyhose*
el cinturón	*belt*	**el par**	*pair*
la combinación	*slip*	**el rompevientos**	*windbreaker*
el/la		**la ropa interior**	*underwear*
comprador/a	*buyer*	**el/la sastre**	*tailor*
la compraventa	*buying and selling*	**el sombrero**	*hat*
		el sostén	*bra*
la confección	*tailoring*	**la sucursal**	*branch (office)*
la costumbre	*custom*	**la sudadera**	*sweatshirt, sweatsuit*
el desfile	*parade*		
el/la diseñador/a	*designer*	**el tacón**	*heel (shoe)*
el diseño	*design*	**la talla**	*size*
el esmoquin	*tuxedo*	**los tirantes**	*suspenders*
la fabricación	*manufacturing*	**el traje de etiqueta**	*formal wear*
la falda	*skirt*	**el verano**	*summer*
el flete	*freight*		

Verbos

almorzar (ue)	*to have lunch*	**firmar**	*to sign*
cenar	*to have dinner*	**reunirse**	*to meet, get*
contribuir (y)	*to contribute*		*together*
entregar	*to deliver*	**vestir(se) (i)**	*to dress, get*
fabricar	*to manufacture*		*dressed*

Adjetivos

extraviado/a	*lost, missing*	**pasado/a**	*past, last*
mediano/a	*medium*		

Otras expresiones

a plazos	*in installments*	**peor**	*worse*
al contado	*cash*	**sobre todo**	*overall*
así	*thus, so*	**tanto/a… como**	*as much as*
de cuadros	*plaid*	**tantos/as… como**	*as many as*
de ninguna manera	*in no way*	**¡Trato hecho!**	*Done deal!*

Síntesis

A escuchar

Rolando has some big plans. Listen to the telephone conversation and then tell if the following statements refer to **Rolando (R), Gina (G), Paco (P),** or **el joyero (J).**

1. _____ Va a celebrar su cumpleaños esta noche.

2. _____ Es el mejor amigo del novio de Gina.

3. _____ Va a conceder crédito.

4. _____ Va a pagar el anillo a plazos.

5. _____ Va a llevar el anillo al restaurante.

6. _____ Es tan romántico como Rolando.

A conversar

Many businesses contribute a portion of their earnings to benefit specific causes, from scholarships to environmental protection. In fact, Target, whose credit application follows, advertises they return over one million dollars weekly to the community in a variety of programs from education to domestic abuse to medical research. Talk with classmates about programs you're familiar with, citing company names and purpose of their donation.

MODELO: *Patagonia contribuye dinero para proteger el medio ambiente.*

A leer

¿Comprende usted?   Fill out the above credit application for Target with your personal credit information. Of course, you can always use fictitious information!

A escribir

▮▮   Exchange Target credit card applications with a classmate. Now you must decide if this customer should be granted credit with your store. But you're suspicious as to the validity of the information. Write five points that you should verify before approving his/her application.

Algo más

Within the United States or pushing the borders into Mexico and beyond, it is clear that the largest corporations have set their sites on the Spanish-speaking markets. Cultural norms that, until quite recently, led consumers to neighborhood **tlapalerías** *(hardware stores)* are changing direction and heading toward the chains. Rumor has it that even the Gateway Cows **"¡ahora hablan español!"**

THE HOME DEPOT ANUNCIA SUS PLANES DE ADQUIRIR **TOTAL HOME** DE MÉXICO

Atlanta —2/V/2001

The Home Depot, el minorista más grande de mejoras del hogar, hoy anunció un acuerdo para comprar al contado **Total HOME**, con cuatro tiendas en México, de ALFA, S.A. de C.V. basado en Monterrey, México. No se divulgaron los detalles de la venta.

Total HOME tiene tres tiendas en Monterrey y una en México, D.F.

Según Bob Nardelli, presidente y CEO de The Home Depot, "...con la segunda economía más grande en Latinoamérica y 23 millones de hogares, México ofrece un enorme potencial de crecimiento en todos los aspectos del mercado de mejoras del hogar".

La tienda típica de Home Depot mide aproximadamente 80,000 pies cuadrados en el interior, con más espacio afuera para materiales de construcción y jardinería. Cada tienda ofrece 30,000 productos en 17 departamentos. Sus clientes son el mercado profesional y el propietario individual.

"Vamos a compartir recursos de comercialización y operaciones. Pensamos intercambiar programas de entrenamiento entre socios de ambas compañías para asegurar las mejores prácticas. Vamos a hacer el control de la demanda más eficiente para nuestras tiendas en EE.UU. y México", dijo Anders Moberg, presidente de la división internacional.

La adición de México aumenta la presencia internacional de The Home Depot a tres países fuera de Estados Unidos, con 78 sucursales en Canadá y cuatro en Argentina. Hay siete sucursales en Puerto Rico también.

En mis propias palabras. The big chain stores are changing the way we shop worldwide. You can now go to Costco in Madrid, Smart & Final in Mexico, and McDonald's virtually everywhere. What do you think are some of the advantages and disadvantages of international shopping in the same places you frequent at home? List five positive and five negative characteristics of this new system. Also mention other companies who operate in many national and international locations.

MODELO: *Los almacenes como Costco tienen buenos precios, pero hay poco servicio al cliente.*

A buscar

What's the current economic condition in both the wholesale and retail markets in the United States? Look for data on the increase/decrease in sales during the recent term. Search for sites that focus on wholesale or retail trade. What types of businesses did you find? Bring to class at least one particularly interesting article about a specialty business or an analysis of the current economic picture.

http://www.reforma.com/economiayfinanzas/articulo/136745

http://www.unam.mx/universal/net1/1999/mar99/10mar99/finanzas/indice.html

http://www.elnorte.com/negocios/articulo/157484

http://www.inegi.gob.mx/difusion/espanol/acercainegi/bolecon/estbol.html

http://www.prodigyweb.net.mx/repint

http://www.signusweb.com/pricelist.htm

http://www.enespanol.com/laredo.western

http://portal.sysop.com.mx/sysop/3/25/255

http://espanol.yahoo.com/Zonas_geograficas/Paises/Mexico/Economia_y_negocios/Empresas/Hogar_y_jardin

http://www.electronicatapia.com/protektor.htm

http://portal.sysop.com.mx/sysop/20/284

http://www.crescendo.com.mx/tvsmn

http://www.horticom.com/tem_aut/poscosec/greentec.html

http://www.sdro.com/bazarmex/leath.htm

http://business.fortunecity.com/jv/111/services.htm

http://www.medicalrental.com.mx/

A conocer: Estevan Ramos

Joining the ranks of such top Hispanic designers as Oscar de la Renta, Carolina Herrera, Jesús del Pozo and others is the young Los Angeles designer, Estevan Ramos. Among his trendy clients are: Christina Aguilera, Salma Hayek, and Angelina Jolie. While he does not like the idea of "categorizing yourself into an ethnicity," he does call his style "cholo chic." And he says: "My collection is an extension of my heritage and how I live it in today's world." Find out where to find his collections, who's wearing his styles and more about the designer on the Web.

LECCIÓN 5

Vender es vivir

Módulo 1

- Los almacenes
- Making requests: *Los mandatos formales*
- Las tiendas independientes
- Los mandatos: irregulares/con cambios ortográficos/ con pronombres de objeto indirecto

Módulo 2

- La publicidad
- Expressing negative ideas: *Las expresiones afirmativas y negativas*
- La mercadotecnia
- Más sobre las expresiones negativas

Síntesis

- A escuchar
- A conversar
- A leer
- A escribir

Algo más

- Ventana cultural: La influencia hispana crece en EE.UU.
- A buscar
- A conocer: Napoleón Barragán

Módulo 1

Los almacenes

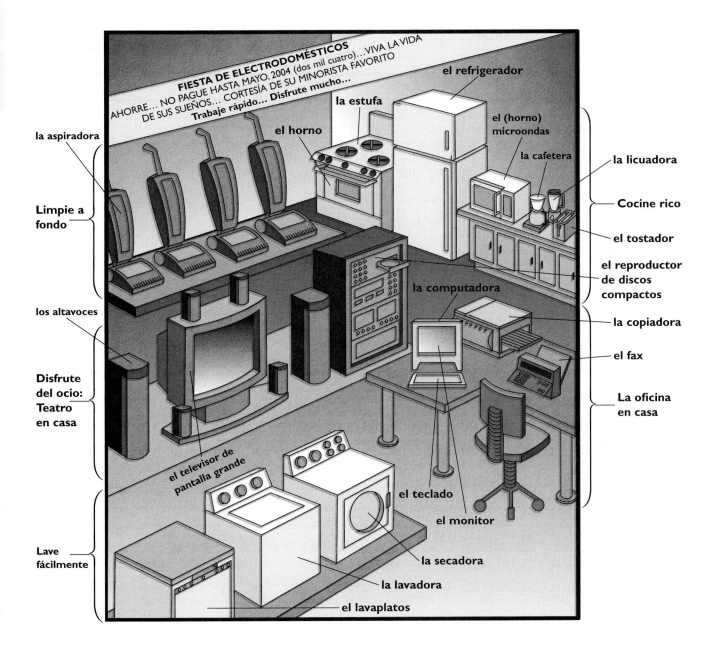

FIESTA DE ELECTRODOMÉSTICOS
AHORRE… NO PAGUE HASTA MAYO, 2004 (dos mil cuatro)…VIVA LA VIDA
DE SUS SUEÑOS… CORTESÍA DE SU MINORISTA FAVORITO
Trabaje rápido… Disfrute mucho…

- la aspiradora
- Limpie a fondo
- los altavoces
- Disfrute del ocio: Teatro en casa
- Lave fácilmente
- el horno
- la estufa
- el refrigerador
- el (horno) microondas
- la cafetera
- la licuadora
- Cocine rico
- el tostador
- el reproductor de discos compactos
- la copiadora
- el fax
- La oficina en casa
- la computadora
- el televisor de pantalla grande
- el teclado
- el monitor
- la secadora
- la lavadora
- el lavaplatos

A. ¿Cómo se dice?   Choose the correct Spanish word for the appropriate appliance according to each description.

1. Para lavar la ropa:

2. Para ver películas en casa:

3. Para reproducir documentos:

4. Para mandar documentos a larga distancia:

5. Para calentar comida rápidamente:

6. Para limpiar los pisos:

B. Acciones.   Find a command in the following list that best tells what the customers can do.

cocine	lave	termine	limpie	ahorre	disfrute

1. Pagar menos dinero a causa de una liquidación: _____

2. Usar agua para limpiar la ropa o el piso: _____

3. Preparar la comida: _____

4. Descansar y divertirse *(have fun)*: _____

5. Completar una tarea: _____

En el almacén

One of the world's leading retailers has found a new way to market large appliances: an after-hours champagne party for "preferred customers." Does it work?

VENDEDOR: Lo siento, señora. Hoy no tenemos ofertas en este departamento. Mire, si usted tiene interés en comprar un lavaplatos, venga el domingo a las siete para ver la nueva línea, tomar champaña, recibir grandes ofertas e informarse de las condiciones para comprar a plazos. Traiga también a su esposo.

SEÑORA: ¡No me diga! ¡Qué mercadeo más original! Pero el domingo a las siete hay partido de fútbol. Mi esposo no va a ninguna parte.

VENDEDOR: Dígale que en la sección de electrónica puede ver el partido—con pizza—en uno de los siete televisores de pantalla gigante que vamos a tener conectados. Hable con él. Si está interesado, llame a la tienda y pida dos invitaciones. Pero, por favor, hágalo pronto. El espacio está limitado. Yo me llamo Roberto. Pregunte por mí.

SEÑORA: Espere un momento, Roberto. Reserve dos invitaciones para nosotros. Mi esposo va a venir. ¿Hay mucha diferencia entre los modelos del año pasado y los modelos nuevos?

VENDEDOR: Los modelos nuevos no van a estar aquí hasta el domingo, pero tengo una idea. Escriba estos números. Si tiene una computadora, mire el sitio web del almacén. Ponga estos números, lea la información y compare los precios normales con los precios del domingo.
(el domingo, después del partido)

VENDEDOR: Bueno. Entregamos el televisor de pantalla gigante el lunes. Y el lavaplatos, la lavadora y la secadora el martes. Firme aquí, por favor. ¿Necesitan alguna otra cosa?

ESPOSO: Otra copa de champaña, por favor. Y hábleme de esta máquina de DVD con muchos altavoces. . .

C. ¿Comprende usted?   Answer the following questions based on the dialogue.

1. ¿Qué busca la señora?

2. ¿Cómo van a presentar la nueva línea?

3. ¿Por qué no va a querer ir al almacén el esposo?

4. ¿Cómo van a satisfacer a los entusiastas del fútbol?

5. ¿Qué compra el esposo?

D. Costco en Puerto Rico.   You've never before shopped at a warehouse-style discount store. Then you meet the super sales rep from Costco who knows just how to convince you to buy a membership. Read the news report below about Costco's opening and summarize the three key points your salesperson will use on you.

MODELO: *Los precios son más bajos en Costco que en otros almacenes.*

Costco quiere decir calidad

En noviembre de 2001 *(dos mil uno)* Costco abrió dos almacenes en Puerto Rico —territorio nuevo para la compañía. La pregunta es: ¿Qué trae Costco a Puerto Rico?

La meta de Costco es ofrecer buenos precios a los miembros en los gastos diarios, tanto para las familias como para los comerciantes.

Dondequiera que esté Costco, en cualquiera de los 384 almacenes—en EE.UU., Canadá, Inglaterra, México, Corea, Japón y Taiwan—es un aliado poderoso para los miembros que pertenecen a empresas pequeñas y para los que hacen sus compras personales, ofreciendo no sólo mercancía de marcas conocidas a precios increíbles, sino un grupo de servicios profesionales y personales que ayudan a nuestros miembros a ahorrar tiempo y dinero cada mes.

"Tenemos una misión: vender a nuestros miembros mercancía de calidad a los mejores precios posibles", dice Jim Sinegal, presidente y CEO de Costco. "Tenemos una organización eficiente con poco costo estructural; eso nos permite pasarles los ahorros a nuestros clientes."

Miremos los productos, políticas y servicios que hacen único a Costco, y representan buenas ofertas para los socios. Es nuestra receta para el éxito.

Membresía sin riesgo

Costco ofrece una doble garantía. Si un socio no está contento con algo que compró en Costco, en cualquier momento lo puede devolver y recibir su dinero sin preguntas. Además, si decide que la membresía ya no tiene valor, Costco le devolverá el importe de su cuota anual.

Servicios excelentes

Además de productos de calidad a buen precio, Costco ofrece una variedad de servicios en los almacenes, como farmacia, revelado de fotos y departamento óptico.

E. El gran debate.   One of you is a firm believer in mom-and-pop businesses that offer personal service. The other thinks the only issue is price. Each of you must present five points in favor of your own preference.

MODELO: *E1: Quiero ayuda de un vendedor para escoger lo que voy a comprar.*
E2: Yo busco la información que necesito en Internet y entonces voy a la tienda con el mejor precio.

Estructuras   *Making requests:*
Los mandatos formales

Culturally, the formal command may be one of the most important grammatical structures you will learn. By using this form with all individuals you would address with **usted,** you will show courtesy and respect as you tell or order them to do something. To form the command, drop the final **–o** of the **yo** form of the verb in the present tense (the **yo** form will give you the necessary spelling changes) and add these endings:

For **–ar** verbs, add **–e:**

| hablar | habl**o** | ⇒ | **¡Hable** más despacio, por favor! |
| llamar | llam**o** | ⇒ | **Llame** al departamento técnico. |

For **–er** and **–ir** verbs, add **–a:**

| vender | vend**o** | ⇒ | **Venda** más televisores de pantalla grande. |
| pedir | pid**o** | ⇒ | **Pida** su invitación aquí. |

(Note: for the **ustedes** form of the command, add an **–n**).

| venir | **vengo** | ⇒ | **¡Vengan** y **ahorren!** |

Para practicar

A. Un cliente confundido.   You are a sales associate in a large electronics store. Your customer is very unfamiliar with all of the new gadgets available. He wants to "play" with them all. Tell him what to do with the following items.

MODELO: el reproductor de MP3/escuchar sus canciones favoritas
Escuche sus canciones favoritas con el reproductor de MP3.

1. la copiadora/hacer copias
2. la computadora/escribir cartas electrónicas
3. el fax/transmitir documentos
4. el DVD/ver películas
5. el VCR/grabar (*tape*) programas de televisión
6. el horno microondas/preparar comida rápidamente
7. la licuadora/hacer "smoothies" y licuados
8. la aspiradora/limpiar las alfombras
9. el televisor de pantalla grande/ver los deportes
10. el teléfono celular/hablar con los amigos sin estar en casa

B. Preguntas urgentes.   You are working at the switchboard of a large department store and have to answer the callers' questions. For each question the caller asks, respond with the appropriate command.

MODELO: ¿Compro la garantía ampliada?
Sí, compre la garantía ampliada.

1. ¿Vengo al almacén con la tele defectuosa?
2. ¿Pongo los discos compactos al sol (*sun*)?
3. ¿Escribo mi queja?
4. ¿Espero en línea?
5. ¿Lleno la solicitud de crédito?
6. ¿Llamo al departamento técnico?
7. ¿Le pido mi recibo al vendedor?
8. En el futuro, ¿compro mis electrodomésticos en otra tienda?

C. Consejos.   You are alone on the sales floor when a family with rowdy children comes in to look around. Be polite and use formal commands to correct the ones who . . .

MODELO: no hablan claramente
Hablen claramente.

I. no contestan a su madre
2. ponen los estéreos a todo volumen *(loud)*
3. no dicen la verdad
4. corren por los pasillos
5. pelean *(fight)*
6. gritan mucho
7. no comprenden que tienen que comportarse bien
8. escriben grafiti en las paredes

Las tiendas independientes

el monitor

la unidad de CD

el ratón o mouse

los programas o sóftware

la memoria

el procesador CPU

Recuerde: **No pierda su trabajo: guarde sus documentos con frecuencia y haga una copia del disco duro cada noche**

enchufar

el teclado

el disquete

la unidad de disquetes

la impresora

Servicio técnico

el disco duro

el cable

la caja

los manuales

A. ¿Cómo se dice?   Choose the correct Spanish word to complete the following.

1. El _____ usa las líneas telefónicas para conectar la computadora a Internet.

2. Cuando toco los botones en el _____, las letras y los números aparecen en el monitor.

3. Yo muevo *(move)* el _____ y hago clic cuando quiero abrir un programa.

4. El _____ guarda *(saves)* los programas de la computadora y los documentos que yo preparo.

5. Si yo guardo una copia de mis documentos en un _____, puedo trabajar con el documento en más de una computadora.

B. ¿Qué hace?   Match the following statements with the correct verb.

a. cargar   b. ver   c. perder   d. hacer clic   e. conectar

1. Uso un cable para _____ la computadora a la impresora.

2. Transmitir información de Internet a una computadora por módem es

_____.

3. Para abrir un programa en la computadora yo necesito _____.

4. Yo necesito un monitor para _____ la información que hay en la computadora.

5. Si hay un problema con el disco duro, es posible _____ toda la información en la computadora.

¡Auxilio!

Daniel is a young high school student/computer wizard who works part time at a small, independent computer sales and service shop. He is on the phone with a panicky customer who has just bought and unpacked his first computer. What next?

CLIENTE: Daniel, ¡ayúdeme! Estoy aquí rodeado de todos los componentes y no sé por dónde empezar. Y por favor, no me diga que lea el manual. ¡Es imposible!

DANIEL: Bueno. No tenga miedo. Estamos aquí para ayudar. Primero identifique el procesador CPU y el monitor. El cable del monitor tiene una conexión azul. Conecte el cable del monitor con la conexión azul al CPU. Hay códigos de colores.

CLIENTE: Espere. . . Hecho. Ahora, dígame qué hago.

DANIEL: Ahora conecte el ratón y el teclado al CPU. Es fácil: empareje los colores semejantes. El módem tiene un cable de teléfono y la impresora tiene un cable más grande. Entonces, enchufe el cable principal del CPU a la pared. Ahora, prenda la computadora con el botón principal del CPU.

CLIENTE: ¡Usted es un genio! En la pantalla del monitor, hay un espacio azul con varios símbolos: una computadora, algo que dice Exploradora de Internet y más.

DANIEL: Excelente. Pero, en este momento tengo otro cliente aquí. Usted puede terminar la instalación. Primero, registre la computadora y los programas, y después instale la conexión para Internet. Con el ratón, vaya al símbolo de la computadora y haga clic. Siga las instrucciones de la pantalla y llámeme en media hora si tiene problemas. Si no tiene problemas, escríbame un e-mail para notificarme.

C. ¿Comprende usted?   Decide if each of the statements is **Cierto (C)** or **Falso (F)** based on the dialogue. If the statement is incorrect, provide the correct information.

1. _____ Daniel no entiende mucho de computadoras.

2. _____ El cliente no puede leer el manual.

3. _____ Es fácil conectar los componentes de una computadora porque tienen un código numérico.

4. _____ La impresora requiere un cable de teléfono.

5. _____ Si Daniel recibe un e-mail del cliente, es porque el cliente tiene problemas.

D. Los buenos recuerdos.   You think the best holiday gift for your family would be a new camera to record those special moments, and you've decided to buy a Suvisi camera. Read the promotional brochure and provide five reasons to support your purchase.

Mantenga imborrables sus recuerdos y revívalos cuantas veces quiera

La videocámara con la mejor relación calidad-precio.
Ahora, toda la tecnología está al alcance de su mano. De fácil utilización y grandes prestaciones, este modelo le permitirá explorar todo un mundo de posibilidades en la grabación de sus mejores momentos.

Un zoom de 360 aumentos y un precio muy reducido

Todo más cerca
Uno de los zooms más potentes del mercado, para que usted lo vea todo más próximo. Efectos especiales—grabe como un auténtico profesional

Programas preestablecidos

No pierda tiempo ajustando su cámara

Retratos   Paisajes   Playa/Nieve

Deportes   Noche   Proyector

CONDICIONES DE FINANCIACIÓN	
PRECIO AL CONTADO	600€ *(SEISCIENTOS EUROS)*
PRECIO TOTAL FINANCIADO	750€ *(SETECIENTOS CINCUENTA EUROS)*
PLAZO	39 MESES
CUOTA MENSUAL	20€ *(VEINTE EUROS)*
INTERÉS NOMINAL	8,5%

E. ¡Estoy confundido/a!   Each of us has a horror story of assembling or connecting something, from computers to tricycles. This time we're putting together a home theater with television, speakers, DVD ... Write five basic commands to get started and compare your list with those of two other students. Will the system work?

MODELO: *Primero, saque todo de las cajas.*

Estructuras

Los mandatos: irregulares/con cambios ortográficos/con pronombres de objeto indirecto

The following verbs have irregular **Ud.** command forms:

ser	⇒	sea(n)	saber	⇒	sepa(n)
estar	⇒	esté(n)	dar	⇒	dé/den
ir	⇒	vaya(n)			

In order to preserve the original pronunciation of the verb, formal commands for verbs ending in **–car, –gar,** and **–zar** have the following spelling changes:

bus**car**	⇒	bus**que**	**Busquen** información por Internet.
pa**gar**	⇒	pa**gue**	**Pague** en la caja, por favor.
empe**zar**	⇒	emp**iece**	**Empiecen** ahora a aprender los programas.

(Don't forget the steps to forming a command: 1. go to the **yo** form
2. take off the **–o**
3. add the opposite ending.)

Commands and Indirect Object Pronouns

Use the pronouns **me** to mean *me, for me,* or *to me* and **nos** to mean *us, to us,* or *for us.* These pronouns are attached to the *end* of a command if it is affirmative—a "yes" command. When adding a pronoun to the end of affirmative commands of two or more syllables, be sure to place an accent mark above the stressed vowel in order to preserve the original pronunciation. If the command is negative, put the pronoun in front of the verb.

Explíque**me** el problema.	*Explain the problem to **me**.*
No **me** explique el problema.	*Don't explain the problem to **me**.*
¡Díga**nos** qué hacer!	*Tell **us** what to do!*
¡No **nos** diga que leamos el manual!	*Don't tell **us** to read the manual!*

Use the pronoun **le** to mean *to* or *for you, him,* or *her* and **les** to mean *to* or *for you (plural)* or *them.* Put it before negative commands and after affirmative ones. You may clarify any ambiguity by adding **a** + the person's name.

Escríba**le** un cheque.	*Write him a check.*
Escríba**le** un cheque **a Roberto.**	*Write a check to Roberto.*
¡No **les** dé un reembolso!	*Don't give them a refund!*
¡No **les** dé un reembolso **a los clientes!**	*Don't give the clients a refund!*

Para practicar

A. ¡Los teléfonos otra vez!   You are back on phone duty and must respond to the following statements or questions from these clients with polite commands. ¡Tenga cuidado!

MODELO: Cliente: ¡Estoy nervioso!
Ud.: *¡Esté tranquilo!*

1. ¿Busco el recibo?
2. ¿Voy a la tienda?
3. ¿Doy mi nombre?
4. ¿Empiezo el programa ahora?
5. ¿Vuelvo a la página principal *(home page)*?
6. ¡Tengo miedo de las computadoras!
7. ¿Pago en la caja?
8. ¿Cargo los programas de Internet?
9. ¿Toco el teclado con las manos sucias?
10. ¿Les explico el problema ahora?

B. Servicio técnico.   You and your boss are working late on an urgent project when—you guessed it—your computer freezes. Your boss is in a panic and you have to tell him what to do. Be polite: use only formal commands.

MODELO: buscar el número de teléfono del servicio técnico
Busque el número de teléfono del servicio técnico.

1. llamar inmediatamente
2. estar tranquilo
3. esperar en línea hasta que el próximo técnico esté disponible
4. tener la garantía en la mano
5. dar el número de serie de la computadora

6. hablar con la recepcionista automática

7. pedir ayuda al técnico

8. no apagar *(turn off)* la computadora

9. guardar los documentos con frecuencia en el futuro

10. ir al sitio web para buscar un programa de protección contra virus

C. Con un amigo. Role-play the following situations with a friend. One of you will be a technician on duty and the other will call about the computer emergencies listed below. The technician will give two suggestions to the caller. Do two situations and change roles for the next two.

MODELO: Una señora llama porque su computadora no prende *(turn on)*.

E1: *Necesito ayuda. Mi computadora no prende.*

E2: *1. Mire el cable.*

2. Toque el botón principal dos o tres veces.

1. Un señor llama porque su impresora no funciona.

2. Un adolescente llama porque sus juegos de computadora no cargan.

3. Una madre llama porque hay material erótico en el e-mail de sus hijas.

4. Una profesora de español llama porque no sabe cómo teclear los acentos en sus documentos.

Módulo 2

La publicidad

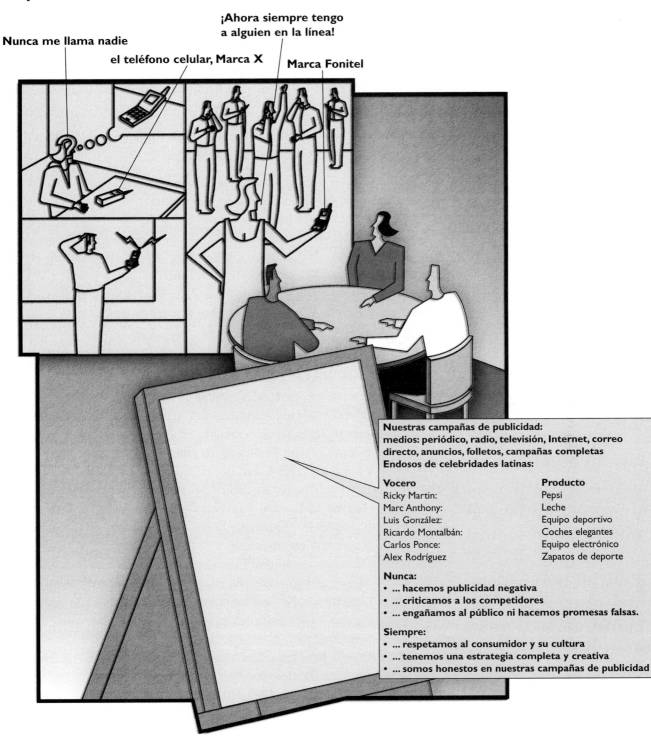

Nunca me llama nadie

¡Ahora siempre tengo a alguien en la línea!

el teléfono celular, Marca **X**

Marca Fonitel

Nuestras campañas de publicidad:
medios: periódico, radio, televisión, Internet, correo
directo, anuncios, folletos, campañas completas
Endosos de celebridades latinas:

Vocero	**Producto**
Ricky Martin:	Pepsi
Marc Anthony:	Leche
Luis González:	Equipo deportivo
Ricardo Montalbán:	Coches elegantes
Carlos Ponce:	Equipo electrónico
Alex Rodríguez	Zapatos de deporte

Nunca:
• ... hacemos publicidad negativa
• ... criticamos a los competidores
• ... engañamos al público ni hacemos promesas falsas.

Siempre:
• ... respetamos al consumidor y su cultura
• ... tenemos una estrategia completa y creativa
• ... somos honestos en nuestras campañas de publicidad

A. ¿Cómo se dice?   Choose the correct Spanish word from the column to the right, according to each definition in the column to the left.

1. competidores

2. vocero

3. campaña de publicidad

4. marca

5. avalar

a. una persona que representa un producto

b. rivales en el mercado

c. el nombre y logo de un producto

d. la estrategia completa para presentar un producto

e. dar testimonio de que un producto es bueno

B. ¿Qué hace?   Match the following definitions with the correct verb. ¡OJO! Some verbs may be from previous lessons.

1. lanzar

2. engañar

3. criticar

4. crear

a. decir cosas negativas de alguien o algo

b. usar la imaginación para diseñar

c. hacer promesas falsas

d. introducir o presentar un nuevo producto al público

La campaña de publicidad

The creative team from a young Latino advertising firm has a chance to land a huge contract with a major communications company. They just need an angle. . . .

DIRECTOR: Nuestra estrategia de campañas publicitarias siempre tiene tres fundamentos: 1. llamar la **atención,** 2. establecer la **identificación** con el producto y 3. crear la **motivación** de comprarlo. ¿Dónde empezamos? Alejandro. . .

ALEJANDRO: Bueno. Los voceros famosos que representan los productos siempre llaman la atención, sobre todo si se identifican con la cultura. El éxito de la campaña publicitaria de Pepsi con Ricky Martin y Britney Spears es evidente.

DIRECTOR: Es cierto. ¿Piensas en alguien especial para nuestro producto?

LUISA: ¡No hay nadie como J. Lo para llamar la atención!

ALEJANDRO: ¡Precisamente! Si Jennifer López vende algo, todo el mundo lo va a querer. ¡Yo también!

DIRECTOR: ¡Tranquilo, Alejandro! Todo el mundo que tiene menos de treinta años lo va a querer. Nadie que tenga más de treinta y cinco va a tener interés. No olviden ustedes el sector del mercado que nos interesa. La demanda está entre los jóvenes y en este caso J. Lo es perfecta.

LUISA: Pues, sí. Pero hay un problema: Jennifer López nunca representa productos comerciales.

ALEJANDRO: *(con una sonrisa* [smile]*)* Nunca digan nunca. Yo sólo necesito cinco minutos con ella. . .

C. ¿Comprende usted?   Decide if each of the statements is **Cierto (C)** or **Falso (F)** based on the dialogue. If the statement is incorrect, provide the correct information.

1. _____ El director es famoso por engañar al público.

2. _____ Alejandro piensa que un vocero famoso es mala idea.

3. _____ J. Lo siempre llama mucho la atención.

4. _____ A J. Lo le gusta representar productos comerciales.

5. _____ Luisa cree que ella puede invitar a Jennifer López a ser vocera.

D. Es un mundo.   NBC recently purchased Telemundo Communications Group. Before you read the details of the deal, brainstorm five reasons why an American broadcast giant like NBC would invest in Spanish media. Compare your list with a classmate's.

MODELO: *Con más de treinta millones de hispanos en EE.UU., es importante hablar su idioma.*

NBC entra en el mundo del español

NBC anunció la compra de Telemundo Communications Group, Inc., la cadena número dos en español, por dos mil millones de dólares ($2,000,000,000) al contado, más acciones de la compañía.

Este acuerdo da a NBC un punto de apoyo *(foothold)* en el creciente mercado hispano en los medios de comunicación. Esta área ya tiene interesados a los conglomerados a causa de las impresionantes cifras que presenta la población hispana.

La compañía tiene una deuda de $700 millones *(setecientos millones)* y se esperan ingresos por valor de $600 millones *(seiscientos millones)* en un plazo de dos años. Se supone que la experiencia de NBC en vender publicidad y en desarrollar programas nuevos le dará la oportunidad de tener éxito.

E. Los detectives.   Almost half (47%) of Hispanics in the U.S. have Internet access. Pick a subject area for your group (i.e., sports, music, news) and search IN SPANISH for related sites. Good starting point might be www.univision.com and www.telemundo.com. Bring your findings to share in class.

Estructuras   *Expressing negative ideas:*
Las expresiones afirmativas y negativas

- In Spanish, sentences are made negative by placing either **no** or a negative expression *before* the verb. While double negatives are considered to be incorrect in English, they are often necessary in Spanish. The following affirmative expressions must be changed to their negative equivalents if one part of the sentence is negative:

alguien	*somebody*	**nadie**	*nobody*
algo	*something*	**nada**	*nothing*
también	*also*	**tampoco**	*neither*
siempre	*always*	**nunca**	*never*

—¿Hay **algo** nuevo en el reporte demográfico?   *Is there anything new in the demographic report?*

—**No** veo **nada** interesante.   *I don't see anything interesting.*

—¿Hay **algo** en el otro reporte?   *Is there anything in the other report?*

—No, **no** veo **nada** allí **tampoco.**   *No, I don't see anything there either.*

—¿Hay **alguien** más famoso que él?   *Is there anyone more famous than he is?*

—**No, no** hay **nadie** más famoso.   *No, there is no one more famous.*

—Si **nadie** es más famoso, vamos a llamar a su agente.   *If nobody is more famous, let's call his agent.*

Para practicar

A. Siempre, a veces *(at times)*, nunca. . .   Tell how often you do the following:

MODELO: leer los anuncios *(ads)* en el periódico.
A veces leo los anuncios.

1. ir a la tienda inmediatamente para comprar un producto nuevo
2. cambiar el canal de televisión durante los anuncios comerciales
3. prestar atención a los productos avalados por celebridades
4. creerse todos los anuncios comerciales
5. llamar a los números gratuitos para comprar productos de la tele
6. comer cereales de los personajes de dibujos animados *(cartoon characters)*

B. La cliente impaciente. The advertising executives have their hands full with their fussy new client. How will they respond to her complaints?

MODELO: —**Nunca** está cuando necesito algo.
—*Siempre* estoy cuando necesita algo.

I. *Nunca* hay *nadie* para contestar mis preguntas.
2. Las recepcionistas *siempre* son antipáticas.
3. *Nunca* hay *nada* interesante en sus anuncios.
4. *Siempre* hay problemas con el departamento de contabilidad.
5. *También* hay problemas con el departamento de producción.
6. *Alguien* necesita contestar mis llamadas las 24 horas del día.
7. Hay *algo* en mi martini.
8. *Nadie* comprende mis problemas.

C. Siempre o nunca. . . With a partner, create a list of five commands for things that people should always or never do to launch a new product to the marketplace.

MODELO: *Siempre estudie bien el producto.*
Nunca sea deshonesto.

La mercadotecnia

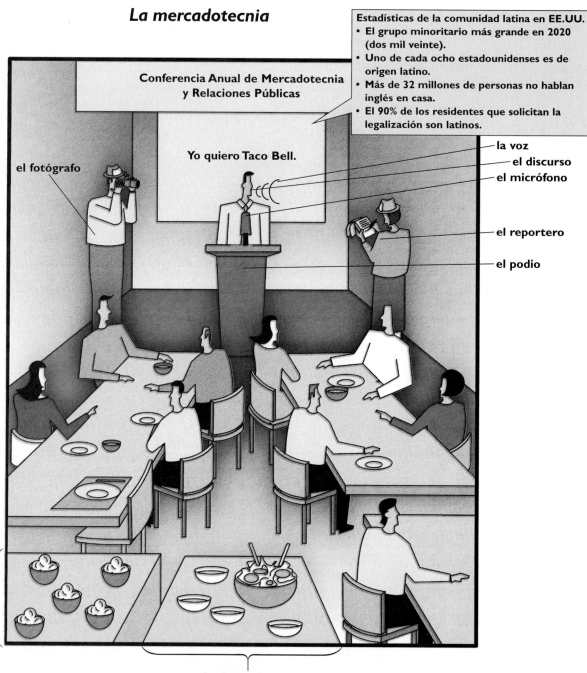

Estadísticas de la comunidad latina en EE.UU.
- **El grupo minoritario más grande en 2020 (dos mil veinte).**
- **Uno de cada ocho estadounidenses es de origen latino.**
- **Más de 32 millones de personas no hablan inglés en casa.**
- **El 90% de los residentes que solicitan la legalización son latinos.**

Conferencia Anual de Mercadotecnia y Relaciones Públicas

Yo quiero Taco Bell.

el fotógrafo

la voz
el discurso
el micrófono
el reportero
el podio

algunos postres

ningún postre

A. ¿Cómo se dice? Complete the following sentences with information from the drawing.

1. Una reunión anual de personas que trabajan en una industria específica es

   una _____.

2. Los reporteros y los fotógrafos trabajan para la _____.

3. La "ciencia comercial" que investiga los deseos e intereses de segmentos de la población para vender productos es _____.

4. Se usa un _____ para ayudar al público a escuchar bien la voz de un orador *(speaker)*.

5. Las _____ son el resultado de la recolección, análisis e interpretación de información númerica.

B. Antónimos. Match the positive word with its negative from the two lists below. You may need to review the negatives and positives from the last module to do it!

A		**B**	
1. _____ alguien		**a.**	nada
2. _____ algo		**b.**	ningún
3. _____ algún		**c.**	nadie
4. _____ siempre		**d.**	tampoco
5. _____ también		**e.**	nunca

La estrategia de mercadotecnia

It's up to the marketing experts to help advertisers figure out who's shopping, what they are looking for and how to speak their language. The keynote speaker at the National Association of Marketing Engineers is just finishing up his address. What changes are ahead? Let's join a table of marketing executives and find out.

EXPERTO: En resumen, *"Yo quiero Taco Bell"*. Es más: *"¡Yo adoro Taco Bell!"*. Ninguna campaña publicitaria establece mejor la importancia de la influencia latina en nuestra sociedad que este perrito chihuahua de Taco Bell. Notamos la influencia en nuestra cultura y comida, nuestra música, y más que nada, en nuestro idioma. Algunos expertos dicen que este año el consumidor latino va a tener un impacto económico de más de trescientos sesenta mil millones de dólares y mucho más en el futuro. Ningún sector cultural crece más rápidamente. Señores profesionales de mercadotecnia y publicidad, habla la voz latina y nosotros tenemos que responder. Muchas gracias por su atención. *(Aplausos, aplausos, aplausos.)*
(En la mesa)

EJECUTIVA: ¡Qué discurso más interesante! No hay ninguna duda: él tiene razón. Nadie presta bastante atención a este sector.

ADMINISTRADOR: Bueno, algunas de las empresas más grandes empiezan a comprender lo que tienen que hacer para atraer al consumidor latino, pero la mayoría reacciona muy lentamente. Hay una percepción entre la comunidad latina de que "nuestra cultura es diferente; tenemos otro idioma; ustedes no nos comprenden".

EJECUTIVA: Entonces, nuestro nuevo mensaje va a ser: "No hay ninguna empresa más interesada en tu felicidad y confort. *Te comprendemos, tenemos lo que quieres y hablamos tu idioma*".

ADMINISTRADOR: Un momento, Andrea. Nuestra empresa nunca hace promesas falsas. Si decimos que "hablamos tu idioma", tiene que ser verdad. Para el bien de la compañía, las clases de español empiezan el lunes a las ocho. Amiga, ¡tenemos que hablar español!

C. ¿Comprende usted? Answer the following questions based on the dialogue.

1. ¿Por qué adora el experto al chihuahua de Taco Bell?
2. ¿Dónde notamos la influencia de la presencia latina en Estados Unidos?
3. ¿Quién va a tener un impacto económico de más de 360 billones de dólares?
4. ¿Cuál es el nuevo mensaje de la compañía?
5. ¿Por qué van a estudiar español?

D. ¿Habla español? According to the U.S. Census Bureau's Supplementary Survey, nearly 27 million people speak Spanish at home. Read the article from Latina magazine and discuss with a classmate why it is important (or not) for Hispanics in the United States to speak Spanish.

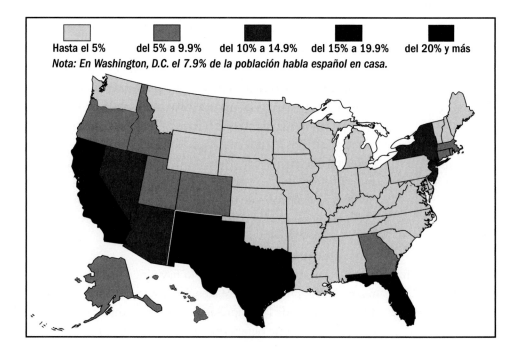

Hasta el 5%   del 5% a 9.9%   del 10% a 14.9%   del 15% a 19.9%   del 20% y más
Nota: En Washington, D.C. el 7.9% de la población habla español en casa.

ESPAÑOL, ¿SÍ O NO?

A pesar de los debates políticos acerca del bilingüismo, el idioma es una cuestión muy personal. *Latina* invitó a cuatro amigas a cenar para discutir el tema.

Las diferencias idiomáticas fueron evidentes desde el principio. La anfitriona del restaurante latino, al oír mi nombre, comenzó una conversación que tuve que interrumpir, pues yo no hablo español lo suficientemente bien. Cuando María Hinojosa, corresponsal de CNN, llegó con su hija, las dos mujeres conversaron animadamente en español acerca de la bebé, mientras que yo tuve que mantenerme al margen. Luego llegaron Patria Rodríguez, una ejecutiva de cuentas, y la editora de libros Marcela Landres. Ninguna de las dos habla español, lo que me reconfortó. El grupo lo completó Carmen Peláez, una escritora y actriz bilingüe.

A pesar de que el grupo era diverso en cuanto al idioma y las nacionalidades —mexicana, puertorriqueña, ecuatoriana y cubana— la primera conclusión a la que llegamos fue que nuestra relación con el idioma está ligada a la familia.

"Soy latina y siento que es necesario hablar el idioma", dice María. Ella creció en Chicago pero visitaba a sus parientes en México con frecuencia. En su hogar, sólo hablan español para que sus hijos lo aprendan. Patria, quien lo habla muy poco, no cree que el idioma sea tan importante. "Soy latina por mi historia, mi experiencia y mi apariencia."

Marcela, con padres ecuatorianos, fue estimulada desde pequeña para aprender sólo inglés, como una manera de integrarse y salir adelante. Ahora busca distintas maneras de identificarse con la cultura hispana—incluso tiene un altar con artesanías latinoamericanas. Carmen, por el contrario, se crió en Miami sin hablar inglés. Más adelante aprendió el idioma por necesidad y ahora es bilingüe. Hablar ambos idiomas ha sido indispensable para acercarse a sus raíces cubanas y para su carrera como actriz.

E. Una encuesta. We often don't take time to know our classmates. Sit in a circle; each student will mention his/her cultural heritage and what language(s) is/are spoken personally and by family members. One student will keep track of the results on the chalkboard.

Estructuras   *Más sobre las expresiones negativas*

- **Alguno/a** and **ninguno/a** are usually used before a noun and must agree in number and gender with the noun they describe. **Ningún/ninguno/a** literally mean *not even one.* To indicate "there aren't any. . ." both the noun and **ningún/ninguno/a** become singular.

Hay alg**unas** buen**as** ide**as**.	*There are some good ideas.*
No hay ning**una buena idea.**	*There are no good ideas. (There's not even one good idea.)*

■ **Algún** and **ningún** are used before masculine singular nouns. **Ninguno/a** is not used in the plural unless no singular form of the noun exists: (i.e. **pantalones, tijeras** *(scissors)*)

Hay **algunos ejecutivos** aquí.   *There are some executives here.*

No hay **ningún ejecutivo** aquí.   *There are no executives here. (not even one)*

Le voy a dar **algunas estadísticas.**   *I'm going to give you a few statistics.*

No le voy a dar **ninguna estadística.**   *I'm not going to give you a single statistic.*

Necesito **unas tijeras.**   *I need some scissors.*

No veo **ningunas tijeras.**   *I don't see any scissors.*

A. ¿Tiene usted. . .?   Tell whether or not you have any of the following right now.

MODELO: alguna preocupación económica
           No tengo ninguna preocupación económica.
           Sí, tengo algunas preocupaciones económicas.

1.   algunos problemas en el trabajo
2.   algunos postres en el refrigerador
3.   algún amigo mexicano
4.   algunos clientes con problemas con el inglés
5.   algo importante que hacer mañana
6.   algunos pantalones morados *(purple)*

B. En la oficina. Change the italicized words to describe the opposite situation.

MODELO: Voy a tener *(algunos) clientes* enojados.
No voy a tener ningún cliente enojado.

1. Yo *siempre* llamo a mi jefe por problemas pequeños.
2. Tengo *algunos amigos* con ideas excelentes.
3. *Algunos ejecutivos* gritan *(yell)* a sus empleados.
4. *Nunca* comemos en la cafetería de la compañía.
5. Los expertos tienen *algunas soluciones* para nosotros.
6. *Nunca* hay *nada* para leer en la sala de espera.
7. *Siempre* bebo dos martinis con las comidas.
8. *Siempre* tomo cerveza *también.*
9. No tengo *ninguna estadística falsa.* (¡OJO!)
10. Necesito *unas tijeras* para recortar el artículo del periódico.

C. Para mañana. You and your assistant are in the office at midnight trying to get ready for tomorrow's presentation to a new client. Your assistant will ask you if you need the first five items to perform your marketing magic, and you will answer in the affirmative or in the negative. Switch roles for the next five.

MODELO: estadísticas
Asistente: *¿Necesita algunas estadísticas?*
Ejecutivo/a: *No, no necesito ninguna estadística.*

1. reportes
2. tijeras
3. gatos
4. café
5. instrucciones
6. refrescos
7. aspirinas
8. gráficos
9. ilustraciones
10. expertos en relaciones públicas

Vocabulario Módulo I

Sustantivos

la alfombra	carpet	el/la genio	genius
el altavoz	loudspeaker	el horno	oven
el anuncio	advertisement	la mercadotecnia	marketing
el apoyo	support	el/la minorista	retailer
la aspiradora	vacuum cleaner	el ocio	leisure time
		la oferta	special offer
la cafetera	coffee maker	la pantalla	screen
la caja	cash desk, counter	la pared	wall
		el partido	game, match
el código	code	el ratón	mouse
la copa	glass (with stem)	el reproductor	copier (disc)
		la tarea	task, homework
la copiadora	copier		
el deporte	sport	el teatro	theater
el disco duro	hard drive	el teclado	keyboard
el electrodoméstico	appliance	el televisor	television set
el/la entusiasta	enthusiast	el tostador	toaster
la estufa	stove		

Verbos

aparecer (zc)	to appear	prender	to turn on
calentar (ie)	to warm up	reproducir (zc)	to reproduce
cocinar	to cook	satisfacer (g)	to satisfy
comportarse	to behave	teclear	to type (keyboard)
emparejar	to match		
enchufar	to plug in	tocar	to touch, play music
escoger (j)	to choose		
guardar	to keep, save	venir (ie) (g)	to come
lavar	to wash		

Adjetivos

ampliado/a	extended	rodeado/a	surrounded
defectuoso/a	defective	semejante	similar

Otras expresiones

a fondo	deeply	hasta	until

Módulo 2

Sustantivos

la contabilidad	*accounting*	**el mensaje**	*message*
el discurso	*speech*	**la mercancía**	*merchandise*
la estrategia	*strategy*	**el podio**	*podium*
el fundamento	*foundation*	**la prensa**	*press*
el idioma	*language*	**la preocupación**	*worry*
el inglés	*English*	**la sociedad**	*society*
la marca	*brand*	**las tijeras**	*scissors*
la mayoría	*majority*	**la verdad**	*truth*
los medios	*media*	**el/la vocero/a**	*spokesperson*

Verbos

atraer	*to attract*	**criticar**	*to criticize*
avalar	*to guarantee, endorse*	**engañar**	*to deceive*
		lanzar	*to launch*

Adjetivos

estadounidense	*American (U.S.)*	**minoritario/a**	*minority*

Otras expresiones

alguien	*somebody*	**ni**	*nor*
algún, –guno/a	*some*	**ningún, –guno/a**	*none, not one*
nada	*nothing*	**tampoco**	*neither*
nadie	*nobody*		

Síntesis

A escuchar

An operator attempts to please a disgruntled customer. Does he succeed? Answer the following statements with **Cierto (C)** or **Falso (F).** If the answer is **Falso,** provide the correct information.

1. _____ La señora compra la licuadora en Internet.

2. _____ El anuncio en el sitio web indica que hay un descuento del 75%.

3. _____ El total de su compra es menos que el precio indicado.

4. _____ El operador ofrece un servicio excelente al cliente.

5. _____ Ella está muy contenta al final.

A conversar

We see more and more Hispanics in mainstream America as sports stars, entertainment figures, politicians, business owners, etc. In groups of three, mention at least two personalities each and explain the reasons for their visibility.

MODELO: *Don Francisco siempre está en programas de televisión.*

A leer

Los anuncios *buscan* a los hispanohablantes

El otoño pasado en la primera presentación de los Latin Grammy Awards, Carlos Santana habló en español y Gloria Estefan en inglés. Luego vinieron anuncios comerciales de Denny's, AT&T y Sears—en español—en el canal de CBS. ¿Qué pasa?

Según las estadísticas de Nielsen Media Research, los hispanos pasan 57 horas por semana enfrente de la televisión. Hay más de 30 millones de hispanos con un poder adquisitivo de $452.4 mil millones *(452,004,000,000—cuatrocientos cincuenta y dos mil millones)*. Según Jenifer Harmon, director de publicidad de Advantica Restaurant Group Inc. of Spartanburg, S.C.: "Sabemos que los hispanos son muy sofisticados y que muchos pueden hablar tan bien en inglés como en español, pero quieren mantener su cultura cerca". Tory Syvrud, presidente de la oficina en Dallas de Siboney USA, quien crea los anuncios para Denny's, cree que no hay ningún problema con usar el español en la publicidad durante los programas en inglés. "El español habla al corazón".

¿Comprende usted?   After reading the article on advertising to reach Spanish-speakers, answer the following questions.

1. ¿Quién habló en español en los Latin Grammy Awards?
2. ¿De dónde vinieron los anuncios comerciales en español?
3. ¿Por qué es importante hablar a los hispanos en español?
4. ¿Cuántas horas pasan los hispanos frente a la televisión cada semana?
5. ¿Cuánto dinero representa el poder de compra de los hispanos?
6. ¿Cuál es la importancia emocional de usar español en campañas de publicidad?

A escribir

Pick a product, pick a Hispanic as the spokesperson (famous or not), and write ad copy for a 30-second radio spot. Switch ads with a classmate for a critique on your campaign.

Algo más

M&M candies have a new **sabor** *(flavor)* these days: dulce de leche, a favorite among Hispanics around the world. McDonald's is also experimenting with dulce de leche toppings for its *McFlurry's* and several major U.S. ice cream manufacturers are stocking the grocers' freezers with that creamy flavor. Mattel toys has launched a Quinceañera Barbie to connect with the young Latina's dream celebration when she reaches her fifteenth birthday and makes her debut as an adult. And Hasbro has a Latino G.I. Joe. Reaching the Hispanic market does not mean simply translating English ads into Spanish. Marketers are learning to understand the culture and to touch it. Are you seeing cultural influences like these in your community?

Ventana cultural

La influencia hispana crece en EE.UU.

Algunas de las corporaciones más grandes gastan millones de dólares para hacer publicidad en español, contratar a personal bilingüe y comprar productos conocidos por latinoamericanos, buscando un porcentaje más grande del mercado hispano.
"Este grupo es esencial —ustedes conocen las estadísticas tan bien como yo", dice Robert Salerno, presidente de Avis Rent A Car Inc. en una reunión de la Cámara de Comercio de EE.UU.

La propaganda de General Motors Corp., Procter & Gamble Co., Sears, Roebuck & Co. y AT&T Corp. se ve ya en Univisión y Telemundo, las dos cadenas televisivas en español.

Colgate Palmolive Co. vende Suavitel, suavizante de telas, y Fabuloso, limpiasuperficies, en los supermercados de EE.UU.

Wells Fargo solicita personal bilingüe para el departamento de préstamos y emplea a televendedores para promover su programa Latino Lending —que cuenta ya con 13,000 (trece mil) préstamos comerciales en menos de dos años.

Es un cambio enorme en comparación con la situación hace cinco años, cuando solamente algunas compañías tenían presupuesto para el mercadeo dirigido a los hispanos.

Otra razón además de la gran población hispana es que es un grupo joven—el número de jóvenes hispanos va a crecer en un 34% en los próximos diez años, comparado con un aumento del 6% de todos los jóvenes en EE.UU.

Para Avis no sólo es una cuestión de publicidad en español; mandan a ejecutivos personalmente a las empresas hispanas para solicitar cuentas comerciales.

En el año 1998 (mil novecientos noventa y ocho) Procter & Gamble gastó $42 millones; Sears, Roebuck & Co. $25 millones y AT&T $19 millones, según Hispanic Business, en sus esfuerzos para vender al público hispano.

En mis propias palabras. As an entrepreneur, you want to do everything possible to make your business successful. What strategies are you planning to attract Hispanic clients? List items to consider as you develop your business plan.

MODELO: *Incluir "Se habla español" en toda la publicidad.*

A buscar

Get out the Yellow Pages. Open up the newspaper. Read the fine print on the billboards. Is **Se habla español** visible? Collect as many samples as you can showing attempts to market to the burgeoning Hispanic population in the United States. Create a collection box in your classroom of what samples you find.

A conocer: Napoleón Barragán

If the goal of the sales game is to find a market niche offering service, convenience and great products, then Napoleón Barragán is a big winner.

Long before the public would buy almost anything by phone or Internet, armed with a 1-800 number and connections and experience in the furniture industry in Queens, New York, he started selling mattresses and bedding by phone. Dial-a-Mattress caught the imagination and dollars of the public. Today the company is international in scope and growing. Find out all you can about former school teacher Napoleón Barragán on the WWW.

ᏞECCIÓN 6

Repaso 1

Lección 1: Una entrevista
- La hora
- **Ser** + adjetivos
- Las preguntas
- Los artículos

Lección 2: ¡Hay tanto que hacer!
- Más sobre los adjetivos
- Los verbos que terminan en **–ar**
- Los verbos que terminan en **–er, –ir**
- Expresiones con **tener** y **estar**

Lección 3: Tengo que viajar
- El presente progresivo
- **Ser** y **estar**
- El verbo **ir** y el futuro inmediato
- Verbos irregulares en el presente

Lección 4: El mundo de las ventas
- Los adjetivos posesivos
- Los verbos con cambios de raíz
- Los comparativos
- Los superlativos

Lección 5: Vender es vivir
- Los mandatos formales
- Los mandatos irregulares/con cambios ortográficos/con pronombres de objeto indirecto
- Las expresiones afirmativas y negativas
- Más sobre las expresiones negativas

Lección I

Una entrevista

Módulo I

A. El/La interno/a.   Part of your job as an intern with the human resources director is taking information from the new employees. Write the question you would ask to get the information provided.

MODELO: 37 años
> *¿Cuántos años tiene Ud.?*

1.   153 Calle Concordia
2.   (603) 435-7768
3.   soltera
4.   el 6 de enero de 1966 (mil novecientos sesenta y seis)
5.   Irene Velázquez
6.   secretaria bilingüe
7.   femenino

B. ¡Hola!   Another of your jobs as an intern is to give staff members a 15-minute advance reminder before their next meeting. As you go into each office, greet the employee with the appropriate greeting for the time of day, tell what time it is now, and what time the meeting will be.

MODELO: 10:05 A.M.
> *Buenos días. Son las diez y cinco de la mañana. La reunión es a las diez y veinte.*

1.   1:05 P.M.
2.   6:15 P.M.
3.   7:00 A.M. on the dot
4.   12 noon
5.   8:30 A.M.
6.   9:55 P.M.

C. En la sala de espera.   While anxiously awaiting your turn in the interviewer's office, you make the following observations. Use the verb **ser** to link the subjects and verbs, and don't forget to match nouns and adjectives!

MODELO: La sala de espera/moderno
> *La sala de espera es moderna.*

1.   Las revistas/viejo
2.   Las recepcionistas/simpático
3.   Los asistentes/eficiente
4.   El interno/guapo
5.   Las pinturas/interesante
6.   El café/fuerte
7.   El sistema telefónico/complicado
8.   La espera/largo

D. Problemas, problemas. You are the receptionist in a human resources office and you've scheduled two new hires for the same time slot. Speed up the process by completing the information on each—interview two classmates to fill in the form.

Apellido(s)_____

Nombre_____

Dirección_____

Ciudad_____ Código postal_____

Estado_____

Teléfono_____

Estado civil_____ Edad_____

Fecha de nacimiento_____

Sexo_____

Empleo_____

Número de Seguro Social _____-___-_____

Apellido(s)_____

Nombre_____

Dirección_____

Ciudad_____

Estado_____ Código postal_____

Teléfono_____

Estado civil_____

Fecha de nacimiento_____ Edad_____

Empleo_____

Sexo_____

Número de Seguro Social _____-___-_____

Módulo 2

A. Un jefe sin memoria. You have a wonderful new boss, but he sometimes has a tendency to forget the words he is trying to say. Read the descriptions and supply the missing term.

MODELO: la mesa donde trabajo; tiene mi teléfono y mi computadora…
¡Ah!, el escritorio.

1. el edificio grande donde los trabajadores producen los productos que vendemos

2. una compañía que está dividida en dos naciones: las oficinas administrativas en EE.UU. y la sección de producción en México

3. la máquina conectada a la computadora que reproduce los documentos en papel

4. las cartas de recomendación que escribe un supervisor para un ex-empleado

5. el dinero que ganamos como resultado del trabajo

B. Una entrevista virtual. Many excellent job candidates live far away and travel is expensive. Many companies are now doing on-line interviews. Act as if this is a live, on-line conversation. Here are answers you give about the company. Now write down the question that the candidate must have asked.

MODELO: Estamos en California

¿Dónde están ustedes? ¿Dónde está la fábrica? or *¿Dónde está la compañía?*

1. Producimos creaciones en metal.
2. Hay mil empleados.
3. El trabajo empieza inmediatamente.
4. El puesto paga $15.23 la hora.
5. Hay prestaciones excelentes.
6. El supervisor del empleo se llama Héctor.
7. Una maquiladora es una compañía dividida: parte en México, parte aquí.
8. Necesitamos un empleado bilingüe porque tenemos mucho contacto con personas que hablan español.
9. Necesitamos tres referencias.

C. Estudiantes de comercio. It's time for a vocabulary test in your first-year business class. Can you define the following objects associated with your studies—in Spanish, of course! Be sure to start the definition with the definite article.

MODELO: empresa

La empresa es una compañía.

1. prestación   4. entrevista
2. profesión   5. organigrama
3. apellido   6. fábrica

D. Las relaciones humanas. Maintaining good relationships with co-workers is often a key to your long-term success. Tell what question you would have asked to get the following answers from colleagues.

MODELO: Hoy estoy bien, gracias.

¿Cómo está usted hoy?

1. Me llamo Mario Andaloro.
2. Trabajo en la oficina administrativa.
3. Tengo tres hijos.
4. Trabajo aquí porque las prestaciones son buenas.
5. La directora de recursos humanos es muy simpática.
6. Hablo dos idiomas: inglés y español.

Lección 2

¡Hay tanto que hacer!

Módulo 1

A. El verdugo *(Hangman).* Remember playing *Hangman?* Can you identify these insurance terms by their description? Complete each vocabulary word.

1. La persona que maneja un taxi o auto: C H __ __ __ __
2. El costo mensual del seguro: __ __ __ M A
3. La persona que tiene posesión de una cosa: __ __ __ Ñ __
4. Colisión: C H __ __ __ __
5. La persona que le paga dinero al propietario para vivir en su casa:
   __ __ Q __ __ L __ __ __
6. El dinero que paga el asegurado al visitar al médico: C __ P __ __ __
7. Una prestación que paga por el médico, el hospital y las medicinas:
   S __ G __ __ __
8. Mucha agua por todas partes: __ N __ N __ __ __ __ __ N
9. Peligro de problemas serios: __ __ __ S G __
10. Usar los ojos: __ __ __ A __

B. ¿Qué hace usted? A nosy co-worker often sees you in the following places and wants to know why. Be patient this once. Tell him what you do while there. Use either **alquilo** or **compro**.

MODELO: Avis
Yo alquilo un coche.

1. una oficina de Allstate
2. Walgreen's (or Eckerd's or CVS)
3. Blockbuster
4. un restaurante
5. un hotel
6. una agencia de apartamentos
7. Safeway
8. www.Amazon.com

C. Optimismo. If only the world worked exactly the way we would like it to! Pretend that it is an ideal world and find an adjective to describe these nouns. Compare your list with a classmate's to see if you think alike.

MODELO: mi secretario/a
E1: Mi secretaria es eficiente.
E2: Mi secretario es guapo.

1. la economía
2. mi salario
3. mi apartamento
4. los inversionistas
5. mi jefe
6. yo
7. mis compañeros de trabajo
8. mi novia/o
9. mi empleo
10. mis referencias

D. La división del trabajo. You are a supervisor working on desk audits and new job descriptions. Look at the following list of tasks and tell who does it:

yo (el/la supervisor/a), el/la secretario/a, los técnicos, or all of us, **nosotros.**

MODELO: contestar el teléfono
La secretaria contesta el teléfono.

1. tomar los apuntes *(notes/minutes)* en una reunión
2. escuchar las instrucciones del jefe
3. entrevistar a los candidatos
4. arreglar *(fix)* las computadoras
5. preparar el café
6. tomar muchas aspirinas
7. contestar muchas preguntas
8. hablar con los empleados indiferentes
9. instalar programas en las computadoras
10. observar a los empleados

Módulo 2

A. El verdugo. Remember playing Hangman? Complete these words, all related to house-hunting, or you'll be "hanged."

1. H __ P O __ E C __
2. T __ S __
3. P __ É S __ A __ O
4. __ N G __ __ C __ E
5. D __ R M I __ __ __ I __
6. B __ __ O S
7. T A L __ E __
8. A G __ N __ __
9. I M P U __ S T __ S
10. B __ __ N __ S R A __ C __ S

B. ¡¿Otro examen?!   OK, this is the midterm in your real estate class—a timed quiz in the details of home ownership. You must provide as many vocabulary words in Spanish as possible in five minutes that relate to category listed. Uno, dos, tres. . .¡YA!

FINANZAS	PROTECCIÓN	BIENES RAÍCES	LOS SERVICIOS	LAS CASAS
salario				

C. ¿Qué hacen?   Turn the following subjects and verbs into complete sentences by supplying a logical ending.

MODELO: Los agentes/escribir
Los agentes escriben contratos.

1.   Una familia/comer en
2.   La recepcionista en la agencia/recibir
3.   En la sala de espera, yo/leer
4.   Mi agente de bienes raíces y yo/ver
5.   En el formulario de información personal, los clientes/escribir
6.   Cuando tenemos mucha sed, nosotros/beber

D. Expresiones.   Simplify the following situations for your boss by using a logical **tener** expression.

MODELO: Las secretarias necesitan calefacción.
Tienen frío.

1.   Después de trabajar durante la hora del almuerzo, los agentes quieren comer.
2.   Los empleados buscan el termostato: necesitan bajar la temperatura.
3.   Los ejecutivos que negocian con el sindicato llevan tres días sin dormir.
4.   El cliente nació *(was born)* en 1940.
5.   Al saber cuánto dinero tiene que pagar en impuestos, el cliente quiere agua.
6.   En la sala de espera, la recepcionista atiende a diez clientes y el teléfono que suena constantemente. No tiene tiempo para charlar *(chat)*.

Lección 3

Tengo que viajar

Módulo 1

A. Identificación. Can you complete each line with a logical vocabulary word related to travel?

1. Un gran tubo metálico que viaja a alturas y velocidades enormes es un

    _____ .

2. Yo necesito mi _____ para identificarme cuando voy de una nación a otra.

3. El _____ es la lista de destinos de mi viaje y las fechas en que voy a viajar.

4. Necesito hacer reservaciones y comprar los _____ antes de viajar por avión.

5. Durante épocas de tensión mundial, es muy importante pasar por todos los

    controles de _____ .

6. Si yo quiero viajar a otro lugar y después regresar a mi casa, necesito un

    boleto de _____ .

7. Tengo la ropa, los cosméticos y otras cosas que voy a necesitar en el lugar de

    destino en mi _____ .

B. Cronología. Our travel agent is writing out a step-by-step series of travel procedures for you so that there is no confusion on your trip. Problem is, he has no sense of chronology. Please put these steps in logical order.

_____ llamar al agente de viajes

_____ abrocharse el cinturón de seguridad

_____ pasar por los controles de seguridad

_____ buscar su asiento

_____ facturar el equipaje

_____ decidir las fechas y el lugar de destino del viaje

_____ reclamar el equipaje

_____ recibir la tarjeta de embarque

_____ confirmar la reservación

_____ ir al aeropuerto

C. Modelo de conducta.   It is career day at the local high school, and the account executives in your office are being shadowed by future financial wizards. Your student is particularly curious and wants to know exactly what you are doing at every moment. Answer all of the following questions with a logical response and the present progressive tense.

MODELO: ¿Qué lee usted?
Estoy leyendo el reporte anual de la compañía.

1.   ¿Qué escribe?
2.   ¿Qué mira?
3.   ¿Qué estudia?
4.   ¿Por qué duerme?
5.   ¿Por qué toma aspirina?
6.   ¿Qué busca en Internet?
7.   ¿Con quién habla por teléfono?

D. Centro de información.   As the assistant to the CEO who is also a finance professor at a prestigious university, you are often called on to give information about your boss. Use the correct form of **ser** or **estar** to complete the following sentences.

MODELO: El profesor Caso… en México con su familia.
El profesor Caso está en México con su familia.

1.   El profesor… de Argentina.
2.   El profesor y sus estudiantes… en el Centro de computación.
3.   El profesor… experto en el comercio-e.
4.   El profesor… muy cansado después de negociar un contrato toda la noche.
5.   Este plan económico… del profesor Caso.
6.   La clase del profesor Caso… a las ocho de la mañana.
7.   Los empleados del profesor Caso… muy contentos de verlo.
8.   El profesor Caso y los representantes del sindicato… hablando en la sala de conferencias.

Módulo 2

A. En el hotel. You are staying at a large convention hotel in a major city. Everything you need is a phone call away. Tell what number you would call to take care of the following needs.

Servicio	Marque la extensión
Botones	x1033
Centro de negocios	x1201
Concierge	x1555
Lavandería	x1643
Limpieza de habitación	x1901
Mantenimiento	x1900
Recepción	x1772
Servicio de habitación	x1444
Servicio de minibar	x1443
Spa	x1553
Tienda	x1773

MODELO: Son las 2 de la mañana y yo tengo hambre.
Necesito el Servicio de habitación. Marco el catorce cuarenta y cuatro (1444)

1. Quiero hacer reservaciones para cenar esta noche.
2. Necesito ropa limpia.
3. Quiero ayuda con el equipaje.
4. Voy a salir del hotel y necesito la cuenta final.
5. Necesito más toallas limpias.
6. No hay más cerveza en el "refrigeradorcito".
7. Quiero comprar un libro.
8. El televisor no funciona.
9. Tengo que mandar un fax.
10. Quiero un masaje.

B. ¿Para qué sirven? Can you explain—in Spanish, of course—what you would need the following items for?

MODELO: cubiertos
Necesito los cubiertos para comer.

1. un ascensor
2. una toalla
3. la llave
4. la cama
5. la piscina
6. la propina
7. el botones
8. el desayuno

C. ¿Qué va a hacer?   Tell what you are going to do to remedy the following situations.

MODELO: Hay una presentación mañana y usted tiene que aprender mucha materia. (estudiar)
Voy a estudiar mucho.

1.   No tiene aspirina en su equipaje.
2.   La habitación está sucia.
3.   Usted necesita hacer ejercicio.
4.   Usted está muy cansado.
5.   Usted no tiene ropa limpia.
6.   Todos los supervisores están en una conferencia en otra ciudad y ustedes están solos en la oficina.
7.   Ustedes tienen hambre.
8.   Hay una emergencia en la oficina, pero hoy es su día libre.

D. ¿Quién o quiénes?   You are a guest in a large resort hotel during a very big convention. Tell if you (**yo = el huésped)**, the hotel employees **(los empleados)**, or all of us **(nosotros)** do the following things.

MODELO: hacer las camas
Los empleados hacen las camas.

1.   _____ conducir los carritos de golf con los huéspedes

2.   _____ hacer llamadas de larga distancia desde la habitación

3.   _____ traer una camilla *(cot)*

4.   _____ salir del hotel para conocer la ciudad

5.   _____ poner más champú y jabón *(soap)* en la habitación

6.   _____ saber el número de teléfono de la casa de usted

7.   _____ poner la ropa de usted en la maleta

8.   _____ oír las instrucciones del supervisor en un radio remoto

9.   _____ saber cómo llegar a los puntos de interés

10.   _____ conocer bien la ciudad

Lección 4

El mundo de las ventas

Módulo I

A. El secreto de las ventas.   Any salesperson will tell you that the key to closing a sale is understanding what the buyer wants and matching that to one of your products. Look at the list of buyer dreams in column **A** and match it to a product in column **B**.

<table>
<tr><td align="center">**A**</td><td align="center">**B**</td></tr>
<tr><td>El coche de mis sueños. . .</td><td>El coche que usted necesita. . .</td></tr>
<tr><td>**I.** _____ es económico en gastos de gasolina</td><td>**a.**   tiene un maletero enorme</td></tr>
<tr><td>**2.** _____ tiene gran capacidad para todos mis materiales</td><td>**b.**   es descapotable</td></tr>
<tr><td>**3.** _____ llama la atención de las chicas</td><td>**c.**   tiene cinco velocidades</td></tr>
<tr><td>**4.** _____ alcanza mucha velocidad</td><td>**d.**   tiene asientos de cuero</td></tr>
<tr><td>**5.** _____ me permite tomar el sol mientras manejo</td><td>**e.**   tiene sistema G.P.S.</td></tr>
<tr><td>**6.** _____ me permite salir de los caminos y explorar el campo</td><td>**f.**   tiene una garantía de 7 años</td></tr>
<tr><td>**7.** _____ me da mucha protección en caso de un accidente</td><td>**g.**   es rojo y deportivo</td></tr>
<tr><td>**8.** _____ no me cuesta mucho dinero en reparaciones</td><td>**h.**   tiene bolsas de aire</td></tr>
<tr><td>**9.** _____ me ayuda cuando estoy perdida</td><td>**i.**   es un todo terreno</td></tr>
<tr><td>**10.** _____ es de lujo</td><td>**j.**   recorre 30 millas por galón</td></tr>
</table>

B. Servicio al cliente. In the global marketplace sometimes the only edge a company has over the competition is its service to the client. Read the following customer problems and the vendor's response. Then tell if the vendor offers **Servicio excelente (E)**, **Servicio regular (R)** or **Servicio malo (M)**.

MODELO: Cliente: Tengo una pregunta.
_M_ Vendedor: Estoy ocupado.

1.   Cliente: ¿A qué hora cierran ustedes?

_____ Vendedor: A las seis. Pero si quiere, puedo esperar.

2.   Cliente: Necesito el regalo para mañana.

_____ Vendedor: ¡Ja, ja, ja!

3.   Cliente: Hay un problema con esta camisa, pero no hay otra.

_____ Vendedor: Le damos un descuento del 5%.

4.   Clienta: Hay un problema con esta falda, pero no hay otra.

_____ Vendedor: ¡Qué lástima! Podemos darle un descuento del 30%.

5.   Cliente: Hay un problema con esta corbata, pero no hay otra.

_____ Vendedor: Pues, no la compre.

6.   Cliente: Estoy solo en la oficina y no tenemos papel para la copiadora.

_____ Vendedor: Nosotros podemos entregarlo en su oficina.

7.   Cliente: El reloj que compré aquí ayer _(yesterday)_ no funciona.

_____ Vendedor: Lo siento, pero todas las ventas son finales.

8.   Cliente: Yo no hablo inglés, pero necesito ayuda.

_____ Vendedor: En esta compañía todos hablamos español. ¿En qué le puedo ayudar?

C. Posesión. Use the appropriate form of the possessive adjectives **mi(s), tu(s), su(s),** or **nuestro/a/os/as** to describe the relationships that follow.

MODELO: Tengo un tío que es joyero. _____ tío tiene una joyería.
Mi tío tiene una joyería.

1. Ustedes tienen un coche viejo. _____ coche es viejo.

2. Nosotros tenemos vendedores excelentes. _____ vendedores son excelentes.

3. Elena tiene varios anillos. _____ anillos son caros.

4. Tú tienes un negocio lucrativo. _____ negocio es lucrativo.

5. Ellos tienen un restaurante mexicano. _____ restaurante es mexicano.

6. Ellos tienen dos restaurantes mexicanos. _____ restaurantes son mexicanos.

7. Usted tiene un restaurante mexicano. _____ restaurante es mexicano.

8. Usted tiene dos restaurantes mexicanos. _____ restaurantes son mexicanos.

D. Personas diferentes. You and your friend Eduardo are just the opposite of the two other sales interns, Juan and Lucía. Explain how by finishing the following sentences.

MODELO: dormir mucho.
Eduardo y yo no dormimos mucho. Juan y Lucía duermen mucho.

1. preferir a los clientes ricos
2. volver tarde del trabajo todos los días
3. siempre perder los contratos firmados
4. almorzar en la oficina
5. empezar el día temprano
6. pedir un anticipo del sueldo
7. querer ser vendedores excelentes
8. decir siempre la verdad

Módulo 2

A. A la moda. You are interning for a buyer for a large department store. Before you get there, your boss wants to make certain that you understand the terms. Go through the list of words below and see if you can find equivalents that go together.

MODELO: ropa para hombre

_____C_____ *ropa para hombre es equivalente a tirantes y pajaritas*

1.	_____ compañía que vende a las tiendas y almacenes al por mayor	**a.**	minoristas
2.	_____ un grupo variado de productos	**b.**	mayoristas
3.	_____ ropa para hombre	**c.**	tirantes, pajaritas
4.	_____ ropa interior	**d.**	surtido
5.	_____ modelos que presentan la ropa	**e.**	desfile de modas
6.	_____ indicación de si la ropa es chica, mediana o grande	**f.**	talla
7.	_____ categoría de tiendas como Macy's	**g.**	calzoncillos, pantaletas, sostenes

B. El jefe que no recuerda nada. Your aging boss is having one of his forgetful spells again. Help him to finish his sentences by supplying the word he is trying to describe.

MODELO: Jefe: cuando una compañía paga la cuenta inmediatamente con un cheque o dinero en efectivo
Usted: *el pago al contado*

1. un grupo de tiendas idénticas en diferentes lugares
2. la oportunidad de comprar mercancía con grandes descuentos
3. cuando una compañía paga una cierta porción de su cuenta cada mes
4. el costo del transporte de la mercancía
5. una frase que dicen el comprador y el vendedor cuando firman un contrato
6. una tienda grande que vende una gran variedad de mercancías

C. Las fábricas de ropa.   In my city, there are two important clothing factories. One is a mass marketer for young people, and the other is an upscale, exclusive designer. Using the following list, make at least three comparative statements of equality (**tan/tanto… como**) and three statements of inequality (**más… que, menos… que**).

Ropa a la Onda	**Diseños Versailles**
100 modelos de pantalones moderno	diez modelos de pantalones moderno
500 pedidos al mes	500 pedidos al mes
900 empleados	300 empleados
sala de exposición grande	sala de exposición pequeña
cafetería mala	restaurante elegante
50 diseñadores originales	diez diseñadores
20 sastres buenos	dos sastres

MODELO: modelos de pantalones
Ropa a la Onda tiene más modelos de pantalones que Diseños Versailles.

D. La mejor ropa de la ciudad.   Using the chart above, draw three conclusions about the best and worst clothing in town. Then use a sentence with **–ísimo/a/os/as** to explain.

MODELO: *Diseños Versailles tiene la mejor ropa de la ciudad. La ropa es elegantísima.*

Lección 5

Vender es vivir

Módulo 1

A. El extraterrestre.   This is your first day on the job as a new sales associate in the appliance store. Your first client seems to be from another planet and is clueless as to the uses of all of the machines on the sales floor. Would you be so kind as to explain the use of each?

MODELO: el televisor de pantalla grande
Miramos nuestros programas favoritos con muchos detalles.

1.	el lavaplatos	**5.**	los altavoces
2.	la secadora	**6.**	el lavaplatos
3.	el tostador	**7.**	la licuadora
4.	el horno microondas	**8.**	la aspiradora

B. Las computadoras. For some of your clients computers are an utter mystery. Simplify the process for them by explaining if each of the following components puts information into the computer: **guarda la información (G);** gets information out of the computer: **saca la información (S)** or processes the information internally: **procesa la información (P).** Some components "multi-task."

MODELO: _____ el disquete ZIP
_____G_____ *El disquete ZIP guarda la información.*

1. _____ el disco duro

2. _____ la impresora

3. _____ las altavoces

4. _____ el disquete

5. _____ el procesador CPU

6. _____ el teclado

7. _____ la memoria

8. _____ la unidad de CD

9. _____ la unidad de CDR

C. Los consejos técnicos. As an electronic tech, you frequently give computing advice. Make certain that you give the following advice as politely as possible by using formal commands.

MODELO: no tomar refrescos cerca de la computadora
No tome refrescos cerca de la computadora.

1. leer bien el manual
2. mantener una temperatura fresca *(cool)*
3. practicar mucho en el teclado
4. buscar información en Internet
5. traer la computadora a mi tienda si tiene problemas
6. no jugar con los cables ni los controles
7. poner la computadora en un lugar seguro
8. conectar el módem a una línea telefónica

D. La emergencia técnica. You are a help-on-call operator for a computer corporation and a distraught customer is on the line. Give these instructions to the caller in the form of commands.

MODELO: Hablar claramente
Hable claramente.

1. decirme su nombre
2. recordar todos los detalles del problema
3. apagar la computadora
4. verificar que están bien conectados los cables
5. estar tranquilo
6. darme toda la información que aparece en la pantalla
7. seguir mis instrucciones
8. hacer una lista de los programas instalados
9. saber la marca, el modelo y el número de serie de su computadora
10. no llorar

Módulo 2

A. En la clase de mercadotecnia. As the teacher of a first-year marketing class, you want to be certain that your students understand the basic vocabulary and concepts. You have asked them to define the following terms. Answer the questions yourself as a corrections key.

MODELO: avalar
Avalar es dar testimonio favorable sobre una cosa o persona.

1. el consumidor
2. engañar al público
3. competidores
4. vocero
5. campaña
6. marca
7. anuncio

B. La conferencia de mercadotecnia y relaciones públicas. You are the events director of an international public relations and marketing firm. It is your job to create the programs and panel discussions for the International Marketing Trade Show. Make a list of seven topics that you must include.

MODELO: *Las estadísticas demográficas.*

C. Los dos internos enemigos.   Ernesto and Paloma are two interns who are always disagreeing. For every statement that Ernesto makes, give the opposite one that Paloma would make.

MODELO: Siempre llegas tarde al trabajo.
Nunca llego tarde al trabajo.

1. Siempre conduces muy lentamente.
2. Nunca tienes los reportes preparados.
3. Nunca tienes nada interesante que decir.
4. Algún día voy a ser tan rico como Bill Gates.
5. Todos los días alguien llama con problemas personales.
6. Con frecuencia pierdes los contratos firmados.

D. ¿Y usted?   You can be pretty contrary as well. Contradict these observations and tell what you do—or would do.

MODELO: El ejecutivo siempre toma dos martinis con el almuerzo.
Yo nunca tomo dos martinis con el almuerzo.

1. Nosotros siempre conducimos rápidamente si vamos a llegar tarde a una cita.
2. El presidente siempre tiene algo importante que decir.
3. Bill Gates nunca tiene ningún problema económico.
4. Mis secretarias con frecuencia traen el almuerzo.
5. Algunos profesionales de mercadotecnia siempre engañan al público.
6. La estudiante de español tiene que preguntarle algo a la profesora.
7. Los internos no usan ningún gráfico en sus presentaciones.

$\mathcal{L}$ECCIÓN 7

Las finanzas

Módulo I
- En el banco
- Expressing generalizations, expectations, and passive voice: *Se impersonal*
- Las acciones de la bolsa
- The recent past: *Acabar de* + *infinitivo*

Módulo 2
- Los impuestos
- Expressing likes and dislikes: *Gustar*
- La contabilidad
- Numbers: *De cien a millones; los números ordinales*

Síntesis
- A escuchar
- A conversar
- A leer
- A escribir

Algo más
- Ventana cultural: Dinero Seguro
- A buscar
- A conocer: Hector V. Barreto

Módulo I

En el banco

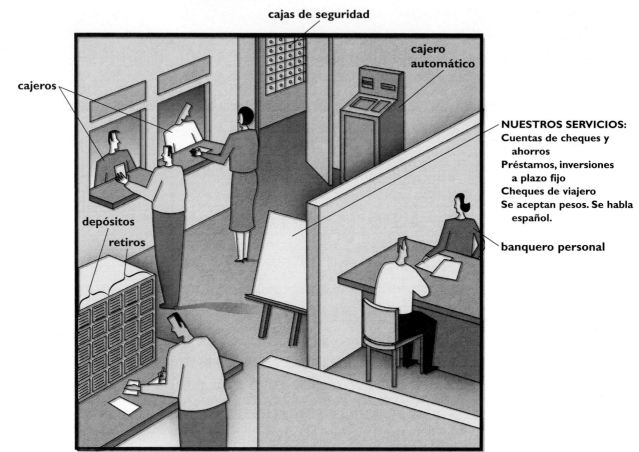

cajas de seguridad

cajero automático

cajeros

NUESTROS SERVICIOS:
Cuentas de cheques y ahorros
Préstamos, inversiones a plazo fijo
Cheques de viajero
Se aceptan pesos. Se habla español.

depósitos

retiros

banquero personal

¡Más sinónimos!

depositar fondos = ingresar fondos
retirar fondos = sacar fondos
cuenta de cheques = cuenta corriente
mercado de dinero = mercado monetario

A. ¿Cómo se dice? Escriba la palabra que corresponda a cada una de las definiciones.

1. Después de depositar y retirar dinero de mi cuenta, la cantidad que tengo es

el _____ .

2. Si no puedo ir al banco durante las horas de trabajo, puedo usar el _____
las 24 horas al día para retirar o depositar fondos.

3. Cuando voy de vacaciones y no quiero llevar todo mi dinero en efectivo,

compro _____ .

4. Si una persona tiene documentos o diamantes u otras cosas de gran valor,

muchas veces los guarda en una _____ en un banco.

B. Emparejar.   Busque el par que corresponda a cada verbo.

1. _____ depositar dinero   **a.** poner en peligro

2. _____ retirar dinero   **b.** recibir

3. _____ invertir   **c.** sacar dinero de una cuenta

4. _____ aceptar   **d.** poner dinero en una cuenta

5. _____ arriesgar   **e.** usar una cantidad de dinero para ganar
más dinero

En el banco

¿Recuerda a Lucía, la asistente administrativa bilingüe? Es tan buena en su trabajo que, después de seis meses, recibió una serie de promociones—y aumento de sueldo. Ahora tiene un buen problema: ¿qué debe hacer con todo el dinero? Su banquero puede ayudar.

BANQUERO PERSONAL: Así que tiene usted dinero de sobra al final de cada mes y quiere abrir una cuenta de ahorros, ¿verdad, Lucía? ¡Excelente! Más o menos, ¿cuánto dinero quiere depositar?

LUCÍA: Bueno, en este momento tengo todo el dinero en mi cuenta de cheques. Creo que hay un saldo de $14,000. Con una cuenta de ahorros, se ganan intereses, ¿no?

BANQUERO PERSONAL: Claro que sí, Lucía, pero en este momento las tasas son muy bajas para las cuentas de ahorros. Usted debe invertirlo...

LUCÍA: Se dice que es buen momento para hacer inversiones, pero también se habla de muchos problemas económicos. No quiero arriesgar mi dinero. Quiero protegerlo con una inversión segura.

BANQUERO PERSONAL: Comprendo, Lucía. Voy a recomendar un certificado de depósito para empezar. Es el instrumento de inversión más sencillo y más seguro que se ofrece en el mercado. Se dan tasas de interés más favorables, el interés se computa diariamente y se eliminan los riesgos.

LUCÍA: Es exactamente lo que busco: una cuenta líquida, segura y con interés.

BANQUERO PERSONAL: Aquí tiene el único problema: el CD no es líquido. No se permiten retiros antes de la fecha de vencimiento, ni se permiten retiros parciales.

LUCÍA: ¡Mejor! Si no se pueden retirar los fondos, se eliminan todas las tentaciones de los almacenes. ¿Cómo se abre?

C. ¿Comprende usted? Conteste las preguntas según la información del diálogo.

1. ¿Cree usted que Lucía tiene problemas económicos?
2. ¿Por qué es mala idea abrir una cuenta de ahorros en este momento?
3. ¿Por qué no quiere invertir su dinero Lucía?
4. ¿Cuáles son tres beneficios de comprar un certificado de depósito?
5. ¿Por que se eliminan las tentaciones de ir de compras con un CD?

D. Mi primer depósito. ¡Felicidades! Ya tiene su cuenta de ahorros y es el momento de hacer su primer depósito. Llene todos los espacios con la información correcta.

Washington Mutual Bank, FA		CURRENCY (BILLETES)	$	
DEPOSIT SLIP (BOLETA DE DEPÓSITO)	TODAY'S DATE (FECHA DE HOY)	COIN (MONEDAS)		
ACCOUNT NUMBER (NUMERO DE CUENTA)		LIST CHECKS SINGLY (ANOTE EL MONTO DE CADA CHEQUE POR SEPARADO)		
CUSTOMER NAME (NOMBRE DEL CLIENTE)				
ACCOUNT TYPE (TIPO DE CUENTA)		TOTAL FROM OTHER SIDE (SUMA DE TODOS LOS CHEQUES)		
☐ CHECKING (CUENTA DE CHEQUES) ☐ CERTIFICATE OF DEPOSIT (CERTIFICADO DE DEPÓSITO) ☐ NEW ACCOUNT (CUENTA NUEVA)		SUBTOTAL		
☐ SAVINGS (CUENTA DE AHORROS) ☐ MONEY MARKET ACCOUNT (CUENTA DE MERCADO MONETARIO)		LESS CASH RECEIVED (-) (MENOS EFECTIVO RECIBIDO)		
		NET DEPOSIT (DEPÓSITO NETO)	$	
BANK USE ONLY SOURCE OF FUNDS (SOLO PARA USO DEL BANCO)		SIGN HERE FOR CASH RECEIVED (FIRME AQUÍ POR EL EFECTIVO RECIBIDO)		

73524 (12-98)

ALL ITEMS ARE SUBJECT TO THE DEPOSITORY BANK'S REGULATIONS RELATING TO DEPOSITS AND WITHDRAWALS. (TODO LO ARRIBA INDICADO ESTÁ SUJETO A LAS REGULACIONES BANCARIAS RELATIVAS A DEPÓSITOS Y RETIROS)

Estructuras   *Expressing generalizations, expectations, and passive voice:* Se *impersonal*

- Use **se** to state generalizations about what is or is not done. Phrases with **se** are expressed in the following ways in English.

Se habla español en aquel banco.	*They speak Spanish at that bank.*
	One speaks Spanish at that bank.
	Spanish is spoken at that bank.
¿Se gana interés con esta cuenta?	*Does one earn interest with this account?*
	Do people earn interest with this account?
	Is interest earned with this account?
¿Cómo se dice "riesgo" en inglés?	*How is "riesgo" said in English?*
	How do you say "riesgo" in English?
	How does one say "riesgo" in English?

- With **se**, use the third person form (**él**, **ella**, **usted**, **ellos**, **ellas**, **ustedes**) of the verb. It may be singular or plural, depending on the subject. To make the verb plural, simply add an **–n.**

Se acepta dinero extranjero en el banco.	*Foreign currency is accepted at the bank.*
Se aceptan pesos en el banco.	*Pesos are accepted at the bank.*
Se habla español aquí.	*Spanish is spoken here.*
Se hablan varios idiomas aquí.	*Several languages are spoken here.*

- Use a singular verb with people introduced by the personal **a** and with infinitive verbs used as subjects, even if referring to more than one person or action.

Se puede consultar a un banquero personal.	*One can consult with a personal banker.*
Se ve a muchas personas en la cola.	*One sees many people waiting in line.*

Para practicar

A. ¿Adónde se va?   Identifique un sitio de su ciudad donde se venden las siguientes cosas.

MODELO: cheques de viajero
Se venden cheques de viajeros en el banco o en American Express.

1. periódicos con las tasas de interés de hoy
2. aspirina
3. papel para la impresora
4. productos para la oficina
5. calculadoras
6. seguros
7. moneda extranjera *(foreign currency)*
8. giros monetarios *(money orders)*

B. El extraterrestre.   Usted tiene un visitante de otro planeta que no comprende nuestras costumbres. Explíquele lo que hacemos en este planeta con las siguientes cosas. **¡OJO!** También se puede poner el sujeto después del verbo.

MODELO: las cuentas de ahorros
Se abren las cuentas de ahorros. o
Las cuentas de ahorros se abren.

1. los cheques
2. un cheque de viajero
3. los banqueros personales
4. los documentos importantes o los diamantes
5. el dinero
6. los depósitos

C. ¿Qué se hace en/con. . .?   Escriba una oración usando **se** para explicar qué se hace en/con estos productos y marcas.

MODELO: . . . en una agencia Allstate
Se compran seguros en una agencia Allstate.

1. . . . con un Rolex
2. . . . con las maletas Samsonite
3. . . . en una cama Serta
4. . . . en Bank of America
5. . . . con una pluma Montblanc
6. . . . con America Online
7. . . . con una Mastercard
8. . . . en un avión de Delta
9. . . . en una joyería Helzberg
10. . . . en un restaurante McDonald's

Módulo 1

Las acciones de la bolsa

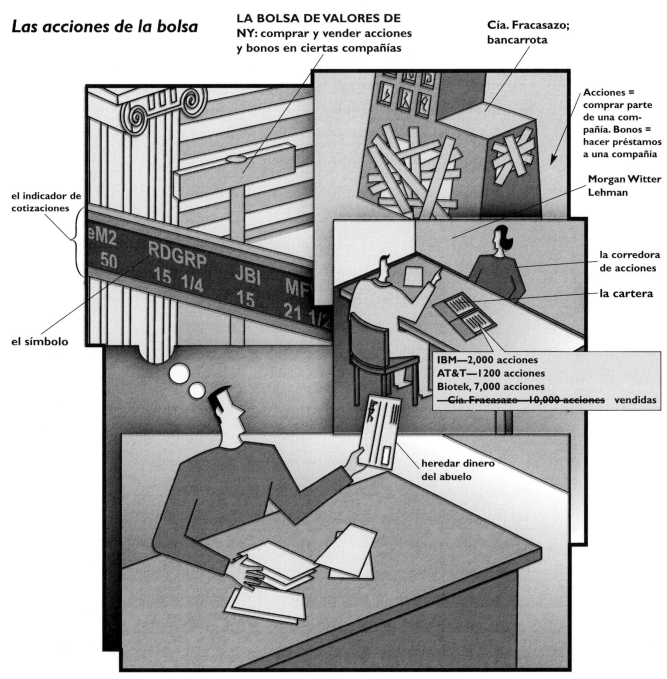

LA BOLSA DE VALORES DE NY: comprar y vender acciones y bonos en ciertas compañías

Cía. Fracasazo; bancarrota

Acciones = comprar parte de una compañía. **Bonos =** hacer préstamos a una compañía

Morgan Witter Lehman

el indicador de cotizaciones

el símbolo

la corredora de acciones

la cartera

eM2
50

RDGRP
15 1/4

JBI
15

MF
21 1/2

IBM—2,000 acciones
AT&T—1200 acciones
Biotek, 7,000 acciones
~~Cía. Fracasazo—10,000 acciones~~ vendidas

heredar dinero del abuelo

A. ¿Cómo se dice?   Escriba la palabra que corresponda a cada una de las definiciones.

1. El "mercado" financiero de una nación donde se venden y se compran acciones se llama la _____.

2. Si yo invierto dinero en una empresa, yo compro cierto número de _____.

3. El agente que ejecuta mis órdenes de compraventa es el _____.

4. La acumulación de inversiones y acciones que yo tengo es mi _____.

5. Si una compañía ya no tiene bastante dinero para mantener sus operaciones se declara en _____.

B. Acciones.   Elija el verbo más lógico para completar las siguientes ideas.

a. arriesgar   b. heredar   c. ejecutar la orden   d. invertir

1. _____ comprar acciones en una compañía con esperanza de ganar mucho dinero

2. _____ cumplir con el deseo de un accionista de comprar o vender acciones

3. _____ recibir dinero o propiedad de una persona muerta *(dead)*

4. _____ jugar con el dinero y correr el riesgo de perderlo

Decisiones

¿Recuerda a Juan e Iris—la familia que compró la casa nueva? Él acaba de heredar $15.000 y tiene que tomar unas decisiones. Iris quiere usar el dinero para decorar la casa nueva. Pero Juan tiene otras ideas: está listo para invertir en la Bolsa. Pero, ¿está listo a apostar (gamble) con tanto dinero?

JUAN: Acabo de heredar $15.000 de mi abuelo y creo que quiero iniciar una cartera de acciones. Se dice que es buen momento para invertir en la Bolsa: las acciones se compran a precios bajos ahora y se venden a precios más altos. Acabo de cumplir 30 años y quiero ser millonario antes de cumplir 40.

CORREDOR: ¡Me gusta su plan—y su optimismo! Pero es muy ambicioso, y ser millonario en diez años no es muy fácil. Hay muchas personas que ganan millones en la Bolsa, pero también hay muchos que pierden todo. Estamos en una época inestable.

JUAN: Lo sé. El periódico de hoy dice que la empresa multinacional Fracasazo acaba de declararse en bancarrota y que los accionistas van a perder sus fortunas. Es por eso que estoy aquí. Si por esta bancarrota muchos inversionistas quieren vender sus acciones mañana, y si bajan mucho los índices NASDAQ y Dow Jones, yo puedo comprar acciones a precios rebajados. Es una gran oportunidad.

CORREDOR: Usted acaba de tomar una decisión importante. Dígame, ¿qué empresas le interesan para incluir en su cartera?

JUAN: Tengo unas ideas, pero quiero consultarle a usted primero. Prefiero una cartera diversificada. Tal vez unos fondos mutuos tradicionales para la educación de mis hijos, unas acciones en compañías bien establecidas para mi esposa y para mí, la aventura de unas compañías nuevas con promesa—y riesgo. ¡Que emoción!

CORREDOR: Bueno, Juan. Aquí hay unos documentos que usted debe estudiar. Mañana, si tiene el mismo entusiasmo, podemos ejecutar la orden de compra de sus primeras acciones.

C. ¿Comprende usted? Diga si las oraciones son **(Ciertas) (C)** o **(Falsas) (F)** Si son falsas, corríjalas.

1. _____ La esposa de Juan insiste en invertir su dinero en la Bolsa.

2. _____ Juan cree que hay grandes oportunidades ahora.

3. _____ Juan quiere ser millonario antes de tener treinta años.

4. _____ El corredor acaba de declararse en bancarrota.

5. _____ Juan va a vender su cartera mañana, si tiene el mismo optimismo.

D. No tengo dinero. Después de leer este artículo, anote cinco maneras de encontrar más dinero en su presupuesto personal actual.

MODELO: *1. Si no compro café en Starbucks todas las mañanas puedo ahorrar $60 dólares al mes.*

Sea un experto encontrando dinero

Descubrir dólares adicionales en el presupuesto de su familia puede ser más fácil de lo que usted piensa. Incluso $50 o $100 dólares adicionales ahorrados o invertidos cada mes pueden producir una diferencia significativa en la acumulación de riquezas a largo plazo.

• **Use los ATM apropiadamente.** Revise sus declaraciones bancarias para determinar con qué frecuencia retiró dinero y cuánto retiró. Para reducir sus retiros y llevar cuenta de cuánto gasta, trate de sacar una cantidad mayor para el mes, de digamos $350 dólares, en vez de retirar ocho veces $50 dólares sumando un total de $400 dólares.

• **Pague el saldo completo de sus tarjetas de crédito cada mes.** Si el saldo de su cuenta se ha vuelto excesivo, considere la posibilidad de obtener un préstamo sobre el valor líquido de su vivienda para saldar esta deuda.

• **Revise sus costos de seguros**—de vida, médico, de automóvil y vivienda. Usted puede reducir las primas si aumenta la cantidad a deducir.

• **Reduzca el número de revistas y libros que compra.** Intercambie publicaciones con sus amigos y utilice la biblioteca pública.

• **Instale electrodomésticos de alta eficiencia energética** para reducir sus cuentas de electricidad y gas.

• **Evite los cargos mensuales de su cuenta corriente** manteniendo un saldo mínimo o ingresando su sueldo directamente a la cuenta.

Estructuras   *The recent past:* Acabar de **+** *infinitivo*

- To say what you have just done, use the phrase **acabar de** + *infinitive.* Conjugate **acabar** as a regular **-ar** verb.

Yo acabo de hablar con el corredor.	*I have just spoken with the broker.*
El corredor **acaba de ejecutar** la orden.	*The broker just made the trade.*
Nosotros acabamos de vender las acciones.	*We just sold our shares.*
Ellos acaban de perder su fortuna.	*They have just lost their fortune.*

- When talking about recently completed acts, you may find it useful to establish how long ago the event took place. Use **hace +** *a period of time* to tell how long ago the action happened.

Acabo de hablar con el corredor.	*I have just spoken to the broker.*
¿Cuándo?	*When?*
Hace una hora.	*An hour ago.*

- Additional time phrases to tell how long ago something happened are:

hace dos días	*two days ago*
hace una semana	*a week ago*

- The following time phrases express specific moments in time rather than *ago.* **Hacer** is not used with these phrases.

ayer	*yesterday*
anoche	*last night*
anteayer	*the day before yesterday*
la semana pasada	*last week*

Para practicar

A. Los quehaceres.   El corredor de su oficina está muy nervioso hoy. Quiere saber cuándo usted y sus compañeros de trabajo van a hacer las siguientes tareas *(tasks).* Ustedes son muy eficientes. Use **acabar de** para decirle que todo está bajo control.

MODELO: ¿María va a ir al banco?
María acaba de ir al banco.

1. ¿José y Pedro van a limpiar la sala de espera?
2. ¿Usted va a llamar a los clientes que vienen mañana?
3. ¿Nosotros vamos a hacer una contribución al United Way?
4. ¿Las secretarias van a preparar los documentos?
5. ¿Los clientes van a recibir sus confirmaciones?

B. ¿Cuándo?   Acaban de suceder *(happen)* los siguientes eventos. Primero, explique lo que pasó usando **acabar de** y después indique **cuándo.**

MODELO: yo/vender mis acciones/media hora
Yo acabo de vender mis acciones hace media hora.

I.   ellos/ver a su corredor/esta mañana
2.   nosotros/comprar los bonos/ayer
3.   La empresa Fracasazo/declararse en bancarrota/tres horas
4.   los corredores/ejecutar las órdenes/ cinco minutos

Módulo 2

Los impuestos

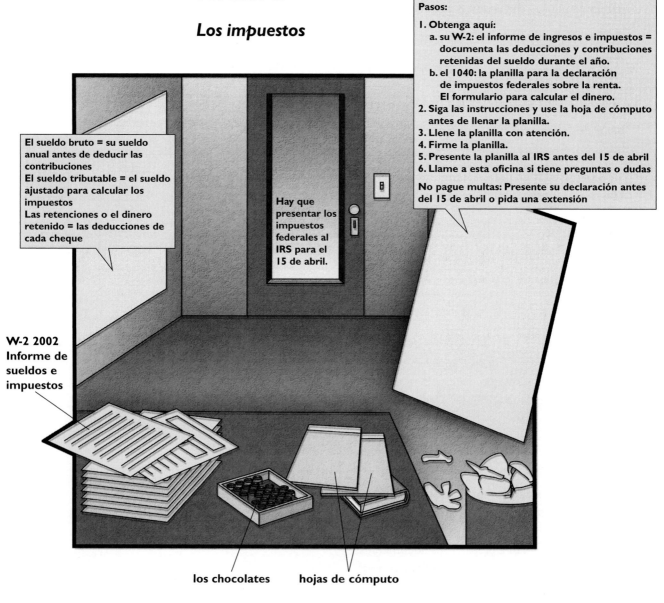

Pasos:

1. Obtenga aquí:
   a. su W-2: el informe de ingresos e impuestos = documenta las deducciones y contribuciones retenidas del sueldo durante el año.
   b. el 1040: la planilla para la declaración de impuestos federales sobre la renta. El formulario para calcular el dinero.
2. Siga las instrucciones y use la hoja de cómputo antes de llenar la planilla.
3. Llene la planilla con atención.
4. Firme la planilla.
5. Presente la planilla al IRS antes del 15 de abril
6. Llame a esta oficina si tiene preguntas o dudas

No pague multas: Presente su declaración antes del 15 de abril o pida una extensión

El sueldo bruto = su sueldo anual antes de deducir las contribuciones
El sueldo tributable = el sueldo ajustado para calcular los impuestos
Las retenciones o el dinero retenido = las deducciones de cada cheque

Hay que presentar los impuestos federales al IRS para el 15 de abril.

W-2 2002 Informe de sueldos e impuestos

los chocolates   hojas de cómputo

A. ¿Cómo se dice?   Elija la palabra o frase más lógica para completar cada oración.

1. El porcentaje del sueldo anual que pagamos al IRS se llama _____.

   a. impuesto federal sobre los ingresos   b. una extensión

2. El formulario oficial que se usa para declarar la cantidad del dinero que se

   tiene que pagar al IRS se llama _____.

   a. la planilla o declaración   b. el W-2

3. Si un contribuyente no paga los impuestos o comete errores al calcularlos,

   el gobierno le impone una sanción que se llama _____.

   a. reembolso   b. multa

4. El W-2 es el documento que usa una compañía para reportar los _____

   y los_____ al IRS.

   a. sueldos e impuestos   b. criminales y empleados

B. Acciones.   Busque las acciones semejantes *(similar)* de cada columna.

1. _____ presentar la planilla   **a.** recibir los documentos

2. _____ calcular los impuestos   **b.** hacer las matemáticas

3. _____ obtener las formas   **c.** entregar la declaración al IRS

4. _____ retener las deducciones y   **d.** reducir el sueldo bruto de cada
          contribuciones   cheque

No entiendo

José es un empleado recién llegado a la Compañía Internacional. Acaba de recibir su primer formulario W-2 y tiene muchas preguntas. La directora del Departamento de Sueldos y Beneficios quiere ayudarlo.

DIRECTORA: Bienvenido, José. Siéntese. Primero, ¿le gustan los chocolates? Estos
          son excelentes. . .

JOSÉ: No, señora. Muchas gracias. Me gustan, pero no tengo hambre.
          Vengo porque acabo de recibir mi informe de sueldo e impuestos
          del año pasado y francamente, estoy confundido.

DIRECTORA: ¡Ah! El W-2. Sí, acabamos de prepararlos. Bueno. El W-2 es el
          informe que usted necesita para poder presentar la planilla federal
          1040 de impuestos sobre la renta. Indica su sueldo tributable, la
          cantidad que usted contribuye a FICA o Seguro Social y. . .

JOSÉ: Más despacio, por favor. Éstas son las preguntas que tengo.
          Perdone, pero me gusta comprender todos los detalles en estos
          asuntos del gobierno.

DIRECTORA:	Claro, José. Vamos línea por línea y aclaramos todas sus preguntas. ¿Comprende el espacio uno: *sueldo, propinas y otra compensación?*
JOSÉ:	Sí, pero el sueldo que usted indica es bajo. Mi sueldo es más alto.
DIRECTORA:	Ahora comprendo su confusión. Esto no es su sueldo bruto—el total de dinero que gana. Es el sueldo tributable—o *taxable income.* Es el sueldo bruto ajustado por las contribuciones y deducciones retenidas de cada cheque.
JOSÉ:	Ya comprendo. Gracias, señora. Voy a casa ahora para empezar a llenar la planilla.
DIRECTORA:	Pero José, es enero. No tiene que presentar la planilla hasta el 15 de abril.
JOSÉ:	Lo sé. Pero no me gusta dejar estas cosas para el último momento —y no me gustan las multas. Mil gracias por su ayuda.
DIRECTORA:	En esta oficina nos gusta mucho ayudar a los empleados. Y nos gustan los chocolates, también. ¿Seguro que no quiere uno...?

C. ¿Comprende usted?   Indique usted si las siguientes declaraciones son **Ciertas (C)** o **Falsas (F)** Si no están bien, corríjalas.

1. _____ José lleva muchos años trabajando en esta compañía.

2. _____ Él no comprende el W-2—el documento de ingresos e impuestos.

3. _____ El sueldo bruto y el sueldo tributable son idénticos.

4. _____ A José le gusta esperar hasta el último momento.

5. _____ Después de hablar con la directora, José está listo para empezar la declaración.

D. Los impuestos.   Todos nos quejamos de tener que pagar impuestos, pero ¡son necesarios! Lea la explicación en cuanto a por qué hay que pagarlos y luego escriba SU lista de seis beneficios que recibe por el dinero que paga en impuestos.

MODELO: *La educación pública es un beneficio de los impuestos.*

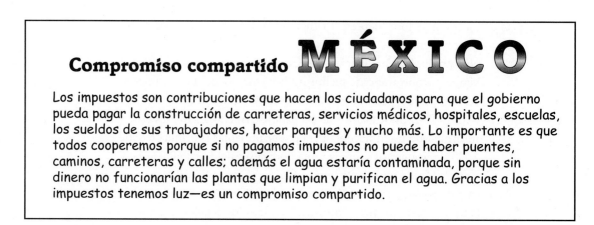

Compromiso compartido **MÉXICO**

Los impuestos son contribuciones que hacen los ciudadanos para que el gobierno pueda pagar la construcción de carreteras, servicios médicos, hospitales, escuelas, los sueldos de sus trabajadores, hacer parques y mucho más. Lo importante es que todos cooperemos porque si no pagamos impuestos no puede haber puentes, caminos, carreteras y calles; además el agua estaría contaminada, porque sin dinero no funcionarían las plantas que limpian y purifican el agua. Gracias a los impuestos tenemos luz—es un compromiso compartido.

Estructuras *Expressing likes and dislikes:* Gustar

- While the most convenient English translations of **me gusta** and **le gusta** are *I like* and *you/he/she likes,* they literally mean *(it) is pleasing to me* and *it is pleasing to you/him/her.*

- Use the following forms to tell if people are pleased or displeased by something.

Me gusta comprender los detalles.	*I like to understand the details.*
Te gusta seguir las instrucciones.	*You like to follow the instructions.*
Le gusta consultar a los expertos.	*You (formal)/he/she likes to consult experts.*
Nos gusta ayudar a los empleados.	*We like to help the employees.*
Les gusta trabajar.	*You (plural)/they like to work.*

- If the noun following the verb is plural, or if the verb is followed by a series of items, use **gustan.** If the verb is followed by one infinitive or a series of infinitives, use **gusta.**

Me gustan los chocolates.	*I like chocolates.*
Me gusta trabajar, bailar y pintar.	*I like to work, dance, and paint.*

- To tell or ask the name of the person who is pleased or displeased by something, use **a** before the name. The use of **a** + *personal pronoun* before **me gusta, le gusta,** etc. is optional and can be used to emphasize the person who is pleased or displeased or to clarify any ambiguity.

A José no le gusta esperar.	*José does not like to wait.*
(A mí) me gustan los chocolates.	*I like chocolates.*
(A ti) te gusta la compañía.	*You like the company.*
(A él/a ella/a usted) le gusta el café.	*He/she/you like coffee.*
(A nosotros/as) nos gusta la directora.	*We like the director.*
(A ellos/a ellas/a ustedes) les gusta trabajar.	*They/you like to work.*

Para practicar

A. A usted, ¿qué le gusta más? Diga cuál de estas opciones le gusta más.

MODELO: pagar impuestos o pagar multas.
  Me gusta más pagar impuestos.

1. el sueldo o los impuestos
2. los chocolates o la cerveza
3. las planillas complicadas o una planilla sencilla
4. pedir ayuda o leer las instrucciones
5. esperar hasta el último momento o completar las tareas temprano
6. presentar los impuestos el 15 de abril o pedir una extensión
7. preparar los impuestos en casa o pagar a un contador

B. ¿Le gusta o no le gusta?   Diga si a las siguientes personas les gustan o no estas cosas.

MODELO: Bill Gates/las computadoras
A Bill Gates le gustan las computadoras.

I.   Alan Greenspan/las tasas altas de interés
2.   un trabajador/impuestos altos
3.   un trabajador/un reembolso de impuestos
4.   un contribuyente/planillas complicadas
5.   usted/presentar la planilla de impuestos sobre la renta antes del 15 de abril
6.   una persona perezosa/trabajar

C. Las entrevistas.   Pregúnteles a tres de sus amigos o familiares cómo les gusta preparar los impuestos. Comparta la información con sus compañeros.

MODELO: *Usted: ¿Te gusta preparar los impuestos en casa o pagar a un contador?*
Amigo: Me gusta pagar a un contador.
Usted: A mi amigo le gusta pagar a un contador.

Módulo 2

La contabilidad

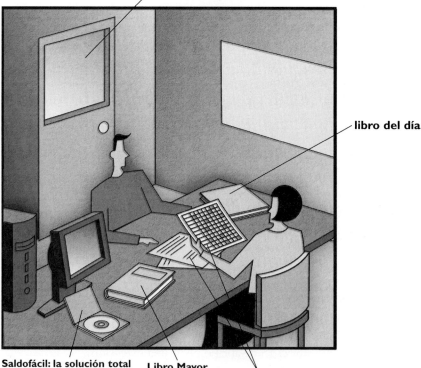

Roberto Cruz & Cía.
Contadores Públicos Licenciados
Se habla español.

libro del día

Saldofácil: la solución total
para negocios en desarrollo

Libro Mayor

hojas de balance

A. ¿Cómo se dice?   Empareje la palabra o frase en español con su equivalente en inglés:

1. _____ activo y pasivo

2. _____ el libro mayor

3. _____ la liquidez

4. _____ el diario

5. _____ la hoja de balance

6. _____ la caja chica

7. _____ las cuentas por cobrar y recibir

a. accounts receivable and payable

b. journal

c. balance sheet

d. assets and liabilities

e. petty cash

f. general ledger

g. cash flow

B. Activo o pasivo.   Indique cuál de las siguientes funciones de contabilidad va en la columna de **Activo (A)** y cuál pertenece a la columna de **Pasivo (P).**

1. _____ el préstamo

2. _____ el saldo de la cuenta de ahorros

3. _____ el inventario

4. _____ las cuentas por pagar

5. _____ las cuentas por cobrar

6. _____ las inversiones

7. _____ los gastos

8. _____ los ingresos

¿Hay solución?

El presidente de una compañía pequeña cerca de la frontera de Texas–México tiene un problema interesante. Su negocio crece rápidamente con muchos clientes y vendedores nuevos de ambos lados de la frontera. ¿Su problema? Con tanto negocio, hay menos ganancias. Ahora consulta a una empresa de contadores para buscar soluciones.

CONTADOR: A primera vista, creo que parte de su problema está en el sistema de contabilidad que ustedes usan. Es difícil comprender cómo gastan y reciben el dinero. Es un sistema viejo, ¿verdad?

PRESIDENTE: Es un sistema viejo de mi propia invención. Usted tiene razón. En realidad es un sistema muy poco sistemático.

CONTADOR: Según esta planilla de impuestos del año pasado, ustedes están perdiendo dinero. Pero si leo bien esta hoja de cuentas por cobrar, parece que hay más o menos quinientos mil dólares que necesitan cobrar de los clientes: ¡medio millón! Por eso hay problemas con la liquidez y la deuda de la compañía es cada día más grande. Tenemos que revisar y modernizar los sistemas de contabilidad inmediatamente e imponer una serie de controles fuertes.

PRESIDENTE: Estoy de acuerdo. Pero si "modernizar los sistemas" quiere decir "instalar computadoras", estoy nervioso. Un amigo que tiene un negocio siempre me habla de los problemas de su nuevo sistema de contabilidad "moderno". No me gustan las computadoras. Y los costos iniciales deben ser enormes.

CONTADOR: No tenga miedo. Podemos establecer un sistema integrado de contabilidad por menos de nueve mil dólares. Nosotros formamos un equipo con usted, su tenedor de libros y nuestros expertos para diseñar un sistema para vigilar el activo y el pasivo y los ingresos y gastos diarios. La instalación va a ser muy fácil. Y va a ver la diferencia en sus ganancias casi inmediatamente. Con un poco de suerte, esta empresa va a tener un valor neto de más de novecientos mil dólares para el año que viene.

C. ¿Comprende usted?   Conteste las preguntas según la información del diálogo.

1. ¿Qué nota el contador inmediatamente?
2. ¿Por qué no sirve el sistema actual *(current system)* de contabilidad de la empresa?
3. ¿Qué recomienda el contador?
4. ¿Por qué se pone nervioso el presidente?
5. ¿Cuál es la proyección del contador sobre el valor neto del negocio dentro de un año?

D. Lo que necesita saber sobre las propinas.   Usted gana propinas en su trabajo y no está seguro/a de cómo declararlas al preparar su declaración de impuestos. Después de leer el folleto informativo, indique si las oraciones son **Ciertas (C)** o **Falsas (F)** Si son falsas, corríjalas.

Guía para declarar el ingreso de propinas

para los empleados de establecimientos de comidas y bebidas

Si usted presta servicios como camarero, ayudante de camareros, estacionador de automóviles, cantinero, o si sirve cócteles, entrega comida o proporciona entretenimiento, esta guía le será de gran ayuda.

El ingreso que usted recibe de propinas —tanto el que recibe en efectivo como el que se carga a la cuenta del cliente—es tributable.

El Servicio de Impuestos Internos (IRS) ha preparado esta guía para ayudar al empleado que pueda necesitar respuestas a sus preguntas sobre la declaración del ingreso de propinas.

¿Debo declarar TODAS mis propinas a mi empresa?

Si recibe $20.00 o más en propinas en un mes, deberá declararlas todas a su empresa para que ésta le retenga los impuestos federales sobre el ingreso, Seguro Social y Medicare.

A veces no recibo propinas directamente de los clientes—las recibo de otro empleado.

¿Es necesario declarar estas propinas?

Sí. A los empleados que reciben propinas indirectamente de otros empleados se les requiere declararlas. No se olvide, todas las propinas que usted reciba están sujetas a impuestos.

¿Qué tipo de registros tengo que mantener?

Usted debe mantener un registro diario de todo su ingreso de propinas. Anote su nombre, el nombre y dirección de su empresa, la fecha en que recibió las propinas, la cantidad que recibió y la cantidad de propinas que pagó a otros empleados y el nombre de ellos.

¿Qué ventaja tengo si declaro todo mi ingreso de propinas?

◆ Aumento en los beneficios del Seguro Social.

◆ Aumento en los beneficios que reciba de compensación por desempleo.

I. _____ No tengo que pagar impuestos federales sobre el dinero que gano como propinas.

2. _____ El Servicio de Impuestos Internos (IRS) prepara una guía sobre el ingreso de propinas.

3. _____ Una propina de otro empleado—no de un cliente—no es parte del ingreso.

4. _____ No es necesario mantener un registro.

5. _____ Las propinas aumentan los beneficios del Seguro Social.

Estructuras   *Numbers: De cien a millones*

- Use the following numbers to count from 100–1000.

100	**cien**	500	**quinientos**
101	**ciento uno**	600	**seiscientos**
102	**ciento dos**	700	**setecientos**
200	**doscientos**	800	**ochocientos**
300	**trescientos**	900	**novecientos**
400	**cuatrocientos**	1000	**mil**

- Use **cien** to say *one hundred* exactly and if a larger number such as **mil** or **millones** follows **(cien mil)**, but use **ciento** in 101–199 **(ciento uno, ciento dos. . . , ciento noventa y nueve).** Never use the word **un** before **cien** or **ciento** or **mil**. Although **cien** is used before both masculine and feminine nouns, multiples of one hundred (200, 300, etc.) agree in gender with the nouns they modify.

trescient**os** dólares

trescient**as** personas

- **¡OJO!** Remember that **uno** drops the **–o** before masculine nouns, and always uses an **–a** before feminine nouns:

131 libros	ciento treinta y **un** libros
131 acciones	ciento treinta y **una** acciones

- Most Spanish-speaking countries use a period **(.)** to designate numbers in the thousands and a comma **(,)** to designate decimal points.

Spanish: **1.543** (English **1,543**)	mil quinientos cuarenta y tres
Spanish **1,5** (English **1.5**)	uno con cinco *or* uno coma cinco

- The word for thousand is **mil. Mil** is not pluralized when counting.

1.543	**mil** quinientos cuarenta y tres
2.002	**dos mil dos**
7.033	**siete mil** treinta y tres

- When expressing the year, use **mil.**

2002	**dos mil** dos
1999	**mil novecientos noventa y nueve**

■ When counting in the millions, use **un millón, dos millones, tres millones,** etc. Use **de** before a noun that directly follows **millón** or **millones.** If another number is between the word **millón** or **millones** and the noun, omit **de.**

un millón de dólares   **un millón trescientos mil** dólares

Los números ordinales

■ To express numerical order in Spanish, use ordinal numbers.

★ **primer/o/a/os/as**	*first*	**sexto/a/os/as**	*sixth*
segundo/a/os/as	*second*	**séptimo/a/os/as**	*seventh*
★ **tercer/o/a/os/as**	*third*	**octavo/a/os/as**	*eighth*
cuarto/a/os/as	*fourth*	**noveno/a/os/as**	*ninth*
quinto/a/os/as	*fifth*	**décimo/a/os/as**	*tenth*

■ The ordinal numbers have masculine and feminine, singular and plural forms, depending on the noun that follows them.
■ Drop the **–o** of **primero** and **tercero** before masculine singular nouns.

el prime**r** momento	*the first moment*
la prime**ra** computadora	*the first computer*
el segund**o** contador	*the second (male) accountant*
la segund**a** contadora	*the second (female) accountant*

Para practicar

A. El inventario. Usted está encargado/a de contar el número de cosas que hay en la oficina y en la fábrica de su empresa para completar el informe de inventario anual. Diga y escriba los números.

MODELO: 112 cajas de papel
           Hay ciento doce cajas de papel.

1. 2.351 lápices
2. 753 unidades de plástico
3. 52 mesas
4. 1.993 folletos de publicidad
5. 5.017 dólares en la caja chica
6. 35 computadoras
7. 75 sillas
8. 102 uniformes

B. ¡La empresa crece!   Hace exactamente un año desde el último inventario y ustedes tienen que contar todo de nuevo. Este año la compañía es precisamente 10 veces más grande que el año pasado. Multiplique todos los números anteriores por diez. Compare los resultados con un/a compañero/a.

MODELO: 112 cajas de papel x10 = ¿?
Este año hay mil ciento doce cajas de papel.

C. Los ahorros.   El contador de su empresa necesita recuperar un déficit grande. Hay premios para los diez empleados con las mejores sugerencias para ahorrar dinero. Aquí están los resultados. Ponga en orden numérico a los siguientes ganadores y ganadoras.

MODELO: 1. Patricia Ramírez
La primera ganadora es Patricia Ramírez.

1.	Roberto González	**6.**	Eduardo Gallegos
2.	Mariana Rivera	**7.**	Alicia Cabrera
3.	Héctor López y Alma Gómez	**8.**	Iris Vásquez
4.	Daniel Russo	**9.**	Jorge Román
5.	Donna Whitman	**10.**	Yolanda Durán

Vocabulario Módulo 1

Sustantivos

las acciones	*stocks*	**la esperanza**	*hope*
el/la accionista	*stockholder*	**el estado mensual**	*monthly*
la bancarrota	*bankruptcy*		*statement*
el banco	*bank*	**la ganancia**	*profit*
la biblioteca	*library*	**la inversión**	*investment*
el bono	*bond*	**el/la inversionista**	*investor*
la boleta	*receipt, slip*	**el plazo**	*period, term*
el/la cajero/a	*cashier*	**el retiro**	*withdrawal*
la cartera	*portfolio*	**la riqueza**	*wealth*
la cola	*line, tail*	**el saldo**	*balance*
el/la corredor/a	*broker*	**la serie**	*series*
la cuenta	*checking account*	**el vencimiento**	*due date*
corriente			

Verbos

arriesgar	*to risk*	**retirar**	*to withdraw*
descubrir	*to discover*	**sumar**	*to add*
heredar	*to inherit*		

Adjetivos

asegurado/a	*insured*	**mutualista**	*mutualistic*
conservador/a	*conservative*	**rebajado/a**	*reduced*
líquido/a	*net, liquid*	**ubicado/a**	*located*

Otras expresiones

a menudo	*often*	**arriba**	*up, above*
a plazo fijo	*fixed term*	**ayer**	*yesterday*
al final	*at the end*	**claro que sí/no**	*of course (not)*
anteayer	*day before*	**de sobra**	*plenty*
	yesterday	**por medio de**	*by means of*
anoche	*last night*	**por separado**	*separately*

Módulo 2

Sustantivos

el/la ayudante	helper	el libro mayor	ledger
el billete	bill (of money)	la moneda	coin, currency
el/la camarero/a	waiter, waitress	la multa	fine
el/la cantinero/a	bartender	el/la nativo/a	native
la casilla	post office box	el parentesco	relationship
la ciudadanía	citizenship	el paso	step
el compromiso	commitment, agreement	la planilla	table, chart
		la raza	race
el/la contribuyente	contributor	la renta	income
		la retención	withholding
el desarrollo	development	la ruta	route
el desempleo	unemployment	el sueldo bruto	gross income
la deuda	debt	el sueldo tributable	net income
el entretenimiento	entertainment		
el/la estacionador/a	valet	el/la tenedor/a de libros	bookkeeper
el/la extranjero/a	foreigner	la ventaja	advantage
la hoja	sheet, leaf		
la hoja de cómputo	worksheet		

Verbos

aclarar	to clarify	pintar	to paint
bailar	to dance	presentar	to submit
imponer (g)	to impose	retener (ie) (g)	to withhold
nacer (zc)	to be born		

Adjetivos

cuarto/a	fourth	octavo/a	eighth
décimo/a	tenth	quinto/a	fifth
desconocido/a	unknown	retenido/a	withheld
diario/a	daily	séptimo/a	seventh
emitido/a	issued	sexto/a	sixth
noveno/a	ninth	tercer/o/a	third

Otras expresiones

cuyo/a	whose	sobre	about, concerning
despacio	slowly		

¡OJO! Es importante estudiar los números al final del Módulo 2.

Síntesis

A escuchar

Lucía habla con su contador Roberto antes de llenar la planilla del impuesto federal sobre la renta.

Escoja la letra de la respuesta más lógica.

1. Lucía necesita organizar _____.

a. sus impuestos federales sobre la renta

b. sus inversiones

2. Ella está preocupada porque _____.

a. va a pagar menos impuestos

b. no va a recibir un reembolso

3. Este año, ella gana _____ más que el año pasado.

a. $10, 321.00

b. $130,210.00

4. Roberto le pide tres cosas:

a. ir al banco, hablar con su corredor de acciones y calcular sus impuestos.

b. preparar la lista de ingresos, la lista de gastos deducibles y traerle todo a Roberto.

5. Para el año que viene, Roberto le recomienda _____.

a. un sistema de contabilidad computarizado

b. un nuevo contador

A conversar

En grupos de cuatro, hablen de sus opiniones sobre las diferentes maneras de ahorrar dinero para su jubilación. Mencionen las ventajas/desventajas de vehículos como cuentas de ahorros, certificados de depósito, acciones, bonos, fondos mutuos, IRA, Roth IRA, programas de pensiones. . .

A leer

El euro y los negocios

Infórmese en www.europa.eu.int/euro/html

¿Qué son los euros?

El euro es una moneda que comparten once naciones de la Unión Europea. En vez de once monedas diferentes, estos once países han adoptado un dinero uniforme. Las naciones que han adoptado el euro son: Alemania, Austria, Bélgica, España, Finlandia, Francia, Holanda, Irlanda, Italia, Luxemburgo y Portugal.

En este momento, 1 euro = 166 pesetas.

El calendario del euro

1 de enero 1999 – 31 de diciembre 2001

• Adopción gradual y definitiva del euro.

• Libre utilización del euro en todas aquellas operaciones que no requieran la utilización de monedas y billetes.

• Uso de billetes y monedas nacionales para cobros y pagos en efectivo, aunque la operación esté denominada en euros.

1 de enero 2002

• Todos los contratos, deudas y derechos de contenido económico son automáticamente denominados en euros.

• La circulación de billetes y monedas en euros empieza. Las transacciones en efectivo pueden realizarse en euros o en pesetas.

1 de enero 2002 – 28 de febrero 2002

• Sustitución de billetes y monedas nacionales por billetes y monedas de euros.

• Canjeo gratuito de pesetas por euros en todas las entidades financieras.

• La peseta sigue existiendo, pero sólo como medio de pago.

Ahora, después del 28 de febrero de 2002, el euro es el único dinero que se usa en estos países de la Unión Europea.

¿Comprende usted? Conteste las preguntas según la información de la lectura.

1. ¿Dónde se puede buscar más información sobre el euro?
2. ¿Cuál es el cambio al momento de escribir este artículo de la peseta al euro? ¿Y hoy? **¡OJO!** Es necesario buscar los datos actuales.
3. ¿Cuándo empezó el uso de monedas y billetes de euros?
4. ¿Dónde se usan los euros?
5. ¿Cuánto cuesta canjear las pesetas en euros?

A escribir ¿Debemos tener una moneda internacional para todas las naciones? Con dos compañeros, usen su imaginación para diseñar su dinero universal—hay que darle un nombre, una valoración monetaria frente al dólar estadounidense, una apariencia física y, lo más importante, una explicación con un mínimo de cinco razones por las cuales es buena idea cambiar a este sistema mundial. La clase va a votar después de leer cada presentación sobre el mejor dinero para el futuro.

Algo más

Ventana cultural

Have you ever tried to go to a bank to cash a check or to use a pay phone in a foreign country? When you are away from home, even the most insignificant of daily chores can be daunting. Now, imagine that you are in the country with no language skills, no legal identification, and an urgent need to get the cash you've earned back home to your family. Across the border. Safely. For the thousands of workers who come to the United States—legally or not—earning the money is only half the battle. The other half is getting the cash where it needs to go: home. One daring bank noticed an untapped market segment with a huge need. And they have put together a bold program to fill it.

DINERO SEGURO
Envíos electrónicos de dinero a México

UN SERVICIO RÁPIDO, SEGURO Y GARANTIZADO PARA MANDAR DINERO A LOS SUYOS.
Haga su envío desde una oficina de correos participante en Estados Unidos y el dinero llega en 15 minutos o menos a cualquier sucursal de Bancomer en México.

- *Incluye una llamada de tres minutos.*
- *Bancomer tiene cerca de 1,300 sucursales en México.*
- *Está garantizado por el Servicio Postal de Estados Unidos y Bancomer*

ES MUY FÁCIL DE USAR:
1. *Llene la solicitud y entréguela junto con el dinero de su envío. Si su envío es de más de 1,000 dólares, lleve una identificación vigente con fotografía. La cantidad máxima que puede enviar es de 2,000 dólares diarios.*
2. *El empleado del Servicio Postal le dirá el tipo de cambio y el costo del servicio.*
3. *Su recibo indicará el número de confirmación y la cantidad exacta que su familia recibirá en pesos mexicanos.*
4. *Utilice la llamada para avisar a su familiar del envío y darle el número de confirmación.*
5. *Para recibir el dinero en Bancomer, su familiar tiene que decir que va a recoger un envío de Dinero Seguro, dar el número de confirmación y mostrar una identificación vigente con fotografía. No hay cargos adicionales.*

Para obtener más información sobre Dinero Seguro, llame gratis al 1 888 368-4669
Tan seguro como el amor de los suyos.

El águila vuela más lejos. **UNITED STATES POSTAL SERVICE** ®

En mis propias palabras   Usted tiene familiares en México a quienes les va a enviar dinero por Dinero Seguro. ¿Qué les va a decir en su conversación telefónica de tres minutos? Escoja sus palabras con cuidado—¡es poco tiempo! Prepare notas para su conversación. Compárelas con las de un/a compañero/a.

A buscar

Hay bancos como Wells Fargo (www.wellsfargo.com/biz) con programas especiales para latinos, como su Programa de préstamos para negocios latinos, con un compromiso de $3,000 millones en préstamos a negocios con propietarios latinos. Además hay bancos que se especializan en inversiones en Latinoamérica; se puede encontrar mucha información en <u>Latin Finance</u> (www.latinfinance.com). Busque datos de estos programas u otros y traiga la información a clase. Para empezar, vaya a estas direcciones:

www.patagon.com
www.gfnorte.com.mx
www.bancomercantil.com
www.bancoagricola.com

A conocer: Hector V. Barreto

La Administración de Ayuda a Pequeñas Empresas proporciona oportunidades de éxito profesional a aquellas personas que demuestran tener las ideas, la dedicación y el empeño necesarios, pero carecen de recursos financieros. El nuevo director de esta administración, Hector Barreto, ha dedicado su carrera a buscar oportunidades, utilizando sus ideas, dedicación y empeño para alcanzar el éxito, no sólo para sí mismo, sino también para los demás. Es la combinación perfecta. Barreto, quien se crió en Los Ángeles, se dio cuenta de la "tremenda falta de servicios financieros disponibles para los hispanos". (Hispanic Online Magazine, January 2002) Al ver esta oportunidad, Barreto decidió convertirla en realidad. En la actualidad, su compañía de servicios financieros ha pasado de ser una "pequeña empresa" a ser una gran empresa. Barreto es ahora el director de la administración, también conocida como SBA, por sus siglas en inglés. En Internet hay mucha información disponible sobre Barreto. Intente encontrar datos sobre la inspiración de este hombre del mundo de los negocios, sobre su propia carrera professional y sobre el significado que la palabra "ganas" tiene para él.

LECCIÓN 8

La industria y la producción

Módulo 1
- ¡Qué grande es la fábrica!
- Describing daily routines: *Los verbos reflexivos*
- El trabajo
- More on reflexive verbs: *Los verbos recíprocos*

Módulo 2
- La industria de la alimentación
- Expressing knowledge and familiarity: **Saber y conocer**
- La agricultura
- Receiving the action of a verb: *El objeto directo*

Síntesis
- A escuchar
- A conversar
- A leer
- A escribir

Algo más
- Ventana cultural: *Los mercados hispanos en EE.UU.*
- A buscar
- A conocer: César Chávez

Módulo 1

¡Qué grande es la fábrica!

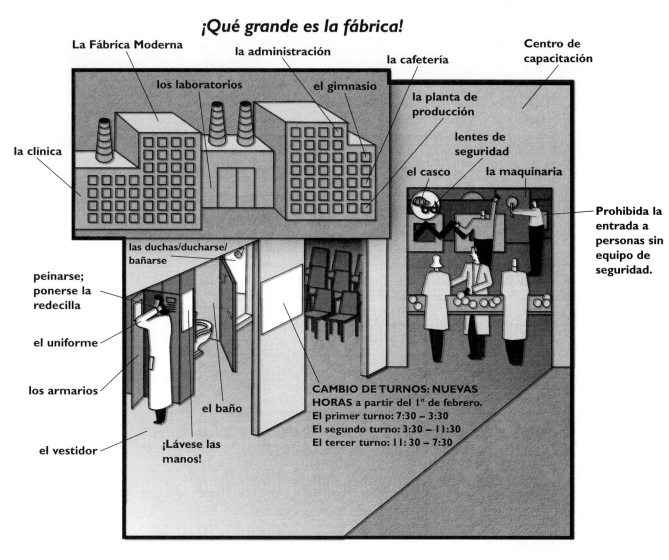

La Fábrica Moderna

la administración

la cafetería

Centro de capacitación

los laboratorios

el gimnasio

la planta de producción

la clínica

lentes de seguridad

el casco

la maquinaria

Prohibida la entrada a personas sin equipo de seguridad.

las duchas/ducharse/ bañarse

peinarse; ponerse la redecilla

el uniforme

los armarios

el baño

CAMBIO DE TURNOS: NUEVAS HORAS a partir del 1° de febrero.
El primer turno: 7:30 – 3:30
El segundo turno: 3:30 – 11:30
El tercer turno: 11:30 – 7:30

el vestidor

¡Lávese las manos!

A. ¿Cómo se dice? Escriba la palabra que corresponda a cada una de las definiciones.

1. Un complejo industrial donde se fabrican o procesan materiales es una

_____.

2. La sección de la planta donde los empleados pueden cambiarse de ropa y

guardar sus artículos personales es el _____.

3. Para limpiarse el cuerpo *(body)* entero, se usa la _____.

4. Dos ejemplos de equipo de protección son el _____ y los

_____.

5. La parte de la fábrica donde los empleados aprenden nuevas técnicas y

estudian nuevas tecnologías es el centro de _____.

B. Acciones. Busque el verbo que mejor identifique estas acciones. Es
necesario recordar los verbos de lecciones anteriores.

1.	_____ lavarse	**a.**	cerrar los ojos y descansar
2.	_____ ducharse/bañarse	**b.**	limpiarse partes individuales del cuerpo
3.	_____ peinarse	**c.**	ponerse ropa
4.	_____ vestirse	**d.**	lavar todo el cuerpo bajo una "cascada" de agua
5.	_____ dormir	**e.**	arreglarse el pelo (hair)

¡La fábrica es increíble!

*Ana Marino es supervisora de una planta muy moderna de procesamiento de frutas. Hoy
acompaña a una nueva empleada, Cecilia, en un tour del edificio nuevo, y le explica un
poco sobre el trabajo y la "cultura".*

ANA: Aquí está la parte de la fábrica que me gusta más: la cafetería, que
tiene comidas excelentes a precios reducidos; el gimnasio, para hacer
ejercicio antes o después del turno, y la sala de descanso, con
televisores y computadoras. ¡Puede ver su telenovela favorita durante
el almuerzo o dormirse en uno de los sillones!

CECILIA: ¡Qué bonito! ¿Es buena la gerencia?

ANA: Sí, los gerentes y supervisores son generosos con nosotros. Pero
nosotros también nos esforzamos por alcanzar las cuotas de
producción. Ahora entramos en la sección de producción de la planta:
aquí tenemos los vestidores, donde nos duchamos antes y después del
turno. Normalmente, todas las mañanas a las ocho en punto la señora
Rosario se peina aquí y se pone el uniforme. Es muy simpática y
buena trabajadora.

CECILIA: ¿Hay una clínica también?

ANA: Claro. La seguridad de los empleados es muy importante. Con esta
maquinaria y los productos químicos que usamos, siempre hay
personal médico por si hay accidentes. Y en estos salones de clase, nos
capacitan en las técnicas nuevas de producción. También tenemos la
oportunidad de aprender inglés o español—gratis. Vamos a la planta de
producción—aquí.

CECILIA: ¡Esto es increíble! ¡Qué grande es la fábrica! ¡Y qué moderna! ¿Está
segura de que no nos van a reemplazar con robots?

C. ¿Comprende usted?   Conteste las preguntas según la información del diálogo.

1.   ¿Quién es Cecilia?
2.   Para Ana, ¿cuál es la mejor parte de la fábrica?
3.   ¿Qué hace Rosario en el vestidor?
4.   ¿Por qué hay una clínica?
5.   ¿Qué pueden hacer en el salón de capacitación?

Estructuras   *Describing daily routines:* Los verbos reflexivos

■ Reflexive verbs express actions that people do *to* or *for* themselves.

Reflexive

Yo **me** baño.

Non-reflexive

Yo baño al bebé.

■ Reflexive verbs are preceded by reflexive pronouns. The pronoun **se** attached to the end of the infinitive indicates that the verb is reflexive (bañar**se**). **Se** is modified to *reflect* the same person as the subject. The verb itself is conjugated normally.

bañarse *to bathe (oneself)*			
yo	me	baño	*I bathe (myself)*
tú	te	bañas	*you bathe (yourself)*
usted/él/ella	se	baña	*you/he/she bathe(s) (your/him/herself)*
nosotros	nos	bañamos	*we bathe ourselves*
ustedes/ellos/ellas	se	bañan	*you/they bathe (your/themselves)*

■ Reflexive verbs can be used to describe changes in state of mind.

Los supervisores **se enojan** cuando los empleados se ausentan sin llamar.

The supervisors get angry when employees are out without calling.

- When a reflexive verb is used as an *infinitive,* a *present participle* (**–ando** or **–iendo),** or an *affirmative command,* the reflexive pronoun that matches the subject may be attached to the end.
- **¡OJO!** When attaching the pronoun to a present participle, remember to put an accent on the vowel before the **–ndo** ending. When attaching the pronoun to an affirmative command, the accent goes over the third vowel from the right—after the new syllable is attached.

Yo quiero lavar**me** las manos después del turno.	*I want to wash my hands after the shift.*
Rosario está lav**á**ndo**se** las manos ahora.	*Rosario is washing her hands now.*
Cecilia, l**á**ve**se** las manos ahora.	*Cecilia, wash your hands now.*

- Other reflexive verbs are:

acostarse (ue)	to go to bed	llevarse mal	to not get along
calmarse	to calm down	ponerse + adj.	to become or to put on
cuidarse	to take care of oneself	preocuparse	to worry
despertarse (ie)	to wake up	quitarse	to take off
dormirse (ue)	to fall asleep	secarse	to dry oneself
enojarse	to get angry	sentarse (ie)	to sit down
levantarse	to get up	sentirse (ie)	to feel
llevarse bien	to get along well	vestirse (i)	to get dressed

Para practicar

A. La nueva rutina de Cecilia. Ahora que Cecilia trabaja en la Fábrica Moderna, la rutina de su familia va a cambiar mucho. Complete las descripciones de su día con el pronombre indicado, si es una actividad reflexiva. ¡OJO! Todas las actividades no son reflexivas.

MODELO: A las seis, yo _____ despierto y después yo _____ despierto a mi esposo.

*A las seis, yo **me** despierto y después yo __x__ despierto a mi esposo.*

1. A las siete, Marco y yo _____ bañamos y después _____ bañamos al bebé.

2. Primero _____ visto yo y después yo _____ visto al bebé.

3. Marco _____ queda con el bebé mientras yo trabajo.

4. Es un nuevo trabajo para mí, y siempre _____ pongo nerviosa antes de empezar mi turno.

5. Antes de entrar en la planta de producción, yo _____ lavo y _____ seco las manos.

6. Entonces _____ visto con el equipo de protección.

7. La señoras que terminan su turno _____ quitan el uniforme, _____ bañan y _____ visten con ropa de calle.

8. Después de trabajar por ocho horas, estoy cansada. _____ acuesto a las nueve y _____ duermo inmediatamente.

B. Consejos para una nueva empleada. Cecilia habla con un grupo de compañeras del trabajo que le explican sus rutinas. Forme oraciones completas para ayudarlas.

MODELO: A veces yo/levantarse a las cinco de la mañana para limpiar la casa
A veces yo me levanto a las cinco de la mañana para limpiar la casa.

I. Nosotras/despertarse a las siete
2. Después del trabajo, Elena/sentarse en el sofá y no puede/levantarse
3. Susana y Carlota/ponerse tristes cuando dejan a sus hijas en la guardería *(daycare)*
4. Durante el almuerzo, si yo/sentarse en un sillón, yo puedo/dormirse en un instante
5. A veces los supervisores/enojarse sin razón
6. Yo/preocuparse mucho por la estabilidad de mi empleo
7. Nosotras/acostarse a las nueve todas las noches

C. ¡Fantasía! Cecilia acaba de aceptar un trabajo en una fábrica moderna. Conteste estas preguntas imaginando que usted es Cecilia.

MODELO: ¿Cómo se siente?
Me siento contenta y nerviosa.

I. ¿A qué hora se acuesta usted normalmente?
2. ¿A qué hora se acuesta usted ahora?
3. ¿Se duerme fácilmente por la noche?
4. ¿Se lleva bien con sus compañeros de trabajo y con los supervisores?
5. ¿Se pone ropa especial para trabajar?
6. ¿Se preocupa mucho por el futuro?

Módulo 1

El trabajo

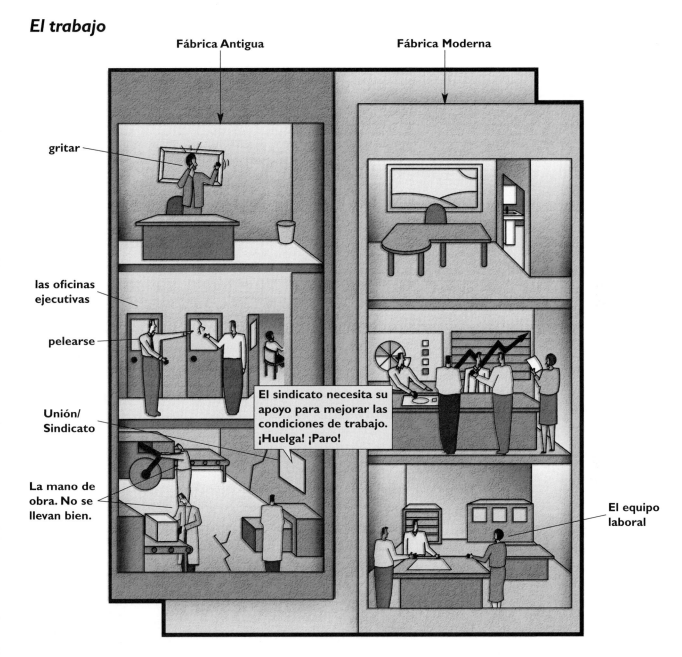

Fábrica Antigua

Fábrica Moderna

gritar

las oficinas ejecutivas

pelearse

Unión/ Sindicato

La mano de obra. No se llevan bien.

El sindicato necesita su apoyo para mejorar las condiciones de trabajo. ¡Huelga! ¡Paro!

El equipo laboral

A. ¿Cómo se dice?   Escriba la palabra que corresponda a cada una de las definiciones.

1. El grupo total de trabajadores de una industria es _____.

2. Una organización de trabajadores que protege los derechos del personal es

un _____.

3. Cuando hay un conflicto sin solución entre la gerencia y la fuerza laboral a veces los trabajadores tienen una _____.

4. Grupos pequeños de trabajadores que buscan soluciones a los problemas de la producción son _____.

B. Acciones. Busque los pares lógicos usando los verbos nuevos y los anteriores.

1. _____ apoyarse		**a.**	unirse para buscar soluciones
2. _____ enojarse		**b.**	tener discusiones violentas
3. _____ pelearse		**c.**	no irse a otra parte
4. _____ quedarse		**d.**	ponerse furioso
5. _____ organizarse		**e.**	ayudarse unos a otros

Es un trabajo ideal

Esta semana Cecilia cumple tres meses con la Fábrica Moderna y ahora termina su período de prueba (probation). *Su supervisora, Ana, la invita a almorzar en la cafetería para poder conversar. Ana tiene mucho interés en el bienestar de su nueva empleada—y en sus observaciones.*

ANA: ¡Felicidades, Cecilia! Su período de prueba termina hoy y todos los supervisores de su grupo le han escrito evaluaciones excelentes. Dicen que se lleva muy bien con todos los compañeros y que está muy dedicada al trabajo. Así que, si está contenta aquí con nosotros, quiero ofrecerle el empleo permanente—con un aumento de sueldo.

CECILIA: ¡Gracias, Ana! ¿Si estoy contenta aquí? Estoy contentísima. La diferencia entre ustedes y mi trabajo previo es enorme. ¡Claro que quiero quedarme aquí!

ANA: Pero, Cecilia, es el mismo trabajo. ¿Cuál es la diferencia?

CECILIA: Pues, no sé explicarlo. Aquí hay un grupo que trabaja como un equipo. Nos apoyamos y nos ayudamos unos a otros. Aquí, los trabajadores se hablan, los supervisores se hablan y los administradores se hablan. Es más. Todos *nos hablamos.* No me gusta hablar mal de mis jefes anteriores, pero todos los días se pelean y luego dan órdenes contradictorias. Mis amigos de allí dicen que hay tantos conflictos entre los supervisores y la fuerza laboral que los trabajadores quieren organizarse en un sindicato y autorizar una huelga.

ANA: Eso es terrible. Nosotros somos muy afortunados. Aquí la gerencia comprende el valor de los empleados. Nos consultan cuando tienen que resolver problemas de producción, y nos escuchan. Y como ve por todo este edificio, los ejecutivos son muy generosos con nosotros. No es exactamente admiración mutua, pero sí nos respetamos. ¡Qué bien que quiera quedarse con nosotros! Bienvenida.

C. ¿Comprende usted?   Conteste las preguntas según la información del diálogo.

1. ¿Por qué almuerzan juntas Ana y Cecilia?

2. ¿Cómo son las evaluaciones de Cecilia?

3. Explique—en sus propias palabras—los problemas que tienen los compañeros de Cecilia en su trabajo anterior.

4. ¿Es mejor la situación de Cecilia ahora?

5. ¿Cree usted que la fuerza laboral de la Fábrica Moderna donde trabaja Cecilia ahora va a organizarse en un sindicato?

D. El poder de los sindicatos.   Busque datos de sindicatos en La Red Obrera (o en otra parte de Internet o use su propia experiencia) para diseñar un collage de propaganda para conseguir nuevos miembros para un grupo que representa sus intereses en el mundo laboral. Traiga su póster a clase para exponerlo y hable sobre él con sus colegas.

La Red Obrera

La Red Obrera (sección en castellano de **LabourNet**) es un servicio de noticias sindicales y obreras en castellano que cubre América Latina y España, y trata de dar una visión a nivel internacional sobre las luchas sindicales y obreras.

¿Qué es La Red Obrera?

Enlaces

Póngase en contacto con nosotros: **laredobrera@socappeal.easynet.co.uk**

Documentos y contribuciones:

❖ A• Argentina: A 22 años del golpe militar, recordando a sindicalistas desaparecidos. Revista Wayruro.

❖ N• No al euro sin Europa Social. Texto de reflexión propuesto por sindicalistas de la Unión Europea.

❖ D• Declaración de México de la CLAT.

❖ D• Declaración de Tampa de la Solidaridad de Trabajadores Cubanos.

❖ C• Colombia: British Petroleum contra los sindicatos.

¿Puede ayudar a La Red Obrera?

La Red Obrera necesita corresponsales que nos manden noticias obreras y sindicales de sus países, traductores de noticias obreras en otros idiomas, diseñadores de páginas web, etc. Si cree que puede ayudarnos, escríbanos. Recursos sindicales en la red en castellano:

❖ Lista Mundo Sindical: **listasrcp@listas.rcp.net.pe**

❖ Newsgroup **Sindicatos**

❖ Agencia Informativa Pulsar: **contacto@pulsar.org.ec**

Estructuras *More on reflexive verbs:*
Los verbos recíprocos

- Reciprocal verbs are conjugated in the same way as reflexive verbs. They are used to express that two or more people are doing something *to* or *for* each other.

Nosotros siempre **nos** ayudamos.	*We always help each other.*
Amanda y Marco **se** respetan mucho.	*Amanda and Mark respect each other a lot.*
Los miembros del equipo ejecutivo saben apoyar**se** a cada paso.	*The members of the executive team know to support one another at each step.*

- Many verbs not usually used as reflexive verbs can be made reciprocal by using the appropriate reflexive pronoun: **se** or **nos.**

Los ejecutivos **se** consultan cada día.	*The executives consult each other every day.*
Nos escribimos notas.	*We write each other memos.*

Para practicar

A. Acciones mutuas.   Indique las acciones recíprocas de las siguientes personas.

MODELO: El administrador y el delegado del sindicato/mirarse
El administrador y el delegado del sindicato se miran.

1.   Los amigos/comunicarse por correo electrónico todos los días
2.   Los ejecutivos/consultarse antes de tomar decisiones
3.   Tú y yo/comprenderse bien
4.   La presidenta y sus ejecutivos/reunirse todas las semanas
5.   Nosotros/apoyarse siempre

B. ¿Quiénes son?   Escriba el nombre de algunas personas famosas o conocidas para completar estas ideas.

MODELO: Nos queremos mucho.
Mi familia y yo nos queremos mucho.

1.   Se pelean con frecuencia.
2.   Se divorcian.
3.   Nos vemos todos los días.
4.   No se hablan nunca.
5.   Nos apoyamos mucho.
6.   Se adoran.

C. Un romance en la oficina.   Amanda y Marco son compañeros de trabajo y nosotros creemos que su relación es mucho más que una amistad. Describa su romance usando los siguientes verbos. Después de terminar, escríbalo otra vez con la forma **nosotros/as.**

MODELO: verse por primera vez en la oficina
Se ven por primera vez en la oficina. (Nosotros nos vemos por primera vez en la oficina.)

1.   mirarse a los ojos
2.   hablarse
3.   encontrarse cerca de la fuente de agua
4.   no poder separarse
5.   abrazarse *(embrace)* con pasión
6.   besarse *(kiss)*
7.   enamorarse
8.   comprarse un negocio para el futuro

Módulo 2

La industria de la alimentación

SU MENÚ

Exposición para profesionales de la industria de la alimentación
San Francisco, California
Del 8 al 10 de agosto de 2004
En cada menú hay…
ARTE, CIENCIA Y NEGOCIO

¿Sabe usted transformar sus sabores en negocio?

Al finalizar la sesión usted va a saber:
- cuáles son las tendencias futuras en comidas y bebidas
- cuáles son las nuevas técnicas de seguridad, preparación y servicio
- cuáles son los secretos de las franquicias más lucrativas
- cómo preparar recetas con los ingredientes que reflejan las nuevas tendencias
- cómo diseñar un menú creativo para atraer a los clientes y ganarse su lealtad
- cómo implementar operaciones eficientes para asegurar la satisfacción del cliente
- cómo encontrar, retener y capacitar a sus empleados durante períodos de escasez de mano de obra

Además, va a conocer:
- a los Chefs célebres en persona, dando muestras de sus recetas
- a los distribuidores de productos que mejor apoyan su operación
- a los expertos en el fenómeno de "nutraceúticos": comidas medicinales
- a los expertos en el mercadeo de la industria de alimentación
- a otros miembros principales de nuestra industria, ya sean de restaurantes independientes, de unidades múltiples y franquicias, de hospitales, de casinos, de cruceros o de contratistas institucionales
- los restaurantes más innovadores del momento, por medio de la realidad virtual

Su menú—el arte, la ciencia y el negocio de la industria de la alimentación

*Si desea saber más sobre nuestra organización o conocer a nuestros directores, visite nuestro sitio web: **www.sumenu.com.***

A. ¿Cómo se dice?   Escriba la palabra que corresponda a cada una de las definiciones.

1.   Las tiendas o restaurantes que forman parte de una cadena internacional, nacional o regional pero tienen dueños individuales son _____.

2. La lista de ingredientes de un plato y las instrucciones para prepararlo es

una _____.

3. Un alimento que combina la nutrición y la medicina es un

_____.

4. Las _____ futuras son una manera de predecir las comidas que

van a ser populares.

5. El _____ es el encargado de las operaciones de un restaurante.
Es responsable por "el negocio, el arte y la ciencia" del establecimiento.

B. Acciones.   Use la memoria para emparejar estos verbos con las definiciones
correspondientes de la industria de la alimentación.

1. _____ capacitar   **a.** tener información sobre algo

2. _____ retener   **b.** anticipar el futuro

3. _____ predecir   **c.** empezar a usar técnicas o ideas nuevas

4. _____ innovar   **d.** ayudar a los empleados a aprender el negocio

5. _____ saber   **e.** tener asociaciones personales con una persona o
lugar

6. _____ conocer   **f.** no perder a los empleados

Los chefs del futuro

Andrés y Michelle son dos estudiantes de artes culinarias que sueñan con ser chefs célebres en sus propios restaurantes de cuatro estrellas y con su propio programa de televisión en la Cadena Internacional de la Comida. Ahora tienen la oportunidad de asistir a su primera exposición profesional.

ANDRÉS: Michelle, mira este folleto de la Exposición Su Menú. Van a estar
aquí en San Francisco el año que viene. ¿Sabes algo de este grupo?

MICHELLE: Sé que es un grupo muy importante en la industria. Siempre
predicen las tendencias futuras en los gustos del público, y tienen
representantes de los restaurantes más importantes. Si vamos, sé que
podemos conocer a muchas personas con influencia en la industria y
participar en la red *(networking)*.

ANDRÉS: Dicen que va a haber muchos chefs célebres. . . . ¿Conoces a Emeril?

MICHELLE: No, no lo conozco personalmente. . . pero todo el mundo sabe
quién es.

ANDRÉS: ¡Es mi héroe! Vamos a la exposición. ¡Imagínate si lo podemos
conocer!

C. ¿Comprende usted? Conteste las preguntas según la información del diálogo.

1. En sus propias palabras, explique el folleto que leen Andrés y Michelle.

2. ¿Cuáles son tres cosas importantes que los participantes van a saber al finalizar la sesión?

3. ¿A quiénes van a conocer?

4. ¿Por qué quiere ir Michelle?

5. ¿A quién quiere conocer Andrés?

D. La satisfacción del cliente es importante. Primero, usted va a llenar el formulario de Jack in the Box (con su propia experiencia o con información inventada); luego, en grupos de cuatro, van a comparar sus formularios. Preparen una lista de lo bueno y lo malo para enviarle un resumen de sus opiniones a Jack.

"Si algo no le gusta, dígalo de todos modos."

Estimado cliente:

Como fundador de **Jack in the Box,** quiero estar seguro de que usted tiene una experiencia agradable al visitar nuestro restaurante. Por favor, dedique unos minutos a responder a estas preguntas y deposite este formulario con sus respuestas en mi buzón en este restaurante.

1. Por favor, evalúe su visita de hoy en este **Jack in the Box.** Marque sólo una respuesta.

	Excelente	*Aceptable*	*Inadecuada*
Comida en general	☐	☐	☐
Temperatura de la comida	☐	☐	☐
Preparación de la comida (¿frescura?)	☐	☐	☐
Apariencia de la comida	☐	☐	☐
Rapidez del servicio	☐	☐	☐
Cordialidad de nuestros empleados	☐	☐	☐
Facilidad para comunicarse con nuestros empleados	☐	☐	☐
Limpieza del restaurante	☐	☐	☐

2. ¿Qué podemos hacer para que su próxima visita sea mejor? Conteste a continuación. _____
_____

3. ¿Qué producto(s) pidió hoy ? Conteste a continuación. _____

4. ¿Le servimos su pedido correctamente? Marque sólo una respuesta.
☐ Sí ☐ No—Díganos si algo estuvo mal: _____

5. ¿Hicimos algo que hizo placentera su visita? (Por favor, incluya los nombres o la descripción de los empleados correspondientes, para que yo pueda agradecerles su servicio personalmente.) Conteste a continuación. _____

6. Fecha de visita: _____

7. Hora de visita: _____

Opcional:
Nombre:_____ Teléfono:_____
Dirección:_____

¡Gracias por decirme lo que piensa!

Jack

Estructuras   *Expressing knowledge and familiarity:* Saber y conocer

- Spanish has two verbs to express different aspects of the English verb *to know.*

saber			
yo	**sé**	nosotros	**sabemos**
tú	**sabes**		
Ud./él/ella	**sabe**	Uds./ellos/ellas	**saben**

- Use **saber** to say that someone knows information or facts. When followed by an infinitive, **saber** means *to know how to do something.*

Sé que las franquicias son lucrativas.   *I know that franchises are profitable.*
Emeril **sabe** preparar y presentar   *Emeril knows how to prepare and present*
sus recetas ante el público.   *his recipes to the public.*

conocer			
yo	**conozco**	nosotros/as	**conocemos**
tú	**conoces**		
Ud./él/ella	**conoce**	Uds./ellos/ellas	**conocen**

- Use **conocer** to indicate that someone is personally *acquainted with* or *familiar with* a person or place.

Conozco al chef de aquí. Es amigo mío.   *I know the chef here. He's a friend of mine.*

Andrés y Michelle **conocen** bien   *Andrés y Michelle are well*
el restaurante. Trabajan allí.   *acquainted with the restaurant. They work there.*

Para practicar

A. ¿Quién sabe hacer. . . ?   Usted es un millonario con una nueva cadena de restaurantes de servicio rápido y otra de restaurantes elegantes. Quiere llamar a las personas o empresas más expertas—en la actualidad o en el pasado—para hacer lo siguiente:

MODELO: diseñar el arte de los restaurantes familiares
Norman Rockwell sabe diseñar arte para los restaurantes familiares.

1. representar los restaurantes con temas deportivos
2. vender hamburguesas
3. explicar qué es la comida saludable y dietética
4. diseñar un menú italiano
5. demostrar la preparación de las recetas en los programas de televisión
6. vender tacos
7. tocar música bailable
8. capacitar a los empleados
9. crear un ambiente casero *(a homey atmosphere)*

B. ¿Conoce usted. . . ?   Un amigo va a abrir un nuevo restaurante y quiere saber si usted u otras personas conocen *personalmente* a alguien con la experiencia necesaria para trabajar con él.

MODELO: ¿Conoce usted a un buen chef?
Sí, conozco a Emeril. o *No, no conozco a ningún chef.*

1. ¿Conoce usted a algún distribuidor de cerveza aquí?
2. ¿Conocen ustedes a un contador para ayudarme?
3. ¿Conoce el cocinero a un buen cantinero?
4. ¿Conoce usted alguna organización que dé comida a las personas con problemas económicos?

C. ¿Saber o conocer?   Usted es el/la chef de un nuevo restaurante y tiene que salir por dos horas. Tiene miedo de dejar las operaciones en manos de su nuevo asistente. Antes de salir, usted le hace muchas preguntas para estar seguro/a de que él es un experto. Complete las preguntas con la forma **usted** de **saber** o **conocer.**

MODELO: ¿_____ el número de teléfono para llamar en caso de emergencia médica?
¿Sabe el número de teléfono para llamar en caso de emergencia médica?

1. ¿_____ preparar la ensalada?

2. ¿_____ a mi esposa? Ella está en la oficina.

3. ¿_____ explicar las recetas a los cocineros?

4. ¿_____ la bodega *(warehouse)* donde compramos los ingredientes frescos?

Módulo 2

La agricultura

La finca Papa-Centro

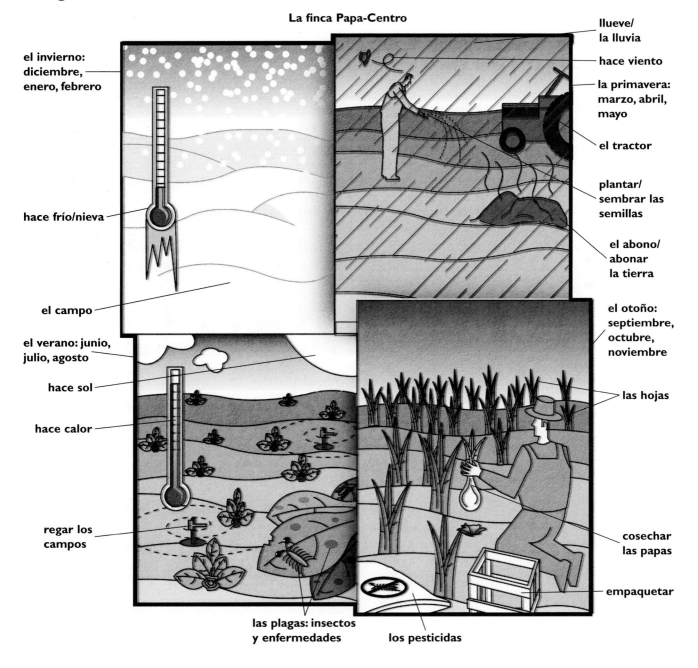

el invierno:
diciembre,
enero, febrero

hace frío/nieva

el campo

el verano: junio,
julio, agosto

hace sol

hace calor

regar los
campos

las plagas: insectos
y enfermedades

los pesticidas

llueve/
la lluvia

hace viento

la primavera:
marzo, abril,
mayo

el tractor

plantar/
sembrar las
semillas

el abono/
abonar
la tierra

el otoño:
septiembre,
octubre,
noviembre

las hojas

cosechar
las papas

empaquetar

A. ¿Cómo se dice?   Escoja la palabra que corresponda a cada una de las definiciones.

a. la lluvia   b. el invierno   c. las plagas   d. las semillas   e. el tractor   f. la cosecha

1. _____ los enemigos naturales de las plantas como los insectos y las enfermedades

2. _____ el resultado de muchos meses de cuidar y proteger las plantas

3. _____ la parte de la planta que ponemos en la tierra para cultivar

4. _____ el agua que cae del cielo *(sky)*

5. _____ la parte del año cuando hace mucho frío

6. _____ una máquina grande que se usa para preparar los campos y la tierra

B. Acciones.   Busque la definición más lógica para cada verbo.

1. _____ regar   **a.**   poner los productos en bolsas y cajas

2. _____ sembrar   **b.**   poner minerales y nutrientes en la tierra

3. _____ cosechar   **c.**   poner las semillas en la tierra

4. _____ abonar   **d.**   poner agua en las plantas

5. _____ empaquetar   **e.**   recoger las frutas y prepararlas para el mercado

Una visita a la finca

Cuando la maestra Susana les pregunta a sus estudiantes de siete años "¿De dónde vienen las papas?", ellos, que viven en la ciudad, contestan: "¡De McDonald's!" o "¡del supermercado!". Hoy Susana lleva a su clase a una finca (centro de cultivo) de papas para conocer todo el proceso del cultivo, desde la semilla hasta el supermercado. El dueño de la finca, Ernesto, les habla.

ERNESTO:	*(con un pedazo de papa en la mano)* ¿Saben qué es esto?
ESTUDIANTES:	¿Parte de una papa?
ERNESTO:	Precisamente. Pero es la parte más importante de la papa. Es la semilla. ¿Quién sabe lo que hacemos con las semillas?
ESTUDIANTES:	Las plantamos en la tierra.
ERNESTO:	Muy bien. ¿Y qué más hacemos?
ESTUDIANTE:	¿Las regamos con agua?
ERNESTO:	Claro. ¿Y cómo alimentamos las plantas?
OTRO ESTUDIANTE:	No sé.
ERNESTO:	Las alimentamos con abonos y fertilizantes.
ESTUDIANTES:	¿Y entonces tenemos papas?

ERNESTO:	No, no tan rápida ni fácilmente. Las papas necesitan unos cuatro meses para crecer. Necesitan sol y lluvia. Pero si hace mucho frío o mucho calor, podemos perderlas. Si las plantamos en mayo, y las condiciones climáticas son buenas, podemos cosecharlas en septiembre. Y mientras crecen, tenemos que cuidarlas bien y protegerlas contra las plagas como los insectos y las enfermedades. Aquí hay uno de los insectos más peligrosos para la papa. ¿Lo ven?
ESTUDIANTES:	¡Uy! ¡Fuchi! ¡Feo!
ERNESTO:	Hay muchos insectos. Los matamos con pesticidas especiales. Vamos. Ese edificio es el sitio donde procesamos y almacenamos las papas después de cosecharlas. Estas señoras las inspeccionan, las lavan, las clasifican y las empaquetan. Después de empaquetarlas, las transportamos a los supermercados.
UNA ESTUDIANTE:	¿Y a McDonald's?
ERNESTO:	Y a McDonald's. Oigan. ¿Ven ustedes los tractores allí? ¿Quién quiere subir a los tractores para ayudarnos a preparar la tierra?

C. ¿Comprende usted? Lea las siguientes oraciones y determine si son **Ciertas (C)** o **Falsas (F).** Si son falsas, corríjalas, por favor.

1. _____ Los estudiantes de la clase de Susana viven en una zona rural.

2. _____ No comprenden el proceso de cultivo.

3. _____ Ernesto les explica el proceso para cultivar la carne.

4. _____ A los niños les gusta el insecto.

5. _____ Ernesto los invita a subir al tractor para ayudar a preparar la tierra.

E. ¿Son r–r–ricos? Estudie la "caja" de Zucaritas y anote seis ingredientes buenos o malos para determinar si es un buen desayuno. Hable con su compañero/a de sus conclusiones.

MODELO: *No tiene colesterol. Tiene bastante sodio. ¡Tiene azúcar! Un cereal natural es mejor.*

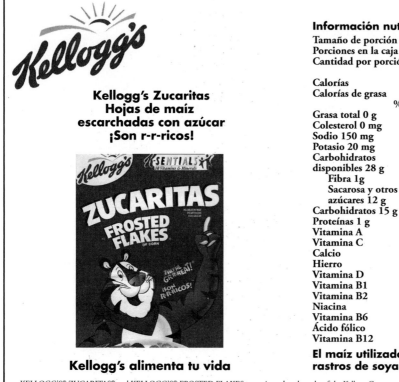

**Kellogg's Zucaritas
Hojas de maíz
escarchadas con azúcar
¡Son r–r–ricos!**

Kellogg's alimenta tu vida

Información nutricional

Tamaño de porción ³/₄ taza
Porciones en la caja aproximadamente 18

Cantidad por porción	Cereal	Cereal con 1 taza de leche descremada
Calorías	120	160
Calorías de grasa	0	0
	% Valor diario	
Grasa total 0 g	0%	0%
Colesterol 0 mg	0%	0%
Sodio 150 mg	6%	9%
Potasio 20 mg	1%	6%
Carbohidratos disponibles 28 g	9%	11%
Fibra 1g	3%	3%
Sacarosa y otros azúcares 12 g		
Carbohidratos 15 g		
Proteínas 1 g		
Vitamina A	15%	20%
Vitamina C	25%	25%
Calcio	0%	15%
Hierro	25%	25%
Vitamina D	10%	25%
Vitamina B1	50%	50%
Vitamina B2	50%	60%
Niacina	50%	50%
Vitamina B6	50%	50%
Ácido fólico	25%	25%
Vitamina B12	25%	35%

El maíz utilizado en este producto contiene rastros de soya.

KELLOGG'S® ZUCARITAS® and KELLOGG'S® FROSTED FLAKES are registered trademarks of the Kellogg Company. ©2002 Kellogg Co.

Estructuras — *Receiving the action of a verb: El objeto directo*

■ Direct objects are people or things that are acted on by the subject of a sentence or question. The following sentences have their direct objects highlighted in bold type. Human direct objects have an **a** in front of them.

El agricultor invita **a los niños.** *The farmer invites the children.*
Los niños plantan **las semillas.** *The children plant the seeds.*
Riegan **las plantas.** *They water/irrigate the plants.*

- The following pronouns will replace nouns that function as direct objects.

Direct object pronouns			
me	me	**nos**	us
te	you (fam. sing.)		
lo	him, it, you (form. sing., m.)	**los**	them, you (pl., m.)
la	her, it, you (form. sing., f.)	**las**	them, you (pl., f.)

- In Spanish, direct object pronouns are placed before a conjugated verb.

El agricultor examina **las semillas**.	*The farmer examines the seeds.*
El agricultor **las** examina.	*The farmer examines them.*
La maestra invita **al agricultor**.	*The teacher invites the farmer.*
La maestra **lo** invita.	*The teacher invites him.*
¿El agricultor conoce **a los trabajadores**?	*Does the farmer know the workers?*
Sí, **nos** conoce bien.	*Yes, he knows us well.*

- If an infinitive follows the conjugated verb and shares the same subject, the pronoun may be placed before the conjugated verb or it may be attached to the end of the infinitive.

Voy a regar **las plantas**.	→	**Las** voy a regar.
		Voy a regar**las.**
Vamos a invitar **a los trabajadores**.	→	**Los** vamos a invitar.
		Vamos a invitar**los.**

- In the present progressive, the direct object pronoun may be placed before the conjugation of the verb **estar** or it may be attached to the end of the participle ending in **–ndo.** When attaching the pronoun to the end of the participle form, remember to add an accent to the second-to-last syllable of the *original participle.*

Estoy examinando **las hojas**.	→	Estoy examin**ándolas.**
		Las estoy examinando.
Estamos buscando **los insectos**.	→	Estamos busc**ándolos.**
		Los estamos buscando.

- When using direct object pronouns with command forms of the verb, the pronoun is *always* attached to the end of an affirmative command and is *always* placed before a negative command. When attaching the pronoun to the end of the command, remember to place an accent on the second-to-last syllable of the *original* command form.

¿Riego **los campos** ahora?	→	Sí, ri**é**gue**los** ahora.
		No, no **los** riegue ahora.

Para practicar

A. El supervisor.   Usted es el supervisor de una finca grande donde se cultivan papas. Hoy, un grupo de niños está visitando la finca y todos tienen muchas preguntas. Conteste estas preguntas con pronombres de objeto directo.

MODELO: NIÑO: *¿Preparan ustedes la tierra ahora?*
                USTED: *Sí, la preparamos.*

1. ¿Ponemos el abono ahora?
2. ¿Usan ustedes pesticidas?
3. ¿Las plantas tienen muchos insectos?
4. ¿Comen ustedes muchas papas?
5. ¿Usan tractores para preparar la tierra?
6. ¿Siembran las semillas hoy?
7. ¿Las plantas necesitan más lluvia?
8. ¿Las plantas jóvenes necesitan mucha nieve?

B. El jefe necesita ayuda.   Ernesto, el dueño de la finca tiene mucho que hacer hoy y quiere saber si todo está preparado. Dígale que los empleados están haciendo lo que pide. Use el presente progresivo y los pronombres de objeto directo.

MODELO: llamar a los trabajadores para confirmar el horario
               Estamos llamándolos ahora. o *Los estamos llamando ahora.*

1. preparar los pesticidas
2. lavar los tractores
3. buscar insectos y otras plagas
4. invitar a los estudiantes de la maestra Susana a la finca
5. poner los pesticidas en un lugar seguro
6. proteger las plantas contra el frío
7. comprar más abono

C. La emergencia.   Acaba de escuchar en la radio que puede haber una tormenta *(storm)* severa de invierno en dos horas y que las temperaturas van a bajar mucho. Use mandatos y pronombres para contestar las preguntas de los trabajadores y dar instrucciones.

MODELO: ¿Cubrimos las plantas tiernas?
               Sí, cúbranlas.

1. ¿Ponemos fuegos en el campo?
2. ¿Regamos las plantas ahora?
3. ¿Limpiamos la casa?
4. ¿Llamamos a más trabajadores?
5. ¿Miramos la televisión?
6. ¿Tomamos un café?
7. ¿Escuchamos el pronóstico meteorológico?
8. ¿Esperamos hasta recibir más instrucciones?

Vocabulario Módulo I

Sustantivos

el armario	wardrobe, cupboard	los lentes	glasses
el casco	helmet	la lucha	fight
el castellano	Spanish (Castilian)	la maquinaria	machinery
el/la		la obra	work
corresponsal	correspondent	el paro	strike,
el enlace	link		unemployment
la entrada	entry	el poder	power
el extranjero	abroad	el químico	chemical
el/la fabricante	manufacturer	la redecilla	hairnet
la fuerza	force	la regla	rule
el golpe	blow	el sillón	armchair
la guardería	day care	el/la	
la huelga	strike	traductor/a	translator
el juego	game	el turno	shift
el juguete	toy	el vestidor	dressing room

Verbos

bañarse	to bathe	lavarse	to wash up
calmarse	to calm down	levantarse	to get up
cuidarse	to take care of oneself	mejorar	to improve
		monitorear	to monitor
desarrollar	to develop	pelearse	to fight
despertarse (ie)	to wake up	ponerse (g)	to put on, to become
dormirse (ue)	to fall asleep	quitarse	to take off
ducharse	to shower	regular	to regulate
emplear	to employ	secarse	to dry off
encargarse	to take charge of	sentarse (ie)	to sit down
enojarse	to get angry	sentirse (ie)	to feel
exponer (g)	to expose	tratar	to try
gritar	to shout	unir	to unite

Adjetivos

desaparecido/a	disappeared	protector/a	protective
obrero/a	working-class	sindical	union
peligroso/a	dangerous		

Otras expresiones

demasiado/a	too much	llevarse bien, mal	to get along well, not at all

Módulo 2

Sustantivos

el abono	fertilizer	el gusto	taste
la alimentación	diet	el hierro	iron
el alimento	food	la jamaica	hibiscus
el azúcar	sugar	la lealtad	loyalty
la bodega	cellar, warehouse	la limpieza	cleanliness
el buzón	mailbox	la lluvia	rain
la cadena	chain	la máquina	machine
el campo	countryside	el mole	chile sauce
el/la carnicero/a	butcher	el maíz	corn
la ciencia	science	el norte	north
el/la cocinero/a	cook	el oeste	west
el contenido	contents	la panadería	bakery
la cosecha	harvest	el/la	
el crucero	cruise ship	patrocinador/a	sponsor
el descanso	rest	la plaga	plague
el distintivo	emblem	el premio	prize
el enfoque	focus	la primavera	spring
la escasez	shortage	la rapidez	speed
el estómago	stomach	el rastro	trace
la estrella	star	el sabor	flavor
la finca	farm	la salsa	sauce
la franquicia	franchise	el seguimiento	tracking
la frescura	freshness	la semilla	seed
la frontera	border	el sol	sun
el fuego	fire	el sorteo	drawing
el/la fundador/a	founder	el tamaño	size
el/la ganadero/a	rancher	la telenovela	soap opera
el/la ganador/a	winner	el/la ternero/a	calf
la granja	farm	la tierra	land
la grasa	fat	el viento	wind

Verbos

abonar	to fertilize	entrenar	to train
almacenar	to warehouse, to store	llover (ue)	to rain
		predecir (i) (g)	to predict
aplicar	to apply	reflejar	to reflect
cosechar	to harvest	regar (ie)	to water, to irrigate
doblar	to double		
doler (ue)	to hurt	sembrar (ie)	to plant, to sow
empaquetar	to package	superar	to surpass

Adjetivos

escarchado/a	*frosted*	**sano/a**	*healthy*
fresco/a	*fresh*	**vacuno/a**	*cattle*

Otras expresiones

abajo	*down, under*	**¡fuchi!**	*ugh! (Mex.)*
al azar	*at random*	**llevar a cabo**	*to carry out*

Síntesis

A escuchar

María y Consuelo son dos amigas que trabajan juntas. Es la hora del almuerzo.

Complete las siguientes oraciones con la información del diálogo.

1. Antes de ir a la cafetería, Consuelo quiere _____ porque están sucias.

2. María quiere hablarle a Consuelo de su nuevo _____.

3. Consuelo no conoce al nuevo jefe, pero sabe que es _____.

4. Según María, el nuevo jefe sabe mucho de _____.

5. Por primera vez desde hace años, a María le _____ su empleo.

A conversar

Usted quiere ser el/la patrón/ona de una finca o de un rancho. ¿Dónde está? ¿Cuántos acres o hectáreas tiene? ¿Qué siembran? ¿Hay ganado *(cattle)*? ¿Hay trabajadores para ayudar? ¿Ganan poco o mucho dinero? Use la imaginación para determinar todos estos detalles y después, converse con su compañero/a para ver si tienen ideas parecidas o diferentes.

MODELO: *Vivo en el valle de Napa en California, en una finca de 1,000 acres. Cultivamos uvas para hacer vino; hay 20 trabajadores que viven allí. Nuestro vino es uno de los mejores y, por eso, ¡somos ricos!*

A leer

FORMULARIO OFICIAL DE PARTICIPACIÓN EN EL SORTEO

¡Participe hoy mismo en el sorteo LYSOL de bicicletas para la familia!
Se aplican ciertas restricciones. Ver detalles más abajo.
Envíe esta participación a: LYSOL & Ralphs "Win a Set of Family Bikes Sweepstakes", PO Box 8726, New Milford, CT 06776-8726

Nombre _____

Dirección_____

Ciudad_____ Estado_____ Código postal_____

¡GANE BICICLETAS PARA TODA LA FAMILIA!
10 grandes premios: ¡Cinco bicicletas para su familia!
(Cualquier combinación de bicicletas para adulto o para niño)

Reglas oficiales del sorteo 1. No se requiere ninguna compra. Para participar, envíe este formulario oficial, o en una hoja de papel de 3 1/2" x 5", escriba en letra de molde (printing) su nombre, dirección, ciudad, estado, código postal y número de teléfono y envíela por correo. **2.** Detalles del premio: Diez (10) Grandes Premios: cada uno consiste en un conjunto de cinco (5) bicicletas Murray. Los ganadores elegirán cualquier combinación de cinco (5) bicicletas entre los cuatro (4) modelos ofrecidos. **3.** Sorteo y entrega de premios: Se seleccionará a diez (10) ganadores de Grandes Premios en un sorteo al azar celebrado con el total de participaciones cualificadas recibidas. **4.** Probabilidades de ganar: Las probabilidades de ganar serán determinadas por el número de participaciones recibidas. **5.** Elegibilidad: El sorteo queda abierto a residentes de CA, AZ, NV, OR, solamente mayores de 18 años. **6.** Lista de ganadores: Envíe un sobre comercial #10 con sello y su dirección. **7.** Patrocinador: Reckitt & Colman Inc.

¿Comprende usted? Lea las siguientes oraciones y determine si son **Ciertas (C)** o **Falsas (F).** Si son falsas, corríjalas, por favor.

1. _____ El gran premio son diez bicicletas.

2. _____ Hay que comprar un producto de la marca Lysol para poder participar.

3. _____ No se sabe qué probabilidades hay de ganar sin saber el número de participaciones recibidas.

4. _____ No pueden participar en el sorteo los menores de dieciocho años.

5. _____ El total de bicicletas entregadas en el sorteo es de cincuenta.

6. _____ Lysol es el patrocinador de este sorteo.

A escribir

La competencia entre supermercados para conseguir clientes es feroz. Hay muchas técnicas para atraer clientes, como ofrecer cupones de descuento o una membresía en un club con precios bajos y programas especiales. Esto es lo que hace el club "Avanzando con tu familia" de Procter & Gamble, que celebra los valores de la cultura hispana y cubre temas de gran importancia como la educación, los cuidados de la salud y del hogar y el mantenimiento de las costumbres y tradiciones latinas. Su compañía, *Publicidad creativa,* tiene un contrato para diseñar un programa innovador específicamente para el público hispano. Escríbanle una carta electrónica a su jefe/a (su profesor/a) explicándole su idea en breve.

MODELO: *Para el Día de la Raza, el 12 de octubre, pensamos tener una gran oferta en productos latinos, con precios rebajados y música en vivo en cada mercado. Ofrecemos un viaje a España de ocho días como gran premio.*

Algo más

The word "Motherland" conjures up warm, cuddly feelings of favorite foods, smells, places, etc., often from childhood. As the Hispanic population booms in the southwestern United States so does the presence of familiar stores and products: Gigante, Bimbo, FAMSA. What a shock to find that my breakfast toast, Oroweat's honey wheatberry, is now provided by Mexico's Grupo Bimbo, the world's third-largest bread maker.

Los mercados hispanos en EE.UU.

La revista **Hispanic Business** calcula que los ingresos totales de los hispanos en Estados Unidos, después de descontar impuestos estatales y federales, fueron de unos $282.5 mil millones en el año 2000, $100 mil millones más que diez años antes. Con una población cada vez más grande y con más dinero para gastar, hay ventajas obvias para los minoristas, especialmente con los beneficios de NAFTA.

Grupo Bimbo, de México, acaba de comprar cinco panaderías por un precio de $610 millones, para doblar sus operaciones en EE.UU. El número de sus fábricas al norte de la frontera sube a 17 y Grupo Bimbo tiene los derechos exclusivos de Oroweat y Entenmann's en toda la nación y los de Thomas' English Muffins y Boboli en el oeste.

Grupo Gigante, el número dos en supermercados en México, con 280 tiendas en las ciudades principales, tiene tres mercados en Los Ángeles y piensa abrir tres más. Peter Santore, el gerente de operaciones de Grupo Gigante en Estados Unidos, dice: "Nuestro enfoque siempre va a ser el mercado hispano. Es nuestra especialidad". Los supermercados ofrecen una variedad de comida típica, conocida por los clientes: salsas frescas, mole, pastel de tres leches, flor de jamaica, tamarindo y variedades de chiles y tortillas.

FAMSA, que muchos dicen es como una combinación de Circuit City y IKEA, emplea a trabajadores bilingües y hace demostraciones de sus productos, como televisores, por medio de telenovelas en español. Se puede conseguir crédito en FAMSA en un plazo de 20 minutos para que la compra resulte más fácil.

En mis propias palabras. Visite www.goya.com/espanol y escoja su receta favorita de su colección. Prepare una lista de los ingredientes necesarios para prepararla. Siga investigando esta familia de productos y escriba su opinión de por qué es tan popular esta marca. ¿Ofrece Goya una conexión cultural? ¿Cómo? ¿Su confianza en el éxito de esta compañía es suficiente para querer invertir en su futuro?

A buscar

Los sindicatos son muy poderosos, no sólo en EE.UU. sino en todo el mundo. Busque datos en español sobre los sindicatos que hay aquí, como Teamsters, o investigue en estas direcciones. ¿Cuántos miembros tienen? ¿Cuáles son las industrias que representan? ¿Es obligatorio ser miembro si tiene un trabajo específico? Presente sus resultados en clase.

www.cubanet.org/sindical

http://sisargentina.hypermart.net

www.laboreducator.org/famsp.htm

www.labournet.org.uk/spanish

A conocer: César Chávez

Fundador principal del sindicato United Farm Workers, Chávez es un héroe para mucha gente que trabaja en la agricultura. De origen humilde, se dedicó por completo a la protección de los obreros agrícolas. Era el principio de La Causa, una causa apoyada por los grupos obreros, por grupos religiosos organizados, minorías y estudiantes. César Chávez tenía la visión para entrenar a los obreros del sindicato y enviar a muchos de ellos a las ciudades donde actuarían como un arma para organizar un boicot y la huelga contra la cosecha de uvas. Se puede leer la biografía de César Chávez y ver una película sobre él en español en www.ufw.org.

LECCIÓN 9

El comercio global

Módulo 1
- La producción internacional
- Giving advice and suggestions: *Introducción breve al subjuntivo*
- El transporte
- More on the subjunctive: *Más sobre el subjuntivo*

Módulo 2
- Importar y exportar
- Giving recommendations: *El subjuntivo con expresiones impersonales*
- La inmigración
- Expressing emotion and doubt: *El subjuntivo con expresiones de emoción y duda*

Síntesis
- A escuchar
- A conversar
- A leer
- A escribir

Algo más
- Ventana cultural: Se necesitan ejecutivos bilingües
- A buscar
- A conocer: Richard L. Carrión

Módulo I

La producción internacional

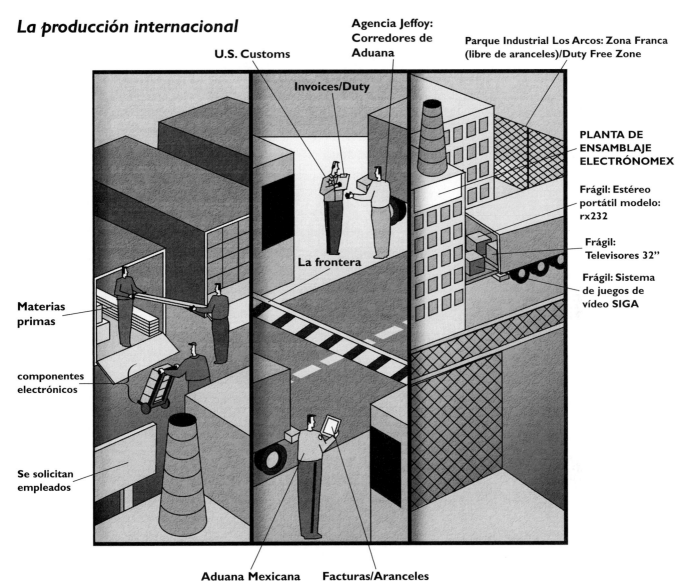

U.S. Customs

Agencia Jeffoy: Corredores de Aduana

Parque Industrial Los Arcos: Zona Franca (libre de aranceles)/Duty Free Zone

Invoices/Duty

PLANTA DE ENSAMBLAJE ELECTRÓNOMEX

Frágil: Estéreo portátil modelo: rx232

La frontera

Frágil: Televisores 32"

Frágil: Sistema de juegos de vídeo SIGA

Materias primas

componentes electrónicos

Se solicitan empleados

Aduana Mexicana　　**Facturas/Aranceles**

A. ¿Cómo se dice? Busque la definición que mejor identifique las siguientes palabras o frases.

1. _____ planta de ensamblaje

a. la línea de división entre dos naciones

2. _____ aduana

b. un área libre de impuestos internacionales

3. _____ aranceles

c. las partes que se usan para fabricar productos

4. _____ zona franca

d. los impuestos internacionales

5. _____ componentes

e. fábrica para ensamblar los componentes

6. _____ la frontera

f. oficina pública responsable de los productos que pasan la frontera

B. Acciones.   Use la memoria, la imaginación y el dibujo para identificar estas acciones.

I. _____ inspeccionar

a. usar componentes para construir un producto

2. _____ ensamblar

b. investigar

3. _____ explorar

c. cambiar la ubicación de una casa o fábrica

4. _____ trasladar

d. entrar en

5. _____ penetrar

e. revisar, mirar con cuidado

Otras posibilidades

El señor Autrey tiene una fábrica mediana de teléfonos, radios y equipos electrónicos en Colorado. En estos momentos, está muy nervioso por el futuro de su compañía por varias razones. Por primera vez, está contemplando la posibilidad de trasladar un segmento de su planta al extranjero. Ahora consulta con el señor Castro y un grupo de especialistas en administración de programas para maquiladoras.

SEÑOR CASTRO: Bueno, señor Autrey, quiero que nos explique un poco la operación que tiene en Colorado.

SEÑOR AUTREY: Tenemos varias opciones que queremos explorar con ustedes. Fabricamos una línea de productos electrónicos para un público joven—radios, juegos, reproductores de discos compactos, etc. Los productos se venden muy bien aquí en Estados Unidos, pero nos interesa introducirnos también en mercados en el extranjero.

SEÑOR CASTRO: Excelente. Queremos que sepa con toda confianza que nuestro departamento de mercadeo internacional es experto en todos los aspectos del mercadeo internacional, desde los estudios iniciales del mercado hasta la producción y distribución del producto. Dígame, ¿tiene su planta ahora la capacidad necesaria para la expansión?

SEÑOR AUTREY: Éste es el segundo problema. Hay muy poco desempleo en estos momentos y es difícil encontrar empleados para la fábrica. Además, la competencia con los productos de Asia es cada vez más fuerte. Quiero que me hable de los beneficios y de los problemas de trasladar la producción o, por lo menos, el ensamblaje, al extranjero.

SEÑOR CASTRO: Espero que usted tenga tiempo hoy para explorar todos los aspectos de esta decisión. Somos expertos en plantas maquiladoras. Al trasladar su sección de ensamblaje al extranjero, la reducción en los costos de producción es impresionante. Los costos laborales son mucho más bajos que en Estados Unidos y los empleados son dedicados y estables.

SEÑOR AUTREY: Esto lo entiendo, pero prefiero que me hable también de los problemas con los aranceles, las leyes laborales, la aduana...

SEÑOR CASTRO: Nos encargamos de varios parques industriales en zonas francas donde no se pagan aranceles en la mayoría de los productos. Nos ocupamos de detalles como los recursos humanos, las prestaciones y sueldos, el transporte y la documentación para la aduana y el almacenaje a los dos lados de la frontera.

SEÑOR AUTREY: Y los productos pueden ir de la fábrica directamente al mercado local. ¡Es perfecto!

SEÑOR CASTRO: No tan perfecto. En México, por ejemplo, toda la producción del primer año tiene que regresar a Estados Unidos. Pero, después del primer año, puede empezar a vender una parte de la producción a nivel local. Es importante que usted vea personalmente las operaciones que tenemos. ¿Cuándo quiere que hagamos un viaje a México?

C. ¿Comprende usted?   Conteste las preguntas según la información del diálogo.

1. ¿Por qué está el señor Autrey preocupado por el futuro de su empresa?
2. ¿Cómo puede ayudarlo el Departamento de Mercadeo Internacional?
3. ¿Cuál es una ventaja de trasladar el ensamblaje a México?
4. ¿Cuáles son tres preocupaciones que tiene el señor Autrey?
5. ¿Qué recomienda el señor Castro que haga personalmente el señor Autrey?

Estructuras   *Giving advice and suggestions: Introducción breve al subjuntivo*

- In Lección 5 you learned about using command forms to tell people what you would like to see happen. This is the first phase of a grammatical concept called the *subjunctive mood.*
- All of the other verb forms you have learned so far are in the *indicative mood.* The indicative mood is generally used to describe what the speaker assumes to be true.
- The subjunctive mood is used to indicate that the speaker does not consider the statement to be a fact.

- Verbs in the subjunctive mood are used in the subordinate clause (usually the second clause of a sentence) when the main clause (usually the first clause of a sentence) expresses a suggestion, wish, doubt, emotion, or attitude.

Indicative: El señor Autrey produce radios. (What *is* . . .)

Subjunctive: El experto **quiere que** el señor Autrey **produzca** radios en México. (What the expert *wants*, but may or may not happen.)

- The formal command forms you previously learned and verbs in the subjunctive mood are derived by using the present tense **yo** form of the verb and changing the final vowel of **–ar** verbs to **–e,** and the final vowel of **–er** and **–ir** verbs to **–a.**

	hablar	comer	vivir
Command			
que yo	hable	coma	viva
que tú	hables	comas	vivas
que él/ella/Ud.	hable	coma	viva
que nosotros/as	hablemos	comamos	vivamos
que ellos/ellas/Uds.	hablen	coman	vivan

- The following 5 verbs have irregular subjunctive forms.

	ir	dar	estar	ser	saber
Command					
que yo	vaya	dé	esté	sea	sepa
que tú	vayas	des	estés	seas	sepas
que él/ella/Ud.	vaya	dé	esté	sea	sepa
que nosotros/as	vayamos	demos	estemos	seamos	sepamos
que ellos/ellas/Uds.	vayan	den	estén	sean	sepan

- As with formal commands, verbs ending in:

-zar	become	**-ce**	Empie**ce** Ud. a explorar.
-gar	become	**-gue**	Pa**gue** Ud. el arancel.
-car	become	**-que**	Bus**que** Ud. la información.

- An **e** in the stem of the **nosotros/as** form of stem-changing **-ir** verbs changes to **-i** and an **-o** changes to **-u** in the subjunctive. Note that this change occurs only with stem-changing **-ir** verbs, not with **-ar** and **-er** verbs.

INFINITIVE   *SUBJUNCTIVE*

| **-ar** | **cerrar** | **cierre, cierres, cierre,** cerremos, **cierren** |
| **-er** | **volver** | **vuelva, vuelvas, vuelva,** volvamos, **vuelvan** |

but ¡OJO!

| **-ir** | **sentir** | sienta, sientas, sienta, **sintamos,** sientan |
| | **dormir** | duerma, duermas, duerma, **durmamos,** duerman |

- The subjunctive of **hay** is **haya.**
- When there is only one subject that wants, hopes, desires, or prefers to do something, the verb is followed by an infinitive.

| **El presidente** quiere **estudiar** los mercados extranjeros. | *The president wants to study the foreign markets.* |
| **Los gerentes** necesitan **explorar** las opciones. | *The managers need to explore options.* |

- When one subject wants, desire, hopes, prefers, etc. that a second subject do something, the two clauses are joined by **que** and the subjunctive is used in the second clause.

| **El experto** quiere **que** el cliente **visite** la planta en México. | *The expert wants his client to visit the plant in Mexico.* |
| **El presidente** espera **que** el experto **comprenda** los problemas. | *The president hopes that the expert understands the problems.* |

Para practicar

A. ¿El experto o yo?   Usted es el presidente de una empresa que necesita ayuda. Lea la siguiente lista de actividades e indique si usted prefiere hacerlas o si prefiere que el experto las haga.

MODELO: tomar las decisiones finales
Yo prefiero tomar las decisiones finales.
buscar a los empleados en el extranjero
Yo prefiero que el experto busque a los empleados en el extranjero.

1. investigar los mercados en el extranjero
2. jugar al golf
3. conocer todas las nuevas leyes para las maquiladoras
4. preparar los documentos para la aduana
5. controlar la publicidad y mercadeo en EE.UU.
6. controlar el mercadeo en México
7. buscar corredores de aduana
8. ir a la frontera con los documentos para pasar los componentes
9. pagar los aranceles
10. reducir la cantidad de dinero que paga al experto

B. Instrucciones para los empleados.   Usted tiene que dar instrucciones a los empleados para las actividades del día. Usted es un jefe muy simpático, así que no da mandatos directos. Empiece las instrucciones con **Quiero que. . .** o **Prefiero que. . .**

MODELO: Juan/ir a la frontera con el flete
Quiero que Juan vaya a la frontera con el flete.

1. los supervisores/aumentar la producción
2. los procuradores/buscar nuevos proveedores
3. la agencia de aduana/calcular los aranceles
4. los chóferes de los camiones/salir ahora para la frontera
5. los contadores/traer las cuentas nuevas a la reunión
6. los clientes/conocer las nuevas leyes de transporte
7. todos los miembros del departamento internacional/ir a la reunión en Tucson
8. los supervisores de producción/estar en mi oficina a las ocho

C. El cliente nuevo.   Usted tiene un cliente que quiere explorar la posibilidad de trasladar su fábrica al extranjero. Haga una lista de cinco cosas que usted necesita que él le proporcione.

MODELO: una lista de los productos que fabrican
Quiero que haga una lista de los productos que fabrican.

Módulo I

El transporte

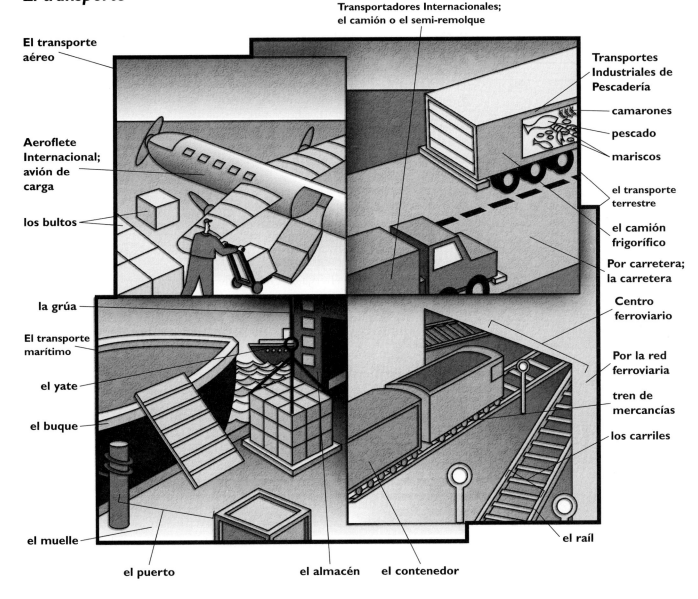

El transporte aéreo

Transportadores Internacionales; el camión o el semi-remolque

Transportes Industriales de Pescadería

camarones

pescado

mariscos

Aeroflete Internacional; avión de carga

los bultos

el transporte terrestre

el camión frigorífico

Por carretera; la carretera

la grúa

Centro ferroviario

El transporte marítimo

el yate

Por la red ferroviaria

tren de mercancías

el buque

los carriles

el muelle

el raíl

el puerto   **el almacén**   **el contenedor**

A. ¿Cómo se dice?   Escriba la palabra que corresponda a cada una de las definiciones.

1.   Un vehículo de carga que viaja por el mar es un _____.

2.   Los trenes que transportan las mercancías por todas partes sobre raíles o

carriles son parte de la red _____.

3.   Un camión grande con por lo menos 18 ruedas es un _____.

4. Un vehículo terrestre que transporta productos perecederos *(perishable)* a temperaturas muy bajas es un camión _____.

5. El centro de actividad del transporte marítimo es el _____.

B. En mis propias palabras.   ¿Puede usted definir o explicar las siguientes cosas o ideas en sus propias palabras?

1. un almacén   **3.** el puerto
2. un yate   **4.** un tren

Un parque industrial

Los señores Castro y Autrey viajan a Guaymas, México para conocer el Parque Industrial Los Arcos.

SR. CASTRO: En Hermosillo, vamos a alquilar un auto en el aeropuerto para el viaje a Guaymas. Quiero que vea las carreteras excelentes y la variedad de camiones y semi-remolques que viajan del puerto hasta la frontera a todas horas.

SR. AUTREY: ¿Es largo el viaje de Hermosillo a Guaymas?

SR. CASTRO: No, al contrario. Seleccionamos Guaymas precisamente por su proximidad a la frontera y por su infraestructura excelente para el transporte. Los productos ensamblados en México llegan a Estados Unidos y a Canadá mucho más rápidamente que los productos ensamblados en Asia, por ejemplo. Por eso hay una gran presencia de empresas asiáticas y europeas en México.

SR. AUTREY: Y de Estados Unidos también. Mira, aquí hay Wal-Mart, Sam's Club, Blockbuster, Pizza Hut, Kentucky Fried Chicken, McDonald's—¡todas las comodidades de casa en el mismo centro comercial!

SR. CASTRO: Pues, sí. Hay de todo lo nuestro, pero insisto en que conozca usted la cultura y comida locales. Recomiendo que vayamos directamente al puerto en Guaymas para ver los muelles, los almacenes y el tráfico de buques de todas partes del mundo. Después, sugiero que pasemos por Empalme para almorzar. ¡Espero que le gusten los mariscos frescos! Los camarones de Guaymas son famosísimos. Es uno de los productos de exportación más importantes de la región.
(después de almorzar)

SR. AUTREY: Con razón son famosos los camarones de Guaymas. ¿Adónde vamos ahora?

SR. CASTRO: Ya conoce el puerto y el aeropuerto. Ahora, vamos a nuestro Parque Industrial Los Arcos. Por el camino, pasamos el centro ferroviario. Quiero que vea el fácil acceso que tenemos a todos los medios de transporte. Y, antes de volver al aeropuerto en Hermosillo, sugiero que pasemos por San Carlos—la zona residencial de la playa donde tengo mi casa.

SR. AUTREY: Tengo amigos que hablan mucho de sus vacaciones en San Carlos. Dicen que para la tranquilidad, la pesca, y los deportes acuáticos es un paraíso.

SR. CASTRO: San Carlos es un paraíso—otro beneficio de trasladar su negocio aquí. Quiero que se visualice como residente aquí—¡los fines de semana el único transporte que va a necesitar es su carrito de golf —o su yate!

C. ¿Comprende usted?   Conteste las preguntas según la información del diálogo.

1.   ¿Por qué quiere el señor Castro que vayan en auto a Guaymas?
2.   ¿Qué nota inmediatamente el señor Autrey en los negocios que ve en el camino?
3.   ¿Por qué sugiere el señor Castro que vayan primero al puerto de Guaymas?
4.   ¿Qué hacen los dos en Empalme?
5.   ¿Cómo es San Carlos?

D. La paquetería.   Usted es dependiente en una tienda de Mail Boxes Etc. Un cliente necesita una caja de cartón para su mercancía y su envío. Llene el formulario con los datos necesarios.

Nombre, dirección y teléfono del remitente:

_____

Nombre, dirección y teléfono del destinatario:

_____

Medidas: Ancho: _____ Largo: _____ Profundidad: _____ Peso: _____
Tipo de servicio: Expreso _____ Dos días _____
Servicios opcionales: El servicio contra reembolso _____ El envío con valor declarado _____
Valor: _____
Método de pago: Facturar al remitente _____ Facturar al destinatario _____
Contenido: _____
Firma del remitente: _____ Fecha: _____

Estructuras   *More on the subjunctive: Más sobre el subjuntivo*

- When the following verbs are used in the first clause of a sentence and followed by **que,** the subjunctive form of the verb is always used in the second clause.

aconsejar	*to advise*	**desear**	*to desire/wish*	**esperar**	*to hope/expect*
exigir	*to demand*	**insistir en**	*to insist on*	**pedir (i)**	*to ask for/request*
permitir	*to permit*	**preferir (ie)**	*to prefer*	**prohibir**	*to prohibit*
recomendar (ie)	*to recommend*	**sugerir (ie)**	*to suggest*	**querer (ie)**	*to want*

El agente de aduana **exige** que usted **coopere.**
La ley **prohíbe** que **traiga** armas a México.

The customs agent demands that you cooperate.
The law prohibits that you bring firearms into Mexico.

- Remember if there is only one subject and no **que,** the infinitive form is used.

Prefiero organizar el viaje.
Esperan trasladar su negocio pronto.

I prefer to organize the trip.
They hope to move their business soon.

Para practicar

A. El agente de la aduana.   Usted es un/a agente de la aduana para Estados Unidos. Decida si usted **permite, prohíbe** o **insiste en que** los chóferes de los camiones hagan las siguientes actividades.

MODELO: traer contrabando (cosas ilegales) a Estados Unidos
Prohíbo que los chóferes traigan contrabando.

1. presentar sus documentos inmediatamente
2. ir al restaurante durante la inspección del camión
3. tener todos los documentos en orden
4. pasar la frontera sin pasar por la aduana
5. traer muchos insectos con las frutas y verduras
6. declarar el inventario, el peso y el contenido de la carga
7. entrar en Estados Unidos en camiones peligrosos
8. hablar respetuosamente a los agentes
9. dar mordidas (sobornos) a los agentes
10. fumar marihuana en el camión

B. El experto.   Usted es el/la asistente/a de un ejecutivo y va a hacer un viaje de reconocimiento a México junto con un experto. Usted contesta la llamada telefónica del experto, quien llama para darle la lista de sugerencias, y tiene que explicárselas a su jefe.

MODELO: Podemos salir a las siete.
Sugiere que salgamos a las siete.

  1.   Podemos volar a Hermosillo.
  2.   Podemos alquilar un coche.
  3.   Podemos ir directamente al Parque Industrial.
  4.   Podemos conocer a todo el personal del Parque Industrial.
  5.   Podemos visitar el puerto de Guaymas.
  6.   Podemos almorzar en Empalme.
  7.   Podemos consultar a los corredores de la aduana.
  8.   Podemos buscar los proveedores importantes.
  9.   Podemos conducir hasta San Carlos.
 10.   Podemos llegar al aeropuerto de Hermosillo para las ocho de la noche.

C. El consultante.   Usted es asesor/a de comercio internacional. Haga una lista de cinco recomendaciones que quiere hacerles a sus clientes con planes de trasladar su negocio al extranjero.

MODELO: *Recomiendo que visiten varios parques industriales para ver las instalaciones.*

Módulo 2

Importar y exportar

Tienda de la fábrica

Divisas: US $1 = Euro (€) 1.1425 = Costa Rica Colones .00348

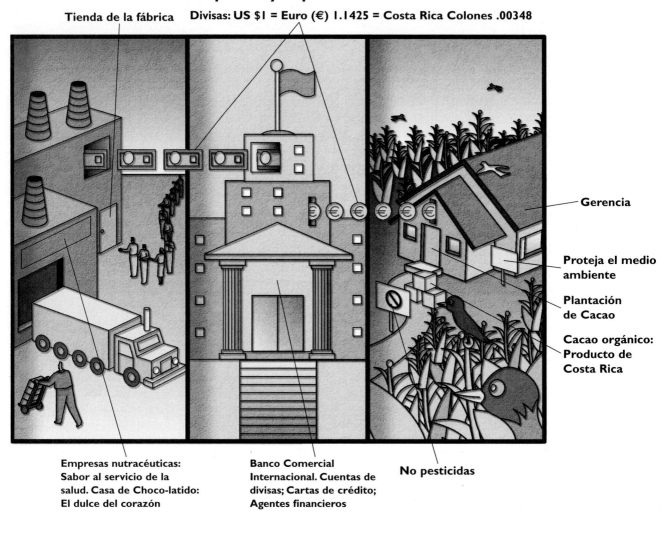

Gerencia

Proteja el medio ambiente

Plantación de Cacao

Cacao orgánico: Producto de Costa Rica

Empresas nutracéuticas: Sabor al servicio de la salud. Casa de Choco-latido: El dulce del corazón

Banco Comercial Internacional. Cuentas de divisas; Cartas de crédito; Agentes financieros

No pesticidas

A. ¿Cómo se dice?   Use el dibujo, la memoria y la imaginación para emparejar las frases relacionadas.

1. _____ divisas

a. ingredientes medicinales

2. _____ comestibles orgánicos

b. productos para comer sin aditivos químicos

3. _____ pureza

c. el ecosistema de una región

4. _____ plantación

d. dinero de varias naciones extranjeras

5. _____ medio ambiente

e. sin contaminantes

6. _____ propiedades curativas

f. centro de agricultura

B. En sus propias palabras.   Escriba definiciones de estas ideas o úselas en una frase original.

1. importar
2. nutracéutico
3. banco comercial

El producto del milenio

Laura, experta en el arte de la comida natural y saludable, tiene una idea para un producto nuevo para alimentar al público, y a la vez, su propia cuenta bancaria. Toda la nueva evidencia científica indica que el chocolate—tan popular por su sabor—también es uno de los productos nutracéuticos (comidas medicinales con excelentes beneficios de salud). En este momento, Laura explora con Susana, experta en el comercio internacional, los primeros pasos para fabricar y lanzar al mercado su nuevo formulario revolucionario: "Choco-latido: el dulce del corazón".

LAURA: Y quiero importar todo el cacao de Costa Rica y procesarlo aquí para no perder las propiedades curativas. Ya estoy en contacto con un proveedor allí.

SUSANA: ¿Cacao importado? Es mejor evitar los problemas de la importación de comestibles y usar un distribuidor local.

LAURA: Definitivamente, ¡no! Susana, es importante que usemos ingredientes puros y orgánicos. Conozco a este proveedor y sé que no usa pesticidas que matan a los pájaros y destruyen la naturaleza. El gobierno de Costa Rica está dedicado a la preservación del medio ambiente y tengo confianza en la pureza de este cacao. Quiero que nuestros productos respeten al consumidor y el medio ambiente.

SUSANA: Si estás decidida, es importante que investiguemos las regulaciones para la importación de los comestibles. Conozco a un abogado que tiene varios contratos con Costa Rica. También, voy a comunicarme con unos bancos comerciales aquí con corresponsales en Costa Rica. Es necesario que un banco sea el agente de cobro para recibir las cartas de crédito y negociar las tasas futuras contra las fluctuaciones de las divisas.

LAURA: ¿Y qué hago yo?

SUSANA: Si yo me encargo de todos los detalles comerciales, voy a sufrir mucho estrés. Es urgente que tú regreses a la cocina para crear un nuevo formulario de "Choco-latido" completamente saludable para el corazón y los nervios—¡y para la figura también!

C. ¿Comprende usted? Conteste las preguntas según la información del diálogo.

1. ¿Qué invención tiene Laura? ¿Cree usted que va a ser popular?
2. ¿De dónde viene el cacao?
3. ¿Por qué no quiere usar Laura un distribuidor local?
4. ¿Cuáles son tres acciones que va a llevar a cabo Susana?
5. ¿Qué quiere Susana que haga Laura?

Estructuras   *Giving recommendations:* El subjuntivo con expresiones impersonales

■ In addition to using the subjunctive to express desire for something to happen, it is also used after these expressions to make a subjective comment on the action that follows them.

Es bueno/malo/mejor que...	**Es preferible que...**
Es común que...	**Es raro que...**
Es increíble que...	**Es ridículo que...**
Es lógico que...	**Es triste que...**
Es importante que...	**Es una lástima que...**
Es necesario que...	**Es urgente que...**
Es normal que...	**Ojalá que...**

Es triste que los pájaros mueran a causa de los pesticidas.	*It is sad that birds die because of pesticides.*
Es ridículo que importes el cacao.	*It's ridiculous that you import cocoa.*
Es una lástima que el chocolate engorde.	*It's a shame that chocolate is fattening.*

■ Impersonal expressions may be followed by an infinitive if they refer to generalizations. If they refer to specific people's actions, use the subjunctive:

Es mejor evitar la importación.	*It's best to avoid importation.*
Es mejor que tú evites el chocolate.	*It's better if you avoid chocolate.*

Para practicar

A. Los negocios. Es el primer día de trabajo para su nuevo interno. Tiene que explicarle todo lo que tiene que hacer. Use el subjuntivo y la forma **usted.**

MODELO: Es importante asistir a todas las reuniones.
Es importante que asista a todas las reuniones.

1. Es necesario hacer el inventario todos los días.
2. Es normal no fumar en la oficina.
3. Es importante buscar la tasa de las divisas en Internet.
4. Es imposible salir de la oficina a las cinco todos los días.
5. Es preferible pagar las cuentas con dólares.
6. Es bueno conocer bien a los clientes internacionales.
7. Es urgente hablar con el director de recursos humanos.
8. Es mejor no hablar con los amigos sobre nuestros nuevos productos secretos.

B. El colega frustrado. Usted tiene un nuevo compañero de trabajo que acaba de perder un cliente importante. Es natural que esté de mal humor. Aconséjele respondiendo a sus ideas con una de estas expresiones impersonales. Use la forma **tú.**

Es normal que	Es importante que	Es lógico que
Es preferible que	Es malo que	Es urgente que
Es imposible que	Es ridículo que	Es una lástima que

MODELO: Quiero renunciar *(quit)* a mi puesto.
Es ridículo que renuncies a tu puesto.

1. No quiero ir a la reunión con el presidente hoy.
2. ¡Estoy tan frustrado!
3. No puedo calmarme.
4. Se ha perdido *(lost)* un año entero de trabajo.
5. Voy a buscar nuevos y mejores clientes.
6. Quiero llamar al cliente y gritarle por no hacer negocios con nosotros.
7. Debo explicarle la situación a mi jefe.
8. Quiero ir a la playa.

C. ¡Imaginación!   Imagine que está aconsejando a un cliente que piensa abrir un negocio de importación y exportación. Escriba cinco recomendaciones positivas **(es bueno** o **importante** o **necesario. . . que. . .)** y cinco recomendaciones negativas **(es malo** o **ridículo** o **estúpido. . . que. . .)** Use la forma **usted.**

MODELO: *Es importante que investigue el mercado internacional.*

Módulo 2

La inmigración

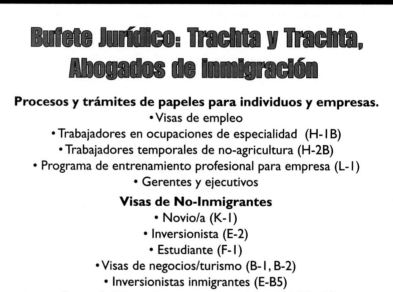

Bufete Jurídico: Trachta y Trachta, Abogados de Inmigración

Procesos y trámites de papeles para individuos y empresas.
• Visas de empleo
• Trabajadores en ocupaciones de especialidad (H-1B)
• Trabajadores temporales de no-agricultura (H-2B)
• Programa de entrenamiento profesional para empresa (L-1)
• Gerentes y ejecutivos

Visas de No-Inmigrantes
• Novio/a (K-1)
• Inversionista (E-2)
• Estudiante (F-1)
• Visas de negocios/turismo (B-1, B-2)
• Inversionistas inmigrantes (E-B5)
• Esposo/a, hijos solteros y menores de edad (Visa V).

Nuevas reglas para la visa de lotería

A. ¿Cómo se dice? Use el folleto, la memoria y la imaginación para emparejar estos conceptos.

1. _____ trámites

2. _____ inmigración

3. _____ locales

4. _____ cumplimiento

5. _____ bufete

6. _____ visa

a. oficina de profesionales de la ley o derecho (abogados)

b. lugares para establecer o abrir un negocio

c. el proceso de llegar a un país para establecerse en él

d. procesos legales para sacar los papeles oficiales

e. el permiso oficial para entrar y salir de una nación

f. hacer todo para cumplir con la ley *(compliance)*

B. Acciones. Elija la palabra que mejor corresponda a las siguientes definiciones

a. realizar

b. trasladar

c. alegrarse

d. responder

1. _____ transformar una idea en realidad

2. _____ contestar

3. _____ ponerse contento

4. _____ mudarse de una residencia a otra

La correspondencia

Churrasquerías El Gaucho, S.A.
Carretera 35 N° 74
Buenos Aires, Argentina

Trachta y Trachta
5 Maiden Lane
New York, New York 10019

Estimados Señores:

El nombre de su bufete nos fue proporcionado por el señor Oscar Yáñez de Yáñez y Cía., a quienes representan ustedes en sus procesos de cumplimiento con los programas de inmigración en Estados Unidos.

Nuestra empresa está interesada en abrir una cadena de restaurantes del estilo típico de las churrasquerías *(steakhouses)* famosas aquí. Una investigación del mercado en EE.UU. nos indica que ahora es un momento oportuno para establecernos en dos o tres ciudades importantes. Para lograr este propósito, pensamos trasladar a un equipo de profesionales a Nueva York para buscar locales, instalar y abrir los restaurantes y capacitar a gerentes y empleados. No creo que tardemos más de un año. ¿Podría enviarme información sobre los servicios de su empresa y sobre los trámites de las visas y permisos que tenemos que sacar?

Les saludo atentamente,
Miguel Gómez
Miguel Gómez
Presidente
Churrasquerías Gaucho

Offices of Trachta y Trachta
5 Maiden Lane
New York, New York 10019

Churrasquerías El Gaucho, S.A.
Carretera 35 N° 74
Buenos Aires, Argentina

Apreciado Señor Gómez,

Es con mucho gusto que respondemos a su atenta carta del 13 de marzo. Nos alegra mucho que ustedes depositen tanta confianza en nosotros.

Es probable que ya sepan que las leyes de la inmigración a Estados Unidos son complicadas. Nuestro bufete, con cuarenta abogados, cuenta con mucha experiencia con toda clase de peticiones para inmigrantes y no-inmigrantes, pero nuestra especialidad son los procesos para el comercio multinacional. A primera vista, los servicios que van a necesitar ustedes están en la categoría de No-inmigrantes: Visas para Inversionistas (E visas y L-1 visas). No creo que los miembros de su equipo piensen establecerse en Estados Unidos permanentemente para estar en la categoría de Inmigrantes con "tarjeta de residente".

Adjunto le envío un documento con nuestros servicios. Creo que explica bien los fundamentos de la inmigración. Pero en caso de que tenga alguna pregunta, podemos organizar una conferencia telefónica entre nuestros especialistas y sus ejecutivos para el lunes que viene.

Saludos cordiales,
J. Trachta
J. Trachta

C. ¿Comprende usted? Conteste las preguntas según la información de arriba.

1. ¿Cómo recibe el señor Gómez el nombre del bufete?
2. ¿Por qué piensa trasladar un equipo a EE.UU.?
3. ¿Cuánto tiempo piensa estar en Nueva York el equipo?
4. ¿Cuántos abogados forman el bufete del señor Trachta?
5. Las visas de Inversionistas, ¿están en la categoría de "inmigrantes" o de "no-inmigrantes"? ¿Por qué?

Estructuras

Expressing emotion and doubt: El subjuntivo con expresiones de emoción y duda

■ The subjunctive can be used to express the way someone feels about what someone else is doing or about what is happening to someone else. Here are some verbs of emotion that are commonly followed by the subjunctive.

me (te, le...) gusta que	me (te, le...) molesta que...
me (te, le...) encanta que	me (te, le...) sorprende que...
alegrarse de que...	sentir que...
estar contento/a de que...	temer que...
estar triste de que...	tener miedo de que...

Me alegro de que abra un café aquí.   *I'm glad you're opening a café here.*

Siento que los trámites **sean** complicados.   *I'm sorry that the process is difficult.*

¿Le gusta que su familia **se traslade?**   *Do you like it that your family is moving?*

¿Teme que no **reciban** la visa?   *Are you afraid they won't receive their visas?*

■ The subjunctive is also used to question the truth about something. It is used after verbs and expressions of doubt or uncertainty.

VERBS	EXPRESSIONS OF DOUBT
dudar que...	es dudoso que...
no creer que...	es posible/imposible que...
no estar seguro/a de que...	es probable/improbable que...
no es cierto que...	no es verdad que...

Dudo que haya tiempo para solicitar la visa.   *I doubt there's time to get a visa.*

Es posible que tengan un abogado.   *It is possible that they have a lawyer.*

- Since **creer que, estar seguro de que, es cierto que,** and **es verdad que** indicate that the speaker considers his or her assumptions to be true, they take the indicative in affirmative statements. When these expressions are used negatively, doubt is implied and the verb is in the subjunctive.

Creo que ella **va** al bufete.   *I believe she is going to the law office.*
No creo que **tenga** su visa.   *I don't believe she has her visa.*

- When these expressions are used in a question, they take the indicative if the speaker is merely seeking information, but use the subjunctive if the speaker is expressing doubt as to the answer.

—**¿Es verdad que se traslada** al Perú?   *Is it true you are moving to Peru?*
—Sí, **creo que salgo** en mayo.   *Yes, I think I'm leaving in May.*
—**¿Cree que se quede** un año?   *Do you think you'll stay a year?*
—**No creo que me quede** un año.   *I don't think I'll stay a year.*

- Use **quizás** or **tal vez** to say *maybe, perhaps.* The subjunctive is used after these expressions, unless the speaker feels quite sure that the assertion is true.

Quizás llegue la visa hoy.   *Perhaps the visa might arrive today.*
La visa **llega** hoy, **quizás.**   *Perhaps the visa will arrive today.*

Para practicar

A. Las noticias del viajero.   El hermano de su amigo está en el extranjero por su trabajo. Diga la reacción que usted tiene ante esta serie de noticias. Use frases de esta lista:

Me alegro de que…	Siento que…	Me sorprende que…

1. A mi hermano le gusta mucho Buenos Aires.
2. Está separado de su familia desde hace un año.
3. Los precios en Buenos Aires son económicos.
4. Es muy difícil sacar las visas necesarias.
5. Trabaja para una compañía excelente.
6. La compañía paga todos los gastos durante el año: casa, comida, transporte, seguros, vacaciones…
7. Está muy enfermo y sufre mucho.
8. No le gusta la comida.
9. No sabe hablar español.
10. Voy a visitarlo en mayo.

B. Los abogados. Los abogados del bufete Trachta y Trachta se consultan sobre los trámites complicados de los clientes de Argentina. Cada uno tiene una opinión diferente. Complete las ideas de los abogados usando la forma del verbo indicado en el subjuntivo o el indicativo.

MODELO: Dudo que _____ (recibir) las visas para mañana.
Dudo que reciban las visas para mañana.

1. Es verdad que el negocio _____ (ser) complicado.

2. Dudo que el negocio _____ (ser) posible.

3. Es posible que ellos _____ (decidir) quedarse en Nueva York más de un año.

4. No creo que _____ (haber) problemas pidiendo una extensión.

5. Quizás _____ (abrir) ellos los restaurantes antes de terminar el año.

6. Es obvio que los restaurantes _____ (ir) a tener mucho éxito.

7. Dudamos que los dueños lo _____ (saber).

8. Creo que el presidente de la compañía _____ (llegar) mañana.

9. No es cierto que _____ (llegar) el presidente.

10. Me molesta mucho que ellos no _____ (estar) contentos aquí.

C. ¿Conoce usted a un viajero? ¿Tiene usted algún pariente o amigo/a que quiera trasladarse a otro país? Haga una lista de sus opiniones y sugerencias sobre sus acciones. Use expresiones como: **creo que. . ., es importante que. . ., dudo que. . ., no es bueno que. . ., me molesta mucho que. . ., me gusta mucho que. . .**

MODELO: *No es bueno que mi primo se separe de su familia.*

Vocabulario Módulo 1

Sustantivos

la aduana	*customs*	**la consulta**	*consultation*
el arancel	*duty, tariff*	**el contenedor**	*container*
la asamblea	*assembly*	**el/la corredor/a**	*agent*
la batalla	*battle*	**el cuidado**	*care*
el buque	*ship*	**la desgravación**	*tax exemption*
la carga	*cargo*	**el/la**	
los carriles,		**destinatario/a**	*addressee*
raíles	*tracks*	**el empaquetado**	*packaging*
el cartón	*cardboard*	**el ensamblaje**	*assembly*
el conocimiento	*knowledge*	**la exención**	*exemption*

la marca	brand	la proximidad	proximity
la materia prima	raw material	el puerto	port
el método	method	el/la remitente	sender
el modo	way, manner	la rueda	wheel
la mordida	bite, bribe	el semi-	
el muelle	wharf	remolque	semi-truck
el paraíso	paradise	la tranquilidad	tranquility
la pescadería	fish market	el tratado	treaty
el peso	weight	el yate	yacht
la petroquímica	petrochemistry	la zona franca	duty-free zone
la profundidad	depth		

Verbos

aconsejar	to counsel	revisar	to check
construir	to construct	trasladar	to move
ensamblar	to assemble		

Adjetivos

aduanero/a	customs	favorecido/a	favored
aéreo/a	air	ferroviario/a	railroad
ancho/a	wide	frigorífico/a	refrigerated
arancelario/a	customs	portátil	portable
dudoso/a	doubtful	temporal	temporary
exento/a	exempt	terrestre	land-based

Otras expresiones

al contrario	on the contrary	respetuosamente	respectfully
contra reembolso	C.O.D.		

Módulo 2

Sustantivos

el/la abogado/a	attorney	el domicilio	residence
el aguacate	avocado	el dulce	sweet
el asunto	matter	la especialidad	speciality
el bienestar	well-being	el fabricante	manufacturer
el bufete jurídico	law firm	la falta	lack
el cacao	cocoa	la guayaba	guava
la chirimoya	custard apple	el/la iniciador/a	initiator
la churrasquería	steakhouse	el/la juez/a	judge
los comestibles	food	la lástima	pity
la corte	court	la licencia	license
el cumplimiento	compliance	la lotería	lottery
las divisas	foreign currency	el maletín	briefcase,
el doble	double		overnight bag

la naturaleza	nature	la pureza	purity
el nutracéutico	natural product	el puro	cigar
el nutriente	nutrient	el saludo	greeting
el pájaro	bird	el silicio	silicon
la pera	pear	el/la técnico	technician
la peste	plague, epidemic	el/la trabajador/a	worker
el portugués	Portuguese	el trámite	step, stage,
el promedio	average		procedure
el propósito	purpose	el turismo	tourism

Verbos

alegrarse	to be happy	molestar	to bother
alimentar	to feed	realizar	to carry out
dudar	to doubt	renunciar	to quit
empeorar	to worsen	sorprender	to surprise
encantar	to delight	sugerir (ie)	to suggest
engordar	to fatten	temer	to fear
matar	to kill	tirar	to throw

Adjetivos

adjunto/a	enclosed	estimado/a	dear
apreciado/a	dear	perecedero/a	perishable

Otras expresiones

a primera vista	at first glance	quizás	perhaps
atentamente	sincerely	tal vez	perhaps
Ojalá	I hope, Let's hope, May Allah grant	TLCAN	NAFTA
		un sinnúmero de	a great many

Síntesis

A escuchar

La contadora habla con un abogado experto en mercadeo internacional.

¿Comprende usted?   Indique si estas ideas son **Ciertas (C)** o **Falsas (F)** según el diálogo. Si son falsas, corríjalas.

1. _____ Susana llama al abogado porque necesita un abogado experto en inmigración.

2. _____ El abogado está completamente a favor de importar el cacao.

3. _____ Él no tiene interés en trabajar con Laura y Susana.

4. _____ Sabe que Susana y Laura no tienen mucho dinero para pagarle.

5. _____ Acepta acciones de la compañía en vez de efectivo.

A conversar

 Ustedes son ejecutivos de una compañía importadora de varios productos de Latinoamérica. Miren la lista de productos, país de origen y destino final, decidan el mejor medio de transporte para entregar la mercancía en buenas condiciones y escriban una lista de razones para apoyar su decisión.

MODELO: bananas   Honduras   Vancouver
E1: *Es económico transportar las bananas en buque hasta Canadá.*
E2: *Pero el buque es lento y las bananas son perecederas.*

VW Beetles	México	Chicago
componentes para computadoras	Costa Rica	San Francisco
joyas de oro, plata y piedras preciosas	Perú	Boston
zapatos y bolsas de cuero	Argentina	Nueva York
café	Colombia	Denver

A leer

Declárelo, tírelo o pague una multa de $25,000

Ciertas frutas, verduras, plantas y productos vegetales, carnes, animales vivos y productos de animales, pueden ser portadores de enfermedades que pueden destruir la agricultura y tener un impacto muy negativo en las haciendas de California y sus fuerzas laborales. Respete las leyes de cuarentena o recibirá multas de hasta $25,000.

Mensaje especial para los pasajeros
Si usted trae frutas, verduras, plantas o productos vegetales, carnes, animales vivos o productos de animales, o cualquier otro producto agrícola, está obligado a declararlos. Al llegar a Estados Unidos, los inspectores agrícolas pueden revisar su equipaje, sus maletines de mano y sus vehículos. Los pasajeros que no declaren sus productos agrícolas que se consideren iniciadores de una infestación de peste exótica, podrán recibir multas de hasta $25,000.

Para obtener información adicional llame al: 1 (800) 6 PLAGAS

Productos agrícolas prohibidos

PERAS ASIÁTICAS — AGUACATES — CHIRIMOYAS — GUAYABAS — MANGOS — SEMILLAS

¿Comprende usted? Lea las siguientes oraciones y determine si son **Ciertas** **(C)** o **Falsas (F).** Si son falsas, corríjalas, por favor.

1. _____ La multa posible es de $25.00

2. _____ Se prohíben todas las frutas, verduras y plantas.

3. _____ Los aguacates, las chirimoyas y los mangos son productos prohibidos.

4. _____ Es necesario declarar solamente animales vivos.

5. _____ Los inspectores pueden revisar su carro y su equipaje.

A escribir

Escriba una carta electrónica *(e-mail)* a una compañía de importación de la que compra productos, diciendo que tiene necesidad urgente de recibir más copias de su catálogo y que quiere que le envíen por correo aéreo 100 copias.

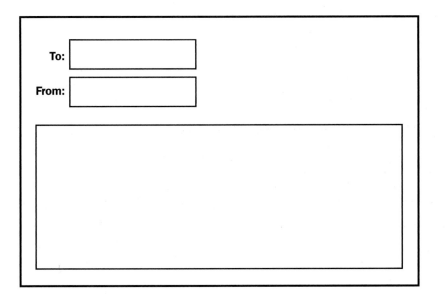

To:

From:

Algo más

The burgeoning Hispanic population in the United States makes it an advantage for any executive to speak Spanish. The same holds true for the dramatic surge of trade in the Southern Hemisphere. There is a huge market for bilingual executives and tech workers who can bridge cultural differences.

Se necesitan ejecutivos bilingües

"Americans might try to close a deal over the phone, but the Latin style is to take a plane ride down there, have lunch and talk about soccer and the family. Afterwards, that Latin businessman is going to feel closer to you. If there is no personal chemistry, there is likely going to be no business." Ignacio Kleiman, Internet entrepreneur.

Un sinnúmero de compañías busca gerentes latinos; con billones gastados en fábricas nuevas en América Latina, especialmente desde el establecimiento de TLCAN con México en 1994, hay puertas abiertas para personal que pueda combinar la eficiencia norteamericana con una manera latina más personal y el uso del español y/o portugués.

Con más de 35 millones de hispanos en Estados Unidos y operaciones en México, América Central y América del Sur, la falta de talento latino es aún más fuerte. En 1999 el comercio entre Estados Unidos y Latinoamérica era *(was)* de $310 billones, el doble que en 1994. Wal-Mart opera 500 tiendas en Latinoamérica. Compañías grandes y pequeñas, desde Compaq y Citibank hasta las nuevas de Internet, buscan en las universidades estudiantes de MBA y contratan a compañías de recursos humanos para ayudarles. La escasez de visas y permisos de trabajo empeoran la situación. Según Horacio McCoy, director de operaciones de Korn/Ferry International en México, "Al final vamos a tener una zona de comercio desde Alaska hasta las Malvinas. En el pasado, era típico tener a gerentes "gringos"; ahora no es así. ¿Por qué seguir el estudio del español? Una muy buena razón —¡los sueldos son más altos para un ejecutivo bilingüe!

En mis propias palabras. ¿Por qué es tan importante hablar español en el mundo de los negocios? Apunte cinco ventajas de saber hablar español.

A buscar

Se puede ir de compras por todo el mundo en Internet. Busque sitios web que venden productos de otros países. ¿No sabe dónde empezar? Vaya a http://tuimportas.com para ver lo que puede comprar de Colombia.

A conocer: Richard L. Carrion

A conocer. Richard L. Carrión es el Presidente y Principal Oficial Ejecutivo de Banco Popular de Puerto Rico. El Banco Popular es una institución dedicada exclusivamente a trabajar por el bienestar social y económico de Puerto Rico e inspirada por los principios más sanos y fundamentales de una buena práctica bancaria. Mantiene activos que totalizan 30 mil millones de dólares. Busque más datos del señor Carrión y de Banco Popular en www.popularinc.com y en http://biz.yahoo.com/p/b/bpop.html.

ᴸECCIÓN 10

El papel del gobierno

Módulo I
- Las leyes
- Discussing past activities: *Introducción al pretérito*
- La política
- More on the preterite: *Verbos irregulares*

Módulo 2
- Organizaciones sin fines de lucro
- Relating past activities: *Verbos en -ir con cambios en el pretérito*
- El medio ambiente
- More past activities: *Usos del pretérito*

Síntesis
- A escuchar
- A conversar
- A leer
- A escribir

Algo más
- Ventana cultural: Latinos—la vuelta a las raíces
- A buscar
- A conocer: El gobernador de Texas

Módulo I

Las leyes

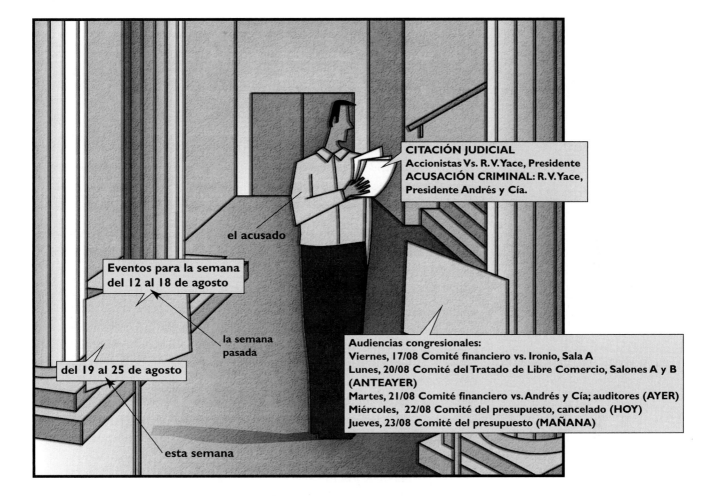

CITACIÓN JUDICIAL
Accionistas Vs. R. V. Yace, Presidente
ACUSACIÓN CRIMINAL: R.V. Yace,
Presidente Andrés y Cía.

el acusado

Eventos para la semana
del 12 al 18 de agosto

la semana
pasada

del 19 al 25 de agosto

Audiencias congresionales:
Viernes, 17/08 Comité financiero vs. Ironio, Sala A
Lunes, 20/08 Comité del Tratado de Libre Comercio, Salones A y B
(ANTEAYER)
Martes, 21/08 Comité financiero vs. Andrés y Cía; auditores (AYER)
Miércoles, 22/08 Comité del presupuesto, cancelado (HOY)
Jueves, 23/08 Comité del presupuesto (MAÑANA)

esta semana

A. ¿Cómo se dice?   Escriba la palabra que corresponda a cada una de las
definiciones.

1. Cuando el Congreso necesita investigar a una persona u organización, hay

una serie de _____.

2. Una _____ ocurre cuando un gran jurado *(grand jury)* decide que hay
evidencia para organizar un tribunal oficial.

3. En un caso civil, es decir, no criminal, las personas que *hacen la acusación* son

los _____ y la persona a quien se acusa es el _____.

B. El tiempo es relativo.   Escriba la palabra necesaria para completar cada una de las siguientes oraciones.

1.   Si hoy es lunes, anteayer fue _____.

2.   Si hoy es lunes, ayer fue _____.

3.   Si hoy es lunes, 30 de agosto, el lunes de la semana pasada fue el _____ de agosto.

4.   Si estamos en el año 2005, el año pasado fue _____.

5.   Si estamos en agosto, el mes pasado fue _____.

Las conexiones son importantes

Yolanda, la vicepresidenta de una empresa multinacional bien conocida, habla con su buen amigo, Gregorio, un senador en Washington.

GREGORIO: Yolanda, acabo de recibir tu mensaje. ¿Me llamaste?

YOLANDA: Hola, Gregorio, ¿cómo estás? Sí, anoche te busqué. Tengo un favor que pedirte.

GREGORIO: Lo que quieras.

YOLANDA: No sé si recuerdas a Érica Soto, la auditora joven y brillante que nos acompañó a la conferencia en Washington el año pasado. Me llamó anoche desesperada. Escuchó ayer un rumor de que debido a asociaciones con fraude y corrupción en Ironio se cierra su división. . . o tal vez su empresa entera. . .

GREGORIO: ¡No me digas! Recuerdo que apenas escapó con vida el 11 de septiembre cuando colapsó su edificio, y apenas regresó a su empleo en enero.

YOLANDA: Y perdió casi todo su dinero con la caída de la Bolsa por las "dotcoms". Bueno. Sobrevivió a todo eso, pero ahora estoy preocupada por ella.

GREGORIO: Esta mañana fueron acusados oficialmente varios ejecutivos de su empresa, Andrés y Cía. Hay legislación pendiente en el Congreso para remediar algunos de los problemas que está causando la liberación (desregulación) de ciertas industrias y también para eliminar los conflictos de interés entre las empresas de contabilidad. ¿Hay algo que pueda hacer?

YOLANDA: Por eso te llamé, Gregorio. Tienes muchos amigos influyentes; ella es una mujer brillante en cuanto a las finanzas y está muy dedicada a su carrera. Ya sufrió bastante. ¿Puedes llamar a algunos de tus amigos para ayudarle a encontrar un nuevo empleo?

GREGORIO: Fácil. Ya lo encontré. Ayer después de las audiencias en el Congreso, dos senadores de nuestro comité me hablaron del problema que tienen para encontrar a una persona de confianza para formar parte del equipo oficial de auditores. Los llamo en este momento para darles el nombre y el teléfono de Érica.

C. ¿Comprende usted?   Conteste las preguntas según la información del diálogo.

1.   ¿Dónde conoció Gregorio a Érica?
2.   Nombre usted tres problemas que Érica tuvo este año.
3.   ¿Por qué tiene miedo Érica de perder su empleo?
4.   ¿Cómo van a cambiar las leyes?
5.   ¿Cómo puede Gregorio ayudar a Érica?

D. La ley sobre autos defectuosos en California.   Usted compró un carro usado del año 1999 que tenía solamente 25,000 millas. Desde el primer momento tuvo problemas—el vehículo pasa más días en el taller que en la carretera. Lea este boletín sobre protección para compradores de autos nuevos o usados y escriba una carta electrónica con sus quejas para pedir asistencia y recomendaciones. Cambie de cartas con un/a compañero/a y escriba la respuesta apropiada.

La ley sobre autos defectuosos en California

Protección para compradores de autos nuevos o usados

La ley sobre vehículos defectuosos y los automóviles problemáticos

Si compra o arrienda un automóvil en California y después descubre que tiene defectos que afectan considerablemente su seguridad, uso o valor, la ley del estado puede ayudarlo a conseguir una resolución satisfactoria del fabricante del vehículo. Este folleto presenta información básica sobre cómo esta ley puede ayudarle a conseguir que se le repare o cambie un automóvil bajo garantía.

La Ley Song-Beverly sobre garantías del consumidor

La Ley Song-Beverly sobre garantías del consumidor (del Código Civil de California, artículo 1790) requiere que si el fabricante o su representante no son capaces de reparar un vehículo automotor comprado o arrendado conforme a su garantía escrita después de una cantidad razonable de intentos, el fabricante debe reemplazarlo o volver a comprarlo sin demoras.

La ley y los autos usados

La ley sobre garantías también se aplica a los vehículos usados que están aún bajo garantía del fabricante, ya que cuando se venden, el plazo que queda de garantía protege al nuevo dueño.

Cómo ejercer sus derechos bajo la ley sobre autos defectuosos

Para documentar su caso, escriba una carta al fabricante enumerando los problemas que ha tenido con el vehículo. Solicite al fabricante que le vuelva a comprar el auto porque es defectuoso. Envíe la carta certificada, con aviso de retorno, para que tenga prueba de la solicitud. Si el fabricante pone problemas para comprarle el auto defectuoso, usted puede contratar a un abogado o utilizar el programa de arbitraje del fabricante, si lo tiene.

Reúna todos los documentos que puedan ayudarlo a probar su caso: su garantía, órdenes de reparación, informes sobre inspecciones y boletines de servicio técnico. Haga copias y preséntelas al panel de arbitraje.

Para obtener mayor información

CARS ofrece más información sobre la ley de autos defectuosos en California en su sitio web (**www.consumer-action.org**). Puede obtener recomendaciones de abogados en: Center for Auto Safety, 2001 S St., NW, Washington, DC 20009, (202) 328-7700.

Estructuras   *Discussing past activities:*
Introducción al pretérito

- To tell what you did at a specific moment in the past, use the preterite tense.
- The regular forms of **–ar, –er,** and **–ir** verbs follow. Note that the **nosotros/as** forms of **–ar** and **–ir** verbs are the same in the present and preterite tenses.

	hablar	**comer**	**vivir**
yo	habl**é**	com**í**	viv**í**
tú	habl**aste**	com**iste**	viv**iste**
él/ella/Ud.	habl**ó**	com**ió**	viv**ió**
nosotros	habl**amos**	com**imos**	viv**imos**
ellos/ellas/Uds.	habl**aron**	com**ieron**	viv**ieron**

—¿**Habló** con el senador?   *Did you talk to the senator?*
—Sí, ya **hablé** con el senador.   *Yes, I already spoke to the senator.*
—¿Cuándo **comió** Ud.?   *When did you eat?*
—**Comí** hace una hora.   *I ate an hour ago.*
—¿**Vivieron** Uds. en D.C.?   *Did you live in D.C.?*
—No, **vivimos** en el extranjero.   *No, we lived abroad.*

- **Cambios ortográficos:** In the preterite, **–ar** verbs ending in **–car, –gar,** and **–zar** have spelling changes in the **yo** form.

buscar	→	**busqué,** buscaste, buscó, buscamos, buscaron
investigar	→	**investigué,** investigaste, investigó, investigamos, investigaron
empezar	→	**empecé,** empezaste, empezó, empezamos, empezaron

- There are no stem changes in the preterite for **–ar** or **–er** verbs.
- The verb **dar** uses **–er** endings in the preterite.

dar	→	**di, diste, dio, dimos, dieron**

- In the preterite tense, infinitives ending in **–er** or **–ir** whose stems end in a vowel will follow the spelling rule that says that an unaccented **i** will change to a **y** when it appears between two vowels:

leer   →   leí, leíste, **leyó,** leímos, **leyeron**

oír   →   oí, oíste, **oyó, oímos, oyeron**

- **Hace** + a time expression + **que** + a verb in the preterite tells *how long ago* something happened.

Hace dos semanas que hablé con ellos.	*I spoke to them two weeks ago.*
Hace un año que él se declaró en bancarrota.	*He declared bankruptcy a year ago.*

- Omit **que** when starting the sentence with the verb rather than with the time expression.

Hablé con Érica **hace dos semanas.**	*I spoke with Érica two weeks ago.*
Di testimonio **hace una semana.**	*I testified a week ago.*

Para practicar

A. El estudiante en prácticas.   Usted es un estudiante haciendo prácticas de trabajo en la oficina de un senador muy importante. Tiene que pasar el día con él y repetir todas sus acciones. Explique qué hizo ayer.

MODELO: El Senador asistió a las audiencias.
              Yo asistí a las audiencias.

El Senador. . .

1. comió en el comedor ejecutivo.
2. habló con los testigos.
3. escribió muchas notas.
4. consultó a otros senadores.
5. investigó la acusación de fraude.
6. empezó a escribir un discurso.
7. buscó los reportes de sus asistentes.
8. leyó el periódico congresional.
9. escuchó las noticias en CNN.
10. recibió muchas llamadas telefónicas.

B. ¿Cuándo?   El senador con quien usted trabaja tiene una lista de instrucciones para los miembros de su personal. Explíquele que cada persona ya terminó su tarea.

MODELO: María tiene que pasar por la Casa Blanca con los documentos.
Ya pasó por la Casa Blanca.

1. La recepcionista tiene que cancelar todas las citas para mañana.
2. Tienes que buscar el archivo de las Empresas Metálicas.
3. Los asistentes congresionales tienen que preparar los reportes.
4. El secretario tiene que empezar a transcribir las notas de la audiencia.
5. Los economistas tienen que leer los reportes económicos.
6. Tienes que localizar a los testigos para mañana.
7. Susana tiene que arreglar la recepción para el Embajador *(Ambassador)*.
8. Ustedes tienen que darle la información a la prensa.

C. ¿Cuánto tiempo hace que. . . ?   Conteste las siguientes preguntas indicando la última vez que hizo *(did)* estas actividades. Después, hágale las mismas preguntas a un/a compañero/a.

MODELO: ¿Cuánto tiempo hace que usted. . . votar?
Voté hace dos años.
¿Cuánto tiempo hace que usted votó?

¿Cuánto tiempo hace que usted. . .

1. consultar a un profesional (abogado, médico, contador)?
2. investigar un tópico en Internet?
3. buscar información en la biblioteca?
4. leer un artículo sobre la economía en el periódico?
5. comer?
6. graduarse de la escuela secundaria *(high school)*?
7. empezar a estudiar español?

Módulo 1

La política

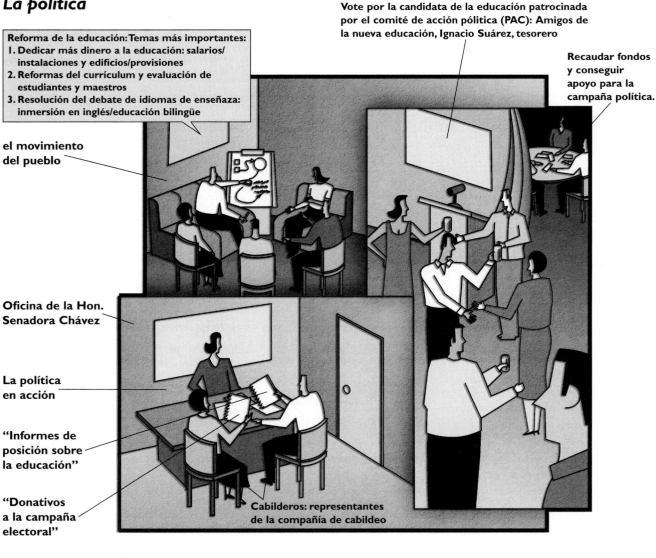

Reforma de la educación: Temas más importantes:
1. Dedicar más dinero a la educación: salarios/instalaciones y edificios/provisiones
2. Reformas del currículum y evaluación de estudiantes y maestros
3. Resolución del debate de idiomas de enseñanza: inmersión en inglés/educación bilingüe

Vote por la candidata de la educación patrocinada por el comité de acción pólitica (PAC): Amigos de la nueva educación, Ignacio Suárez, tesorero

Recaudar fondos y conseguir apoyo para la campaña política.

el movimiento del pueblo

Oficina de la Hon. Senadora Chávez

La política en acción

"Informes de posición sobre la educación"

"Donativos a la campaña electoral"

Cabilderos: representantes de la compañía de cabildeo

A. ¿Cómo se dice? Escriba el equivalente en español de estos términos políticos.

1. grass–roots movement
2. raise funds
3. lobbyist
4. PAC
5. issues

B. En sus propias palabras. Describa estos términos en sus propias palabras.

1. reforma
2. comité
3. presupuesto
4. debate
5. candidato

La acción política es necesaria

Una coalición de miembros de la comunidad latina de una ciudad grande tiene muchas preocupaciones en cuanto al futuro de la educación pública. Para ellos, el problema requiere ocuparse no sólo de los fondos que se quitan de la educación, sino de la calidad del currículum y del número creciente de estudiantes que no completan la educación. Su solución: la reforma educativa; su método: la acción política. Anoche tuvieron su primera reunión. Una madre le cuenta a su esposo lo que pasó.

MADRE: Primero nos dieron las gracias por nuestro interés y dedicación. Explicaron la importancia de estas reformas educativas para nuestro futuro individual y colectivo. Después presentaron a los organizadores. Había muchas personas importantes, no sólo de la educación, sino de los negocios, los servicios sociales, la política y Hollywood, también. Supe que Eduardo Olmos quiso venir, pero no pudo en el último momento.

PADRE: ¿Qué hicieron después de las presentaciones?

MADRE: En pequeños grupos hablamos de los temas más importantes para la educación y la reforma. Después regresamos al grupo grande para ponernos de acuerdo sobre los tres temas más importantes para el grupo.

PADRE: ¿Cuáles fueron?

MADRE: El número uno fue unánime: el gobernador quita fondos de la educación para asignarlos a otros departamentos. Parece que la administración no manejó bien el presupuesto. Tenemos que buscar más fondos para mantener y reformar la educación pública. El tema número dos fue la reforma del currículum y el debate sobre las pruebas nacionales, y el número tres fue la iniciativa y el debate sobre la educación bilingüe o inmersión en inglés.

PADRE: Entonces, ¿qué hicieron?

MADRE: Nos dividimos en dos grupos de acción para luego dividirnos en más subcomités.

PADRE: ¿Dos grupos?

MADRE: Sí, el primer grupo va a iniciar un movimiento del pueblo *(grass roots)* para recaudar fondos y conseguir el apoyo de la comunidad local para establecer un PAC—un comité oficial para la acción política. El PAC se asocia con otros grupos de cabildeo y acción política como el NEA (Asociación de educación americana), LULAC (Liga unida de ciudadanos latinoamericanos) y HACU (Asociación hispana de colegios y universidades) para presentar nuestros puntos de vista ante los líderes regionales y nacionales. El otro grupo dio los primeros pasos para entrar en la política con una plataforma de educación. Presentaron como candidato al senado estatal el nombre de uno de los activistas de educación. Y para el congreso nacional presentaron a una cantante muy famosa, que también está involucrada en la reforma educativa.

PADRE: ¿Quién? ¿Quién?

MADRE: Es un secreto. Prometimos no divulgar su nombre. Si quieres saberlo, tienes que acompañarme a la próxima reunión.

C. ¿Comprende usted?   Conteste las preguntas según la información del diálogo.

1.   ¿Por qué se reunieron los activistas?
2.   ¿Cuáles son los temas más importantes?
3.   ¿Quiénes asistieron a la reunión?
4.   Explique la función de cada grupo del comité.
5.   ¿Quién va a ser la candidata para el congreso nacional?

Estructuras   *More on the preterite: Verbos irregulares*

■ In the preterite tense, the following verbs have irregular stems and irregular endings. The endings for all of these verbs are the same **(-e, -iste, -o, -imos, -ieron)**.

Infinitive	Stem	Conjugation
venir	**vin**	vine, vin**iste**, vino, vin**imos**, vin**ieron**
saber	**sup**	supe, sup**iste**, supo, sup**imos**, sup**ieron**
poner	**pus**	puse, pus**iste**, puso, pus**imos**, pus**ieron**
poder	**pud**	pude, pud**iste**, pud**o**, pud**imos**, pud**ieron**
querer	**quis**	quise, quis**iste**, quiso, quis**imos**, quis**ieron**
hacer	**hic***	hice, hic**iste**, hizo*, hic**imos**, hic**ieron**
tener	**tuv**	tuve, tuv**iste**, tuvo, tuv**imos**, tuv**ieron**
estar	**estuv**	estuve, estuv**iste**, estuvo, estuv**imos**

***¡OJO!** Note that only the third person singular form of **hacer** replaces the **-c** with a **-z** to preserve the pronunciation.

Ayer **supe★** que nuestro candidato ganó.	*I found out yesterday our candidate won.*
No **pudimos★** hablar con él.	*We could not talk to him.*
Hicieron muchas recepciones para recaudar fondos.	*They held many fund-raisers.*
Quisieron★ eliminar a otros candidatos.	*They wanted to eliminate other candidates.*

*★**¡OJO!** Refer to *Lección 11, Módulo 1, Estados mentales, físicos y más* for more information on the differences in translation between the preterite and the imperfect.

■ The preterite forms of the verbs **ir** and **ser** are also irregular. Note that they have identical conjugations and their meaning must be derived from the context.

ir/ser   fui, fuiste, fue, fuimos, fueron

—¿Quién **fue** el ganador?   *Who was the winner?*
—**Fue** Gerardo Campos.   *It was Gerardo Campos.*
—¿Adónde **fue** después de ganar?   *Where did he go after winning?*
—**Fue** a su casa en Puerto Rico.   *He went to his home in Puerto Rico.*

Para practicar

A. La campaña política.   Usted es un trabajador en una campaña política. Su tarea es la de arreglar todos los detalles del hotel, la prensa, la seguridad, la recepción y el discurso del candidato. Explíquele a su jefe exactamente lo que hizo ayer.

MODELO: hacer reservaciones del hotel
              Hice las reservaciones del hotel.

1. buscar un podio y un micrófono
2. ver al jefe de seguridad para hablarle de los detalles
3. querer hablar con los voluntarios (pero no había tiempo)
4. no poder encontrar el itinerario
5. saber después que cambiaron el itinerario
6. poner los folletos de información en la sala de prensa
7. estar en el aeropuerto temprano para llevar al candidato al evento
8. tener problemas con el tráfico

B. Las decisiones políticas.   ¿Qué hicieron los candidatos de la última elección federal para ganar la elección?

MODELO: llamarme por teléfono
              Me llamaron por teléfono.

1. invitarme a recepciones para recaudar fondos
2. escribirme cartas de su campaña política
3. hacer debates televisados
4. prometer mucha prosperidad
5. querer hablar español y comer tamales
6. ser muy patrióticos
7. tener foros *(forums)* por Internet
8. protestar por los resultados

C. ¿Y usted?   Escriba una lista de cinco cosas que usted hizo para estar informado/a sobre los temas y los candidatos de la última elección. Use el pretérito. Compare su lista con la de un/a compañero/a.

MODELO: *Leí muchos artículos sobre los temas importantes en el periódico.*

Módulo 2

Organizaciones sin fines de lucro

Sección: Salud mental morir

los heridos

donativos de sangre

los enfermeros

El Voluntariado: Todos nos necesitamos

lloran/tienen miedo

dormir

Las organizaciones sin ánimo de lucro—exentas de impuestos. Caridades: Cruz Roja; Salvation Army; ASPCA

donativos de dinero

Voluntario: donativo de tiempo

el apoyo financiero

Voluntario — recaudar fondos

A. ¿Cómo se dice?   Busque la definición que mejor identifique las siguientes palabras o frases.

I. _____ voluntario **a.** organización sin fines de lucro que ayuda a personas necesitadas

2. _____ salud mental **b.** una persona que trabaja sin pago para ayudar a otros

3. _____ herido **c.** fluido vital necesario para vivir

4. _____ donativo **d.** equilibrio *(balance)* emocional

5. _____ sangre **e.** víctima de un accidente o desastre

6. _____ caridad **f.** "regalo" que hace un individuo a una asociación de caridad para ayudar

B. Acciones.   Use la memoria, la imaginación y el dibujo para identificar estas acciones.

1. _____ recaudar fondos	**a.**	perder la vida
2. _____ dormir	**b.**	estar muy preocupado o en estado de pánico
3. _____ morir	**c.**	aceptar donativos de dinero
4. _____ tener miedo	**d.**	cerrar los ojos y descansar por ocho horas

La Cruz Roja

O p i n i ó n   e d i t o r i a l

Sin ánimo de lucro: ✚ La Cruz Roja

Dentro del mundo de los negocios, todos comprendemos que una organización sin ánimo de lucro está exenta de impuestos para "el beneficio público." Su misión es explícita: aliviar el sufrimiento humano o mejorar las condiciones sociales. A diferencia de las compañías con ánimo de lucro, los ingresos y ganancias de estas organizaciones no sirven para pagar a los directores ni a los accionistas. Los ingresos y los fondos recaudados tienen que distribuirse en sectores públicos para aliviar el sufrimiento humano (o animal) o para mejorar las condiciones sociales en el mundo. Los empleados asalariados son pocos; los voluntarios son numerosos. Hasta los miembros de la junta directiva son voluntarios y prestan su experiencia, su tiempo y su iniciativa gratis. Entre los millones de asociaciones caritativas que son miembros de esta categoría, quiero aplaudir el trabajo de una en particular: la Cruz Roja. Para el beneficio humano, la Cruz Roja recauda donativos de sangre, de dinero, de tiempo y de otras necesidades y está lista para distribuirlas en el instante en que ocurra cualquier desastre—natural o de causa humana.

Piensen ustedes, por favor, en la mañana del once de septiembre: el ataque terrorista en que como país, Estados Unidos sintió los horrores más intensos y a la vez, la solidaridad humana más profunda que ha experimentado. Entre el horror y el amor humano que se hicieron presentes ese día, estaba la Cruz Roja. El 11 de septiembre, los directores de la Cruz Roja no pidieron nada al público. No tuvieron tiempo. El público llegó y ofreció su ayuda, su tiempo y su dinero sin perder un instante. La Cruz Roja fue el primer refugio para millones de personas de todas las naciones que quisieron hacer algo. Algo para demostrar que la humanidad todavía existe. Y siguió así. Durante los primeros seis meses después del ataque, 40% de las familias estadounidenses y miles de negocios nacionales e internacionales eligieron a la Cruz Roja para distribuir sus donativos de más de $930,000,000 dólares para el Fondo de la Libertad. Los recipientes: las familias de las víctimas que murieron o resultaron heridas; las personas que perdieron empleos o propiedad a causa del desastre y los trabajadores que dedicaron su tiempo y sus fuerzas 24 horas al día para estar en Ground Zero, y que sintieron por lo menos un poco de alivio del dolor; del miedo; de la preocupación. Y siguió así. Con este dinero, la Cruz Roja:

- Sirvió más de 14 millones de comidas
- Ayudó a 129,000 personas con servicios médicos
- Ofreció servicios de salud mental a más de 232,000 personas
- Distribuyó $169,000,000 a las familias de las personas que murieron
- Dio $270,000,000 a las familias de empleados y residentes afectados por el desastre
- Ofreció apoyo financiero, físico y mental a los hombres y mujeres que trabajaron en Ground Zero
- Recogió y distribuyó miles de galones de sangre
- Ofreció casas y camas para las víctimas y el personal de rescate *(rescue)*

La Cruz Roja opera en todo el mundo con 450 empleados asalariados y más de 440,000 voluntarios. Pero desde el 11 de septiembre, cada individuo, cada familia, cada empleado que ofreció su dinero, su sangre o su tiempo a la Cruz Roja puede contarse entre ellos. Este voluntarismo es el espíritu que personifica a la Cruz Roja, sin más ánimo de lucro que la generosidad, el amor y la solidaridad humana. Un aplauso para la Cruz Roja y para todos nosotros que ahora, también somos sus voluntarios...sus héroes.

C. ¿Comprende usted?   Conteste las preguntas según la información del artículo.

1. Explique la diferencia entre un negocio sin ánimo de lucro y un negocio con ánimo de lucro.

2. ¿Quiénes estuvieron presentes entre el horror del 11 de septiembre y la solidaridad humana?

3. Describa tres actos de caridad y apoyo que llevó a cabo la Cruz Roja después del desastre.

4. ¿Cuánto dinero recaudaron para el Fondo de la Libertad?

5. ¿Quiénes son ahora sus héroes también?

Estructuras   *Relating past activities:* Verbos en -ir con cambios en el pretérito

■ The **-ar** and **-er** verbs that have stem changes in the present tense do not have them in the preterite. Use the regular infinitive stem to form the preterite.

El voluntario **empezó** a aceptar donativos.	*The volunteer began to accept donations.*
La víctima no **entendió** lo que pasó.	*The victim did not understand what happened.*

■ Only **-ir** verbs have stem changes in the preterite tense. In stem-changing **-ir** verbs, **e** becomes **i** and **o** becomes **u** only in the third person **(él, ella, usted, ellos, ellas, ustedes)** preterite forms.

pedir	→	pedí, pediste, p**i**dió, pedimos, p**i**dieron
dormir	→	dormí, dormiste, d**u**rmió, dormimos, d**u**rmieron

Pedí noticias de las víctimas al voluntario.	*I asked the volunteer for news of victims.*
No **dormí** en el hospital.	*I did not sleep at the hospital.*
El niño no **durmió** bien después del desastre.	*The child did not sleep well after the disaster.*

■ Additional verbs that follow this pattern are:

e → i   **servir, repetir, preferir, seguir, mentir, elegir, sentir**
o → u   **morir**

■ Verbs ending in **-cir** have a spelling change to **j.** Note that **decir** changes **e → i** in the stem. The verb **traer** also has this change to **j.** Use the following endings with these verbs.

-e, -iste, -o, -imos, -eron

traducir *(to translate)*	traduje, tradujiste, tradujo, tradujimos, tradujeron
decir *(to say or tell)*	dije, dijiste, dijo, dijimos, dijeron
traer *(to bring)*	traje, trajiste, trajo, trajimos, trajeron

Para practicar

A. En la estación de primeros auxilios.   Usted es un/a voluntario/a para la Cruz Roja durante un desastre. Trabaja con las víctimas y las ayuda con muchas cosas. Lea la lista de actividades y diga si "yo" (el/la voluntario/a) las hice o si las víctimas las hicieron anoche. **¡OJO!** Hay verbos en el pretérito de todo tipo aquí, no sólo los de arriba.

MODELO: localizar a su familia
Yo localicé a su familia.

1. aceptar donativos de sangre
2. preferir té caliente al café
3. seguir llorando
4. no dormir ni un momento por el miedo
5. pedir ayuda para ponerse la ropa
6. servir comidas calientes a todas las víctimas
7. seguir las instrucciones del jefe de voluntarios
8. traer ropa limpia a las víctimas
9. decir la verdad a los familiares tristes
10. conducir la ambulancia

B. El mejor voluntario del año.   Usted ganó el premio por ser el mejor voluntario del año. Cuando la prensa (su compañero/a) le entrevistó, le preguntaron estas cosas. Responda usando el tiempo pretérito. Recuerde: usted es un héroe: ¡se permite la exageración!

MODELO: decir mentiras a las víctimas
E1: *¿Les dijiste mentiras a las víctimas?*
E2: *No, no les dije mentiras a las víctimas.*

1. traducir para un cliente que no habla inglés
2. traer ropa y comida
3. conducir una ambulancia
4. servir café
5. ayudar a las víctimas del desastre
6. estar en el sitio del desastre por más de 24 horas en un día
7. darle malas noticias a una persona

C. Los voluntarios excelentes.   Con un/a compañero/a, invente a
un voluntario excelente y después escriba diez cosas que esa persona hizo por las
víctimas de un desastre. Su perfil *(profile)* puede representar al voluntario ideal.

MODELO: *Marta es una voluntaria excelente. Localizó a la madre del niño perdido.*

Módulo 2

El medio ambiente

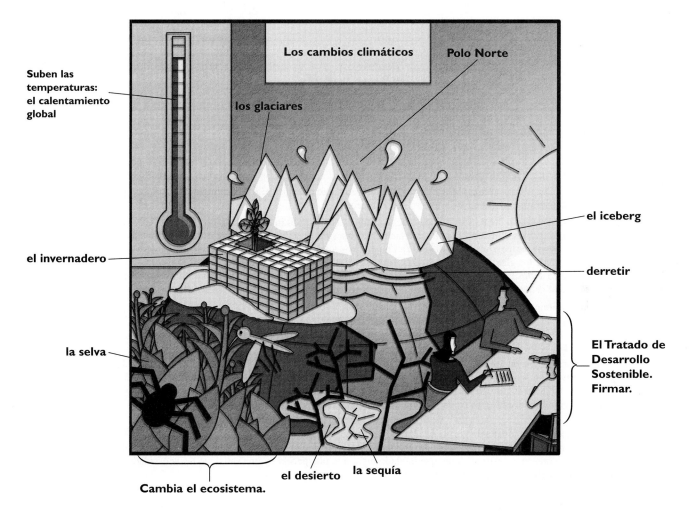

A. ¿Cómo se dice?   Busque la definición que mejor identifique las siguientes
palabras o frases.

1. _____ el medio ambiente   **a.** una superabundancia de agua en las
                                          calles y casas

2. _____ el efecto invernadero   **b.** una falta completa de lluvia y agua

3.	_____ la inundación	**c.**	la elevación de las temperaturas globales que transforma el medio ambiente
4.	_____ la sequía	**d.**	la naturaleza y el ecosistema global

B. Acciones.   Use la memoria, la imaginación y el dibujo para identificar estas acciones.

1.	_____ cambiar	**a.**	elevar
2.	_____ calentar	**b.**	bajar
3.	_____ reducir	**c.**	transformar
4.	_____ subir	**d.**	convertir hielo _(ice)_ en agua
5.	_____ derretir	**e.**	aumentar la temperatura

Una carta a mi senadora

Honorable Senadora,

Me dirijo a usted para comunicarle mis profundas preocupaciones por el medio ambiente de nuestro planeta a causa del calentamiento global y del efecto invernadero.

Como usted sabe—o debe saber—hace mucho tiempo las naciones industrializadas empezaron el proceso que produce cambios climáticos con la emanación de gases de combustibles fósiles y causaron un aumento progresivo de las temperaturas mundiales. Ya empezamos a ver los resultados del efecto invernadero con el derretimiento de los glaciares polares. Y precisamente esta noche, las noticias de CNN reportaron que otra vez más las flores de los cerezos _(cherry blossoms)_ se abren dos semanas antes de lo normal. Si no hacemos nada para remediar esta situación, las consecuencias van a ser catastróficas. Algunos posibles efectos son:

- el derretimiento de los glaciares polares e inundaciones severas
- más cambios climáticos como huracanes en unas zonas y sequía en otras
- la extinción de muchas especies y la desintegración del ecosistema
- la propagación de más enfermedades tropicales como la malaria

Hace varios años, en 1997, un grupo de naciones, incluyendo a Estados Unidos, se reunió en Kyoto, Japón para resolver estos problemas. En la conferencia se llegó a un acuerdo entre las naciones para reducir las emisiones de gases en un 7% durante los siguientes diez años. Los líderes de los países industrializados firmaron el tratado. El ex-presidente Clinton también lo firmó, pero hasta ahora, el Congreso no lo ha ratificado.

Le escribo a usted, estimada Senadora, para pedirle que presione a los miembros del Congreso de Estados Unidos para ratificar el acuerdo de la Cumbre de Kyoto inmediatamente. Es extremadamente importante para todos que la misma industrialización que ha dado lugar a la prosperidad y que satisface las necesidades de hoy, no ponga en peligro a las generaciones futuras.

Le saluda atentamente,

Yolanda Durán
Yolanda Durán

C. ¿Comprende usted?   Conteste las preguntas según la información de la carta.

1.   ¿Por qué escribe Yolanda a su senadora?
2.   ¿Cuáles son dos consecuencias posibles del calentamiento global?
3.   ¿Dónde se reunieron los líderes globales en 1997?
4.   ¿Quién representó a Estados Unidos y firmó el tratado?
5.   ¿Por qué no entró en vigor *(in force)* el tratado?

D. El ozono y su salud.   En su trabajo nuevo, usted está encargado/a de medir la calidad del aire. Su familia y sus amigos no entienden su trabajo. Después de leer este boletín, explique en sus propias palabras qué hace usted para protegerlos contra los peligros de la contaminación. Incluya por lo menos cinco factores de riesgo causados por el ozono.

El ozono y su salud

El ozono, el ingrediente principal del aire contaminado que respiramos en las ciudades, presenta un problema serio para la calidad del aire en muchas partes de Estados Unidos. Aun a niveles bajos, el ozono puede causar un sinnúmero de problemas respiratorios. Usted puede tomar unos pasos sencillos para protegerse contra los peligros del ozono.

¿Qué es el ozono?
El ozono es un gas que existe tanto en la atmósfera superior de la Tierra como a nivel del suelo. El ozono puede ser bueno o malo, dependiendo de dónde se encuentre en la atmósfera.
Ozono bueno: Este ozono se encuentra en la atmósfera superior de la Tierra—de 1 a 30 millas sobre la superficie de la Tierra—donde forma una capa que nos protege contra los dañinos rayos ultravioletas del sol.
Ozono malo: Éste se forma en la atmósfera inferior de la Tierra, cerca del nivel del suelo, como resultado de una reacción química en presencia de la luz solar, entre los contaminantes emitidos por los automóviles, las plantas de energía, las calderas industriales, las refinerías, las plantas químicas y otras fuentes de emisiones.

¿Corre usted algún riesgo por el ozono malo?
Varios grupos de personas son particularmente sensibles al ozono—especialmente cuando realizan actividades al aire libre—porque la actividad física hace que las personas respiren más rápida y profundamente.
• Los niños
• Los adultos activos físicamente
• Las personas con asma u otras enfermedades de las vías respiratorias
• Las personas con una susceptibilidad mayor de lo común al ozono

¿Cómo puede afectar su salud el ozono?
El ozono puede irritar el sistema respiratorio, reducir la función pulmonar, empeorar el asma, inflamar y dañar las células que cubren los pulmones, empeorar las enfermedades pulmonares crónicas y causar daños permanentes al pulmón.
El índice de calidad del aire es una escala para reportar los niveles verdaderos de ozono y de otros contaminantes comunes en el aire. Cuanto mayor sea el valor del AQI *(Air Quality Index)*, mayor debe ser la preocupación por la salud.

Valores del índice	Clasificación
De 0 a 50	Buena
De 51 a 100	Moderada
De 101 a 150	Dañina para la salud de los más sensibles
De 151 a 200	Dañina para la salud
De 201 a 300	Muy dañina para la salud

Estructuras   *More past activities:*
Usos del pretérito

Spanish, like English, has more than one tense to describe action in the past. Use the preterite tense to:

- Describe single events in the past that are considered complete.

El Presidente **firmó** el tratado.   *The President signed the treaty.*
El Congreso **ratificó** el tratado.   *Congress ratified the treaty.*

- Describe events that took place a specific number of times.

Yolanda le **escribió** a la senadora tres veces.   *Yolanda wrote to her senator three times.*

La senadora **estuvo** en Kyoto dos veces.   *The senator was in Kyoto twice.*

- Express the beginning or end of an action.

El problema **empezó** hace cien años.   *The problem began 100 years ago.*
Los negociadores **entraron** a la reunión   *The negotiators went into the meeting*
a las nueve y **salieron** a las siete.   *at nine and left at seven.*

- Narrate a series of events.

Los líderes **identificaron** el problema,   *The leaders identified the problem,*
lo **discutieron** y lo **resolvieron**.   *argued about it, and resolved it.*
El Presidente **firmó** el tratado y   *The President signed the treaty and*
el Congreso **lo ratificó.**   *Congress ratified it.*

- Describe mental or emotional reactions/changes in the past.

El activista **se enojó** cuando oyó las   *The activist got mad when he heard*
noticias.   *the news.*
Nos **pusimos** nerviosos cuando   *We got nervous when we found out*
supimos lo que es el efecto invernadero.   *about the greenhouse effect.*

Para practicar

A. El reportero. Usted es un/a periodista que está reportando las actividades del Presidente durante una conferencia internacional sobre el medio ambiente. Diga lo que pasó ayer.

MODELO: despertarse a las ocho
El Presidente se despertó a las ocho.

1. leer sus notas de ayer
2. ver las noticias por televisión
3. ir a la sala de la conferencia muy temprano
4. consultar con unos expertos en economía
5. presentar su informe al comité
6. repetir su opinión frente al grupo
7. enojarse con los otros líderes
8. firmar la resolución
9. participar en el banquete de celebración
10. volver a su hotel a las once

B. ¿Y usted? Dígale a su jefe, el redactor jefe *(editor)* de su periódico, lo que usted hizo esta mañana.

MODELO: desayunar a las cinco
Desayuné a las cinco.

1. seguir al Presidente a la sala de conferencias
2. sacar muchas fotos del grupo de líderes
3. escribir una versión preliminar del artículo
4. esperar en la sala de prensa
5. jugar al póquer con los otros reporteros
6. hacer llamadas telefónicas al redactor
7. buscar más información para el artículo
8. navegar por Internet
9. hacer una entrevista al Presidente de Rusia
10. dormirse a las once

C. Investigaciones sobre el medio ambiente. Usted y su compañero/a son activistas para el mantenimiento del ecosistema global. Seleccionen un problema ecológico e investiguen sus causas y las soluciones posibles. Hagan un reporte de: 1. cómo y cuándo empezaron los problemas; 2. las soluciones posibles; 3. qué hicieron para investigar el problema.

MODELO: *El problema: Hay menos árboles para proteger el medio ambiente. El problema empezó cuando cortaron los árboles para la construcción y otros materiales. Es importante plantar más árboles. Investigamos el problema en una variedad de revistas ecológicas. Fuimos a la biblioteca.*

Vocabulario Módulo 1

Sustantivos

el arbitraje	*arbitration*	**la enseñanza**	*teaching*
el/la asesor/a	*consultant, advisor*	**el/la**	
la audiencia	*hearing, audience*	**gobernador/a**	*governor*
el aviso	*warning*	**el intento**	*attempt*
la bienvenida	*welcome*	**la liga**	*league*
el cabildeo	*fund-raising*	**el movimiento**	*movement*
el/la		**el paquete**	*package*
cabildero/a	*fund-raiser*	**el pueblo**	*people, town*
la caída	*fall*	**el rescate**	*rescue*
la caridad	*charity*	**el retorno**	*return*
el censo	*census*	**la semana**	*week*
la citación		**el/la tesorero/a**	*treasurer*
judicial	*subpoena*	**el/la testigo**	*witness*
la demora	*delay*	**el/la tío/a**	*uncle, aunt*
el desastre	*disaster*	**el tribunal**	*court*
el donativo	*donation*		

Verbos

arrendar (ie)	*to lease*	**oler (ue)**	*to smell*
conseguir (i)	*to obtain*	**probar (ue)**	*to prove*
constituir	*to constitute*	**recaudar**	*to collect*
ejercer (zc)	*to exercise*	**reunir**	*to meet*
golpear	*to hit*	**sacudir**	*to shake*
implicar	*to imply*	**sobrevivir**	*to survive*

Adjetivos

arrendado/a	*leased*	**estadounidense**	*American,*
capaz	*capable*		*U.S.*
creciente	*growing*	**patrocinado/a**	*sponsored*
entero/a	*entire, whole*	**pendiente**	*pending*
escrito/a	*written*		

Otras expresiones

apenas	*scarcely, barely*	**otra vez**	*again*
aún	*still*	**sin ánimo de lucro**	*nonprofit*
mañana	*tomorrow*		

Módulo 2

Sustantivos

el aceite	*oil*	**el espíritu**	*spirit*
la alegría	*happiness*	**la fortaleza**	*strength*
el ataque	*attack*	**el invernadero**	*greenhouse*
la basura	*trash*	**la magia**	*magic*
la caldera	*boiler*	**el Polo Norte**	*North Pole*
el calentamiento	*warming*	**los primeros**	
el cambio	*change*	**auxilios**	*first aid*
la capa	*layer*	**el reciclaje**	*recycling*
el condado	*county*	**la sangre**	*blood*
la contienda	*contest*	**la selva**	*jungle*
la cruz	*cross*	**el suelo**	*floor*
el derretimiento	*melting*	**el sufrimiento**	*suffering*
el desastre	*disaster*	**la superficie**	*surface*
el deseo	*desire, wish*	**el voluntariado**	*volunteer*
el desperdicio	*waste*		*force, group*
el dolor	*pain*		
el/la			
enfermero/a	*nurse*		

Verbos

aliviar	*to alleviate*	**involucrarse**	*to get involved*
aplaudir	*to applaud*	**otorgar**	*to award, to grant*
dañar	*to damage, to*	**padecer (zc)**	*to suffer*
	harm	**presionar**	*to pressure*
derretir (i)	*to melt*	**reciclar**	*to recycle*
dirigirse a	*to address*	**respirar**	*to breathe*
	oneself to	**saludar**	*to greet*
enriquecer (zc)	*to enrich*		

Adjetivos

caritativo/a	*charitable*	**herido/a**	*wounded*
dañino/a	*damaging,*	**inolvidable**	*unforgettable*
	harmful	**químico/a**	*chemical*
hecho/a	*made, done*	**sostenible**	*sustainable*

Otras expresiones

alrededor de	*around, about*	**extrema-**	
desafortuna-		**damente**	*extremely*
damente	*unfortunately*	**quisiera**	*I would like*

Síntesis

A escuchar

El señor Pérez recibe una llamada.

A. ¿Comprende usted?   Indique si las oraciones son **Ciertas (C)** o **Falsas (F).** Si son falsas, corríjalas.

1. _____ La señorita llama por teléfono para recaudar fondos.

2. _____ La Organización de Ayuda Mundial es una empresa con ánimo de lucro.

3. _____ El Sr. Pérez comprendió completamente lo que dijo la señorita.

4. _____ La Organización de Ayuda Mundial trabaja para el beneficio de la naturaleza y el medio ambiente.

5. _____ Después de toda la confusión, el Sr. Pérez hace un donativo generoso.

A conversar

La calidad del medio ambiente es importante para nuestro futuro. Se mejora paso a paso. En grupos, hablen de las acciones positivas que ustedes, como individuos, pueden realizar para ayudar.

MODELO: E1 *Mantenga limpio el filtro de aire de su auto.*
E2: *Compre un árbol de Navidad vivo y plántelo después.*

A leer

Este aviso prohíbe tirar basura, aceite de motor, pintura, detergentes, limpiadores, desechos de animales, materiales y sustancias tóxicas a la cuneta y a los alcantarillados.

El agua de lluvia transporta estas sustancias por los alcantarillados directamente a nuestros ríos y al océano.

El objetivo de los sistemas de alcantarillado es específicamente el de transportar el agua de lluvia. Las sustancias o materiales desechados pueden ser peligrosos para los seres humanos, para la fauna marina, las aves y toda la vida salvaje.

Usted es la solución.
COOPERE Y EVITE LA CONTAMINACIÓN DEL AGUA DE LLUVIA.

- Nunca tire basura a la cuneta o al sistema de alcantarillado—póngala en el sitio apropiado.
- Recicle el aceite de motor usado en el lugar adecuado.
- Mantenga su vehículo en buen estado.

- Use métodos de jardinería que protejan el medio ambiente—riegue eficientemente para evitar que corra el agua.
- Recicle los desechos del jardín en abono orgánico.
- Lleve pinturas o productos caseros tóxicos a un evento de recogida local.

¿Comprende usted?   Conteste las preguntas según la información del folleto.

1. ¿Qué cosas no se deben tirar a las cunetas y a los alcantarillados?
2. ¿Cómo pasan las sustancias directamente al océano?
3. ¿Cuál es un producto que usamos en el automóvil que causa muchos problemas?
4. ¿Dónde debemos tener cuidado con el uso del agua?
5. ¿Qué se puede hacer con lo que se saca del jardín, como el césped y las hojas de los árboles?

A escribir

Hay un programa de reciclaje que se llama "¿Ya acabó con eso?". Hay sitios que aceptan aceite de motor y filtros, pinturas, gasolina, productos químicos, fertilizantes, solventes, tubos fluorescentes, cloro, pesticidas, baterías. . .—y la recolección de estos desperdicios peligrosos es gratuita. Prepare un póster con dibujos de algunos de los productos que se aceptan. Para más información, visite su sitio web: www.rain.org/~swmd. ¡OJO! No se aceptan explosivos, municiones, fuegos artificiales, llantas, desperdicios radioactivos o infecciosos, ni alarmas de incendio.

Algo más

Latinos, once so anxious to join the American mainstream, have rediscovered a passion for their heritage. When Latinos read about the popularity of all things Hispanic on the covers of magazines such as Newsweek and Time, there's often a roll of the eyes and an exasperated, "Duh! Didn't we already know this?"

by Christine Granados

Se dice que "para saber adónde vamos, es imprescindible saber de dónde venimos". En estos momentos Latinos de todas las regiones tienen una sed insaciable para re-descubrir sus raíces y llevarlas al futuro. Aquí tienen una cita de Christine Granados de *Hispanic* magazine.

Es obvio—los hispanos forman una parte importante de Estados Unidos. Estos latinos muestran un orgullo que tiene su origen en el movimiento de derechos civiles y el de los chicanos.

Yolanda McDonald, una mexicoamericana, se acuerda de los niños que se reían de ella cuando estaba en la escuela. "Mis compañeros decían que yo era diferente, porque era morena", dice Yolanda. "Soy una ciudadana de Estados Unidos y estoy muy orgullosa de mi país" continúa Yolanda, "pero quiero mantener mi herencia cultural y así aportar algo único a mi América."

Las investigaciones sobre este tema indican que para los estudiantes hispanos de segunda y tercera generación, es decir, que tienen ascendencia hispana a pesar de ser ciudadanos estadounidenses, es importante establecer la conexión con su propia cultura. Ricardo Castillo, un abogado en Phoenix, encontró sus raíces en la universidad. "No sabía mucho de mi cultura cuando era estudiante pero me hice amigo de otros hispanos y empecé a redescubrir de dónde vine. Asistí a algunas clases sobre la cultura chicana para aprender más sobre mi pasado, y ¡hasta aprendí a hablar español! Mis padres sólo me hablaban en inglés cuando yo era niño, porque pensaban que era mejor para mí" dice Ricardo, "pero yo creo que para desarrollarme completamente necesito conocer mis raíces y aceptarlas con orgullo".

Hoy en día, la popularidad de figuras del mundo del cine y de la canción, como Ricky Martin, Jennifer López, Enrique Iglesias y otros ayuda a conectar a los jóvenes latinos con su cultura, promoviendo un acercamiento entre la cultura popular actual en Estados Unidos, y aquélla que estos hispanos aún llevan en sus venas.

Latinos—la vuelta a las raíces

Christine Granados

En mis propias palabras.   Ya sabemos que la población hispana en Estados Unidos es más grande ahora y tiene cada día más importancia en la vida política, económica y cultural. ¿Dónde ve usted la influencia hispana? Escriba sobre su papel en el gobierno, en el campo político, en el mundo de los deportes, la música, las películas, la arquitectura, la comida, en. . .

A buscar

Es posible registrarse para votar en español. En su propio condado tienen los formularios de registro disponibles. Vaya a la oficina de administración de su condado y pida una copia. ¿Es bilingüe el formulario? En California y Arizona, SÍ.

A conocer: El gobernador de Texas

En 2002, la contienda para elegir al gobernador de Texas se dio en español. Había dos candidatos hispanos, el ex-abogado general de Texas, Dan Morales y el millonario Tony Sánchez, que buscaban la candidatura demócrata para el puesto de gobernador. La lucha no era importante sólo por presentar a un latino contra otro latino, sino porque era la primera vez que un partido político de gran importancia presentó a un hispano como candidato para gobernador, con la posibilidad de realizar el primer debate en español, en una contienda de tanta influencia. El ganador de la elección primaria en marzo, Tony Sánchez, tuvo que enfrentarse en noviembre al candidato republicano, el gobernador actual Rick Perry. Perry decidió empezar a estudiar español y usó expresiones en español durante sus discursos públicos. Perry se dio cuenta de que 6.7 millones, o el 32% de los 20.8 millones de residentes de Texas, son latinos. Bueno, ¿quién ganó? Busque los resultados de la elección en Internet y trate de averiguar qué pasó con el otro candidato.

LECCIÓN 11

El mundo de la tecnología

Módulo 1
- El comercio electrónico
- Describing past situations: *El imperfecto*
- Ventas de Internet
- More on the imperfect: *Estados mentales, físicos y más*

Módulo 2
- Las computadoras de hoy
- Narrating in the past: *El pretérito y el imperfecto*
- La industria tecnológica
- Contrasting past tenses: *El pretérito y el imperfecto*

Síntesis
- A escuchar
- A conversar
- A leer
- A escribir

Algo más
- Ventana cultural: www.latnn.com
- A buscar
- A conocer: María D. Cruz y Amelia M. Rowe, Verizon

Módulo I

El comercio electrónico

Posicionamiento: inscripción en los motores de búsqueda principales

Menú de servicios del Grupo E: Registro de dominios: .com; .org; .net., .info y otras extensiones

Se dice: dot com o punto com (.com)

el Grupo E-internacional : Diseño * Hospedaje * E-publicidad

Diseño

**Publicidad electrónica:
Banners/banderas
Email/correo electrónico
Links/enlaces
Keywords/palabras claves
Empleos
Contáctenos**

Productos internacionales

hospedaje de sitios

A. ¿Cómo se dice?   Gran parte del vocabulario conectado con el comercio electrónico es una adaptación del inglés. Busque la palabra en español que es el sinónimo de la palabra nueva "e-internacional".

1.	los links	**a.**	la página principal
2.	las keywords	**b.**	el correo electrónico
3.	el e-mail	**c.**	el hospedaje de sitios web
4.	los banners	**d.**	las palabras claves
5.	el hosting	**e.**	los enlaces
6.	el homepage	**f.**	una punto com
7.	una dot com	**g.**	las banderas de publicidad

B. En sus propias palabras.   En sus propias palabras, dé una definición o ejemplo de estas palabras y frases.

1. registrar un dominio
2. diseñar un sitio web
3. extensiones
4. motor de búsqueda o buscador

Un joven listo

Una de las empresas más conocidas en el campo del comercio electrónico busca a una persona con experiencia en la construcción y mantenimiento de tiendas en línea para encargarse de los proyectos de unos clientes muy importantes. El vicepresidente de la compañía está en una entrevista con un candidato muy interesante.

VICEPRESIDENTE: Ahora Antonio, hábleme por favor de su experiencia con los inicios dot com.

ANTONIO: Bueno. Tengo experiencia en todos los aspectos de los "start ups" y también con las empresas bien establecidas que quieren tener una presencia en Internet. En mi empleo anterior, empecé en el departamento de registro y hospedaje de dominios.

VICEPRESIDENTE: Y, ¿qué hacía allí?

ANTONIO: Registraba los dominios de nuestros clientes. Pero muchas veces el dominio elegido por el cliente no estaba disponible con las extensiones .com o .net y no me gustaba darles malas noticias. Para ayudar a mi jefe, inventaba un nuevo dominio descriptivo del negocio, investigaba su disponibilidad y se lo ofrecía al cliente. Mi jefe siempre decía que yo tenía mucho talento para la mercadotecnia electrónica y me ofreció una promoción al departamento de hospedaje y construcción de las tiendas electrónicas.

VICEPRESIDENTE: Entonces, tiene experiencia con los aspectos técnicos de la construcción de los sitios y el mantenimiento de los servidores de hospedaje, ¿verdad?

ANTONIO: Claro que sí.

VICEPRESIDENTE: ¿Puede darme un ejemplo paso a paso de lo que hacía para ofrecerle a un cliente presencia en Internet?

ANTONIO: Primero, siempre iba directamente a la compañía para conocer sus productos o servicios y sus métodos de trabajo. Después de inventar y registrar su nuevo dominio, investigaba la competencia y diseñaba una campaña de publicidad total, incluyendo la construcción del sitio con el catálogo de servicios y productos, los gráficos y los enlaces de interés.

VICEPRESIDENTE: ¿Cómo generaba el tráfico al sitio?

ANTONIO: El posicionamiento en los motores de búsqueda más importantes como *Yahoo, Netscape y Google* era lo más común, naturalmente. Pero muy pronto estaba experimentando con algunos buscadores internacionales menos conocidos aquí. Casi inmediatamente mis empresas "start up" adquirían una presencia internacional y recibían pedidos de todas partes del mundo. El poder del comercio electrónico es impresionante.

VICEPRESIDENTE: ¿Tiene un portafolio de sus proyectos?

ANTONIO: Mi único portafolio es esta lista de sitios que diseñé. Si puede visitarlos sin comprar nada, ¡retiro mi solicitud de aquí inmediatamente!

C. ¿Comprende usted? Conteste las preguntas según la información del diálogo.

1. ¿Por qué hablan Antonio y el vicepresidente?

2. ¿Por qué creía el jefe anterior que Antonio tenía talento?

3. ¿Cómo generaba Antonio el tráfico para los sitios?

4. Describa el portafolio de Antonio.

D. Prioridad Nº 1: Servicio al cliente. Lea este artículo de la revista *Cómputo y Negocios* y luego apunte tres cambios posibles para SU empresa para mejorar el servicio al cliente. ¡Su empresa puede ser imaginaria!—pero sus sugerencias deben ser verdaderas. Hable con su compañero/a de sus ideas.

Prioridad Nº 1: Servicio al cliente

El comprador del siglo XXI tiene ciertas características que lo hacen diferente al consumidor de hace 20 años. Conozca sus deseos, necesidades y hágalo su más fiel seguidor.

El nuevo cliente

Eugenio Kuri, el socio director de Accenture (empresa asesora con presencia en 46 países), comenta que: "Ahora las personas tienen acceso a mucha información a través de diversos medios de comunicación e Internet, además de que existe una amplia variedad de marcas de un mismo producto".

Kuri afirma que antes el negocio tenía el control de la relación con el cliente y él mismo dictaba las reglas del mercado; ahora es al contrario—el cliente es quien decide o determina esas normas.

Haga de su comprador su mejor empleado

Una buena atención al cliente no sólo provoca la venta y una sonrisa de satisfacción, sino también crea una pequeña cadena de reacciones a favor del negocio. La recomendación es ofrecer siempre una respuesta que ayude al cliente. Por ejemplo, si la tienda no cuenta en ese momento con el artículo que solicita, lo mejor es darle una explicación del porqué y de cuándo lo habrá, o bien, darle o sugerirle algunas opciones.

Otro tipo de tecnologías que ayudan a la buena atención del cliente son los sistemas y programas de software como los CRM *(Customer Relationship Management)* o Sistemas de relación con los clientes que permiten tener bases de datos organizadas para que el empresario encuentre la información necesaria de sus clientes con el fin de conocer sus gustos, preferencias, nivel socioeconómico, etc.

Estructuras   *Describing past situations:*
El imperfecto

- To talk about things that *used to be,* use the imperfect tense. While the preterite is used to describe the completed aspect of an event, the imperfect is used to indicate the habitual, repeated or ongoing nature of events or actions in the past.
- The formation of the imperfect tense is simple:

	tomar	comer	vivir
yo	tomaba	comía	vivía
tú	tomabas	comías	vivías
él/ella/usted	tomaba	comía	vivía
nosotros/as	tomábamos	comíamos	vivíamos
ellos/ellas/ustedes	tomaban	comían	vivían

- The only three irregular verbs in the imperfect are:

	ir	ser	ver
yo	iba	era	veía
tú	ibas	eras	veías
él/ella/usted	iba	era	veía
nosotros/as	íbamos	éramos	veíamos
ellos/ellas/ustedes	iban	eran	veían

- The imperfect may be used in a variety of ways in English.

  Habitual actions:

  Registraba nuevos dominios.   *I (often) registered new domains.*
  I would register new domains.
  I used to register new domains.

  Diseñábamos las tiendas en línea.   *We designed on-line storefronts.*
  We would design on-line storefronts.
  We used to design on-line storefronts.

■ Use the imperfect to express time and age in the past.

Tenía veinte años cuando **trabajaba** allí.   *I was twenty years old when I worked there.*

Eran las tres de la tarde.   *It was three in the afternoon.*

Para practicar

A. Cuando era joven.   Complete estas oraciones con un verbo en el imperfecto. Después, indique si eran verdad cuando usted era joven. Si la oración no es verdad, corríjala, cambiando la palabra correspondiente.

MODELO: yo/comprar ropa en *Internet*
              No compraba ropa en Internet. Compraba ropa en una tienda.

1. nosotros/ir al *cajero automático* para retirar fondos
2. todas las empresas/hacer mucha publicidad en *Internet*
3. mi familia/tener *una computadora*
4. yo/trabajar *mucho*

B. Entonces y ahora.   La tecnología ha causado muchos cambios en el comercio durante los últimos quince años. Indique qué diferencias había en el pasado en comparación con estas descripciones del comercio de hoy.

MODELO: Hoy muchas familias tienen más de una computadora en casa.
              Antes, nadie tenía una computadora en casa.

1. Hoy puedo hacer transacciones bancarias sin ir al banco.
2. Ahora muchas personas tienen su propio dominio con "su nombre.com".
3. Ahora busco información económica en Internet.
4. Ahora compramos de todo sin ir a las tiendas.

C. ¿Y usted?   Piense en los días de su niñez y conteste estas preguntas. Después, entreviste a un/a amigo/a con las mismas preguntas.

MODELO: ¿Qué programas de televisión miraba?
              Miraba los Simpsons.

1. ¿Qué profesión quería tener de adulto?
2. ¿Cómo celebraba su cumpleaños?
3. ¿Cuál era su comida favorita?
4. ¿Cómo se llamaban sus mejores amigos?

Módulo I

Ventas de Internet

www.miperuencasa.com

Transmitir con toda confianza

Usuario: _____

Contraseña: _____

Comestibles	Licores y bebidas
Artesanías	Revistas y periódicos
Artículos de ropa	

Nuevo usuario: Si es su primera visita, regístrese aquí.

Carrito de compras

Nombre: _____

Dirección: _____

Email: _____

Teléfono durante el día: _____

Tarjeta de crédito: _____

Fecha de vencimiento: _____

Número del producto: _____

Envío: _____

Total: _____

Regresar a la tienda ☐

Finalizar la compra ☐

A. ¿Cómo se dice?   ¿Puede definir estas palabras relacionadas con las ventas electrónicas?

1. el usuario   **3.** el envío
2. la contraseña   **4.** el recaudador de cuentas

B. Acciones.   Use el dibujo, la memoria y la imaginación para emparejar estas palabras y frases.

1. pelearse
2. estar de mal humor
3. trabajar a tiempo completo
4. estar atrasado en los pagos

a. trabajar más o menos 40 horas a la semana
b. no estar contento
c. tener más cuentas por pagar que dinero
d. tener conflictos con otra persona

¡Somos ricos!

*Rogelio y Nelly son unos peruanos que inmigraron hace 20 años a Estados Unidos. Ahora son nuevos millonarios "dot com". Hoy dan una entrevista a una revista electrónica **Los millonarios "dot com"**. . . Escuchemos su historia.*

ROGELIO: Durante los primeros diez años de nuestro matrimonio, yo trabajaba en una fábrica durante el día y era agente de seguridad en un banco tres noches a la semana. Mi esposa, Nelly, cuidaba a los niños de los vecinos durante la semana y los fines de semana preparaba comida mexicana en un restaurante local. Siempre estábamos de mal humor y nos peleábamos con frecuencia.

NELLY: Es verdad. Nuestra vida no era más que el trabajo. Y con tres trabajos a tiempo completo, todavía teníamos miedo de los recaudadores porque siempre estábamos atrasados con los pagos.

ROGELIO: Si teníamos unas horas libres, siempre estábamos cansados y normalmente las pasábamos durmiendo, mirando la tele o, a veces, jugando con la computadora o navegando por Internet. No teníamos energía para nada. La vida se nos escapaba.

REPORTERO: Pero, miren la vida que tienen ahora: una casa fabulosa aquí en Miami con fotos y recuerdos de vacaciones exóticas por todas partes, muchos coches en el garaje... Explíquenos el cambio.

ROGELIO: Se lo debemos todo al comercio-e. Un día estaba navegando por Internet y tuve una inspiración: comprar un dominio, montar una página web y vender algunos de los productos del Perú que teníamos en casa. Al principio era un negocio C2C... pero...

REPORTERO: ¿C2C?

NELLY: Claro: negocio del "consumidor al consumidor". Como Ebay... Pero ahora somos tan grandes que tenemos otro negocio internacional en el que importamos productos del Perú y otros países latinoamericanos y los vendemos a nivel internacional por medio de nuestra tienda electrónica. ¡Ahora somos B2C y B2B!... ah... lo siento... para los que no conocen el lenguaje del ciberespacio: "negocio al consumidor" y "negocio al negocio". O sea, somos mayoristas y minoristas.

REPORTERO: Pues, está claro que viven el "sueño de los millonarios dot com".

ROGELIO: Sí, señor. Ganamos más de $75,000 al mes. Por ejemplo anoche, mientras dormíamos, el sitio web continuaba generando dinero. Y ahora no nos preocupamos por los jefes, los horarios ni los recaudadores. Siempre estamos contentos porque por fin tenemos la libertad que buscábamos durante tantos años. Y por sólo $39.95, compartimos los "secretos de los millonarios dot com" en nuestro libro—disponible también en nuestro sitio web.

C. ¿Comprende usted?   Conteste las preguntas según la información del diálogo.

1. ¿De dónde son Rogelio y Nelly?
2. ¿Cuántos trabajos tenía cada uno de ellos?
3. ¿Por qué estaban siempre de mal humor?
4. ¿Cómo inventó Rogelio su negocio "dot com"?
5. ¿Por qué están siempre contentos los dos ahora?

D. ¡Bienvenido a Busca y captura en español! Usted quiere explorar Internet en español y Busca y captura le ofrece un mes incluyendo hasta 150 horas gratis. Después de leer sobre su programa, que cuesta solamente $9.95 por mes, escriba dos razones por las cuales desea aceptar su servicio y dos en contra de aceptarlo. Compare su decisión con la de su compañero/a.

MODELO: *A favor:* *El programa traduce texto y páginas web y navega por Internet en español.*

En contra: *Ya tengo servicio de Internet con AOL.*

Busca y captura en español
Preguntas más frecuentes

¿Qué es Busca y captura?
Busca y captura es un servicio de acceso a Internet que está disponible a través de miles de números de acceso en Estados Unidos. Mediante *Busca y captura*, usted puede acceder a millones de sitios web en español e inglés. Independientemente de sus preferencias particulares (noticias, información sobre el estado del tiempo, entretenimientos, finanzas, deportes, compras o sitios para niños), *Busca y captura* le ayuda a encontrar los sitios más interesantes de Internet.

¿Qué es Busca y captura *en español*?
Busca y captura en español es un servicio de acceso a Internet en español. Puede navegar por Internet y charlar con gente de todas partes del planeta. Si busca un servicio que le facilite la búsqueda de información en español, este servicio es para usted.

¿Cómo puedo acceder a Busca y captura *en español*?
Cuando instale el disco adjunto, puede configurar su cuenta y comenzar a utilizar la muestra o versión gratuita *Busca y captura*. Todo lo que tiene que hacer es insertar el CD-ROM en su computadora y seguir las instrucciones que aparecen en la pantalla.

¿Cuáles son los gastos telefónicos?
Cuando utiliza *Busca y captura*, su computadora se conecta a Internet a través de la línea telefónica. Nosotros ponemos a su disposición miles de números telefónicos en EE. UU. En caso de no estar seguro de si el número de acceso es o no es un número local, verifique con su compañía telefónica local.

¿Qué necesito para utilizar Busca y captura *en español*?
Necesita una PC (486 o más veloz) con un módem de 9.600 baudios (se recomienda un módem de al menos 14.400 baudios) y que ejecute Microsoft Windows 95, 98 o NT 4.0. También necesita una unidad de CD-ROM, un mouse, y un monitor SVGA, además de 8MB de RAM como mínimo y 20MB de espacio libre en el disco duro.

Estructuras   *More on the imperfect:*
Estados mentales, físicos y más

■ Use the imperfect to describe physical or mental states in the past.

No **sabía** que era posible hacer reservaciones en línea.	*I didn't know it was possible to make reservations on line.*
Estaba nerviosa la primera vez que compré algo por Internet.	*I was nervous the first time I bought something on line.*

■ The imperfect is used to indicate two activities in the past that were in progress at the same time. These two activities are often joined by **mientras** *(while).*

Escuchaba la música **mientras navegaba** por la Red. listening → while surfing	*I listened to music while I surfed the Net.*
El cliente **esperaba** mientras el asesor **reservaba** el dominio. waiting → while reserving	*The client waited while the consultant reserved the domain.*

■ Use the imperfect to indicate that an action in the past was interrupted by another event (often in the preterite) or was never completed.

Íbamos a la oficina cuando tuvimos el accidente.	*We were going to the office when we had the accident.*
Rogelio **navegaba** por Internet cuando tuvo una inspiración.	*Rogelio was surfing the Net when he had an inspiration.*

■ In the imperfect, the verbs **conocer, saber, querer,** and **poder** have English equivalents with slightly different implications.

conocer—Conocí implies that you met someone. **Conocía** implies that you knew him.

saber—Supe implies that you found something out. **Sabía** implies that you knew it.

querer—Quise implies that you tried to do something. **Quería** implies that you wanted to.

poder—Pude implies that you managed to do something. **Podía** implies that you tried.

Para practicar

A. ¡Se apagaron las luces!   ¿Qué hacían estas personas cuando se apagaron las luces? *(the lights went out)*

MODELO: el contador
El contador calculaba los impuestos.

1. la secretaria
2. el presidente de la compañía
3. el abogado
4. la ejecutiva
5. los diseñadores de sitios web
6. los vendedores
7. el chef del restaurante elegante
8. los estudiantes de español
9. las personas en el ascensor

B. A la vez. . .   El jefe de su compañía está de vacaciones. No hay nadie para mantener el orden. Diga qué más pasaba en el mismo momento en que ocurrieron estas actividades.

MODELO: Mientras el presidente estaba de vacaciones. . .
Mientras el presidente estaba de vacaciones, los empleados no hacían ningún trabajo.

1. Mientras los clientes esperaban en la sala de espera, la recepcionista. . .
2. Mientras teníamos una pelea de agua. . .
3. Mientras el contador preparaba la cuenta, los clientes. . .
4. Mientras navegaba por Internet, yo. . .
5. Mientras salía para comer, mi secretaria. . .
6. Mientras dormíamos en los escritorios, el sitio web. . .

C. ¿Qué hacía usted?   ¿Recuerda la última vez que navegó por Internet? Describa cómo se sentía, qué buscaba, y qué más hacía mientras navegaba. Luego compare su respuesta con la de un/a compañero/a.

MODELO: *Me sentía nervioso/a porque necesitaba encontrar información importante. Buscaba datos para un cliente. Tomaba soda mientras navegaba. . .*

Módulo 2

Las computadoras de hoy

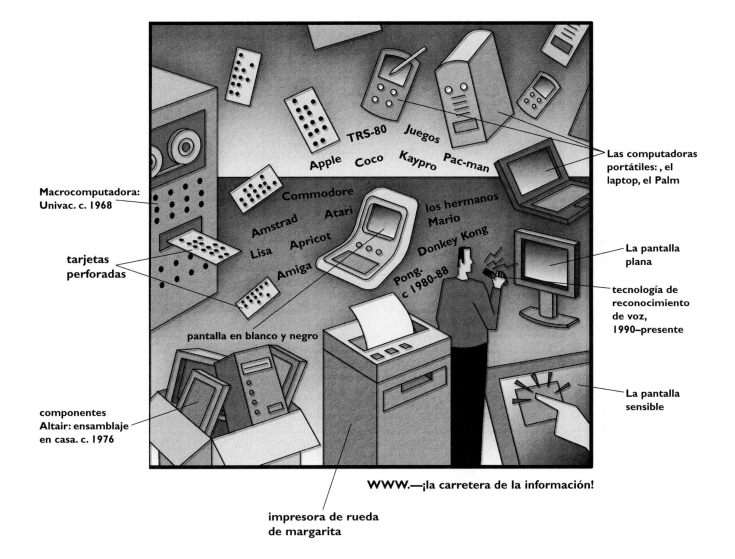

Macrocomputadora: Univac. c. 1968

tarjetas perforadas

componentes Altair: ensamblaje en casa. c. 1976

TRS-80   Juegos
Apple   Coco   Kaypro   Pac-man
Commodore
Amstrad   Atari   los hermanos Mario
Lisa   Apricot   Donkey Kong
Amiga   Pong. c 1980-88

pantalla en blanco y negro

Las computadoras portátiles: , el laptop, el Palm

La pantalla plana

tecnología de reconocimiento de voz, 1990–presente

La pantalla sensible

WWW.—¡la carretera de la información!

impresora de rueda de margarita

A. Entonces y ahora. Empareje el equipo equivalente de las computadoras y equipos relacionados del pasado con los de hoy.

Entonces	Ahora
1. una macrocomputadora	**a.** reconocimiento de voz
2. una impresora rueda de margarita *(daisy wheel)*	**b.** un servidor
3. Pong	**c.** pantalla sensible plana a color
4. tarjeta perforada	**d.** Los Simms
5. pantalla en blanco y negro	**e.** una impresora láser

B. Ahora y entonces. Mire las siguientes tareas y diga si las hacían antes o después de la revolución electrónica.

	Antes	Después
1. escribir una carta	_____	_____
2. escribir un e-mail	_____	_____
3. cambiar el canal de la tele a mano	_____	_____
4. navegar por la Red	_____	_____
5. ir de compras sin salir de la casa	_____	_____
6. usar tarjetas perforadas	_____	_____

Las computadoras entonces... y ahora

Antes de empezar la clase de informática en una universidad famosa por su departamento de tecnología, varios estudiantes charlan mientras esperan al profesor. Cuando entra, el profe está muy interesado en la conversación.

PROFESOR: ¿Y qué tiene ahí, Ángela?

ÁNGELA: Roberto me mostraba su nuevo Palm. Es increíble. Una computadora completa en la palma de la mano.

ROBERTO: La compré ayer, profesor. Es una maravilla de tecnología. Estudiaba las instrucciones anoche, pero todavía no comprendo todas las funciones. Cuando usted entró, yo le explicaba a Ángela cómo puedo leer y mandar mi e-mail y navegar por Internet. Tiene reconocimiento de voz, pero no sé usarlo todavía. Y puedo grabar las conferencias de usted... aquí mismo en la clase.

PROFESOR: Son muy jóvenes, pero tengo que preguntarles: ¿alguien aquí reconoce la palabra Univac?

VARIOS: Yo no, profesor, ¿qué es?

ROBERTO: ¿No era la primera computadora?

PROFESOR:	Bueno, jóvenes, íbamos a hacer otra cosa hoy en la clase, pero hace cinco segundos que cambié nuestro plan. Necesitan comprender un poco de la historia de la tecnología.
VARIOS:	¡Suave!
PROFESOR:	Durante los años 60, yo trabajaba en un laboratorio muy futurístico con más o menos la primera macrocomputadora moderna, Univac. Esta maravilla de tecnología tenía un disco duro con capacidad de sólo 100 megabytes. Pesaba más de dos toneladas, ¡cuatro mil libras! Y costaba más o menos $1.6 millones de dólares. Era más grande que este salón. Roberto, ¿cuál es la velocidad de su Palm? ¿Y la memoria?
ROBERTO:	No es tan veloz como mi "desktop", pero es de unos 250 MHz. Tengo 128 MB de RAM.
PROFESOR:	Pues, mi Univac tenía una velocidad de 1.3 MHz. Y .5 megabytes de memoria. ¡Palabra de honor! Menos poder que el control remoto de mi televisor de hoy.
ÁNGELA:	¡Imposible! ¿Cómo navegaban por la Red entonces?
PROFESOR:	¡Ay, Ángela! En aquel tiempo, no había Internet. Más que nada, había problemas matemáticos que resolvíamos con ayuda de la computadora. No había disquetes: usábamos tarjetas perforadas. La primera computadora para el escritorio no llegó hasta los años 76 y 77. Era el Altair: un "kit" para ensamblar en casa. Compré y construí la mía en el 78.
ROBERTO:	Cuando era niño, mis padres me compraron un Coco. No lo recuerdo bien. Y después recibí un Commodore. ¡Donkey Kong, Pac-Man y los hermanos Mario!
PROFESOR:	Levanten la mano si usaron estas marcas y artículos: Amiga...Vic... Amstrad...Apricot...Lisa...Kaypro...TRS-80...¡nadie! Disquetes de 8″ (ocho pulgadas)...5″, 3″...8 bits...una impresora con rueda tipo margarita. ¡Sólo dos de ustedes! ¡Qué nostalgia! La tecnología es normal para ustedes. Nunca vivieron sin el microchip. Para mí es un milagro. Transformó el mundo entero. Les aseguro que en diez años vamos a mirar el nuevo Palm de Roberto y decir "¡qué primitivo era!".

C. ¿Comprende usted?   Conteste las preguntas según la información del diálogo.

1. ¿Qué hacía Roberto cuando entró el profesor?
2. ¿Cuándo compró el Palm?
3. ¿Qué era Univac?
4. ¿Cuántos estudiantes sabían lo que era Univac?
5. ¿Qué transformó el mundo entero? ¿Por qué?

D. Librerías virtuales.   Después de leer el artículo de las ventajas de comprar libros en Internet, escriba una experiencia suya (verdadera o no) al ir de compras en una tienda virtual. ¿Qué compró? ¿Por qué le gustó, o no le gustó? ¿Cómo pagó? ¿Va a repetir?

MODELO: *Compré un casco (helmet) para mi esposo para protegerle la cabeza al hacer surf. Él sufrió un accidente hace unos meses y le pusieron más de 100 puntos (stitches) en la cara. ¡Me gustó mucho porque el casco vino de Australia! Pagué con tarjeta de crédito. Claro que voy a repetir—¡las tiendas funcionan las 24 horas!*

Librería virtual

Los libreros cambian el manguito por el ratón

Una nueva generación de librerías. Hasta hace poco, los lectores ávidos de conocer las últimas novedades del mercado o de adquirir un libro determinado tenían que caminar de tienda en tienda hasta encontrar lo que buscaban. Sin embargo, los libreros cuentan ya con un nuevo instrumento, Internet, por el cual pueden ofrecer una gama extensa de servicios sin que el comprador salga de casa. Ellos se han convertido en una de las principales preferencias de compra a través de la Red, después de ser de los primeros artículos que se sirvieron del comercio electrónico. La macrotienda más importante del mundo—Amazon—ya vende no sólo libros, sino también CDs, juguetes, DVD, material electrónico, software, organiza subastas, etc. Tanto es el éxito de Amazon que se ha convertido en el ejemplo a seguir para todos los que se dedican al comercio electrónico.

Estructuras   *Narrating in the past:*
El pretérito y el imperfecto

- While the preterite and the imperfect are both aspects of the past tense, they are not interchangeable. Each gives a different message about time frames.
- The preterite is often used to describe an action that is "perfectly complete" within the sentence and captures an instant of time, like a photograph.

Compré una computadora.   *I bought a computer.*
El profesor **entró** en la clase.   *The professor entered the class.*

■ The imperfect is often described in terms of a video camera. The focus is on the progression of action through time, rather than on the completeness of the action. In fact, use of the imperfect sometimes means that the action may have been abandoned before completion. (The action is *imperfectly* complete in the sentence.)

Roberto **hablaba** con Ángela cuando entró el profesor.

Robert was talking to Angela when the professor entered.

Navegaba por la Red cuando vi la foto.

I was surfing the Web when I saw the photo.

■ Compare the following sentences and tell why the imperfect or preterite was used.

Mientras **explicaba** el funcionamiento de la computadora, el profesor me **hizo** una pregunta.

Mientras **explicaba** el funcionamiento de la computadora, me **escuchabas** atentamente.

Para practicar

A. ¿Por qué?   Explique las circunstancias que causaron estas acciones.

MODELO: Compré el Palm porque. . .
Compré el Palm porque necesitaba una computadora portátil.

1. El profesor explicó la historia de las computadoras porque. . .
2. Busqué información en Internet porque. . .
3. El profesor se puso nostálgico porque. . .
4. Los estudiantes no contestaron al profesor porque. . .
5. Las secretarias compraron una nueva impresora porque. . .
6. Mi abuelo no me escribió un e-mail porque. . .

B. Ahora y entonces.   Diga si usted hacía estas cosas cuando era niño/a y diga si hizo lo mismo la semana pasada.

MODELO: jugar a Pac Man
Jugaba a Pac Man cuando era niña. No jugué a Pac Man la semana pasada.

1. hacer investigación para reportes académicos en la Red
2. escribir los reportes a mano
3. charlar (conversar) con los amigos en una sala de charla
4. usar AOL u otro ISP
5. comunicarse con su familia por e-mail
6. imprimir con una impresora de rueda de margarita
7. hacer la tarea en la computadora
8. comprar cosas por Internet

C. Cambios.   Con un/a compañero/a haga una lista de cinco cambios en su vida que resultaron de la revolución electrónica.

MODELO: *Antes tenía que ir a la biblioteca para investigar un tema para un reporte. Ahora navego por la Red.*

Módulo 2

La industria tecnológica

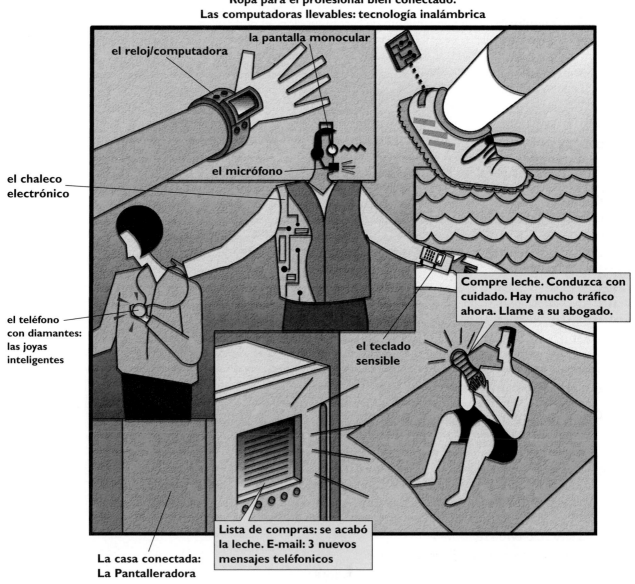

**Ropa para el profesional bien conectado:
Las computadoras llevables: tecnología inalámbrica**

A. ¿Cómo se dice?   Escriba la palabra que corresponda a cada una de las definiciones.

1.   Un ejemplo de la ropa inteligente es el _____.

2.   Otras computadoras llevables se encuentran en los _____ y las

_____.

3.   Un ejemplo de un electrodoméstico inteligente es _____.

4.   Tres servicios que ofrece la pantalleradora son _____,

_____ y _____.

B. En sus propias palabras.   Escriba una definición de estas palabras.

1.   la pantalla monocular
2.   las joyas inteligentes
3.   el teclado sensible

Las compras

Dos amigas hacían compras en el centro comercial cuando entraron en una tienda de novedades electrónicas. Estaban tan impresionadas con la nueva tecnología que pasaron por el Internet Café para descansar y comentar lo que vieron.

EDITH: ¿Viste la sección de "Las llevables"? ¡No creía lo que veía! Ya inventaron ropa con computadoras. Había relojes con microchips, chalecos con microchips. . . zapatos con microchips. . .

MARÍA PATRICIA: Sabía que la tecnología inalámbrica estaba cada día más avanzada, pero lo que vimos hoy me dejó atónita. Para mí el teléfono digital con acceso a Internet es impresionante. Cuando le pregunté al vendedor de los zapatos con microchips y cómo se usan, me contó del apretón de manos electrónico. ¿Oíste lo que me dijo?

EDITH: No lo oí. En ese momento jugaba con el monocular digital con pantalla de una pulgada que imita a una pantalla de seis pulgadas. ¿Qué te dijo?

MARÍA PATRICIA:	Me explicó que implantaron microchips en los zapatos que funcionan con la energía generada por el cuerpo humano. Él vio una demostración donde dos hombres de negocios estaban corriendo en el parque e intercambiaron sus tarjetas de negocios con un simple apretón de manos. El microchip en los zapatos procesó y almacenó la información. ¡Increíble!
EDITH:	A mí me gustó más la sección de la casa inteligente. El momento en que vi la Pantalleradora la quería. El refrigerador tenía una computadora con pantalla en la puerta—¡muchos refrigeradores entregan agua por la puerta: imagínate, éste te entrega tus mensajes! Cuando se acabó la leche, el aparato lo anotó en la lista de compras. Después llamó al supermercado para registrar la lista de compras para la semana. Mientras miraba CNN en el refrigerador, tuve una visión: estaba en la oficina mirando una película en el monocular cuando me llamó mi refrigerador, me dejó una lista de mensajes y e-mails y me dijo que la casa estaba limpia. ¡Qué sueño!
MARÍA PATRICIA:	Y tuve otro sueño cuando vi las computadoras llevables. Estaba aquí en el centro comercial buscando ropa nueva. Cuando vi el vestido que quería, no elegí la talla "chica, mediana o grande"; ¡elegí el tamaño 1 Ghz, 2 Ghz, o 3 Ghz!

C. ¿Comprende usted?   Conteste las preguntas según la información del diálogo.

1.   ¿Cuáles son las llevables que vieron María Patricia y Edith?
2.   ¿Qué energía usan los zapatos con microchip?
3.   ¿Qué hizo el refrigerador inteligente?
4.   ¿Qué le impresionó más a Edith? ¿Qué visión tuvo?
5.   En vez de pedir la talla de su ropa en chica, mediana o grande, ¿cómo va a elegir la ropa María Patricia en el futuro?

D. Equipo multifunción en color. Su impresora ya no funciona—¿por qué no compra una máquina que lo hace todo? Después de leer la publicidad de Amigo, termine la actividad.

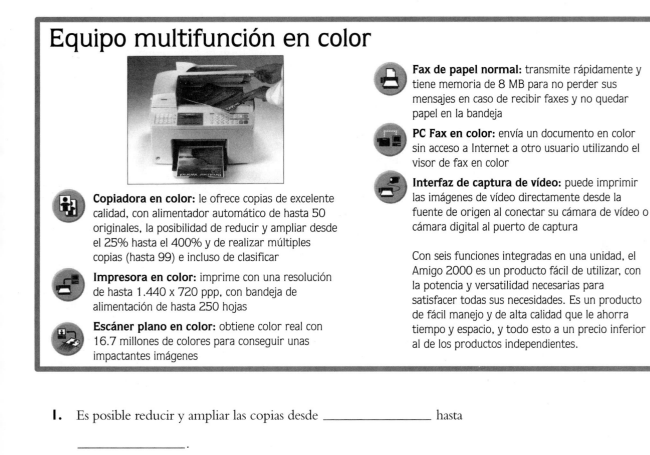

Equipo multifunción en color

Copiadora en color: le ofrece copias de excelente calidad, con alimentador automático de hasta 50 originales, la posibilidad de reducir y ampliar desde el 25% hasta el 400% y de realizar múltiples copias (hasta 99) e incluso de clasificar

Impresora en color: imprime con una resolución de hasta 1.440 x 720 ppp, con bandeja de alimentación de hasta 250 hojas

Escáner plano en color: obtiene color real con 16.7 millones de colores para conseguir unas impactantes imágenes

Fax de papel normal: transmite rápidamente y tiene memoria de 8 MB para no perder sus mensajes en caso de recibir faxes y no quedar papel en la bandeja

PC Fax en color: envía un documento en color sin acceso a Internet a otro usuario utilizando el visor de fax en color

Interfaz de captura de vídeo: puede imprimir las imágenes de vídeo directamente desde la fuente de origen al conectar su cámara de vídeo o cámara digital al puerto de captura

Con seis funciones integradas en una unidad, el Amigo 2000 es un producto fácil de utilizar, con la potencia y versatilidad necesarias para satisfacer todas sus necesidades. Es un producto de fácil manejo y de alta calidad que le ahorra tiempo y espacio, y todo esto a un precio inferior al de los productos independientes.

I. Es posible reducir y ampliar las copias desde _____ hasta

_____ .

2. La calidad de las imágenes obtenidas por el escáner es _____ .

3. Se puede enviar un documento en color sin usar Internet por

_____ .

4. Es posible imprimir las imágenes de vídeo directamente desde

_____ .

5. El Amigo 2000 le ahorra _____ y _____ .

Estructuras   *Contrasting past tenses:*
El pretérito y el imperfecto

- When you tell a story in the past, you will often use both the preterite and the imperfect aspects of the past, even in the same sentence.
- Use the preterite to describe events that took place in sequence.

Fuimos al centro comercial, **vimos** la exposición de tecnología y **tomamos** un café.

We went to the mall, saw the technology show, and had coffee.

- Use the imperfect to set the scene, giving background information against which the action takes place.

Era un día normal. **Brillaba** el sol. **Hacía** calor. **Trabajaba** en mi oficina.

It was a normal day. The sun was shining. It was hot. I was working in my office.

- Note that in the preceding scene, nothing has happened, but the stage has been set for the action to happen against.

De repente, mi secretaria **abrió** la puerta de mi oficina. Me **dijo** algo que no **comprendí.** Cuando **se calmó** me **explicó** que había una llamada urgente de mi refrigerador.

Suddenly, my secretary opened the door to my office. She said something that I didn't understand. When she calmed down, she explained that there was an urgent call from my refrigerator.

- Remember that it is sometimes helpful to think of the imperfect as an activity or state that goes on through time, and the preterite as an action that is over and done with in an instant.

Para practicar

A. Caperucita Roja.   Use la forma correcta del verbo en paréntesis en el pretérito o el imperfecto para terminar esta versión moderna de Caperucita Roja. *(Little Red Riding Hood)*

Érase una vez (1) _____ (haber) una muchacha que

(2) _____ (ser) muy bonita y que (3) _____

(llamarse) Caperucita Roja. Ella y su mamá (4) _____ (vivir) en una casa muy vieja en el desierto. Todos los días, Caperucita Roja

(5) _____ (caminar) por el desierto. Allí ella

(6) _____ (jugar) con los animales y siempre

(7) _____ (buscar) hierbas y otros productos naturales para vender en su tienda de comida orgánica. Un día, su mamá le (8) _____ (decir): "Caperucita Roja, hace dos minutos yo (9) _____ (saber) que tu abuela (10) _____ (enfermarse) mientras

(11) _____ (trabajar) en su nueva computadora. Por favor, quiero que le lleves esta sopa de pollo que yo le (12) _____ (hacer) y que le ayudes con los problemas que tiene con la computadora." Caperucita Roja

(13) _____ (ponerse) sus nuevos zapatos de tenis Nike con

microchip y (14) _____ (ir) inmediatamente en dirección a la casa

de la abuela. En el camino, ella (15) _____ (ver) al amigo lobo.

Ella, que claramente no (16) _____ (saber) que sería peligroso

hablarle, le (17) _____ (decir): "Voy a la casa de mi abuela enferma

para llevarle esta sopa de pollo que mi madre le (18) _____

(hacer)". Cuando Caperucita Roja (19) _____ (llegar) a la casa de

su abuela, ya (20) _____ (haber) muchos policías que tenían al

lobo en esposas *(handcuffs)*. Parece que la casa inteligente de la abuela

(21) _____ (tener) un sistema de seguridad electrónico. Mientras el

lobo (22) _____ (entrar) por la ventana, la casa inteligente

(23) _____ (llamar) a la policía. ¡Y todos vivieron felices para siempre—menos el lobo!

B. ¿Y usted? Con cinco oraciones o menos, narre la acción principal de un cuento tradicional de niños, sin dar los nombres de los personajes. Después, sus compañeros deben identificar el cuento. ¡Es mejor si tiene tema comercial!

Vocabulario Módulo 1

Sustantivos

la bandera	*flag, banner*	el hospedaje	*hosting*
el baudio	*baud*	la inscripción	*registration,*
la belleza	*beauty*		*enrollment*
la bola	*ball*	la muestra	*sample*
el buscador	*search engine*	el posicionamiento	*site, placement*
la búsqueda	*search*	el punto com	*dotcom*
el comestible	*food*	el/la recaudador/a	*collector*
la contraseña	*password*	el/la seguidor/a	*follower*
el cristal	*crystal, glass*	el servidor	*server*
la disponibilidad	*availability*	el/la usuario/a	*user*
el dominio	*domain*	la videocasetera	*VCR*

Verbos

apagar	*to turn off*	montar	*to start up*
diseñar	*to design*		

Adjetivos

atrasado/a	*behind*	peruano/a	*Peruvian*
clave	*key*	veloz	*fast*
fiel	*faithful*		

Otras expresiones

a tiempo completo	*full time*	paso a paso	*step by step*
al principio	*at the beginning*		

Módulo 2

Sustantivos

el alimentador	*feeder*	la informática	*computer science*
el apretón de manos	*handshake*	la interfaz	*interface*
la bandeja	*tray*	el/la lector/a	*reader*
el cuento	*story*	la libra	*pound*
la disquetera	*disk drive*	la librería	*bookstore*
la docena	*dozen*	el/la librero/a	*bookseller*
el funcionamiento	*operation, running*	la maravilla	*marvel*
		la margarita	*daisy*
la gama	*range*	el milagro	*miracle*
la hierba	*herb*	la mitad	*half*
la imagen	*image*	la novedad	*novelty*

la palabra	word	la subasta	auction
el personaje	character	el suministro	supply
la potencia	power	la tonelada	ton
el reconocimiento	recognition	la torre	tower
el segundo	second	el visor	viewfinder

Verbos

alojar	to lodge, to put up	enfermarse	to get sick
		imprimir	to print
arreglar	to arrange, to fix	pesar	to weigh
		quedar	to remain
brillar	to sparkle		

Adjetivos

atónito/a	amazed	monocular	one-eyed
inalámbrico/a	wireless	plano/a	flat
llevable	wearable	sensible	sensitive

Otras expresiones

| en vez de | in place of | últimamente | lately, recently |

Síntesis

A escuchar

María Patricia y Edith hablan por teléfono.

¿Comprende usted?   Conteste las preguntas según la información de la conversación.

1. ¿Cómo sabe María Patricia que Edith la llamaba?
2. ¿Cuándo recibió su identificadora de llamadas? ¿Qué más recibió?
3. ¿Cuándo notó Edith que no tenía su perfume?
4. ¿Por qué quiere ir de compras Edith?
5. ¿Por qué quiere María Patricia el número de la tarjeta de crédito de Edith?

A conversar

Aun con una escasez de sitios en español en Internet, la mitad de los adultos hispanos ahora navegan por Internet. Más de dos millones entraron por primera vez en el ciberespacio entre marzo de 2000 y febrero de 2001. Hablen de las posibilidades de establecer negocios en línea para venderle productos a este grupo.

A leer

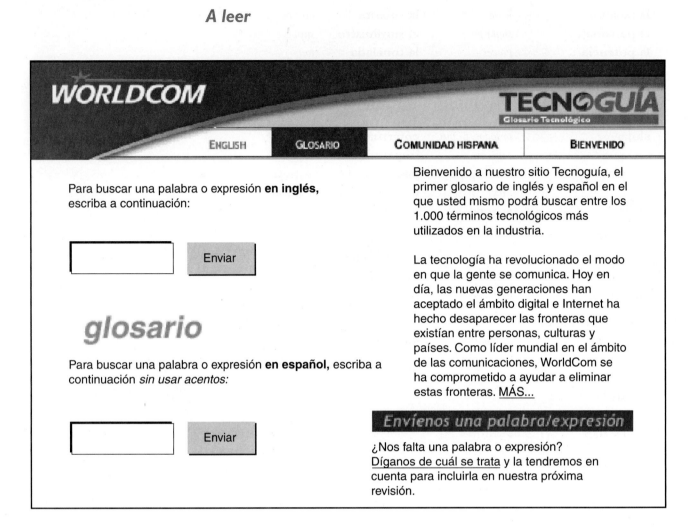

WORLDCOM

TECNOGUÍA
Glosario Tecnológico

| ENGLISH | GLOSARIO | COMUNIDAD HISPANA | BIENVENIDO |

Para buscar una palabra o expresión **en inglés,** escriba a continuación:

[ ] Enviar

glosario

Para buscar una palabra o expresión **en español,** escriba a continuación *sin usar acentos:*

[ ] Enviar

Bienvenido a nuestro sitio Tecnoguía, el primer glosario de inglés y español en el que usted mismo podrá buscar entre los 1.000 términos tecnológicos más utilizados en la industria.

La tecnología ha revolucionado el modo en que la gente se comunica. Hoy en día, las nuevas generaciones han aceptado el ámbito digital e Internet ha hecho desaparecer las fronteras que existían entre personas, culturas y países. Como líder mundial en el ámbito de las comunicaciones, WorldCom se ha comprometido a ayudar a eliminar estas fronteras. <u>MÁS...</u>

Envíenos una palabra/expresión

¿Nos falta una palabra o expresión? <u>Díganos de cuál se trata</u> y la tendremos en cuenta para incluirla en nuestra próxima revisión.

¿Comprende usted? La tecnología creó un nuevo vocabulario para todo el mundo. Busque estas palabras en el diccionario en línea de Worldcom.

1. cookie
2. burner
3. DVD
4. spam
5. password

A escribir

El glosario de WorldCom no tiene todas las palabras que busca. Escriba cinco que no pudo encontrar, como *ai, abend, bandwidth, e-zine, kernel,* y cree su propio vocabulario en español. ¿Está preparado/a para sugerir sus ideas a WorldCom?

Algo más

Ventana cultural

The LATino News Network, www.latnn.com, is your source for Hispanic/
Latino news, and it's bilingual. Go to the site and enter your e-mail to register
for LATNN.com's e-mail list. One way to connect with a culture is to
immerse yourself in it. This lesson is all about technology; combine culture
and computers at this Internet address to find Latino stories around the Web.

LATNN.com
LATino News Network

Friday, April 5, 2002

TOP STORY

Raúl Yzaguirre Discloses Parkinson's Disease

**November 27, 2001 (LATNN.com)—Raúl
Yzaguirre, President of the National Council of
La Raza, the nation's largest Hispanic civil rights
organization, announced Tuesday that he had
been diagnosed with Parkinson's disease.**

Other Info – Press Releases
**Universal and the Arenas Group Form
New Latino Film Label**
Other Info – Announcements
**Research Study Reveals Sense of Safety
among Latino Residents of New York**
Other Info
Latino Stories around the Web

Other Stories

Gómez Assumes Hispanic Bar Association Presidency
Chicago attorney Ángel G. Gómez was recently sworn in as the 25th President of the Hispanic National Bar
Association.

NCLR Announced Major Partnership with Allstate
The National Council of La Raza announced Tuesday a new partnership agreement with Allstate Insurance
Company that would have the insurance company contributing money to the organization's community
lending agency.

No existe diferencia entre el asma en las comunidades urbanas y las rurales
Durante la última década, las investigaciones han mostrado que existe una mayor incidencia de mortalidad y
morbosidad debido al asma en las zonas céntricas.

Nuevo servicio de distribución de noticias ahora disponible para Puerto Rico
Las agencias y asesores de relaciones públicas, así como los departamentos de mercadeo de las corporaciones,
podrán ser aún más eficientes a la hora de enviar sus comunicados de prensa dentro y fuera de Puerto Rico.

En mis propias palabras.   Usted es diseñador/a de páginas web en español y quiere un sitio en Internet donde todos los latinos puedan juntarse. Ya tiene el dominio registrado: www.todolatino.com. Apunte las categorías para su página principal.

MODELO: *negocios*
deportes
artistas
cultura
inmigración

A buscar

¿Puede resistir la tentación de una tienda virtual? Vaya a esta dirección y mire las camisetas—muchas son de los Sanfermines en Pamplona, España cuando los toros corren por las calles cada julio. ¡Son camisetas preciosas! Yo no pude "vivir" sin comprar varias, para mí y para mis amigos; ¡compré una docena usando mi tarjeta de crédito! Me las mandaron por correo. A todos les gustaron. ¿Cuál es SU favorita? www.kukuxumusu.com

A conocer: María D. Cruz y Amelia M. Rowe

Estas son dos hispanas que trabajan para Verizon Comunicaciones. María es Directora de diversidad de los proveedores. Su papel asegura la inclusión de negocios con propietarias femeninas y de minorías en la cadena de suministros. Ella trabaja para Verizon desde hace 22 años y es un modelo para otras hispanas. Desarrolló un programa de ayuda entre empresarios. Es la líder del grupo Hispanic Support Organization de Verizon, un recurso para empleados.

Amelia aceptó el puesto de Gerente de operaciones en abril de 2000. Su responsabilidad es la de mejorar los instrumentos de mecanización para reducir la labor manual e identificar y minimizar los riesgos financieros para Verizon. Es miembro del Concilio de Dallas y vicepresidenta de Hispanics for Excellence. Sirve como consejera para YWCA y para estudiantes de las escuelas secundarias en el área de Dallas.

María y Amelia recibieron premios en 2001 de National Hispanic Corporate Achievers, Inc. por su servicio a la comunidad.

Busque a otras latinas en puestos de responsabilidad en su ciudad o estado. De las que usted y sus compañeros encuentren, inviten a una o dos a hablarles en clase de su servicio voluntario.

$\mathcal{L}$ECCIÓN 12

Repaso II

Lección 7: Las finanzas
- Expressing generalizations, expectations, and passive voice: *Se impersonal*
- The recent past: *Acabar de + infinitivo*
- Expressing likes and dislikes: *Gustar*
- Numbers: *De cien a millones; los números ordinales*

Lección 8: La industria y la producción
- Describing daily routines: *Los verbos reflexivos*
- More on reflexive verbs: *Los verbos recíprocos*
- Expressing knowledge and familiarity: *Saber y conocer*
- Receiving the action of a verb: *El objeto directo*

Lección 9: El comercio global
- Giving advice and suggestions: *Introducción breve al subjuntivo*
- More on the subjunctive: *Más sobre el subjuntivo*
- Giving recommendations: *El subjuntivo con expresiones impersonales*
- Expressing emotion and doubt: *El subjuntivo con expresiones de emoción y duda*

Lección 10: El papel del gobierno
- Discussing past activities: *Introducción al pretérito*
- More on the preterite: *Verbos irregulares*
- Relating past activities: *Verbos en -ir con cambios en el pretérito*
- More past activities: *Usos del pretérito*

Lección 11: El mundo de la tecnología
- Describing past situations: *El imperfecto*
- More on the imperfect: *Estados mentales, físicos y más*
- Narrating in the past: *El pretérito y el imperfecto*
- Contrasting past tenses: *El pretérito y el imperfecto*

Lección 7

Las finanzas

¿Recuerda usted a Lucía, nuestra secretaria bilingüe? Hace poco recibió otra promoción a la División Internacional como entrenadora bilingüe para OJT. Ahora trabaja con los nuevos empleados y con los estudiantes en prácticas para asegurar que comprendan cómo funciona la compañía y el mundo de los negocios en general. ¡Qué diferente es su vida ahora: ella tiene un nuevo trabajo con mucha responsabilidad, nuevos colegas de todas partes del mundo y. . . un nuevo esposo, Roberto.

Módulo I

A. Esto es un/una. . .   Hoy Lucía trabaja con un grupo de estudiantes recién llegados de España y de varios países de Latinoamérica. Antes de hablar del sistema bancario, ella quiere estar segura de que aunque estos estudiantes son de diferentes lugares y usan diferentes palabras, todos usan la misma terminología para que puedan identificar diferentes instrumentos y transacciones bancarias. Ayúdeles, por favor, escribiendo una frase equivalente a la de la lista—y una definición.

MODELO: depositar fondos
ingresar fondos—poner dinero en una cuenta bancaria

1. retirar fondos
2. cuenta de cheques
3. mercado de dinero
4. cajero automático
5. corredor de acciones
6. la Bolsa

B. Los empleados ideales.   Ahora, los estudiantes están empezando a trabajar con clientes para practicar las cosas que aprendieron. Es importante tenerlo todo listo antes de abrir las puertas. Cuando Lucía lea la lista de tareas, dígale quién acaba de hacer cada cosa.

MODELO: Ustedes necesitan contar el dinero de la caja.
Nosotros acabamos de contar el dinero de la caja.

1. Susana tiene que buscar más formularios para los nuevos clientes.
2. María y Julio tienen que investigar las tasas de interés de hoy.
3. Marco tiene que abrir las puertas y las cortinas.
4. Alejandro y Justino tienen que limpiar los escritorios.
5. Ustedes tienen que entregar las tareas de la clase de ayer.
6. Los estudiantes nuevos tienen que aprender a abrir cuentas.

C. Imaginación. Use la imaginación para adivinar *(guess)* qué acaba de pasarles a estos clientes de un banco para hacer que pidan los siguientes servicios.

MODELO: Un cliente quiere $2,000 en cheques de viajero.
Acaba de hacer reservaciones para un viaje.

1. Una clienta quiere retirar sus diamantes de la caja de seguridad.
2. Un cliente llega con una maleta grande llena de dinero en efectivo y quiere abrir una cuenta.
3. Una señora entra en el banco llorando. Quiere cerrar su cuenta de ahorros.
4. Un señor quiere poner el nombre de una mujer en su cuenta de cheques.
5. Un hombre tiene que cancelar todas sus tarjetas de crédito y pedir nuevas tarjetas.

D. ¿Qué se hace? Escriba una lista de cinco cosas que se hacen y cinco cosas que no se hacen para ahorrar mucho dinero y ser millonario.

MODELO: *No se compran cosas si no son necesarias. Se depositan fondos en el mercado monetario cada semana.*

Módulo 2

A. El cliente bien informado. Hoy el grupo de Lucía está pasando el día en las oficinas del IRS, para escuchar las preguntas típicas de los contribuyentes que necesitan ayuda. Hay tanta gente con tantas preguntas que ustedes tienen que ayudar. El cliente quiere estar seguro de cada detalle. Explíquele estos términos con palabras que pueda comprender fácilmente.

MODELO: el impuesto federal sobre la renta
El impuesto federal sobre la renta es el porcentaje del sueldo anual que pagamos al IRS.

1. el W-2
2. la declaración
3. la multa
4. los préstamos e intereses
5. los gastos

B. Los gustos. Diga si a estas personas les gustan o no les gustan estas cosas.

MODELO: Un inversionista muy conservador/las acciones con riesgos
A un inversionista muy conservador no le gustan las acciones con riesgos.

1. un contribuyente deshonesto/una auditoría del IRS
2. usted/esperar hasta el 15 de abril a medianoche para presentar la declaración
3. una persona muy independiente/pagar a un contador para preparar sus impuestos en vez de prepararlos en casa
4. un contribuyente con un sueldo alto/muchas deducciones
5. un contribuyente perezoso/llenar la planilla a tiempo en vez de pedir una extensión

C. Estadísticas del IRS.   El IRS acaba de publicar una lista de estadísticas y proyecciones relacionadas con los contribuyentes que van a presentar declaraciones electrónicas este año. Escriba, por favor, todos los números—¡con letra!

MODELO: Hay un **61%** más de visitantes en el sitio <u>www.irs.gov</u> este año que el año pasado.
Hay un sesenta y un por ciento más de visitantes en el sitio <u>www.irs.gov</u> este año que el año pasado.

I.   **781,000** contribuyentes ya visitaron el sitio.
2.   Pasan un promedio de **11** minutos navegando por el sitio.
3.   Hasta ahora **2,000,000** de personas presentaron planillas electrónicas.
4.   Dentro de **3** semanas, otros **1.5 millones** van a presentar planillas electrónicas.
5.   Éste número representa un aumento del **200** por ciento en el número de planillas electrónicas presentadas en los últimos **5** años.

D. ¿Y usted?   ¿Qué le gusta hacer para preparar la planilla de impuestos? Haga una lista de cinco cosas que le gusta—o no le gusta—hacer al declarar su renta al IRS.

MODELO: *No me gusta esperar hasta el último momento.*

Lección 8

La industria y la producción

Módulo 2

A. Solamente hablo un poco de español.   Usted está trabajando con un grupo de estudiantes muy diverso, porque estos estudiantes vienen de muchas partes del mundo. Una señorita tiene dificultad con el idioma. Ponga la palabra o la frase en español que ella quiere describir.

MODELO: <u>La planta que produce las cosas</u> donde trabajo no es moderna, pero las condiciones no son malas.
¿La fábrica donde trabaja?

I.   Todos los empleados tienen que usar <u>equipo protector para los ojos</u> y <u>equipo protector para la cabeza.</u>
2.   <u>El salón donde nos cambiamos de ropa</u> es muy grande y cómodo.
3.   <u>La parte de la planta donde aprendemos nuevas técnicas y nuevas tecnologías</u> no tiene computadoras.

4. <u>La organización de trabajadores que protege los derechos del personal</u> no es muy fuerte en nuestra fábrica.

5. Hay muchos conflictos entre la gerencia y la mano de obra que probablemente no tienen solución. El sindicato piensa organizar <u>un paro de trabajo general.</u>

B. En los vestidores. Explique para qué se usan estos productos que encontramos en el vestidor de la fábrica moderna.

MODELO: _____ un peine, un cepillo
Se peina el pelo con un peine y un cepillo.

1. _____ el champú y el acondicionador
2. _____ el uniforme
3. _____ la pasta dental
4. _____ la redecilla del pelo
5. _____ una toalla
6. _____ jabón

C. Sugerencias. Mientras hablan de los artículos de higiene personal, uno de los estudiantes extranjeros le pide ayuda. Necesita ir a una farmacia para comprar algunas cosas, pero no conoce las marcas de aquí. Dígale para qué usan estas marcas los miembros de su propia familia.

MODELO: Mis hermanos/productos de Vidal Sassoon
Mis hermanos se peinan con productos de Vidal Sassoon.

1. Mi familia/Crest
2. Mi hermana/champú y acondicionador Pantene
3. Yo/Lava
4. Muchas personas/toallas Fieldcrest
5. Mis tíos/uniformes de J.C. Penney

D. Buenos empleados. . . y buenos amigos. En la cafetería de la fábrica que están visitando, usted y sus compañeros tienen la oportunidad de hablar con los obreros. Ustedes notan que la gerencia y los obreros se llevan muy bien. Uno de los obreros dice que todo es a base del respeto mutuo y la cooperación. Use las siguientes acciones recíprocas para explicárselo al grupo y escriba dos acciones más.

MODELO: hablar con confianza
Nos hablamos con confianza.

1. consultar con preguntas   **4.** respetar
2. ayudar con los problemas   **5.** ¿?
3. apoyar los unos a los otros   **6.** ¿?

Módulo 2

Buenos días, hoy llegan al Centro de Capacitación de las Industrias Internacionales los jóvenes cocineros de los comedores ejecutivos y las cafeterías de las plantas en Chile, Argentina y España. Van a conocer no sólo los restaurantes, sino también la cadena de producción para ciertos alimentos. Tienen muchas preguntas sobre las operaciones de aquí. Contéstelas, por favor.

Gracias,
Lucía

A. Las preguntas.   Aquí tiene algunas de las preguntas que hacen los visitantes. Conteste, por favor, usando el vocabulario necesario.

1. **Pregunta de Mario:** ¿Tienen todos sus restaurantes buffets de ensaladas?

Respuesta: Sí, normalmente son muy populares. Este año, pasamos un

_____ muy difícil. Durante los meses de diciembre, enero y febrero había mucha escarcha *(frost)*. Ahora los precios de la lechuga y los tomates están tan altos que no es rentable tener tantos buffets de ensaladas.

2. **Pregunta de Elena:** ¿Tienen un menú más o menos fijo o cambian el menú según las tendencias del momento?

Respuesta: Tenemos un grupo de platos fijos en el menú. Pero de vez en cuando el chef encuentra unos ingredientes nuevos e interesantes a buen

precio e inventa una _____ nueva. Si les gusta el plato a los trabajadores, lo usamos como "especial del día".

3. **Pregunta de los hermanos de Santiago:** A nosotros en estos momentos nos resulta muy caro mantener la cafetería abierta para los pocos empleados que tenemos, a causa de los problemas económicos de la región. Pizza Hut y McDonald's quieren ocuparse de nuestro servicio de comida. ¿Qué opina usted?

Respuesta: Aquí también hay una tendencia general a dejar las cafeterías

institucionales bajo licencia de las _____ más populares. Aquí todavía no hemos considerado esa posibilidad.

4. Pregunta de Andrés: En nuestra región, la economía crece rápidamente.

Todo el mundo tiene empleo. Para mí, es difícil _____ a los empleados capacitados. Una vez que aprenden lo necesario sobre nuestro funcionamiento, salen a buscar oportunidades más lucrativas. ¿Aquí tienen este problema?

Respuesta: Para nosotros también, el problema de la _____ es el más grande que tenemos. Ofrecemos prestaciones extraordinarias a los empleados que se quedan con nosotros, pero sí, es un problema.

B. Los expertos   Estos visitantes están cada vez más convencidos de que usted y sus compañeros son los expertos más expertos del mundo; por eso les hacen tantas preguntas. Termine sus preguntas usando la forma correcta de **saber** o **conocer.**

MODELO: ¿_____ usted dónde puedo encontrar nuevas recetas de comida mexicana?

¿Sabe usted dónde puedo encontrar nuevas recetas de comida mexicana?

1. ¿_____ usted a Emeril, el cocinero más famoso del mundo?

2. ¿_____ ustedes si puedo llevar semillas de Estados Unidos a mi país?

3. ¿_____ usted una compañía que produzca comida nutracéutica?

4. ¿_____ ustedes cuánto cuesta un boleto de avión de aquí a Las Vegas?

5. ¿_____ ustedes preparar una buena paella?

C. Más preguntas.   Conteste estas preguntas de los visitantes usando un pronombre en vez de un complemento directo.

MODELO: ¿Tienen ustedes un sistema de seguridad aquí?

Sí, lo tenemos.

1.   ¿Buscan ustedes nuevas recetas cada año?
2.   ¿Usan las máquinas para lavar los platos?
3.   ¿Preparan muchos tamales aquí?
4.   ¿Compran las bebidas y refrescos directamente de la fábrica?
5.   ¿Sirven vino y cerveza en la cafetería?

D. Otra vez los expertos.   Explíqueles a los visitantes para qué usan estas cosas en el cultivo y la preparación de la comida. Incluya un pronombre de objeto indirecto.

MODELO: la capacitación
La usamos para entrenar a los empleados en los métodos más modernos para los restaurantes.

1. las recetas
2. los ingredientes
3. el abono

4. las semillas
5. el tractor

Lección 9

El comercio global

Módulo 1

Ustedes están estudiando logística de comercio internacional. En la frontera, hay mucho que observar.

A. Los trámites del comercio internacional.   Después de pasar varias horas investigando sus intereses individuales relacionados con el control de mercancías en la frontera, el grupo se reúne en un café para compartir sus experiencias. Identifique lo que estos compañeros describen.

MODELO: Hay un lugar donde hay dos edificios con muchas personas que llevan uniformes. Un edificio, al norte, tiene la bandera de Estados Unidos. El otro edificio, al sur, tiene la bandera mexicana. ¿Dónde estamos?
En la frontera.

1. Vimos unos vehículos enormes con por lo menos 18 ruedas. ¿Qué son?
2. Hay una fábrica donde están entregando muchos componentes. Un rato después se ven salir televisores, radios y otros equipos electrónicos listos para el mercado. ¿Qué clase de fábrica es?
3. Vi un lugar con muchos buques cerca de los muelles, con grúas para subir los contenedores. También vi unos yates elegantes. ¿Cómo se llama el lugar?
4. Cerca de la frontera hay una larga cola de camiones que esperan entrar en una clase de garaje enorme donde unos hombres con uniformes pesan los vehículos, registran el inventario y el contenido y discuten con hombres de negocios sobre aranceles. ¿Qué es esto?
5. Elena y yo primero fuimos a unas oficinas administrativas en Estados Unidos para hablar con los ejecutivos. Nos llevaron a su planta al otro lado de la frontera donde hacen el ensamblaje de los productos. ¿Cómo se llama este sistema de fabricación y distribución a los dos lados de la frontera?

B. La voz de la experiencia. Después de pasar un largo día explorando la frontera, usted y el grupo están invitados a cenar en la elegante casa de un ejecutivo de Estados Unidos que ahora vive y trabaja en una maquila en México. Él tiene algunas preguntas y sugerencias para los estudiantes del grupo. Llene cada espacio con el subjuntivo del verbo indicado.

1. Les recomiendo que _____ (pasar) mucho tiempo conociendo la cultura.

2. También les sugiero que _____ (buscar) a un buen corredor de aduana.

3. Espero que ustedes _____ (estar) cómodos aquí en mi casa.

4. Quiero que me _____ (decir) sus impresiones.

5. Prefiero que nosotros _____ (cenar) ahora y

   _____ (hablar) de los negocios mañana.

C. La ley. Ahora el grupo tiene la oportunidad de trabajar con unos corredores de aduana y de aprender un poco sobre las leyes del comercio internacional. Usted no es abogado, pero puede explicarles estas situaciones a sus compañeros llenando cada espacio con la forma correcta del verbo.

MODELO: La ley exige que los chóferes de semi-remolques

   _____ (presentar) los documentos en la aduana.
   La ley exige que los chóferes de semi-remolques presenten los documentos en la aduana.

1. El aduanero insiste en que el chofer _____ (pagar) los aranceles inmediatamente.

2. El aduanero teme que los documentos _____ (estar) falsificados.

3. El aduanero le pregunta al chofer si quiere que su compañía

   _____ (perder) el permiso para pasar las mercancías por la frontera.

4. El chofer le pide al aduanero que _____ (ser) razonable.

5. Quiero que ustedes _____ (saber) la enorme importancia que tiene el tener todos los documentos arreglados antes de llegar a la frontera.

6. Espero que el aduanero no _____ (confiscar) el camión y las mercancías.

D. Pasando la frontera. Dos miembros de su grupo están contentos en México y quieren regresar para ir de compras durante el día y a fiestas y bailes durante la noche. El problema es que uno de ellos no trae su pasaporte. Ahora están buscando una identificación falsa. ¡Qué horror! Esto es ilegal. Hágales cinco sugerencias para evitar que tengan problemas graves.

MODELO: *No quiero que busquen una identificación falsa.*

Módulo 2

A. Centro de información. Como parte de un examen, los estudiantes van a servir de voluntarios hoy en una exposición internacional del comercio. Tienen que definir estas palabras para que las comprenda el público en general.

MODELO: la visa
La visa es el permiso oficial para entrar y salir de una nación.

1. la inmigración
2. las divisas
3. las cartas de crédito
4. el medio ambiente
5. el banco comercial

B. Los productos orgánicos. Uno de los inversionistas de su nueva compañía de nutracéuticas no comprende por qué necesitan comprar ingredientes orgánicos importados en vez de otros ingredientes más baratos. Tenga paciencia, por favor, y explíquele sus razones.

MODELO: Es común que los ingredientes más económicos
_____ (tener) pesticidas.
Es común que los ingredientes más económicos tengan pesticidas.

1. Es importante que nosotros _____ (proteger) el medio ambiente.

2. Es preferible que los chocolates _____ (ser) puros.

3. Es raro que una persona _____ (tener) reacciones alérgicas a los ingredientes orgánicos.

4. Es urgente que los agricultores _____ (dejar) de usar

pesticidas y _____ (buscar) otros métodos para controlar las plagas.

5. Es evidente que el señor _____ (ser) un hombre de negocios inteligente y que también se interesa por la protección de la naturaleza.

6. Es una lástima que los productos orgánicos _____ (costar) más dinero.

C. Más problemas con los inversionistas.   ¡Ay, no! Los inversionistas de su nueva compañía quieren controlarlo todo. Usted no está de acuerdo con lo que dicen, pero tiene que ser muy diplomático al contrariarlos. Usando el indicativo o el subjuntivo y toda la cortesía que pueda, acepte o rechace *(reject)* estas declaraciones.

MODELO: Inversionista: ¡Yo tengo mucha experiencia con estas cosas!
Usted: Es evidente que...
Es evidente que tiene mucha experiencia con estas cosas pero...

1. Inversionista: Con ingredientes importados, vamos a estar en bancarrota en dos meses.
Usted: Dudo que...

2. Inversionista: ¡Yo no invierto ni un centavo más en esta empresa!
Usted: Es urgente que...

3. Inversionista: Mi abogado es mejor que su abogado.
Usted: No creo que...

4. Inversionista: Puedo conseguir mejores tasas de interés que éstas.
Usted: Es excelente que...

5. Inversionista: Podemos hacer todos los trámites de la aduana sin pagar a un corredor.
Usted: Es importante que...

D. Decisiones corporativas.   Ahora usted tiene que decidir si van a importar los ingredientes orgánicos o a comprar ingredientes domésticos más baratos. Haga una lista de cinco razones para comprarlos en el mercado global y cinco razones para no hacerlo. ¡Use, por favor, una de las frases impersonales en cada declaración para demostrar su imparcialidad!

MODELO: *A favor: Es importante que los ingredientes sean puros.*
En contra: Es probable que los ingredientes importados cuesten mucho más.

Lección 10

El papel del gobierno

Módulo I

Ahora Lucía manda a todos los estudiantes a conocer a algunas personas importantes en Washington, D.C., para que comprendan cómo funciona la política. ¡Allí van a conocer a algunos personajes muy interesantes!

A. El senador viejo.   Un senador muy famoso y un poco olvidadizo quiere explicarles algunos de los términos importantes en política. El problema es que usted tiene que ayudarlo a encontrar las palabras que no puede recordar.

MODELO: Cuando hay rumores de que se están llevando a cabo actividades ilegales o inmorales, muchas veces el Senado investiga los problemas y escucha a unos testigos que presentan la evidencia en un salón grande. A veces sale en C-SPAN.
¿Una audiencia?

1.   Cuando hay un conflicto entre dos personas o dos grupos que no puede resolverse con la mediación, es común que una persona registre esto para que la corte decida. Se dice. . .

2.   Un aviso oficial de que usted tiene que presentarse ante la corte. No recuerdo cómo se llama.

3.   Cuando los políticos como yo queremos lanzar una campaña política, eso cuesta mucho dinero. Es importante acumular mucho, mucho dinero del público antes de empezar. Normalmente organizamos una recepción o un banquete para recaudar dinero. ¿Cuál es la palabra que busco?

4.   Cuando resulta evidente que hay muchos problemas con un segmento de la sociedad—por ejemplo, con la educación o la manera en que los políticos recaudan fondos—a veces algunos de nosotros intentamos implementar una. . .una. . .¿? para remediarlo.

B. El reporte de las actividades diarias.   Después de pasar el día con muchas personas influyentes, asistir a unas audiencias importantes sobre la reforma de las campañas políticas y cenar en una recepción muy elegante para un diputado de Chile, usted tiene que escribir un reporte para Lucía. Use el pretérito para explicarle lo que hizo.

MODELO: despertarse a las 6 de la mañana
Me desperté a las seis de la mañana.

1. buscar la dirección del edificio del Congreso
2. entregar los documentos importantes a la recepcionista
3. hablar durante media hora con un líder de nuestra industria
4. asistir a una audiencia sobre la reforma de las campañas políticas
5. escuchar un debate sobre el presupuesto y la reforma del IRS
6. almorzar a las dos de la tarde
7. escribir una nota a nuestro senador
8. investigar los rumores de corrupción
9. ir a la recepción para el diputado de Chile

C. Un robo en las oficinas del senador.   Usted y un compañero llegaron muy temprano a la oficina del senador—antes que nadie. O casi nadie. Cuando llegaron, notaron que algo estaba mal. Escriba este Informe de incidente —usando el pretérito.

MODELO: *Venimos* a la oficina a las siete.
Vinimos a la oficina a las siete.

1. Algo *hace* ruido.
2. No *podemos* ver nada al principio.
3. Entonces *vemos* a dos personas cerca de un archivo con documentos importantes.
4. Yo *quiero* llamar a la policía y mi compañero *quiere* observar a los ladrones *(robbers)*.
5. Yo le *digo* al policía que *tenemos* un problema en la oficina.
6. Ellos *llegan* rápidamente y les *ponen* esposas a los criminales.
7. Nosotros *vamos* con el policía para hacer una declaración.
8. Cuando *volvemos* a la oficina del senador, nos *llaman* sus "héroes".

D. Una emergencia personal.   Describa o invente una emergencia en la que participó. Use el pretérito para decirnos: 1) el problema, 2) lo que hizo y 3) el resultado.

MODELO: *Cuando yo tenía diez años, estaba sola en la casa cuando escuché unos gritos horribles. Tenía miedo, pero fui a investigar. . .*

Módulo 2

A. El desastre.   Ha ocurrido un desastre natural en una ciudad de América Latina donde hay un sucursal de su compañía. Lucía quiere que usted y los demás estudiantes y empleados organicen sus esfuerzos para ayudar a los compañeros que han sido víctimas de este desastre. Aquí tiene una lista de problemas y soluciones. Por favor, explique en sus propias palabras cada elemento de la lista.

MODELO: inundación

Una inundación es un desastre natural en el que el agua corre rápidamente por las calles, entra en las casas y causa muchas enfermedades.

1. donativos de sangre
2. voluntarios
3. apoyo financiero
4. organización sin ánimo de lucro
5. el efecto invernadero

B. El voluntario o la víctima.   Usted y algunos compañeros fueron al sitio del desastre para ayudar. Para su reporte, diga quién hizo lo siguiente anoche —usted **(Yo)** o las víctimas **(ellas).**

MODELO: preparar la comida

Yo preparé la comida.

1. buscar ropa para dar a la familia
2. dormir en el gimnasio de una escuela
3. pedir agua
4. despertarse llorando de miedo
5. servir las comidas
6. seguir las instrucciones de los profesionales y voluntarios
7. ir a las casas para buscar más víctimas
8. traer agua potable y medicinas
9. buscar a sus familiares y amigos
10. hacer planes para volver a construir las casas
11. conducir la ambulancia

C. ¿Qué hicieron los voluntarios ayer?   Lucía quiere saber cómo pasaron su tiempo los voluntarios durante los últimos dos o tres días. Usando cinco de estos verbos, escriba un informe de sus actividades.

dormir	pedir	buscar	estar	encontrar	servir
decir	hacer	ir		traer	conducir

MODELO: pedir

Nosotros pedimos donativos de sangre.

D. Necesitamos su ayuda.   Usted y su compañero son voluntarios en una organización famosa sin ánimo de lucro. Cuando oyeron que había escasez de sangre y dinero para ayudar a las víctimas de un desastre, ustedes decidieron ayudar. Hagan una lista de ocho actividades que llevaron a cabo para ayudar.

MODELO: *Primero organizamos una conferencia de prensa para avisar a la comunidad.*

Lección 11

El mundo de la tecnología

Módulo 1

A. Problemas electrónicos.   Lucía quiere saber cómo están los estudiantes que fueron a ayudar en el desastre natural. Cuando intentó usar su sistema de e-mail, no funcionaba. Después de una hora de frustración, Lucía llamó a su proveedor de servicio de Internet. Ahora, el representante de servicio al cliente por fin le contesta y ella explica el problema mientras él toma notas. Llene el espacio con la palabra que él anota en cada caso.

MODELO: Quiero usar mi cuenta de e-mail, pero no puedo _____ (entrar en el sistema) usando mi información personal.
ingresar

1. Yo escribí mi _____ (nombre de pantalla) en el espacio.

2. Después, puse mi _____ (serie de letras y números secretos) en el espacio.

3. No, no soy un nuevo miembro. Soy un _____ (persona que ya se figura entre los registrados).

4. El único _____ de error (explicación del problema) que recibo después de hacer clic es: "Contraseña inválida".

5. No, señor, mi _____ (parte de la computadora que tiene las letras y números para poder entrar información) no tiene puesto el Caps Lock. Ay, perdón, señor. Esto sí era el problema.

B. Las preocupaciones de Lucía.   Lucía no tiene noticias de sus empleados y estudiantes y está preocupada. Pasó muy mala noche. Termine su descripción con el verbo indicado en el imperfecto.

Ayer, yo no (1) _____ (tener) mucha energía.

(2) _____ (estar) muy nerviosa pensando en mi grupo. Durante la tarde, yo intenté comunicarme por e-mail con ellos muchas veces, pero

(3) _____ (ser) imposible. Primero, (4) _____ (haber)

problemas con mi computadora y después no (5) _____

(funcionar) mi servicio de Internet. Cuando me acosté, no

(6) _____ (poder) dormir pensando en ellos. Al cerrar los ojos, en

mi imaginación solamente (7) _____ (ver) la destrucción y el

peligro del desastre. No (8) _____ (saber) si ellos

(9) _____ (estar) bien ni qué (10) _____ (hacer).

Esta mañana cuando me levanté, me (11) _____ (esperar) un e-mail de ellos diciendo que hay mucho que hacer para ayudar, pero que todos están bien y contentos de ser útiles. ¡Qué alivio!

C. Las actividades.   Mientras los voluntarios ayudaban en el desastre, los otros compañeros de trabajo seguían una vida normal. Diga por qué estas personas necesitaban hacer estas acciones.

MODELO: Alejandro tomó agua.
Alejandro tomó agua porque tenía sed.

1.   Fui al cajero automático.
2.   Mercedes trabajó muchas horas extras esta semana.
3.   La secretaria hizo un solitario en la computadora.
4.   Investigaste la disponibilidad de varios dominios.
5.   María Patricia y Edith compraron su perfume favorito en Internet.

D. ¿Y usted?   ¿Recuerda algo de lo que tenía mucho miedo de niño/a? Describa cómo se sentía y qué hacía para aliviar los nervios cada vez que sentía ese temor.

MODELO: *No me gustaba estar sola de noche. Lloraba hasta dormirme. Siempre tenía una luz en mi recámara.*

Módulo 2

A. En la exposición de tecnología.   Lucía está en una exposición de tecnología buscando nuevo equipo para la oficina y algunas novedades para su uso personal. Dé la(s) palabra(s) que representa(n) la descripción de las cosas que mira y compra. ¿Tiene usted alguna marca favorita?

MODELO: máquina electrónica que reproduce en papel las palabras y los gráficos de la pantalla
Una impresora. Me gusta HP.

1. máquina electrónica que permite mandar documentos por medio de las líneas telefónicas
2. máquina electrónica que organiza mi calendario, mis números de teléfono y mi e-mail—tan pequeña que la puedo meter en mi bolsillo
3. computadora portátil que tiene el tamaño de un cuaderno
4. aparato electrónico que permite ver en una pantalla la información que tiene la computadora
5. una pantalla del tamaño de un lente para un ojo

B. ¿Eres tú?   Cuando Lucía pasa por el puesto de electrónica del futuro:"las llevables" la atiende un señor mayor. Llene el espacio con la forma correcta del imperfecto o el pretérito para saber lo que pasó entre ellos.

MODELO: SEÑOR: ¿<u>Tenía</u> (tener) alguna pregunta, señorita? Lucía, ¿eres tú? Hace muchos años, ¿no <u>eras</u> (ser) estudiante en la escuela secundaria La Corona?
LUCÍA: Sí, yo <u>asistía</u> (asistir) a La Corona. ¿Es usted el maestro Arenas de las clases de informática?

SEÑOR: Sí, Lucía. Te recuerdo bien. Tú siempre (1) _____ (tener) interés en las computadoras y la tecnología. Y recuerdo que siempre (2) _____ (estar) con un compañero—¿Roberto? Una vez me (3) _____ (pedir) ustedes ayuda porque (4) _____ (querer) ensamblar su propia computadora para ahorrar dinero.

LUCÍA: ¡Qué buena memoria! ¿Sabe qué? Hace unos meses, cuando yo recibí mi gran promoción, yo (5) _____ (casarse) con Roberto.

SEÑOR: ¡No me digas! Recuerdo como si fuera ayer un día que Roberto (6) _____ (llegar) a mi oficina. Él (7) _____ (estar) muy nervioso. Me (8)_____ (decir) que él (9) _____ (navegar) en Internet cuando de repente *(suddenly)* todas las computadoras del laboratorio (10) _____ (apagarse). Él (11) _____ (estar) seguro de que era culpa suya. Cuando yo (12) _____ (llegar) e (13) _____ (investigar), era obvio que una de sus mejores amigas se estaba divirtiendo con él y (14) _____ (desconectar) todas las computadoras. Si la memoria no me engaña, esta amiga (15) _____ (ser) tú, Lucía.

LUCÍA: ¡Ay! Señor Arenas, sí. Yo lo (16) _____ (hacer). ¡Qué mala!

SEÑOR: Yo no lo (17) _____ (olvidar). Ésta fue la primera crisis tecnológica de mi carrera. La primera de muchas, muchas más entre mis estudiantes.

C. ¿Y usted?   ¿Recuerda alguna vez en que usted tuvo una crisis tecnológica? Narre la anécdota incluyendo las circunstancias y detalles.

MODELO: *En mi primer empleo cuando tenía 17 años, yo contestaba los teléfonos. No sabía usar el sistema porque era complicado, y desconecté al jefe durante una llamada a Europa.*

Spanish-English Glossary

a base de *based on* 12
a bordo *on board* 3
a cambio de *in exchange for* 4
a causa de *on account of* 3
a continuación *following* 11
a fondo *deeply* 5
a la mano *on hand* 3
a la vez *at the same time* 1
a largo plazo *long-term* 4
a menudo *often* 7
a mi disposición *at my disposal* 2
a partir de *starting from* 4
a pesar de *in spite of* 5
a plazo fijo *fixed term* 7
a plazos *in installments* 4
a primera vista *at first glance* 9
¿A qué hora…? *At what time?* 1
a su servicio *at your service* 2
a sus órdenes *at your service, may I help you?* PC
a tiempo *on time* 3
a tiempo completo *full time* 11
a través de *through* 3
abajo *down, under* 8
abarcar *to cover (topic)* 4
el/la abogado/a *attorney* 9
abonar *to fertilize* 8
el abono *fertilizer* 8
el abono orgánico *compost* 10
el abrazo *hug* 3
la abreviatura *abbreviation* 4
el abrigo *overcoat* 4
abril *April* PC
abrir *to open* 3
abrochar *to buckle* 3
aburrido/a *boring* 1
el abuso *abuse* 2
acabado/a *finished* 4
acabar de + inf. *to have just* 3
acceder *to gain access to* 11
accesible *accessible* 2
las acciones *stocks* 7
el/la accionista *stockholder* 7
el aceite *oil* 10
el acento *accent* 11

aceptar *to accept* 1
acerca de *about, concerning* 5
acercarse *to approach* 5
el ácido fólico *folic acid* 8
aclarar *to clarify* 7
acompañado/a *accompanied* 3
aconsejar *to counsel* 9
el acoso *harassment* 1
acostar(se) (ue) *to put/go to bed* 4
actualizar *to update* 3
el acuatizaje *water landing* 3
el acuerdo *agreement* 5
el acumulador *battery* 4
acumular *to accumulate* 12
adecuado/a *adequate* 4
adelante *forward* 5
¡Adelante! *Go on!* 1
el adelanto *advance* 2
además *besides* 4
la adición *addition* 4
adiós *good-bye* PC
adjunto/a *enclosed* 9
la adopción *adoption* 7
adquirir *to acquire* 2
la adquisición *acquisition* 2
la aduana *customs* 9
aduanero/a *customs* 9
aéreo/a *air* 9
el aeropuerto *airport* 3
la afiliación *affiliation, membership* 1
afiliado/a *affiliated* 3
afuera *outside* 4
agosto *August* PC
agradable *pleasant* 3
agradecer (zc) *to be thankful for* 3
la agricultura *agriculture* 1
agropecuario/a *agricultural/livestock* 9
el agua (f.) *water* 1
el aguacate *avocado* 9
el águila (f.) *eagle* 7
ahora *now* 1
ahora mismo *right now* 3
ahorrar *to save* 2
el ahorro *savings* 2
el aire *air* 4
al aire libre *open air* 3

al azar *at random* 8
al contado *cash* 4
al contrario *on the contrary* 9
al final *at the end* 7
al lado de *next to, to the side of* 3
al margen *besides* 5
al por mayor *wholesale* 6
al principio *at the beginning* 11
la alberca *swimming pool* 3
el alcance *reach* 5
el alcantarillado *sewer system* 2
alcanzar *to reach* 3
el alcohol *alcohol* 2
alegrarse *to be happy* 9
la alegría *happiness* 10
Alemania *Germany* 7
la alfombra *carpet* 5
algo *something, anything* 3
alguien *somebody* 5
algún, -guno/a *some* 5
el/la aliado/a *ally* 5
la alianza *alliance* 3
el aliento *breath* 1
la alimentación *diet* 8
el alimentador *feeder* 11
alimentar *to feed* 8
el alimento *food* 8
aliviar *to alleviate* 10
allí *there* 3
el almacén *department store* 4
almacenar *to warehouse, to store* 8
almorzar (ue) *to have lunch* 4
el almuerzo *lunch* 1
alojar *to lodge, to put up* 11
alquilar *to rent* 2
alrededor de *around* 3; *about* 10
el altar *altar* 5
el altavoz *speaker* 5
alternativo/a *alternative* 2
alto/a *tall* 1; *high* 2
la altura *altitude* 3
amable *kind* 1
amarillo/a *yellow* 2
ambiental *environmental* 9
el ambiente *environment* 1

el ámbito *sphere, field* 11
ambos/as *both* 5
América Central *Central America* 3
americano/a *American* 3
el/la amigo/a *friend* 3
amistoso/a *friendly* 2
el amor *love* 4
ampliado/a *extended* 4
amplio/a *wide* 2
ancho/a *wide* 9
el anclaje *anchorage* 4
la anécdota *anecdote* 12
el/la anfitrión/-triona *host, hostess* 5
el anillo *ring* 4
anoche *last night* 7
anotar *to make a note of* 2
el ante *suede* 4
anteayer *day before yesterday* 7
anterior *previous* 2
antes de *before* 2
el anticipo *advance* 4
la antigüedad *age* 2
antiguo/a *old* 2
antipático/a *unpleasant* 1
anual *annual* 2
anunciar *to announce* 4
el anuncio *advertisement* 5
añadir *to add* 4
el año *year* 2
apagar *to turn off* 11
el aparato *apparatus, appliance* 3
aparecer (zc) *to appear* 5
la apariencia *appearance* 5
el apellido *last name* 1
apenas *scarcely, barely* 10
aplaudir *to applaud* 10
aplicar *to apply* 8
apoyar *to support* 4
el apoyo *support* 5
apreciado/a *dear* 9
apreciar *to appreciate* 4
aprender *to learn* 1
el apretón de manos *hand-shake* 11
aprobado/a *approved, suitable* 2
aprobar (ue) *to approve* 4
aquí *here* 1
el arancel *duty, tariff* 9

arancelario/a *customs* 9
el arbitraje *arbitration* 10
el árbol *tree* 10
el archivador *filing cabinet* 3
archivar *to file* 3
el archivo *file* 1
el arete *earring* 4
el armario *wardrobe, cupboard* 8
armonioso/a *harmonious* 1
arrancar *to start (motor)* 4
arreglar *to arrange, to fix* 11
el arreglo *arrangement* 3
arrendado/a *leased* 10
arrendar (ie) *to lease* 10
arriba *up, above* 7
arriesgar *to risk* 7
el arroz *rice* 3
arruinado/a *ruined* 4
artesanalmente *handcrafted* 4
la artesanía *handcrafts* 5
el artículo *article* 1
la asamblea *assembly* 9
el ascensor *elevator* 3
asegurado/a *insured* 7
el/la asegurado/a *insured party* 2
asegurar *to insure* 2
asequible *accessible* 2
el/la asesor/a *consultant, advisor* 10
así *thus, so* 4
Así es *That's the way it is* 2
el asiento *seat* 3
la asistencia *attendance* 1, *assistance* 2
el/la asistente de vuelo *flight attendant* 3
la aspiradora *vacuum cleaner* 5
el asunto *matter* 9
el ataque *attack* 10
atender (ie) *to assist* 3
atentamente *sincerely* 9
el aterrizaje *landing* 3
atlético/a *athletic* 4
atónito/a *amazed* 11
atraer *to attract* 5
atrasado/a *behind* 11
la audiencia *hearing, audience* 10
la auditoría *audit* 12
aumentar *to increase* 1

el aumento *increase* 5
aun *even* 1
aún *still* 10
la ausencia *absence* 1
Austria *Austria* 7
el autobús *bus* 3
automotriz *car industry* 4
la autoridad *authority* 2
la autorización *authorization* 4
autorizar *to authorize* 2
avalar *to guarantee, endorse* 5
el avance *advance* 4
avanzado/a *advanced* 4
el ave (f.) *bird* 10
averiguar *to find out* 10
las aves *poultry* 3
la aviación *aviation* 3
ávido/a *avid* 11
el avión *airplane* 3
el aviso *warning* 10
¡Ay! *Oh!* 2
ayer *yesterday* 7
la ayuda *help* 3
el/la ayudante *helper* 7
ayudar *to help* 1
el azúcar *sugar* 8
azul *blue* 2

la bahía *bay* 3
bailar *to dance* 7
bajar *to go down* 3
bajo/a *short* 1; *low* 2
bancario/a *banking* 4
la bancarrota *bankruptcy* 7
el banco *bank* 7
la bandeja *tray* 11
la bandera *flag, banner* 11
bañarse *to bathe* 8
el baño *bathroom* 2
la barra *bar, rod* 4
el barrio *neighborhood* 2
basado/a *based* 4
básico/a *basic* 1
bastante *enough* 3
la basura *trash* 10
la bata *bathrobe* 3
la batalla *battle* 9
el baudio *baud* 11
el/la bebé *baby* 3
beber *to drink* 2
la bebida *drink* 1
Bélgica *Belgium* 7

la belleza   *beauty* 11
el beneficio   *benefit* 1
besar   *to kiss* 3
la biblioteca   *library* 7
la bicicleta   *bicycle* 4
bien   *well* PC
los bienes   *goods* 9
los bienes raíces   *real estate* 2
el bienestar   *well-being* 9
la bienvenida   *welcome* 10
bienvenido/a   *welcome* 1
bilingüe   *bilingual* 1
el billete   *bill (of money)* 7
el bistec   *steak* 3
blanco/a   *white* 2
la blusa   *blouse* 3
la bodega   *cellar, warehouse* 8
la bola   *ball* 11
la boleta   *receipt, slip* 7
el boletín   *bulletin* 1
el boleto   *ticket* 3
la bolsa   *stock market* 1;
     bag 4
el bolsillo   *pocket* 2
el bolso   *purse* 4
bonito/a   *pretty* 1
el bono   *bond* 7
la bota   *boot* 4
el bote   *boat* 2
la botella   *bottle* 3
el botón   *button* 4
el botones   *bellboy* 3
las bragas   *panties* 4
el brasier   *bra* 3
brillar   *to sparkle* 11
bruto/a   *gross (financial)* 2
buenas noches   *good evening,*
     good night PC
buenas tardes   *good afternoon*
     PC
bueno/a   *good* 2
buenos días   *good morning* PC
el bufete jurídico   *law firm* 9
el buffet   *buffet* 12
el buque   *ship* 9
burlarse de   *to make fun of* 10
el buscador   *search engine* 11
buscar   *to look for* 1
la búsqueda   *search* 11
el buzón   *mailbox* 8

el caballero   *gentleman* 3
la cabeza   *head* 4

el cabildeo   *fund-raising* 10
el/la cabildero/a   *fund-raiser* 10
el cacao   *cocoa* 9
cada   *each* 2
la cadena   *chain* 8
el café   *coffee* 1
la cafetera   *coffee maker* 5
la cafetería   *cafeteria* 3
la caída   *fall* 10
la caja   *box* 3; *cash desk* 5
el/la cajero/a   *cashier* 7
la cajuela   *trunk* 4
el calcetín   *sock* 3
la caldera   *boiler* 10
la calefacción   *heating* 2
el calendario   *calendar* PC
el calentamiento   *warming* 10
calentar (ie)   *to warm up* 5
la calidad   *quality* 4
cálido/a   *warm* 3
caliente   *hot* 2
la calle   *street* 7
calmarse   *to calm down* 8
el calor   *heat* 2
el calzado   *footwear* 4
los calzoncillos   *underpants,*
     shorts 3
la cama matrimonial   *double*
     bed 3
el/la camarero/a   *waiter, waitress*
     7
el camarón   *shrimp* 3
cambiar   *to change* 2
el cambio   *change* 10
caminar   *to walk* 2
el camino   *road* 7
el camión   *truck* 2
la camisa   *shirt* 3
la camiseta   *T-shirt* 3
el camisón   *nightgown* 3
la campaña   *campaign* 4
el campo   *countryside* 8
el campo de golf   *golf course* 3
canjear   *to exchange* 7
cansado/a   *tired* 2
la cantidad   *amount* 2
el/la cantinero/a   *bartender* 7
la capa   *layer* 10
la capacidad   *capacity* 3
la capacitación   *training* 1
capaz   *capable* 10
el capitán   *captain* 3
el capó   *hood* 4

la captura   *capture* 11
el carbohidrato   *carbohydrate*
     8
la carga   *cargo* 9
cargar   *to load* 4
el cargo   *charge* 2
la caridad   *charity* 10
caritativo/a   *charitable* 10
la carne   *meat* 3
el/la carnicero/a   *butcher* 8
caro/a   *expensive* 2
la carpeta   *folder* 3
la carrera   *career* 1
la carretera   *road, highway* 4
los carriles, raíles   *tracks* 9
el carrito   *cart* 4
el carro   *car* 2
la cartera   *wallet* 4, *portfolio*
     7
el cartón   *cardboard* 9
la casa   *house* 2
casado/a   *married* 1
casarse   *to get married* 4
el casco   *helmet* 8
casero/a   *homemade* 4
casi   *almost* 2
la casilla   *post office box* 7
el caso   *case* 1
castaño/a   *brown (hair)* 2
el castellano   *Spanish (Castilian)*
     8
el catálogo   *catalog* 4
la categoría   *category* 4
la cazuela   *casserole* 3
la cebolla   *onion* 3
celebrar   *to celebrate* 3
la célula   *cell* 10
la cena   *dinner* 4
cenar   *to have dinner* 4
el censo   *census* 10
el centeno   *rye* 3
el centímetro   *centimeter* 4
céntrico/a   *central* 11
el centro   *center, downtown* 3
Centroamérica   *Central*
     America 3
cerca de   *near* 3
el cerebro   *brain* 2
la cereza   *cherry* 3
cerrar (ie)   *to close* 2
certificar   *to certify* 4
la cerveza   *beer* 3
la cesta   *basket* 3

el chaleco *vest* 4
la chamarra *jacket* 3
la champaña *champagne* 3
el champiñón *mushroom* 3
el chasis *chassis* 4
el cheque *check* 3
el chicle *gum* 1
chico/a *small* 2
la chirimoya *custard apple* 9
el choque *accident* 6
la churrasquería *steakhouse* 9
el ciclismo *cycling* 3
el cielo *sky* 8
la ciencia *science* 8
cierto/a *certain* 4
el cinturón *belt* 3
la circulación *circulation* 7
la cita *appointment, date* 1
la citación judicial *subpoena* 10
la ciudad *city* 1
la ciudadanía *citizenship* 7
el/la ciudadano/a *citizen* 7
la civilización *civilization* 3
claramente *clearly* 6
¡Claro! *Of course!* 4
claro que sí/no *of course (not)* 7
la clase *class* 1
clave *key* 11
el clavo *nail* 4
el/la cliente/a *client, customer* 1
la cobertura *coverage* 2
cobrar *to charge* 2
el coche *car* 3
la cocina *kitchen* 2
cocinar *to cook* 5
el/la cocinero/a *cook* 8
el cóctel *cocktail* 4
el código *code* 5
el código postal *Zip code* 1
la cola *line, tail* 7
la colección *collection* 4
el/la colega *colleague* 1
el colesterol *cholesterol* 8
colgar (ue) *to hang; to hang up* 3
el collar *necklace* 4
la combinación *slip* 4
el comedor *dining room* 2
comenzar (ie) *to begin* 1
comer *to eat* 2

comercial *commercial* 3
la comercialización *marketing* 4
el comercio *trade, commerce* 1
el comestible *food* 11
los comestibles *food* 9
cómico/a *comical* 4
la comida *meal, food* 2
el comité *committee* 1
¿Cómo? *How?* 1
¿Cómo está Ud.? *How are you (formal)* PC
¿Cómo estás? *How are you (familiar)* PC
¿Cómo se llama Ud.? *What is your name? (formal)* PC
¿Cómo te llamas? *What is your name? (familiar)* PC
la comodidad *comfort* 4
cómodo/a *comfortable* 4
el/la compañero/a *companion* 4
comparar *to compare* 4
compartir *to share* 4
la competencia *competition* 3
competitivo/a *competitive* 2
completamente *completely* 7
completo/a *complete* 2
comportarse *to behave* 5
la compra *purchase* 2
el/la comprador/a *buyer* 4
comprar *to buy* 1
la compraventa *buying & selling* 4
comprender *to understand* 1
comprometer *compromise* 11
el compromiso *engagement, commitment* 4
común *common* 3
la comunidad *community* 2
con *with* 1
con cuidado *carefully* 1
con frecuencia *frequently* 2
con permiso *excuse me* PC
conceder *to concede* 4
la conclusión *conclusion* 5
el condado *county* 10
la condición *condition* 2
el condominio *condominium* 2
conducir *to drive* 2
la conducta *conduct* 6
el/la conductor/a *driver* 2

la confección *tailoring* 4
confiable *reliable* 4
la confianza *confidence* 4
confiscar *to confiscate* 12
confundido/a *confused* 2
el conglomerado *conglomerate* 5
el congreso *convention; congress* 3
conocer (zc) *to know, be familiar with (person, place)* 3
el conocimiento *knowledge* 9
conseguir (i) *to obtain* 10
la conservación *conservation* 9
conservador/a *conservative* 7
considerar *to consider* 1
constantemente *constantly* 6
constituir *to constitute* 10
la construcción *construction* 4
construir *to construct* 9
la consulta *consultation* 9
consultar *to consult* 1
el/la consultor/a *consultant* 4
el consultorio *doctor's office* 2
el/la consumidor/a *consumer* 1
la contabilidad *accounting* 5
el/la contador/a *accountant* 2
contaminado/a *contaminated, polluted* 7
contar (ue) *to count, tell* 4
el contenedor *container* 9
contener (ie) *to contain* 3
el contenido *contents* 8
contento/a *happy, content* 1
contestar *to answer* 1
la contienda *contest* 10
contra *against* 2
contra reembolso *COD* 9
la contraseña *password* 11
contratar *to contract* 1
el contrato *contract* 1
contribuir (y) *to contribute* 4
el/la contribuyente *contributor* 7
controlar *to control* 11
convencido/a *convinced* 1
conversar *to converse* 4
la conversión *conversion* 7
convertir (ie) *to convert* 2
cooperar *to cooperate* 7
la copa *glass (with stem)* 5

el copago *co-payment* 2
la copia *copy* 2
la copiadora *copier* 5
el corazón *heart* 5
la corbata *tie* 1
correcto/a *correct, right* 1
el/la corredor/a *broker* 7,
   agent 9
el correo *mail* 1
correr *to run* 2
la correspondencia *correspondence* 2
corresponder *to correspond* 4
el/la corresponsal *correspondent* 8
la corrupción *corruption* 3
la corte *court* 9
la cortesía *courtesy* 3
la cortina *curtain* 12
corto/a *short (length)* 3
la cosa *thing* 2
la cosecha *harvest* 8
cosechar *to harvest* 8
costar (ue) *to cost* 4
costarricense *Costa Rican* 3
la costumbre *custom* 4
la cotización *value, price quote*
   2
crear *to create* 2
crecer (zc) *to grow* 5
creciente *growing* 10
el crecimiento *growth* 4
la credencial *credential* 4
creer *to believe* 2
la crema *cream* 3
la crema de cacahuate *peanut
   butter* 3
criar *to raise* 5
el cristal *crystal, glass* 11
criticar *to criticize* 5
crónico/a *chronic* 10
el crucero *cruise ship* 8
la cruz *cross* 10
cuadrado/a *square* 4
¿Cuál es la fecha de hoy?
   What's today's date? PC
¿Cuál/es? *Which (one/s)?* 1
cualquier/a *any* 2
¿Cuándo? *When?* 1
¿Cuánto/a? *How much?* 1
¿Cuántos/as? *How many?* 1
la cuarentena *quarantine* 9
el cuarto *quarter, room* 1

cuarto/a *fourth* 7
cubano/a *Cuban* 5
el cubierto *place setting* 6
cubierto/a *covered* 2
la cuchara *tablespoon* 3
la cucharita *teaspoon* 3
el cuchillo *knife* 3
la cuenta *account* 2
la cuenta corriente *checking
   account* 7
el cuento *story* 11
el cuero *leather* 4
el cuidado *care* 9
cuidarse *to take care of oneself*
   8
la culpa *fault* 12
la cultura *culture* 3
el cumpleaños *birthday* 3
el cumplimiento *compliance* 9
cumplir *to carry out* 4
la cuneta *curb* 10
el currículum (vitae) *resumé*
   1
el curso *currency, tender* 7
cuyo/a *whose* 7

la dama *lady* 3
dañar *to damage, to harm* 10
dañino/a *damaging, harmful*
   10
dar *to give* 1
los datos *data* 3
de *of; from* 1
de cuadros *plaid* 4
de ida y vuelta *round trip* 3
de nada *you're welcome* PC
de ninguna manera *in no way*
   4
de sobra *plenty* 7
de vez en cuando *from time to
   time* 12
debajo de *under, underneath* 3
el debate *debate* 5
deber *to owe; should* 2
débil *weak* 2
la década *decade* 11
decidir *to decide* 2
décimo/a *tenth* 7
decir (i) (g) *to say, tell* 3
el dedo *finger* 4
defectuoso/a *defective* 5
la definición *definition* 9
definitivo/a *definitive* 7

dejar *to leave behind* 3
delegar *to delegate* 1
demasiado/a *too much* 8
demográfico/a *demographic* 6
la demora *delay* 10
demostrar (ue) *to demonstrate*
   1
denominado/a *called,
   designated* 7
dentro de *within* 3
el deporte *sport* 5
deportivo/a *sport-related* 4
el derecho *right* 1
el derretimiento *melting* 10
derretir (i) *to melt* 10
desafortunadamente *unfortunately* 10
desaparecido/a *disappeared*
   8
desarrollar *to develop* 8
el desarrollo *development* 7
el desastre *disaster* 10
el desayuno *breakfast* 3
descafeinado/a *decaffeinated*
   3
descansar *to rest* 2
el descanso *rest* 8
descapotable *convertible* 4
desconectar *to disconnect* 12
desconocido/a *unknown* 7
descremado/a *skimmed* 3
descubrir *to discover* 7
el descuento *discount* 2
desde *since* 4
desear *to desire, want* 3
el desecho *waste* 10
el desempleo *unemployment* 7
el deseo *desire, wish* 10
el desfile *parade* 4
la desgravación *tax exemption*
   9
deshonesto/a *dishonest* 12
designar *to designate* 4
despacio *slowly* 7
despedir (i) *to dismiss, fire* 1
despedirse (i) *to say farewell* 4
despegar *to take off* 3
el despegue *takeoff* 3
el desperdicio *waste* 10
despertarse (ie) *to wake up* 8
desplazar *to displace* 4
después *afterwards* 1
destilado/a *distilled* 9

el/la destinatario/a   *addressee*   9

la destreza   *skill*   1

la destrucción   *destruction*   12

el detalle   *detail*   2

el detector   *detector*   4

el detergente   *detergent*   10

la determinación   *determination*   4

determinado/a   *certain*   7

determinar   *to determine*   1

la deuda   *debt*   2

la devolución   *return*   4

devolver (ue)   *to return (something)*   1

el diamante   *diamond*   4

diario/a   *daily*   7

el dibujo   *sketch*   3

diciembre   *December*   PC

diferente   *different*   2

digital   *digital*   11

el dinero   *money*   1

¡Dios mío!   *My God!*   3

el/la diputado/a   *representative, deputy*   3

la dirección   *address*   1; *direction*   4

directamente   *directly*   1

dirigirse a   *to address oneself to*   10

el/la discapacitado/a   *handicapped person*   3

el disco compacto   *compact disc*   4

el disco duro   *hard drive*   5

el discurso   *speech*   5

discutir   *to argue*   2

el/la diseñador/a   *designer*   4

diseñar   *to design*   11

el diseño   *design*   4

disfrutar   *to enjoy*   3

disminuir   *to diminish, reduce*   2

la disponibilidad   *availability*   11

disponible   *available*   2

el dispositivo   *mechanism*   4

la disquetera   *disk drive*   11

el distintivo   *emblem*   8

distinto/a   *different*   5

el/la distribuidor/a   *distributor*   4

diverso/a   *diverse*   5

las divisas   *foreign currency*   9

la división   *division*   4

divulgar   *to divulge*   4

doblar   *to double*   8

el doble   *double*   9

la docena   *dozen*   11

el doctorado   *doctorate*   4

doler (ue)   *to hurt*   8

el dolor   *pain*   10

el domicilio   *residence*   9

domingo   *Sunday*   PC

el dominio   *domain*   11

donar   *to donate*   4

el donativo   *donation*   10

¿Dónde?   *Where?*   1

dondequiera   *wherever*   5

dormir (ue)   *to sleep*   2

dormirse (ue)   *to fall asleep*   8

el dormitorio   *bedroom*   2

la droga   *drug*   2

dual   *dual*   4

la ducha   *shower*   3

ducharse   *to shower*   8

la duda   *doubt*   7

dudar   *to doubt*   9

dudoso/a   *doubtful*   9

el/la dueño/a   *owner*   2

el dulce   *sweet*   9

la dulcería   *candy store (sweet baked goods)*   3

durante   *during*   1

duro/a   *hard*   3

la economía   *economics*   1

ecuatoriano/a   *Ecuadorean*   5

la edad   *age*   1

el edificio   *building*   2

el/la editor/a   *editor*   5

efectuar   *to carry out*   2

el/la ejecutivo/a   *executive*   1

ejercer (zc)   *to exercise*   10

él   *he*   PC

la elaboración   *production*   4

la elección   *choice*   3

el electrodoméstico   *appliance*   5

elegible   *eligible*   1

elegir (i) (j)   *to elect, choose*   4

élite   *elite*   4

ella   *she*   PC

ellos/as   *they*   PC

el embarazo   *pregnancy*   2

la emisión   *broadcasting*   5

emitido/a   *issued*   7

emocionante   *exciting*   4

el empaquetado   *packaging*   9

empaquetar   *to package*   8

emparejar   *to match*   5

empeorar   *to worsen*   9

empezar (ie)   *to begin, start*   3

el/la empleado/a   *employee*   1

el/la empleador/a   *employer*   1

emplear   *to employ*   8

el empleo   *employment*   1

la empresa   *enterprise, firm*   1

el/la empresario/a   *businessman, -woman*   2

en caso de   *in case of*   3

en comparación con   *in comparison to*   5

en cualquier momento   *at any time*   1

en efectivo   *cash*   2

en este momento   *at this moment*   3

en punto   *on the dot*   1

¿En qué puedo servirle?   *How can I help you?*   3

en vez de   *in place of*   11

encantar   *to delight*   9

encargarse   *to take charge of*   8

encender (ie)   *to turn on, light up*   3

enchufar   *to plug in*   5

encontrar (ue)   *to find*   2

la energía   *energy*   2

enero   *January*   PC

enfermarse   *to get sick*   11

la enfermedad   *illness*   1

la enfermería   *nursing*   2

el/la enfermero/a   *nurse*   10

el enfoque   *focus*   8

enfrentarse a   *to confront*   10

enfrente de   *in front of*   3

el enganche   *down payment*   2

engañar   *to deceive*   5

engordar   *to fatten*   9

el enlace   *link*   8

enojarse   *to get angry*   8

enriquecer (zc)   *to enrich*   10

el ensamblaje   *assembly*   9

ensamblar   *to assemble*   9

la enseñanza   *teaching*   10

entender (ie)   *to understand*   4

entero/a   *entire, whole*   10

la entidad   *entity, body*   7

entonces   *then*   2

la entrada *down payment* 2, *entry* 8

entre *between, among* 4

la entrega *delivery* 2

entregar *to deliver* 4

el/la entrenador/a *coach, trainer* 1

el entrenamiento *training* 4

entrenar *to train* 8

el entretenimiento *entertainment* 7

la entrevista *interview* 1

el/la entrevistador/a *interviewer* 1

el/la entusiasta *enthusiast* 5

enviar *to send* 2

el envío *remittance* 7

equilibrado/a *balanced* 4

el equipaje *luggage* 3

el equipo *team* 1; *equipment* 4

es un placer *it's a pleasure* PC

la escala *stopover (plane/ship)* 3

escarchado/a *frosted* 8

la escasez *shortage* 8

escoger (j) *to choose* 5

escribir *to write* 2

escrito/a *written* 10

el/la escritor/a *writer* 5

el escritorio *desk* 1

escuchar *to listen to* 2

la escuela *school* 1

esencial *essential* 5

esforzarse (ue) *to strive* 4

el esfuerzo *effort* 3

el esmoquin *tuxedo* 4

español/a *Spanish* 4

la especialidad *specialty* 9

especialmente *especially* 2

el espejo *mirror* 3

la esperanza *hope* 7

esperar *to wait for, hope* 2

el espíritu *spirit* 10

las esposas *handcuffs* 12

el/la esposo/a *husband, wife* 2

estable *stable* 3

establecer (zc) *to establish* 1

el establecimiento *establishment* 7

el/la estacionador/a *valet* 7

el estacionamiento *parking* 1

estacionar *to park* 2

el estado *state* 1

el estado mensual *monthly statement* 7

Estados Unidos *United States* 9

estadounidense *American, US* 10

la estancia *stay* 3

estándar *standard* 4

el estante *shelf* 1

estar *to be* 2

estar a dieta *to be on a diet* 3

estar de acuerdo *to agree* 4

estatal *state* 9

este/a *this* 1

el estilo *style* 4

estimado/a *dear (business letter)* 1; *dear* 9

estimulado/a *stimulated* 5

el estómago *stomach* 8

la estrategia *strategy* 5

la estrella *star* 8

estructural *structural* 5

estructuralmente *structurally* 4

el/la estudiante *student* 1

estudiar *to study* 1

la estufa *stove* 5

estúpido/a *stupid* 1

la etapa *stage* 4

europeo/a *European* 4

la evacuación *evacuation* 3

evaluar *to evaluate* 1

evitar *to avoid* 4

exclusivo/a *exclusive* 3

la exención *exemption* 9

exento/a *exempt* 9

exigir *to demand* 2

el éxito *success* 1

explicar *to explain* 3

explorar *to explore* 4

exponer (g) *to expose* 8

la expresión *expression* 11

exterior *exterior* 3

el extranjero *abroad* 8

el/la extranjero/a *foreigner* 7

el/la extraterrestre *alien* 6

extraviado/a *lost, missing* 4

extremadamente *extremely* 10

extremo/a *extreme* 4

extrovertido/a *extroverted* 1

la fábrica *factory* 1

la fabricación *manufacturing* 4

el/la fabricante *manufacturer* 8

fabricar *to manufacture* 4

fabuloso/a *fabulous* 2

las facciones *features* 1

fácil *easy* 4

la facilidad *facility* 3

facilitar *to facilitate* 2

fácilmente *easily* 4

la factura *bill* 2

facturar *to check in* 3

la falda *skirt* 3

falsificado/a *falsified* 12

la falta *lack* 9

faltar *to be missing* 11

familiar *family, relative* 2

famoso/a *famous* 4

farmacéutico/a *pharmaceutical* 2

la fauna *fauna* 10

favorable *favorable* 4

favorecido/a *favored* 9

febrero *February* PC

la felicidad *happiness* 4

¡Felicitaciones! *Congratulations!* 1

feliz *happy* 4

la feria *fair* 3

ferroviario/a *railroad* 9

la fibra *fiber* 8

fiel *faithful* 11

la fiesta *party* 3

fijo/a *fixed* 2

el filtro *filter* 10

financiero/a *financial* 2

la finca *farm* 8

Finlandia *Finland* 7

la firma *signature* 3

firmar *to sign* 4

fitosanitario/a *related to plant disease* 9

el flete *freight* 4

flexible *flexible* 2

la flor *flower* 3

la flota *fleet* 2

fluido/a *fluid* 4

el flujo *flow* 1

el folleto *brochure, pamphlet* 3

el fondo *fund* 4

formar *to form* 3

el formulario *form* 1

el forro *lining* 4

la fortaleza *strength* 10

forzar *to force* 2

la foto(grafía) *photograph* 4

francamente *frankly* 7

la franquicia *franchise* 8

frecuentar *to frequent* 3

frecuente *frequent* 3

fresco/a *fresh* 8

la frescura *freshness* 8

frigorífico/a *refrigerated* 9

el frijol *bean* 3

el frío *cold* 2

frito/a *fried* 3

la frontera *border* 8

la frustración *frustration* 12

la fruta *fruit* 1

¡fuchi! *ugh!* 8

el fuego *fire* 8

los fuegos artificiales *fireworks* 10

la fuente *source* 2

fuera de *out of* 2

fuerte *strong* 1

la fuerza *force* 8

fumar *to smoke* 3

la función *function* 4

funcional *functional* 4

el funcionamiento *operation, running* 11

funcionar *to function, work* 3

el/la fundador/a *founder* 8

el fundamento *foundation* 5

la galleta *cookie* 3

la gama *range* 11

el/la ganadero/a *rancher* 8

el/la ganador/a *winner* 8

la ganancia *profit* 7

ganar *to earn; to win* 3

la garantía *guarantee* 1

garantizado/a *guaranteed* 3

la gasolina *gasoline* 6

gastar *to spend (money)* 4

el gasto *expense* 2

el/la genio *genius* 5

el/la gerente *manager* 2

las gestiones *actions; procedure* 2

el giro de pago *money order* 7

el glosario *glossary* 11

el/la gobernador/a *governor* 10

el gobierno *government* 1

el golpe *blow* 8

golpear *to hit* 10

gordo/a *fat* 2

la grabadora *tape recorder, CD burner* 11

grabar *to record* 5

gracias *thank you* PC

graduarse *to graduate* 12

grande *big* 1

la granja *farm* 8

la grasa *fat* 8

gratis *free (of charge)* 2

gratuito/a *free of charge* 3

gris *gray* 4

gritar *to shout* 8

el grito *shout* 12

el grupo *group* 2

la guantera *glove compartment* 4

guardar *to keep, save* 5

la guardería *daycare* 8

la guayaba *guava* 9

la guía *guide* 3

gustar *to like* 4

el gusto *taste* 8

la habitación *room* 3

hablar *to talk, speak* 1

hacer *to do, make* 1

el hambre (f.) *hunger* 2

hasta *until* 5

hasta luego *see you later* PC

hay *there is/are* 2

hay que *one must* 2

hecho/a *made, done* 10

el helado *ice cream* 3

helado/a *iced* 3

heredar *to inherit* 7

la herencia *heritage* 10

herido/a *wounded* 10

hermoso/a *beautiful* 3

la herramienta *tool* 4

hervido/a *boiled* 3

la hierba *herb* 11

el hierro *iron* 8

el/la hijo/a *son, daughter* 2

la hipoteca *mortgage* 2

hispano/a *Hispanic* 5

hispano-hablante *Spanish speaker* 1

la historia *history* 5

el historial *record* 2

el hogar *home* 4

la hoja *sheet, leaf* 7

la hoja de cómputo *worksheet* 7

hola *hello, hi* PC

Holanda *Netherlands* 7

el hombre *man* 1

la honestidad *honesty* 3

el horario *schedule* 3

el horno *oven* 5

el hospedaje *hosting* 11

el hospicio *hospice* 2

hoy *today* 2

la huelga *strike* 8

el/la huésped *guest* 3

el huevo *egg* 3

la identidad *identity* 10

el idioma *language* 5

la igualdad *equality* 3

igualitario/a *equal, egalitarian* 1

igualmente *likewise* PC

la imagen *image* 11

imborrable *lasting* 5

la imparcialidad *impartiality* 12

implicar *to imply* 10

imponer (g) *to impose* 7

imposible *impossible* 4

la impresión *impression* 12

impresionante *impressive* 5

la impresora *printer* 1

imprimir *to print* 11

el impuesto *tax* 2

inalámbrico/a *wireless* 11

el incendio *fire* 2

la incidencia *incidence* 11

incluir *to include* 1

incluso/a *including* 5

increíble *incredible* 5

indicar *to indicate* 2

el índice *index* 9

indiferente *indifferent* 6

indígena *indigenous* 3

indispensable *indispensable* 5

la industria *industry* 1

industrial *industrial* 4

infantil *infant* 4

influyente   *influential*   12
la informática   *computer science*   11
el informe   *report*   2
el inglés   *English*   5
el ingreso   *income*   3
los ingresos   *income*   2
el/la iniciador/a   *initiator*   9
iniciar   *to initiate, commence*   2
el inicio   *beginning*   4
inmediatamente   *immediately*   1
el/la inmigrante   *immigrant*   1
inmoral   *immoral*   12
innovador/a   *innovative*   4
el inodoro   *toilet*   3
inolvidable   *unforgettable*   10
el/la inquilino/a   *renter, tenant*   2
inscribirse   *to register*   1
la inscripción   *registration, enroll-ment*   11
la instrucción   *instruction*   3
el intento   *attempt*   10
intercambiar   *to exchange*   4
la interfaz   *interface*   11
interno/a   *internal*   2
la interrupción   *interruption*   2
la intrusión   *intrusion*   4
la inundación   *flood*   2
inválido/a   *invalid*   12
el invernadero   *greenhouse*   10
la inversión   *investment*   7
el/la inversionista   *investor*   7
invertir (ie)   *to invest*   4
el invierno   *winter*   4
involucrarse   *to get involved*   10
Irlanda   *Ireland*   7
irrevocable   *irrevocable*   7
la isla   *island*   7
Italia   *Italy*   7

la jamaica   *hibiscus*   8
el jamón   *ham*   3
el jardín   *garden*   2
el/la jefe/a   *boss, chief*   1
joven   *young*   1
la joya   *jewel*   4
la joyería   *jewelry store*   4
el juego   *game*   8
jueves   *Thursday*   PC
el/la juez/a   *judge*   9
el/la jugador/a   *player*   1

jugar (ue)   *to play (games, sports)*   4
el jugo   *juice*   2
el juguete   *toy*   8
julio   *July*   PC
junio   *June*   PC
junto con   *in conjunction with*   4
junto/a   *together*   3

el kilómetro   *kilometer*   3

laborable   *working*   4
el lado   *side*   12
el ladrillo   *brick*   2
la lámpara de noche   *night light*   2
la langosta   *lobster*   3
lanzar   *to launch*   5
largo/a   *long*   6
la lástima   *pity*   9
lateral   *side*   4
latinoamericano/a   *Latin American*   3
el lavabo   *bathroom sink*   3
el lavado en seco   *dry cleaning*   3
la lavadora   *washing machine*   2
la lavandería   *laundry*   3
el lavaplatos   *dishwasher*   2
lavar   *to wash*   5
lavarse   *to wash up*   8
le gusta   *he, she, you like(s)*   2
la lealtad   *loyalty*   8
la leche   *milk*   2
la lechuga   *lettuce*   3
el/la lector/a   *reader*   11
leer   *to read*   1
lejos   *far*   7
la lencería   *lingerie*   4
la lengua   *language; tongue*   1
el lenguaje   *language*   10
el lente   *lens*   12
los lentes   *glasses*   8
el letrero   *sign*   3
levantarse   *to get up*   8
la ley   *law*   1
la libertad   *liberty*   11
la libra   *pound*   11
libre   *free*   1
la librería   *bookstore*   11
el/la librero/a   *bookseller*   11
el libro mayor   *ledger*   7

la licencia   *license*   9
el/la líder   *leader*   1
la liga   *league*   10
ligado/a   *tied*   5
limitado/a   *limited*   1
el límite   *limit*   2
el limón   *lemon*   3
el limpiador   *cleaner*   10
el limpiaparabrisas   *windshield wiper*   4
limpiar   *to clean*   2
el limpiasuperficies   *surface cleaner*   5
la limpieza   *cleanliness*   8
limpio/a   *clean*   1
la limusina   *limousine*   2
lindo/a   *pretty*   2
la línea   *line*   4
la liquidación   *sale, liquidation*   4
liquidar   *to liquidate*   4
líquido/a   *net, liquid*   7
listo/a   *ready; clever*   3
la llamada   *call*   2
llamar   *to call*   2
la llanta   *tire*   4
la llave   *key*   3
la llegada   *arrival*   3
llegar   *to arrive*   1
llenar   *to fill (out)*   1
llevable   *wearable*   11
llevar   *to take along, carry*   2
llevar a cabo   *to carry out*   8
llevarse bien, mal   *to get along well, not at all*   8
llorar   *to cry*   3
llover (ue)   *to rain*   8
la lluvia   *rain*   8
lógico/a   *logical*   4
la logística   *logistics*   12
la lotería   *lottery*   9
la lucha   *fight*   8
lucrativo/a   *lucrative*   4
el lugar   *place*   3
el lujo   *luxury*   4
lunes   *Monday*   PC
Luxemburgo   *Luxembourg*   7
la luz   *light*   2

la madera   *wood*   2
la madre   *mother*   2
el/la maestro/a   *teacher*   1
la magia   *magic*   10
el maitre   *maitre d'*   3

el maíz *corn* 8
mal *not well* PC
la maleta *suitcase* 3
el maletero *porter; trunk* 3
el maletín *briefcase, overnight bag* 9
malo/a *bad* 2
mandar *to send* 3
manejar *to drive* 2
la manera *manner* 4
el manguito *sleeve* 11
el maniquí *mannequin* 4
la mano *hand* 1
mantener (ie) *to maintain* 1
el mantenimiento *maintenance* 2
la mantequilla *butter* 3
la manzana *apple* 3
la mañana *morning* 1
mañana *tomorrow* 10
la maquiladora *assembly plant* 1
la máquina *machine* 8
la maquinaria *machinery* 8
el mar *sea* 3
la maravilla *marvel* 11
la marca *brand* 5
el marcado, la marca *brand* 9
marcar *to dial* 4
la marcha *gear* 4
la margarita *daisy* 11
marino/a *marine* 10
el marisco *shellfish* 3
marrón *brown* 4
martes *Tuesday* PC
marzo *March* PC
más *more* 2
el masaje *massage* 3
masticar *to chew* 1
matar *to kill* 9
la materia *material* 9
la materia prima *raw material* 9
la maternidad *maternity* 1
la matrícula *tuition* 1
máximo/a *maximum* 2
mayo *May* PC
mayor *greater; older* 2
el mayoreo *wholesale* 4
la mayoría *majority* 5
el/la mayorista *wholesaler* 4
me gusta *I like* 2
me gustaría *I would like* 3

Me llamo… *My name is…* PC
el/la mecánico *mechanic* 4
mediano/a *medium* 4
la medianoche *midnight* 1
mediante *by means of* 11
el medicamento *medicine* 2
el/la médico/a *doctor* 1
la medida *measurement* 4
el medio ambiente *environment* 4
medio/a *half* 1
el mediodía *noon* 1
los medios *media* 5
medir (i) *to measure* 4
mejor *better, best* 1
mejorar *to improve* 8
las mejoras *improvements* 4
la membresía *membership* 3
menor *lesser, younger* 2
menos *less* 1
el mensaje *message* 5
mensual *monthly* 2
la mente *mind* 4
mentir (ie) *to lie* 4
el menudeo *retail* 4
el mercadeo *marketing* 5
el mercado *market* 1
la mercadotecnia *marketing* 5
la mercancía *merchandise* 5
la mermelada *marmalade* 3
la mesa *table* 1
el/la mesero/a *waiter, waitress* 3
la meta *goal* 5
el método *method* 9
mexicano/a *Mexican* 4
mí *me* 2
mi, mis *my* 1
el miedo *fear* 2
el/la miembro *member* 2
mientras *while* 3
miércoles *Wednesday* PC
el milagro *miracle* 11
la milla *mile* 4
el/la minorista *retailer* 4
minoritario/a *minority* 5
mirar *to look at* 2
la misión *mission* 5
mismo/a *same* 2
la mitad *half* 11
el modo *way, manner* 9
el módulo *module* 4
el mole *chile sauce* 8

molestar *to bother* 9
la molestia *bother* 3
el momento *moment* 4
la moneda *coin, currency* 7
monitorear *to monitor* 8
monocular *one-eyed* 11
la montaña *mountain* 3
montar *to start up* 11
el monto *amount* 2
la morbosidad *morbidity* 11
la mordida *bite, bribe* 9
moreno/a *dark-haired* 2
morir (ue) *to die* 3
la mortalidad *mortality* 11
el mostrador *counter* 3
mostrar (ue) *to show* 7
la motocicleta *motorcycle* 2
el movimiento *movement* 10
mucho gusto *pleased/nice to meet you* PC
mucho/a *much* 2
la mudanza *move* 2
mudarse *to move* 2
el muelle *wharf* 9
la muestra *sample* 11
la mujer *woman* 1
la (mujer) policía *police, policewoman* 3
la multa *fine* 7
mundial *worldwide* 3
el mundo *world* 1
municipal *municipal* 9
la música *music* 2
mutualista *mutualistic* 7
muy *very* PC

nacer *to be born* 7
el nacimiento *birth* 1
nacional *national* 2
la nacionalidad *nationality* 5
nada *nothing* 5
nadar *to swim* 3
nadie *nobody* 5
la naranja *orange* 3
el/la nativo/a *native* 7
la naturaleza *nature* 9
navegar *to navigate* 4
necesario/a *necessary* 2
necesitar *to need* 1
el negocio *business* 1
negro/a *black* 2
ni *nor* 5
la niacina *niacin* 8

la nieve *snow* 5

ningún, -guno/a *none, not one* 5

el/la niñero/a *baby sitter* 3

el/la niño/a *boy, girl* 1

el nivel *level* 1

no hay de qué *you're welcome* PC

el nombre *name* 1

la nómina *payroll* 7

la norma *norm* 11

normalmente *normally* 2

el norte *north* 8

norteamericano/a *North American* 5

nosotros/as *we* PC

la nota *note* 4

notar *to take note of* 4

las noticias *news* 3

notificar *to notify* 1

la novedad *novelty* 11

noveno/a *ninth* 7

noviembre *November* PC

el/la novio/a *boy/girlfriend* 4

nuestro/a *our* 2

nuevo/a *new* 1

el número *number* 5

el nutracéutico *natural product* 9

el nutriente *nutrient* 9

obedecer (zc) *to obey* 3

el objetivo *objective* 9

la obra *work* 8

el/la obrero/a *worker* 4

obrero/a *working-class* 8

obtener (ie) (g) *to obtain* 1

el océano *ocean* 10

el ocio *leisure time* 5

octavo/a *eighth* 7

octubre *October* PC

el oeste *west* 8

la oferta *offer, special offer* 2

el oficio *trade* 4

ofrecer *to offer* 2

oír *to hear* 3

Ojalá *I hope, Let's hope, May Allah grant* 9

el ojo *eye* 3

oler (ue) *to smell* 10

olvidadizo/a *forgetful* 12

la onza *ounce* 4

opcional *optional* 4

la operación *operation* 4

el/la operador/a *operator* 2

la opinión *opinion* 3

la oportunidad *opportunity* 4

óptico/a *optical* 5

el orden *order* 3

la oreja *outer ear* 4

el organigrama *organizational chart* 1

organizar *to organize* 1

orgulloso/a *proud* 3

original *original* 4

el oro *gold* 3

la orquesta *orchestra* 3

el otoño *autumn* 5

otorgar *to award, to grant* 10

otra vez *again* 10

otro/a *other, another* 2

el oxígeno *oxygen* 3

el/la paciente *patient* 2

paciente *patient* 1

el Pacífico *Pacific* 7

padecer (zc) *to suffer* 10

el padre *father* 2

la paella *rice/seafood dish from Spain* 12

pagado/a *paid* 1

pagar *to pay* 1

la página *page* 3

el pago *payment* 2

el país *country, nation* 3

el paisaje *landscape* 5

la pajarita *bow tie* 4

el pájaro *bird* 9

la palabra *word* 11

el pan *bread* 3

la panadería *bakery* 8

el panel *panel* 4

la pantaleta *panties* 3

las pantaletas *panties* 4

la pantalla *screen* 5

los pantalones *pants* 3

las pantimedias *pantyhose* 4

el pañuelo *handkerchief* 3

la papa *potato* 3

el papel *paper, role* 1

el paquete *package* 10

el par *pair* 4

para *for* 1

el parabrisas *windshield* 4

el parachoques *bumper* 4

el paraíso *paradise* 9

parecer (zc) *to seem* 3

la pared *wall* 5

el parentesco *relationship* 7

el/la pariente *relative* 5

el paro *strike, unemployment* 8

la parte *part* 1

participante *participating* 2

el partido *game, match* 5

pasado/a *past; last* 4

el/la pasajero/a *passenger* 3

el pasillo *aisle* 3

el paso *step* 7

paso a paso *step by step* 11

el pastel *cake; pastry* 3

el patio *patio* 3

patrocinado/a *sponsored* 10

el/la patrocinador/a *sponsor* 8

el/la patrón, patrona *employer, boss* 1

el pavo *turkey* 3

el pecho *chest* 4

el pedazo *piece* 3

el pedido *order* 3

pedir (i) *to ask for, order* 4

peinarse *to comb one's hair* 1

pelearse *to fight* 8

la película *film* 1

el peligro *danger* 2

peligroso/a *dangerous* 8

pelirrojo/a *red-haired* 2

pendiente *pending* 10

el pensamiento *thought* 1

pensar (ie) *to think* 4

peor *worse* 4

el pepino *cucumber* 3

pequeño/a *small* 2

la pera *pear* 9

perder (ie) *to lose* 4

perderse (ie) *to get lost* 4

la pérdida *loss* 1

perdón *pardon me* PC

perdonar *to pardon* 3

perecedero/a *perishable* 9

perezoso/a *lazy* 1

la perilla *doorknob* 3

el periódico *newspaper* 2

permanecer (zc) *to remain* 3

el permiso *permission, permit* 1

pero *but* 2

el/la perro/a *dog* 2

el personaje *character* 11

el personal   *personnel*   1

personal   *personal*   2

pertenecer   *to belong*   2

la pertenencia   *possession, belonging*   2

peruano/a   *Peruvian*   11

pesado/a   *heavy*   4

pesar   *to weigh*   11

la pescadería   *fish market*   9

el pescado   *fish*   3

el peso   *weight*   9

la peste   *plague, epidemic*   9

la petroquímica   *petrochemistry*   9

el pie   *foot*   3

la piedra   *stone*   4

la pieza   *piece*   3

el pijama   *pajamas*   3

el/la piloto   *pilot*   3

pintar   *to paint*   7

la pintura   *painting*   1

la piscina   *swimming pool*   2

el piso   *floor*   2

placentero/a   *pleasurable*   3

el placer   *pleasure*   3

la plaga   *plague*   8

el planchado   *ironing*   3

planear   *to plan*   1

la planilla   *table, chart*   7

plano/a   *flat*   11

la plantilla   *template*   4

la plata   *silver*   4

el plato   *plate, dish*   3

la playa   *beach*   5

la playera   *shirt (for the beach)*   3

el plazo   *period, term*   7

plegado/a   *folded*   3

la pluma   *pen*   1

la población   *population*   5

el poder   *power*   8

poder (ue)   *to be able, can*   2

poderoso/a   *powerful*   5

el podio   *podium*   5

el policía   *policeman*   1

la policía   *police, police woman*   1

la política   *politics, policy*   1

la póliza   *policy*   1

el pollo   *chicken*   3

el Polo Norte   *North Pole*   10

poner   *to put, to set*   3

ponerse (g)   *to put on, to become*   8

por   *for; through; by*   3

por ejemplo   *for example*   3

por eso   *that's why*   4

por favor   *please*   PC

por fortuna   *fortunately*   2

por lo contrario   *to the contrary*   5

por medio de   *by means of*   7

¿Por qué?   *Why?*   1

por separado   *separately*   7

el porcentaje   *percentage*   2

la porción   *portion*   4

porque   *because*   1

el portafolio   *portfolio*   11

el portafolios   *briefcase*   3

portátil   *portable*   9

Portugal   *Portugal*   7

el portugués   *Portuguese*   9

el posicionamiento   *site, placement*   11

postgraduado/a   *postgraduate*   4

el postre   *dessert*   3

potable   *drinkable*   12

el potasio   *potassium*   8

la potencia   *power*   11

la práctica   *practice*   4

el precio   *price*   2

precisamente   *precisely*   2

predecir (i) (g)   *to predict*   8

preferido/a   *preferred*   1

preferir (ie)   *to prefer*   2

la pregunta   *question*   1

preguntar   *to ask (questions)*   2

el premio   *prize*   8

prender   *to turn on*   5

la prensa   *press*   5

la preocupación   *worry*   5

preocuparse   *to worry about*   3

preparar   *to prepare*   1

la presa   *dam*   9

la presencia   *presence*   4

la presentación   *presentation*   4

presentar   *to present*   2, *to submit*   7

presionar   *to pressure*   10

la prestación   *benefit, provision*   1

el préstamo   *loan*   2

prestar   *to give, tender*   7

prestigioso/a   *prestigious*   3

el presupuesto   *budget*   3

previo/a   *previous*   1

la prima   *premium*   2

la primavera   *spring*   8

primero/a   *first*   1

los primeros auxilios   *first aid*   10

el/la primo/a   *cousin*   4

principal   *principal*   4

el principio   *beginning*   5

la prioridad   *priority*   11

la prisa   *hurry*   2

privado/a   *private*   2

el privilegio   *privilege*   3

probar (ue)   *to prove*   10

el procedimiento   *procedure*   2

el proceso   *process*   2

la producción   *production*   1

producir (zc)   *to produce*   1

la profesión   *profession*   1

la profundidad   *depth*   9

el programa   *program*   2

el promedio   *average*   9

la promesa   *promise*   4

prometer   *to promise*   2

pronto   *soon*   3

la propaganda   *advertising*   5

la propiedad   *property*   2

el/la propietario/a   *owner*   2

la propina   *tip*   3

propio/a   *own*   2

proponer (g)   *to propose*   4

proporcionar   *to provide*   3

el propósito   *purpose*   9

protector/a   *protective*   8

proteger   *to protect*   4

la proteína   *protein*   8

el/la proveedor/a   *provider*   2

proveer   *to provide*   1

provocar   *to provoke*   11

próximamente   *shortly*   1

la proximidad   *proximity*   9

próximo/a   *next*   4

el proyecto   *project*   2

la prueba   *test*   4

la publicidad   *advertising*   5

el pueblo   *people, town*   10

el puente   *bridge*   7

la puerta   *door, gate*   1

el puerto   *port*   9

puertorriqueño/a   *Puerto Rican*   5

pues   *well, since*   2

el puesto   *position, job*   1
puesto/a   *put*   7
la pulgada   *inch*   4
el pulgar   *thumb*   4
pulmonar   *pulmonary, lung*   10
pulsar   *to press*   4
la pulsera   *bracelet*   4
la puntera   *toe (of shoe)*   4
el punto com   *dotcom*   11
la pureza   *purity*   9
purificar   *to purify*   7
el puro   *cigar*   9
puro/a   *pure*   12

¿Qué?   *What?*   1
¿Qué día es hoy?   *What day is today?*   PC
¿Qué hora es?   *What time is it?*   1
¡Qué lástima!   *What a shame!*   6
quedar   *to remain*   11
el quehacer   *chore*   2
la queja   *complaint*   1
quejarse   *to complain*   3
la quema   *burning*   10
querer (ie)   *to want, to love*   3
el queso   *cheese*   3
¿Quién/es?   *Who?*   1
el quilate   *karat*   4
el químico   *chemical*   8
químico/a   *chemical*   10
quinto/a   *fifth*   7
quisiera   *I would like*   10
quitar   *to remove*   3
quitarse   *to take off*   8
quizás   *perhaps*   9

la raíz   *root*   5
la rapidez   *speed*   8
el rastro   *trace*   8
el rato   *while*   12
el ratón   *mouse*   5
la raza   *race*   7
la razón   *reason*   2
realista   *realistic*   1
realizar   *to carry out*   9
rebajado/a   *reduced*   7
la recámara   *bedroom*   2
la recaudación   *collection; receipts*   4
el/la recaudador/a   *collector*   11

recaudar   *to collect*   10
la receta   *prescription*   2
recibir   *to receive*   1
el recibo   *receipt*   2
el reciclaje   *recycling*   10
reciclar   *to recycle*   10
el/la recién nacido/a   *newborn baby*   2
recíproco/a   *reciprocal*   12
la reclamación   *claim*   2
reclamar   *to claim*   3
el reclamo   *claim*   3
recoger   *to pick up*   3
recompensar   *to reward*   3
el reconocimiento   *recognition*   11
recopilar   *to compile*   4
recordar (ue)   *to remember*   4
la recreación   *recreation*   2
el recreo   *recreation*   3
el recuerdo   *memory*   5
el recurso   *resource*   4
los recursos humanos   *human resources*   1
la red   *network*   2
la redecilla   *hairnet*   8
reducir   *to reduce*   2
el reembolso   *refund, repayment*   2
reemplazar   *to replace*   2
reflejar   *to reflect*   8
el refresco   *soda*   2
el refrigerador   *refrigerator*   2
la regadera   *shower*   3
el regalo   *gift*   4
regar (ie)   *to water, to irrigate*   8
el regateo   *bargaining*   3
la región   *region*   4
el registro   *registry*   4
la regla   *rule*   8
regresar   *to return (not for objects)*   2
regular   *so-so*   PC
regular   *to regulate*   8
la rehabilitación   *rehabilitation*   2
la relación   *relationship*   1
el reloj   *watch, clock*   3
el/la remitente   *sender*   9
el remolque   *trailer*   2
la renta   *income*   7
renunciar   *to quit*   9
la reparación   *repair*   6

repetir (i)   *to repeat*   4
el reporte   *report*   4
el/la representante   *representative*   4
reproducir (zc)   *to reproduce*   5
el reproductor   *copier, player (disc)*   5
el repuesto   *spare*   4
requerir (ie)   *to require*   1
el requisito   *requirement*   2
el rescate   *rescue*   10
la reserva   *reserve*   2
reservado/a   *reserved*   3
reservar   *to reserve*   3
la residencia   *residence*   2
el/la residente   *resident*   2
resolver (ue)   *to resolve*   4
el respeto   *respect*   3
respetuosamente   *respectfully*   9
respirar   *to breathe*   10
la respuesta   *answer*   2
el resultado   *result*   4
el resumen   *summary*   3
la retención   *withholding*   7
retener (g) (ie)   *to withhold*   7
retenido/a   *withheld*   7
retirar   *to withdraw*   7
el retiro   *withdrawal*   7
el retorno   *return*   10
el retractor   *retractor*   4
el retrato   *portrait*   5
la reunión   *meeting*   3
reunir   *to meet*   10
reunirse   *to meet, get together*   4
revelar   *to develop*   5
revisar   *to check*   9
revivir   *to revive*   5
revuelto/a   *scrambled*   3
rico/a   *rich*   3
el riesgo   *risk*   2
rígido/a   *rigid*   4
el río   *river*   10
la riqueza   *wealth*   7
el robo   *robbery*   2
rodeado/a   *surrounded*   5
rojo/a   *red*   2
el rompevientos   *windbreaker*   4
la ropa   *clothing*   1

la ropa interior   *underwear*   4
la rosa   *rose*   3
roto/a   *broken*   3
rubio/a   *blond*   2
la rueda   *wheel*   9
la ruta   *route*   7

sábado   *Saturday*   PC
saber   *to know*   2
el sabor   *flavor*   8
sacar   *to take out*   1
el saco   *sport coat*   3
sacudir   *to shake*   10
la sala   *living room*   2
la sala de espera   *waiting room*   2
el salario   *salary*   1
la salchicha   *sausage*   3
el saldo   *balance*   7
la salida   *departure; exit*   3
salir   *to leave*   3
el salón de belleza   *beauty salon*   3
la salsa   *sauce*   8
la salud   *health*   1
saludar   *to greet*   10
el saludo   *greeting*   9
salvaje   *wild*   10
la sandalia   *sandal*   4
la sangre   *blood*   10
sano/a   *healthy*   8
el/la sastre   *tailor*   4
satisfacer (g)   *to satisfy*   5
satisfecho/a   *satisfied*   1
el secador de pelo   *hair dryer*   3
la secadora   *dryer*   2
secar   *to dry*   3
secarse   *to dry off*   8
el secreto   *secret*   6
secreto/a   *secret*   12
secundario/a   *secondary*   4
la sed   *thirst*   2
la seda   *silk*   3
el/la seguidor/a   *follower*   11
el seguimiento   *tracking*   8
seguir (i)   *to continue, to follow*   3
según   *according to*   2
el segundo   *second one*   11
segundo/a   *second*   1
la seguridad   *security*   2
el seguro   *insurance*   1

el seguro social   *Social Security*   1
seguro/a   *safe*   4
selecto/a   *select*   4
el sello   *stamp*   2
la selva   *jungle*   10
la semana   *week*   10
sembrar (ie)   *to plant, to sow*   8
semejante   *similar*   5
la semilla   *seed*   8
el seminario   *seminar*   1
el semi-remolque   *semi-truck*   9
sencillo/a   *simple*   1
sensible   *sensitive*   11
sentado/a   *seated*   3
sentarse (ie)   *to sit down*   8
el sentido   *sense*   4
sentirse (ie)   *to feel*   8
separar   *to separate*   2
septiembre   *September*   PC
séptimo/a   *seventh*   7
ser   *to be*   1
el ser humano   *human being*   10
la serie   *series*   7
el servicio   *service*   1
los servicios   *utilities*   2
el servidor   *server*   11
la servilleta   *napkin*   3
servir (i)   *to serve*   3
la severidad   *severity*   4
el sexo   *sex*   1
sexto/a   *sixth*   7
si   *if*   1
siempre   *always*   4
la sigla   *abbreviation, acronym*   2
siguiente   *following, next*   2
el silicio   *silicon*   9
la silla   *chair*   1
el sillón   *armchair*   8
el símbolo   *symbol*   4
simpático/a   *nice*   1
simplificado/a   *simplified*   2
sin   *without*   3
sin ánimo de lucro   *nonprofit*   10
sindical   *union*   8
el sindicato   *labor union*   1
el sistema   *system*   1
el sitio   *site, place*   3
el soborno   *bribe*   3
sobre   *about, concerning*   7

sobre todo   *overall*   4
el sobrecargo   *surcharge*   3
sobrevivir   *to survive*   10
la sociedad   *society*   5
el/la socio/a   *member, associate*   3
el sodio   *sodium*   8
sofisticado/a   *sophisticated*   5
el sol   *sun*   8
solamente   *only*   2
el/la solicitante   *applicant*   1
solicitar   *to apply for*   1
la solicitud   *application*   1
el solitario   *solitaire*   12
solitario/a   *solitary*   4
sólo   *only*   1
solo/a   *alone*   3
soltero/a   *single*   1
el sombrero   *hat*   4
el sonido   *sound*   4
la sonrisa   *smile*   11
soñar   *to dream*   2
sorprender   *to surprise*   9
el sorteo   *drawing*   8
el sostén   *bra*   4
sostenible   *sustainable*   10
soy   *I am*   PC
la soya   *soy*   8
su/sus   *your, his, her, their*   1
suave   *soft, smooth*   4
el suavizante   *softener*   5
la subasta   *auction*   11
subir   *to go up, climb*   3
suceder   *to happen*   2
sucio/a   *dirty*   2
la sucursal   *branch (office)*   4
la sudadera   *sweatshirt, -suit*   4
Sudamérica   *South America*   3
la suela   *sole*   4
el sueldo   *salary*   4
el sueldo bruto   *gross income*   7
el sueldo tributable   *net income*   7
el suelo   *floor*   10
el sueño   *dream, sleep*   2
el suéter   *sweater*   3
el sufrimiento   *suffering*   10
sufrir   *to suffer*   2
la sugerencia   *suggestion*   1
sugerir (ie)   *to suggest*   9
Suiza   *Switzerland*   3
la sujeción   *fixing points*   4

sumar *to add* 7
el suministro *supply* 11
superar *to surpass* 8
la superficie *surface* 10
el supermercado *supermarket* 5
el/la supervisor/a *supervisor* 1
el surtido *assortment, supply* 3
la susceptibilidad *sensitivity, vulnerability* 10
la suspensión *suspension* 4
la sustancia *substance* 2
la sustitución *substitution* 7
suyo/a *your, his, hers, theirs* 4

el tacón *heel (shoe)* 4
tal *such* 4
tal vez *perhaps* 9
la talla *size* 4
el taller *workshop* 2
el talón *heel (foot)* 4
el tamaño *size* 8
también *also, too* 2
tampoco *neither* 5
tan… como *as… as* 3
tanto/a… como *as much… as* 4
tantos/as… como *as many… as* 4
la tapicería *upholstery* 4
la tarde *afternoon* 1
tarde *late* 3
la tarea *task; homework* 5
la tarifa *rate* 3
la tarjeta *card* 2
la tarjeta de embarque *boarding pass* 3
la tasa *rate* 2
la taza *cup* 8
el té *tea* 1
el teatro *theater* 5
el teclado *keyboard* 5
teclear *to type (keyboard)* 5
el/la técnico/a *technician* 9
la telenovela *soap opera* 8
el/la televendedor/a *telemarketer* 5
el televisor *television set* 5
el tema *theme* 5
temer *to fear* 9
temporal *temporary* 9
la tendencia *tendency* 3

el tenedor *fork* 3
el/la tenedor/a de libros *bookkeeper* 7
tener (ie) (g) *to have* 1
tener ganas de *to feel like* 2
tener que + inf. *to have to* 2
tercer/o/a *third* 7
terminar *to end, finish* 1
el término *term* 11
la terminología *terminology* 12
el termostato *thermostat* 6
el/la ternero/a *calf* 8
la terraza *terrace* 3
el terreno *terrain* 4
terrestre *land-based* 9
el territorio *territory* 5
el/la tesorero/a *treasurer* 10
el/la testigo *witness* 10
el tiempo *time* 2
la tienda *store* 3
la tierra *land* 8
las tijeras *scissors* 5
el/la tío/a *uncle, aunt* 10
típico/a *typical* 3
los tirantes *suspenders* 4
tirar *to throw* 9
el título *title, degree* 1
TLCAN *NAFTA* 9
la toalla *towel* 3
tocar *to touch, to play music* 5
el tocino *bacon* 3
todavía *still* 3
el todo terreno *all-terrain vehicle* 4
todo/a *all* 1
tomar *to take, to drink* 2
la tonelada *ton* 11
tonto/a *dumb, silly* 1
el tornillo *screw* 4
la toronja *grapefruit* 3
la torre *tower* 11
la tostada *toast* 3
el tostador *toaster* 5
tóxico/a *toxic* 10
el/la trabajador/a *worker* 9
trabajador/a *hard-working* 1
trabajar *to work* 2
el trabajo *work* 1
traducir (zc) *to translate* 3
el/la traductor/a *translator* 8
traer *to bring* 3
el traje *suit* 1
el traje de baño *bathing suit* 3

el traje de etiqueta *formal wear* 4
el trámite *step, stage, procedure* 9
la tranquilidad *tranquility* 9
transformar *to transform* 1
el transporte *transportation* 2
trasladar *to move* 9
el tratado *treaty* 9
el tratamiento *treatment* 3
tratar *to try* 8
el trato *deal* 9
¡Trato hecho! *Done deal!* 4
el tren *train* 4
el tribunal *court* 10
el trimestre *trimester* 2
el/la tripulante *crew member* 3
triste *sad* 2
el tronco *log, trunk* 2
tú *you (familiar)* PC
tu/tus *your* 4
el tubo de escape *muffler* 10
el turismo *tourism* 9
el turno *shift* 8

ubicado/a *located* 7
últimamente *lately, recently* 11
un poco *a little* 1
un sinnúmero de *a great many* 9
la unidad *unit* 4
unido/a *united* 1
unir *to unite* 8
unisexo *unisex* 4
la universidad *university* 4
la urbanización *development* 2
el uso *use* 4
usted *you (formal)* PC
ustedes *you (plural)* PC
el/la usuario/a *user* 11
las utilidades *utilities* 2
la utilización *utilization* 7
utilizar *to use, utilize* 2

vacuno/a *cattle* 8
el valor *value* 2
variado/a *varied* 4
el vaso *glass* 3
el/la vecino/a *neighbor* 3
el vehículo *vehicle* 2
veloz *fast* 11
el vencimiento *due date* 7

el/la vendedor/a *salesperson* 3
vender *to sell* I
venir (ie) (g) *to come* 5
la venta *sale* 2
la ventaja *advantage* 7
la ventana *window* I
la ventanilla *window* 3
ver *to see* 2
el verano *Summer* 4
la verdad *truth* 5
¿Verdad? *True? Isn't that so?* I
verde *green* 2
la verdura *green vegetables* 3
la versión *version* I I
el vestido *dress* I
el vestidor *dressing room* 8
vestir (i) *to dress* 4
vestirse (i) *to get dressed* 4
el vestuario *wardrobe* I
la vez *time, occasion* 2
el viaje *trip* 3

el/la viajero/a *traveler* 3
las vías respiratorias *respiratory tract* I0
la vida *life* I
la videocasetera *VCR* I I
viejo/a *old* 2
el viento *wind* 8
viernes *Friday PC*
vigente *valid* 4
vigilar *to watch, keep an eye on* I
el vino *wine* 3
violeta *violet, purple* 4
visitar *to visit* 3
el visor *viewfinder* I I
la vista *vision* 2
la vitamina *vitamin* 8
viudo/a *widowed* I
la vivienda *housing* 2
vivir *to live* 2
vivo/a *alive* 3

el/la vocero/a *spokesperson* 5
el volante *steering wheel* 4
volar (ue) *to fly* 3
el voluntariado *volunteer force, group* I0
voluntario/a *voluntary* 2
volver (ue) *to return* 4
vosotros/as *you (familiar, plural) PC*
la voz *voice* 3
el vuelo *flight* 3

y *and* I
ya *already* I
el yate *yacht* 9
yo *I PC*

el zafiro *sapphire* 4
el zapato *shoe* I
la zona franca *duty-free zone* 9

English-Spanish Glossary

a great many   *un sinnúmero de*   9

a little   *un poco*   1

abbreviation   *la abreviatura, la sigla*   4

about, concerning   *acerca de, sobre*   5

above   *arriba*   7

abroad   *el extranjero*   8

absence   *la ausencia*   1

abuse   *el abuso*   2

accent   *el acento*   11

to accept   *aceptar*   1

accessible   *accesible, asequible*   2

accompanied   *acompañado/a*   3

according to   *según*   2

account   *la cuenta*   2

accountant   *el/la contador/a*   2

accounting   *la contabilidad*   5

to accumulate   *acumular*   12

accumulated   *acumulado/a*   3

to acquire   *adquirir*   2

acquisition   *la adquisición*   2

acronym   *la sigla*   2

actions   *las gestiones*   2

to add   *añadir, sumar*   4

addition   *la adición*   4

address   *la dirección*   1

to address oneself to   *dirigirse a*   10

addressee   *el/la destinatario/a*   9

adequate   *adecuado/a*   4

adoption   *la adopción*   7

advance   *el adelanto, el anticipo, el avance*   2, 4

advanced   *avanzado/a*   4

advantage   *la ventaja*   7

advertisement   *el anuncio*   5

advertising   *la publicidad, la propaganda*   5

affiliated   *afiliado/a*   3

affiliation   *la afiliación*   1

afternoon   *la tarde*   1

afterwards   *después*   1

again   *otra vez*   2

against   *contra*   2

age   *la edad, la antigüedad*   2

agent   *el/la corredor/a*   9

to agree   *estar de acuerdo*   4

agreement   *el acuerdo*   5

agricultural/livestock   *agropecuario/a*   9

agriculture   *la agricultura*   1

air   *el aire*   4

air   *aéreo/a*   9

airplane   *el avión*   3

airport   *el aeropuerto*   3

aisle   *el pasillo*   3

alcohol   *el alcohol*   2

alien   *el/la extraterrestre*   6

alive   *vivo/a*   3

all   *todo/a*   1

to alleviate   *aliviar*   10

alliance   *la alianza*   3

all-terrain vehicle   *el todo terreno*   4

ally   *el/la aliado/a*   5

almost   *casi*   2

alone   *solo/a*   3

already   *ya*   1

also   *también*   2

altar   *el altar*   5

alternative   *alternativo/a*   2

altitude   *la altura*   3

always   *siempre*   4

amazed   *atónito/a*   11

American   *americano/a*   3

American (U.S.)   *estadounidense*   10

amount   *la cantidad, el monto*   2

anchorage   *el anclaje*   4

and   *y*   1

anecdote   *la anécdota*   12

to announce   *anunciar*   4

annual   *anual*   2

another   *otro/a*   2

answer   *la respuesta*   2

to answer   *contestar*   1

any   *cualquier/a*   2

anything   *algo*   3

apparatus   *el aparato*   3

to appear   *aparecer (zc)*   5

appearance   *la apariencia*   5

to applaud   *aplaudir*   10

apple   *la manzana*   3

appliance   *el electrodoméstico, el aparato*   3

applicant   *el/la solicitante*   1

application   *la solicitud*   1

to apply   *aplicar*   8

to apply for   *solicitar*   1

appointment   *la cita*   1

to appreciate   *apreciar*   4

to approach   *acercarse*   5

to approve   *aprobar (ue)*   4

approved   *aprobado/a*   2

April   *abril*   PC

arbitration   *el arbitraje*   10

to argue   *discutir*   2

armchair   *el sillón*   8

around, about   *alrededor de*   3

to arrange, to fix   *arreglar*   11

arrangement   *el arreglo*   3

arrival   *la llegada*   3

to arrive   *llegar*   1

article   *el artículo*   1

as many... as   *tantos/as... como*   4

as much... as   *tanto/a... como*   4

as... as   *tan... como*   3

to ask (questions)   *preguntar*   2

to ask for, order   *pedir (i)*   4

to assemble   *ensamblar*   9

assembly   *la asamblea*   9

assembly   *el ensamblaje*   9

assembly plant   *la maquiladora*   1

to assist   *atender (ie)*   3

assistance   *la asistencia*   2

associate   *el/la socio/a*   3

assortment   *el surtido*   3

at any time   *en cualquier momento*   1

at first glance   *a primera vista*   9

at my disposal   *a mi disposición*   2

at random   *al azar*   8

at the beginning   *al principio*   11

at the end   *al final*   7

at the same time   *a la vez*   1

at this moment   *en este momento*   3

At what time?   *¿A qué hora...?*   1

at your service *a su servicio* 2
at your service, may I help you?
  a sus órdenes PC
athletic *atlético/a* 4
attack *el ataque* 10
attempt *el intento* 10
attendance *la asistencia* 1
attorney *el/la abogado/a* 9
to attract *atraer* 5
auction *la subasta* 11
audit *la auditoría* 12
August *agosto* PC
Austria *Austria* 7
authority *la autoridad* 2
authorization *la autorización*
  4
to authorize *autorizar* 2
autumn *el otoño* 5
availability *la disponibilidad* 11
available *disponible* 2
average *el promedio* 9
aviation *la aviación* 3
avid *ávido/a* 11
avocado *el aguacate* 9
to avoid *evitar* 4
to award, to grant *otorgar* 10

baby *el/la bebé* 3
baby sitter *el/la niñero/a* 3
bacon *el tocino* 3
bad *malo/a* 2
bag *la bolsa* 4
bakery *la panadería* 8
balanced *equilibrado/a* 4
ball *la bola* 11
bank *el banco* 7
banking *bancario/a* 4
bankruptcy *la bancarrota* 7
bar, rod *la barra* 4
bargaining *el regateo* 3
bartender *el/la cantinero/a* 7
based *basado/a* 4
based on *a base de* 12
basic *básico/a* 1
basket *la cesta* 3
to bathe *bañarse* 8
bathing suit *el traje de baño* 3
bathrobe *la bata* 3
bathroom *el baño* 2
bathroom sink *el lavabo* 3
battle *la batalla* 9
baud *el baudio* 11
bay *la bahía* 3

to be *ser, estar* 1, 2
to be able, can *poder (ue)* 2
to be born *nacer* 7
to be happy *alegrarse* 9
to be missing *faltar* 11
to be on a diet *estar a dieta* 3
to be thankful for *agradecer*
  (zc) 3
beach *la playa* 5
bean *el frijol* 3
beautiful *hermoso/a* 3
beauty *la belleza* 11
beauty salon *el salón de belleza*
  3
because *porque* 1
bedroom *el dormitorio, la recá-*
  mara 2
beer *la cerveza* 3
before *antes de* 2
to begin, start *comenzar (ie),*
  empezar (ie) 1, 3
beginning *el inicio, el principio*
  4, 5
to behave *comportarse* 5
behind *atrasado/a* 11
Belgium *Bélgica* 7
to believe *creer* 2
bellboy *el botones* 4
to belong *pertenecer* 2
belt *el cinturón* 3
benefit *el beneficio, la*
  prestación 1
besides *además* 4
better, best *mejor* 1
between, among *entre* 4
bicycle *la bicicleta* 4
big *grande* 1
bilingual *bilingüe* 1
bill *la factura* 2
bill (of money) *el billete* 7
bird *el pájaro* 9
bird *el ave* 3
birth *el nacimiento* 1
birthday *el cumpleaños* 3
bite, bribe *la mordida* 9
black *negro/a* 2
blond *rubio/a* 2
blood *la sangre* 10
blouse *la blusa* 3
blow *el golpe* 8
blue *azul* 2
boarding pass *la tarjeta de*
  embarque 3

boat *el bote* 2
boiled *hervido/a* 3
boiler *la caldera* 10
bond *el bono* 7
bookkeeper *el/la tenedor/a de*
  libros 7
bookseller *el/la librero/a* 11
bookstore *la librería* 11
boot *la bota* 4
border *la frontera* 8
boring *aburrido/a* 1
boss *el/la jefe/a* 1
both *ambos/as* 5
bother *la molestia* 3
to bother *molestar* 9
bottle *la botella* 3
bow tie *la pajarita* 4
box *la caja* 3
boy, girl *el/la niño/a* 1
boy/girlfriend *el/la novio/a* 4
bra *el brasier, el sostén* 3
bracelet *la pulsera* 4
brain *el cerebro* 2
branch (office) *la sucursal* 4
brand *la marca* 5
brand *el marcado, la marca* 9
bread *el pan* 3
breakfast *el desayuno* 3
breath *el aliento* 1
to breathe *respirar* 10
bribe *el soborno, la mordida*
  3, 9
brick *el ladrillo* 2
bridge *el puente* 7
briefcase *el portafolios* 3
briefcase, overnight bag *el*
  maletín 9
to bring *traer* 3
broadcasting *la emisión* 5
brochure *el folleto* 3
broken *roto/a* 3
broker *el/la corredor/a* 7
brown *marrón* 4
brown (hair) *castaño/a* 2
to buckle *abrochar* 3
budget *el presupuesto* 3
buffet *el buffet* 12
building *el edificio* 2
bulletin *el boletín* 1
bumper *el parachoques* 4
burning *la quema* 10
bus *el autobús* 3
business *el negocio* 1

businessman, -woman   *el/la empresario/a*   2
but   *pero*   2
butcher   *el/la carnicero/a*   8
butter   *la mantequilla*   3
button   *el botón*   4
to buy   *comprar*   1
buyer   *el/la comprador/a*   4
buying & selling   *la compraventa*   4
by   *por*   3
by means of   *por medio de, mediante*   7, 11

cafeteria   *la cafetería*   3
cake, pastry   *el pastel*   3
calendar   *el calendario*   PC
calf   *el/la ternero/a*   8
call   *la llamada*   2
to call   *llamar*   2
called, designated   *denomina-do/a*   7
to calm down   *calmarse*   8
campaign   *la campaña*   4
candy store (sweet baked goods)   *la dulcería*   3
capable   *capaz*   10
capacity   *la capacidad*   3
captain   *el capitán*   3
capture   *la captura*   11
car   *el coche, el carro*   3, 2
car industry   *automotriz*   4
carbohydrate   *el carbohidrato*   8
card   *la tarjeta*   2
cardboard   *el cartón*   9
care   *el cuidado*   9
career   *la carrera*   1
carefully   *con cuidado*   1
cargo   *la carga*   9
carpet   *la alfombra*   5
to carry   *llevar*   2
to carry out   *realizar, efectuar, cumplir, llevar a cabo*   9, 2, 4, 8
cart   *el carrito*   4
case   *el caso*   1
cash   *en efectivo, al contado*   2, 4
cash desk, counter   *la caja*   5
cashier   *el/la cajero/a*   7
casserole   *la cazuela*   3
catalog   *el catálogo*   4

category   *la categoría*   4
cattle   *vacuno/a*   8
to celebrate   *celebrar*   3
cell   *la célula*   10
cellar, warehouse   *la bodega*   8
census   *el censo*   10
center, downtown   *el centro*   3
centimeter   *el centímetro*   4
central   *céntrico/a*   11
Central America   *América Central, Centroamérica*   3
certain   *cierto/a, determinado/a*   4, 7
to certify   *certificar*   4
chain   *la cadena*   8
chair   *la silla*   1
champagne   *la champaña*   3
change   *el cambio*   10
to change   *cambiar*   2
characteristic   *la característica*   1
charge   *el cargo*   2
to charge   *cobrar*   2
charitable   *caritativo/a*   10
charity   *la caridad*   10
chart   *la planilla*   7
chasis   *el chasis*   4
check   *el cheque*   3
to check   *revisar*   9
to check in   *facturar*   3
checking account   *la cuenta corriente*   7
cheese   *el queso*   3
chemical   *el químico*   8
chemical   *químico/a*   10
cherry   *la cereza*   3
chest   *el pecho*   4
to chew   *masticar*   1
chicken   *el pollo*   3
chief   *el/la jefe/a*   1
chile sauce   *el mole*   8
choice   *la elección*   3
cholesterol   *el colesterol*   8
to choose   *escoger (j)*   5
chore   *el quehacer*   2
chronic   *crónico/a*   10
cigar   *el puro*   9
circulation   *la circulación*   7
citizen   *el/la ciudadano/a*   7
citizenship   *la ciudadanía*   7
city   *la ciudad*   1

civilization   *la civilización*   3
claim   *la reclamación, el reclamo*   2, 3
to claim   *reclamar*   3
to clarify   *aclarar*   7
class   *la clase*   1
clean   *limpio/a*   1
to clean   *limpiar*   2
cleaner   *el limpiador*   10
cleanliness   *la limpieza*   8
clearly   *claramente*   6
clever   *listo/a*   3
client   *el/la cliente/a*   1
clock   *el reloj*   3
to close   *cerrar (ie)*   2
clothing   *la ropa*   1
coach   *el/la entrenador/a*   1
cocktail   *el cóctel*   4
cocoa   *el cacao*   9
COD   *contra reembolso*   9
code   *el código*   5
coffee   *el café*   1
coffee maker   *la cafetera*   5
coin   *la moneda*   7
cold   *el frío*   2
colleague   *el/la colega*   1
to collect   *recaudar*   10
collection   *la colección, la recaudación*   4
collector   *el/la recaudador/a*   11
to comb one's hair   *peinarse*   1
to come   *venir (ie) (g)*   5
comfort   *la comodidad*   4
comfortable   *cómodo/a*   4
comical   *cómico/a*   4
commerce   *el comercio*   1
commercial   *comercial*   3
commitment, agreement   *el compromiso*   4
committee   *el comité*   1
common   *común*   3
community   *la comunidad*   2
compact disc   *el disco compacto*   4
companion   *el/la compañero/a*   4
to compare   *comparar*   4
competition   *la competencia*   3
competitive   *competitivo/a*   2
to compile   *recopilar*   4
to complain   *quejarse*   3

complaint *la queja* 1
complete *completo/a* 2
completely *completamente* 7
compliance *el cumplimiento* 9
compost *el abono orgánico* 10
compromise *comprometer* 11
computer science *la informática* 11
to concede *conceder* 4
conclusion *la conclusión* 5
condition *la condición* 2
condominium *el condominio* 2
conduct *la conducta* 6
confidence *la confianza* 4
to confiscate *confiscar* 12
to confront *enfrentarse a* 10
confused *confundido/a* 2
conglomerate *el conglomerado* 5
Congratulations! *¡Felicitaciones!* 1
congress *el congreso* 3
conservation *la conservación* 9
conservative *conservador/a* 7
to consider *considerar* 1
constantly *constantemente* 6
to constitute *constituir* 10
to construct *construir* 9
construction *la construcción* 4
to consult *consultar* 1
consultant, advisor *el/la asesor/a, el/la consultor/a* 10, 4
consultation *la consulta* 9
consumer *el/la consumidor/a* 1
to contain *contener (ie)* 3
container *el contenedor* 9
contaminated, polluted *contaminado/a* 7
content *el contenido* 8
contest *la contienda* 10
to continue *seguir (i)* 3
contract *el contrato* 1
to contract *contratar* 1
to contribute *contribuir (y)* 4
contributor *el/la contribuyente* 7
convention *el congreso* 3
to converse *conversar* 4

conversion *la conversión* 7
to convert *convertir (ie)* 2
convertible *descapotable* 4
convinced *convencido/a* 1
cook *el/la cocinero/a* 8
to cook *cocinar* 5
cookie *la galleta* 3
to cooperate *cooperar* 7
co-payment *el copago* 2
copier *la copiadora* 5
copier (disc) *el reproductor* 5
copy *la copia* 2
corn *el maíz* 8
correct, right *correcto/a* 1
to correspond *corresponder* 4
correspondence *la correspondencia* 2
correspondent *el/la corresponsal* 8
corruption *la corrupción* 3
to cost *costar (ue)* 4
Costa Rican *costarricense* 3
to counsel *aconsejar* 9
to count *contar (ue)* 4
counter *el mostrador* 3
country *el país* 3
countryside *el campo* 8
county *el condado* 10
court *la corte, el tribunal* 9, 10
courtesy *la cortesía* 3
cousin *el/la primo/a* 4
to cover (topic) *abarcar* 4
coverage *la cobertura* 2
covered *cubierto/a* 2
cream *la crema* 3
to create *crear* 2
credential *la credencial* 4
crew member *el/la tripulante* 3
to criticize *criticar* 5
cross *la cruz* 10
cruise ship *el crucero* 8
to cry *llorar* 3
crystal, glass *el cristal* 11
Cuban *cubano/a* 5
cucumber *el pepino* 3
culture *la cultura* 3
cup *la taza* 8
curb *la cuneta* 10
currency, tender *moneda* 7
curtain *la cortina* 12
custard apple *la chirimoya* 9

custom *la costumbre* 4
customer *el/la cliente/a* 1
customs *la aduana* 9
customs *aduanero/a, arancelario/a* 9
cycling *el ciclismo* 3

daily *diario/a* 7
daisy *la margarita* 11
dam *la presa* 9
to damage, to harm *dañar* 10
damaging, harmful *dañino/a* 10
to dance *bailar* 7
danger *el peligro* 2
dangerous *peligroso/a* 8
dark-haired *moreno/a* 2
data *los datos* 3
date *la cita* 1
daughter *la hija* 2
day before yesterday *anteayer* 7
daycare *la guardería* 8
deal *el trato* 9
dear (business letter) *estimado/a, apreciado/a* 1, 9
debate *el debate* 5
debt *la deuda* 2
decade *la década* 11
decaffeinated *descafeinado/a* 3
to deceive *engañar* 5
December *diciembre* PC
to decide *decidir* 2
deeply *a fondo* 5
defective *defectuoso/a* 5
definition *la definición* 9
definitive *definitivo/a* 7
degree *el título* 1
delay *la demora* 10
to delegate *delegar* 1
to delight *encantar* 9
to deliver *entregar* 4
delivery *la entrega* 2
to demand *exigir* 2
demographic *demográfico/a* 6
to demonstrate *demostrar (ue)* 1
department store *el almacén* 4
departure *la salida* 3
depth *la profundidad* 9

design *el diseño* 4
to design *diseñar* 11
to designate *designar* 4
designer *el/la diseñador/a* 4
to desire, want *desear* 3
desire, wish *el deseo* 10
desk *el escritorio* 1
dessert *el postre* 3
destruction *la destrucción* 12
detail *el detalle* 2
detector *el detector* 4
detergent *el detergente* 10
determination *la determinación* 4
to determine *determinar* 1
to develop, to reveal *revelar* 5
to develop *desarrollar* 8
development *el desarrollo* 7
development (real estate) *la urbanización* 2
to dial *marcar* 4
diamond *el diamante* 4
to die *morir (ue)* 3
diet *la alimentación* 8
different *diferente, distinto/a* 2, 5
digital *digital* 11
to diminish, reduce *disminuir* 2
dining room *el comedor* 2
dinner *la cena* 4
direction *la dirección* 4
directly *directamente* 1
dirty *sucio/a* 2
disappeared *desaparecido/a* 8
disaster *el desastre* 10
to disconnect *desconectar* 12
discount *el descuento* 2
to discover *descubrir* 7
dish *el plato* 3
dishonest *deshonesto/a* 12
dishwasher *el lavaplatos* 2
disk drive *la disquetera* 11
to dismiss *despedir (i)* 1
to displace *desplazar* 4
distilled *destilado/a* 9
distributor *el/la distribuidor/a* 4
diverse *diverso/a* 5
division *la división* 4
to divulge *divulgar* 4
to do, make *hacer* 1
doctor *el/la médico/a* 1

doctor's office *el consultorio* 2
doctorate *el doctorado* 4
dog *el/la perro/a* 2
domain *el dominio* 11
to donate *donar* 4
donation *el donativo* 10
Done deal! *¡Trato hecho!* 4
door *la puerta* 1
doorknob *la perilla* 3
dotcom *el punto com* 11
double *el doble* 9
to double *doblar* 8
double bed *la cama matrimonial* 3
doubt *la duda* 7
to doubt *dudar* 9
doubtful *dudoso/a* 9
down payment *el enganche, la entrada* 2
down, under *abajo* 8
dozen *la docena* 11
drawing *el sorteo* 8
dream *el sueño* 2
to dream *soñar* 2
dress *el vestido* 1
to dress *vestir (i)* 4
dressing room *el vestidor* 8
drink *la bebida* 1
to drink *tomar, beber* 2
drinkable *potable* 12
to drive *conducir (zc), manejar* 2
driver *el/la conductor/a* 2
drug *la droga* 2
to dry *secar* 3
dry cleaning *el lavado en seco* 3
to dry off *secarse* 8
dryer *la secadora* 2
dual *dual* 4
due date *el vencimiento* 7
dumb *tonto/a* 1
during *durante* 1
duty, tariff *el arancel* 9
duty-free zone *la zona franca* 9

each *cada* 2
eagle *el águila (f.)* 7
to earn *ganar* 3
earring *el arete* 4
easily *fácilmente* 4
easy *fácil* 4

to eat *comer* 2
economics *la economía* 1
Ecuadorean *ecuatoriano/a* 5
editor *el/la editor/a* 5
effort *el esfuerzo* 3
egg *el huevo* 3
eighth *octavo/a* 7
to elect *elegir (i) (j)* 4
elevator *el ascensor* 3
eligible *elegible* 1
elite *élite* 4
emblem *el distintivo* 8
to employ *emplear* 8
employee *el/la empleado/a* 1
employer, boss *el/la empleador/a, el/la patrón, patrona* 1
employment *el empleo* 1
enclosed *adjunto/a* 9
to end, finish *terminar* 1
to endorse *avalar* 5
energy *la energía* 2
engagement, commitment *el compromiso* 4
English *el inglés* 5
to enjoy *disfrutar* 3
enough *bastante* 3
to enrich *enriquecer (zc)* 10
enterprise, firm *la empresa* 1
entertainment *el entretenimiento* 4
enthusiast *el/la entusiasta* 5
entire, whole *entero/a* 10
entity, body *la entidad* 7
entry *la entrada* 8
environment *el ambiente, medio ambiente* 1, 4
environmental *ambiental* 9
equal, egalitarian *igualitario/a* 1
equality *la igualdad* 3
equipment *el equipo* 4
especially *especialmente* 2
essential *esencial* 5
to establish *establecer (zc)* 1
establishment *el establecimiento* 7
European *europeo/a* 4
evacuation *la evacuación* 3
to evaluate *evaluar* 1
even *aun* 1
to exchange *intercambiar, canjear* 4, 7

exciting *emocionante* 4
exclusive *exclusivo/a* 3
excuse me *con permiso* PC
executive *el/la ejecutivo/a* 1
exempt *exento/a* 9
exemption *la exención* 9
to exercise *ejercer (zc)* 10
exit *la salida* 3
expense *el gasto* 2
expensive *caro/a* 2
to explain *explicar* 3
to explore *explorar* 4
to expose *exponer (g)* 8
expression *la expresión* 11
extended *ampliado/a* 4
exterior *exterior* 3
extreme *extremo/a* 4
extremely *extremadamente* 10
extroverted *extrovertido/a* 11
eye *el ojo* 3

fabulous *fabuloso/a* 2
to facilitate *facilitar* 2
facility *la facilidad* 3
factory *la fábrica* 1
fair *la feria* 3
faithful *fiel* 11
fall *la caída* 10
to fall asleep *dormirse (ue)* 8
falsified *falsificado/a* 12
family, relative *familiar* 2
famous *famoso/a* 4
far *lejos* 7
farm *la finca, la granja* 8
fast *veloz* 11
fat *gordo/a* 2
fat *la grasa* 8
father *el padre* 2
to fatten *engordar* 9
fault *la culpa* 12
fauna *la fauna* 10
favorable *favorable* 4
favored *favorecido/a* 9
fear *el miedo* 2
to fear *temer* 9
features *las facciones* 1
February *febrero* PC
to feed *alimentar* 8
feeder *el alimentador* 11
to feel *sentirse (ie)* 8
to feel like *tener ganas de* 2
to fertilize *abonar* 8

fertilizer *el abono* 8
fiber *la fibra* 8
fifth *quinto/a* 7
fight *la lucha* 8
to fight *pelearse* 8
file *el archivo* 1
to file *archivar* 3
filing cabinet *el archivador* 3
to fill (out) *llenar* 1
film *la película* 1
filter *el filtro* 10
financial *financiero/a* 2
to find *encontrar (ue)* 2
to find out *averiguar* 10
fine *la multa* 7
finger *el dedo* 4
finished *acabado/a* 4
Finland *Finlandia* 7
fire *el incendio, el fuego* 2, 8
to fire *despedir (i)* 1
fireworks *los fuegos artificiales* 10
first *primero/a* 1
first aid *los primeros auxilios* 10
fish *el pescado* 3
fish market *la pescadería* 9
fixed *fijo/a* 2
fixed term *a plazo fijo* 7
fixing points *la sujeción* 4
flag, banner *la bandera* 11
flat *plano/a* 11
flavor *el sabor* 8
fleet *la flota* 2
flight *el vuelo* 3
flight attendant *el/la asistente de vuelo* 3
flood *la inundación* 2
floor *el piso, el suelo* 10
flow *el flujo* 1
flower *la flor* 3
fluid *fluido/a* 4
to fly *volar (ue)* 3
focus *el enfoque* 8
folded *plegado/a* 3
folder *la carpeta* 3
folic acid *el ácido fólico* 8
to follow *seguir (i)* 3
follower *el/la seguidor/a* 11
following *siguiente, a continuación* 2, 11
food *la comida, el alimento, el comestible* 2, 8, 11

foot *el pie* 3
footwear *el calzado* 4
for *para, por* 1, 3
for example *por ejemplo* 3
force *la fuerza* 8
to force *forzar* 2
foreign currency *las divisas* 9
foreigner *el/la extranjero/a* 7
forgetful *olvidadizo/a* 12
fork *el tenedor* 3
form *el formulario* 1
to form *formar* 3
formal wear *el traje de etiqueta* 4
fortunately *por fortuna* 2
forward *adelante* 5
founder *el/la fundador/a* 8
fourth *cuarto/a* 1
franchise *la franquicia* 8
frankly *francamente* 7
free *libre* 1
free (of charge) *gratis, gratuito/a* 2, 3
freight *el flete* 4
frequent *frecuente* 3
to frequent *frecuentar* 3
frequently *con frecuencia* 2
fresh *fresco/a* 8
freshness *la frescura* 8
Friday *viernes* PC
fried *frito/a* 3
friend *el/la amigo/a* 3
friendly *amistoso/a* 2
from *de* 1
from time to time *de vez en cuando* 12
frosted *escarchado/a* 8
fruit *la fruta* 1
frustration *la frustración* 12
full time *a tiempo completo* 11
function *la función* 4
to function, work *funcionar* 3
functional *funcional* 4
fund *el fondo* 4
fund-raiser *el/la cabildero/a* 10
fund-raising *el cabildeo* 10

to gain access to *acceder* 11
game *el juego, el partido* 8, 5
garden *el jardín* 2
gasoline *la gasolina* 6
gate *la puerta* 1

gear *la marcha* 4
genius *el/la genio* 5
gentleman *el caballero* 3
Germany *Alemania* 7
to get along well, not at all *llevarse bien, mal* 8
to get angry *enojarse* 8
to get dressed *vestirse (i)* 4
to get involved *involucrarse* 10
to get lost *perderse (ie)* 4
to get married *casarse* 4
to get sick *enfermarse* 11
to get up *levantarse* 8
gift *el regalo* 4
to give *dar* 1
to give, to lend, to tender *prestar* 7
glass *el vaso* 3
glass (with stem) *la copa* 5
glasses *los lentes* 8
glossary *el glosario* 11
glove compartment *la guantera* 4
to go down *bajar* 3
Go on! *¡Adelante!* 1
to go up, climb *subir* 3
goal *la meta* 5
gold *el oro* 3
golf course *el campo de golf* 3
good *bueno/a* 2
good afternoon *buenas tardes* PC
good evening, good night *buenas noches* PC
good morning *buenos días* PC
good-bye *adiós* PC
goods *los bienes* 9
government *el gobierno* 1
governor *el/la gobernador/a* 10
to graduate *graduarse* 12
grapefruit *la toronja* 3
gray *gris* 4
greater *mayor* 2
green *verde* 2
green vegetables *la verdura* 3
greenhouse *el invernadero* 10
to greet *saludar* 10
greeting *el saludo* 9
gross (financial) *bruto/a* 2
gross income *el sueldo bruto* 7
group *el grupo* 2

to grow *crecer (zc)* 5
growing *creciente* 10
growth *el crecimiento* 4
guarantee *la garantía* 1
to guarantee *avalar* 5
guaranteed *garantizado/a* 3
guava *la guayaba* 9
guest *el/la huésped* 3
guide *la guía* 3
gum *el chicle* 1

hair dryer *el secador de pelo* 3
hairnet *la redecilla* 8
half *medio/a* 1
half *la mitad* 11
ham *el jamón* 3
hand *la mano* 1
handcrafted *artesanalmente* 4
handcrafts *la artesanía* 5
handcuffs *las esposas* 12
handicapped person *el/la discapacitado/a* 3
handkerchief *el pañuelo* 3
handshake *el apretón de manos* 11
to hang; to hang up *colgar (ue)* 3
to happen *suceder* 2
happiness *la felicidad, la alegría* 4, 10
happy *feliz* 4
happy, content *contento/a* 1
harassment *el acoso* 1
hard *duro/a* 3
hard drive *el disco duro* 5
hard-working *trabajador/a* 1
harmonious *armonioso/a* 1
harvest *la cosecha* 8
to harvest *cosechar* 8
hat *el sombrero* 4
to have *tener* 1
to have dinner *cenar* 4
to have just *acabar de + inf.* 3
to have lunch *almorzar (ue)* 4
to have to *tener que + inf.* 2
he *él* PC
he likes *le gusta* 2
head *la cabeza* 4
health *la salud* 1
healthy *sano/a* 8
to hear *oír* 3

hearing, audience *la audiencia* 10
heart *el corazón* 5
heat *el calor* 2
heating *la calefacción* 2
heavy *pesado/a* 4
heel (foot) *el talón* 4
heel (shoe) *el tacón* 4
hello, hi *hola* PC
helmet *el casco* 8
help *la ayuda* 3
to help *ayudar* 1
helper *el/la ayudante* 7
her *su* 1
herb *la hierba* 11
here *aquí* 1
heritage *la herencia* 10
hibiscus *la jamaica* 8
high *alto/a* 2
highway *la carretera* 4
his *su* 1
Hispanic *hispano/a* 5
history *la historia* 5
to hit *golpear* 10
home *el hogar* 4
homemade *casero/a* 4
homework *la tarea* 5
honesty *la honestidad* 3
hood *el capó* 4
hope *la esperanza* 7
hospice *el hospicio* 2
host, hostess *el/la anfitrión/ -triona* 5
hosting *el hospedaje* 11
hot *caliente* 2
house *la casa* 2
housing *la vivienda* 2
How? *¿Cómo?* 1
How are you? (familiar) *¿Cómo estás?* PC
How are you? (formal) *¿Cómo está Ud.?* PC
How can I help you? *¿En qué puedo servirle?* 3
How many? *¿Cuántos/as?* 1
How much? *¿Cuánto/a?* 1
hug *el abrazo* 3
human being *el ser humano* 10
human resources *los recursos humanos* 1
hunger *el hambre (f.)* 2
hurry *la prisa* 2

to hurt *doler (ue)* 8
husband, wife *el/la esposo/a* 2

I *yo* PC
I am *soy* PC
I hope, Let's hope, May Allah
 grant *Ojalá* 9
I like *me gusta* 2
I would like *me gustaría,*
 quisiera 3, 10
ice cream *el helado* 3
iced *helado/a* 3
identity *la identidad* 10
if *si* 1
illness *la enfermedad* 1
image *la imagen* 11
immediately *inmediatamente*
 1
immigrant *el/la inmigrante* 1
immoral *inmoral* 12
impartiality *la imparcialidad*
 12
to imply *implicar* 10
to impose *imponer (g)* 7
impossible *imposible* 4
impressive *impresionante* 5
to improve *mejorar* 8
improvements *las mejoras* 4
in case of *en caso de* 3
in comparison to *en compara-*
 ción con 5
in conjunction with *junto con*
 4
in exchange for *a cambio de*
 4
in front of *enfrente de* 3
in installments *a plazos* 4
in no way *de ninguna manera*
 4
in place of *en vez de* 11
in spite of *a pesar de* 5
inch *la pulgada* 4
incidence *la incidencia* 11
to include *incluir* 1
including *incluso* 5
income *los ingresos, la renta* 2
increase *el aumento* 5
to increase *aumentar* 1
incredible *increíble* 5
index *el índice* 9
to indicate *indicar* 2
indifferent *indiferente* 6
indigenous *indígena* 3

indispensable *indispensable* 5
industry *la industria* 1
infant *infantil* 4
lower *inferior* 10
influential *influyente* 12
to inherit *heredar* 7
to initiate, commence *iniciar*
 2
initiator *el/la iniciador/a* 9
innovative *innovador/a* 4
instruction *la instrucción* 3
insurance *el seguro* 1
to insure *asegurar* 2
insured *asegurado/a* 7
insured party *el/la asegurado/a*
 2
interface *la interfaz* 11
intern *el/la interno/a* 2
interruption *la interrupción* 2
interview *la entrevista* 1
interviewer *el/la entrevistador/a*
 1
intrusion *la intrusión* 4
invalid *inválido/a* 12
to invest *invertir (ie)* 4
investment *la inversión* 7
investor *el/la inversionista* 7
Ireland *Irlanda* 7
iron *el hierro* 8
ironing *el planchado* 3
irrevocable *irrevocable* 7
to irrigate *regar (ie)* 8
island *la isla* 7
issued *emitido/a* 7
it's a pleasure *es un placer* PC
Italy *Italia* 7

jacket *la chamarra* 3
January *enero* PC
jewel *la joya* 4
jewelry store *la joyería* 4
judge *el/la juez/a* 9
juice *el jugo* 2
July *julio* PC
June *junio* PC
jungle *la selva* 10

karat *el quilate* 4
to keep, save *guardar* 5
key *la llave* 3
key *clave* 11
keyboard *el teclado* 5
to kill *matar* 9

kilometer *el kilómetro* 3
kind *amable* 1
to kiss *besar* 3
kitchen *la cocina* 2
knife *el cuchillo* 3
to know *saber* 2
to know, be familiar with (person, place) *conocer (zc)* 3
knowledge *el conocimiento* 9

labor union *el sindicato* 1
lack *la falta* 9
lady *la dama* 3
land *la tierra* 8
land-based *terrestre* 9
landing *el aterrizaje* 3
landscape *el paisaje* 5
language *el lenguaje, el idioma,*
 la lengua 10, 5, 1
last *pasado/a* 4
last name *el apellido* 1
last night *anoche* 7
lasting *imborrable* 5
late *tarde* 3
lately, recently *últimamente* 11
Latin American *latinoameri-*
 cano/a 3
to launch *lanzar* 5
laundry *la lavandería* 3
law *la ley* 1
law firm *el bufete jurídico* 9
layer *la capa* 10
lazy *perezoso/a* 1
leader *el/la líder* 1
leaf *la hoja* 7
league *la liga* 10
to learn *aprender* 1
to lease *arrendar (ie)* 10
leased *arrendado/a* 10
leather *el cuero* 4
to leave *salir* 3
to leave behind *dejar* 3
ledger *el libro mayor* 7
leisure time *el ocio* 5
lemon *el limón* 3
lens *el lente* 12
less *menos* 1
lesser, younger *menor* 2
lettuce *la lechuga* 3
level *el nivel* 1
liberty *la libertad* 11
library *la biblioteca* 7
license *la licencia* 9

to lie   *mentir (ie)*   4
life   *la vida*   1
light   *la luz*   2
to like   *gustar*   4
likewise   *igualmente*   PC
limit   *el límite*   2
limited   *limitado/a*   1
limousine   *la limusina*   2
line   *la línea*   4
line, tail   *la cola*   7
lingerie   *la lencería*   4
lining   *el forro*   4
link   *el enlace*   8
liquid   *líquido*   7
to liquidate   *liquidar*   4
to listen to   *escuchar*   2
to live   *vivir*   2
living room   *la sala*   2
to load   *cargar*   4
loan   *el préstamo*   2
lobster   *la langosta*   3
located   *ubicado/a*   7
to lodge, to put up   *alojar*   11
log, trunk   *el tronco*   2
logical   *lógico/a*   4
logistics   *la logística*   12
long   *largo/a*   6
long-term   *a largo plazo*   4
to look at   *mirar*   2
to look for   *buscar*   1
to lose   *perder (ie)*   4
loss   *la pérdida*   1
lost, missing   *extraviado/a*   4
lottery   *la lotería*   9
love   *el amor*   4
to love   *querer (ie), amar*   3
low   *bajo/a*   2
loyalty   *la lealtad*   8
lucrative   *lucrativo/a*   4
luggage   *el equipaje*   3
lunch   *el almuerzo*   1
Luxembourg   *Luxemburgo*   7
luxury   *el lujo*   4

machine   *la máquina*   8
machinery   *la maquinaria*   8
made, done   *hecho/a*   10
magic   *la magia*   10
mail   *el correo*   1
mailbox   *el buzón*   8
to maintain   *mantener (ie)*   1
maintenance   *el mantenimiento*   2

maitre d'   *el maitre*   3
majority   *la mayoría*   5
to make a note of   *anotar*   2
to make fun of   *burlarse de*   10
man   *el hombre*   1
manager   *el/la gerente*   2
mannequin   *el maniquí*   4
manner   *la manera*   4
to manufacture   *fabricar*   4
manufacturer   *el/la fabricante*   8
manufacturing   *la fabricación*   4
March   *marzo*   PC
marine   *marino/a*   10
market   *el mercado*   1
marketing   *la comercialización, el mercadeo, la mercadotecnia*   4, 5
marmalade   *la mermelada*   3
married   *casado/a*   1
marvel   *la maravilla*   11
massage   *el masaje*   3
match   *el partido*   5
to match   *emparejar*   5
material, matter   *la materia*   9
maternity   *la maternidad*   1
matter   *el asunto*   9
maximum   *máximo/a*   2
May   *mayo*   PC
me   *mí*   2
meal   *la comida*   2
to measure   *medir (i)*   4
measurement   *la medida*   4
meat   *la carne*   3
mechanic   *el/la mecánico*   4
mechanism   *el dispositivo*   4
media   *los medios*   5
medicine   *el medicamento*   2
medium   *mediano/a*   4
to meet   *reunir*   10
to meet, get together   *reunirse*   4
meeting   *la reunión*   3
to melt   *derretir (i)*   10
melting   *el derretimiento*   10
member   *el/la miembro/a, el/la socio/a*   2, 3
membership   *la membresía, la afiliación*   3
memory, souvenir   *el recuerdo*   5
merchandise   *la mercancía*   5
message   *el mensaje*   5

method   *el método*   9
Mexican   *mexicano/a*   4
midnight   *la medianoche*   1
mile   *la milla*   4
milk   *la leche*   2
mind   *la mente*   4
miracle   *el milagro*   11
mirror   *el espejo*   3
mission   *la misión*   5
module   *el módulo*   4
moment   *el momento*   4
Monday   *lunes*   PC
money   *el dinero*   1
money order   *el giro de pago*   7
to monitor   *monitorear*   8
monthly   *mensual*   2
monthly statement   *el estado mensual*   7
morbidity   *la morbosidad*   11
more   *más*   2
morning   *la mañana*   1
mortality   *la mortalidad*   11
mortgage   *la hipoteca*   2
mother   *la madre*   2
motorcycle   *la motocicleta*   2
mountain   *la montaña*   3
mouse   *el ratón*   5
move   *la mudanza*   2
to move   *mudarse*   2
to move, to transfer   *trasladar*   9
movement   *el movimiento*   10
much   *mucho/a*   2
muffler   *el tubo de escape*   10
municipal   *municipal*   9
mushroom   *el champiñón*   3
music   *la música*   2
mutualistic   *mutualista*   7
my   *mi, mis*   1
My God!   *¡Dios mío!*   3
My name is…   *Me llamo…*   PC

NAFTA   *TLCAN*   9
nail   *el clavo*   4
name   *el nombre*   1
napkin   *la servilleta*   3
nation   *el país*   3
national   *nacional*   2
nationality   *la nacionalidad*   5
native   *el/la nativo/a*   7
natural product   *el nutracéutico*   9

nature *la naturaleza* 9
to navigate *navegar* 4
near *cerca de* 3
necessary *necesario/a* 2
necklace *el collar* 4
to need *necesitar* 1
neighbor *el/la vecino/a* 3
neighborhood *el barrio* 2
neither *tampoco* 5
net *líquido/a* 7
net income *el sueldo tributable* 7
Netherlands *Holanda* 7
network *la red* 2
new *nuevo/a* 1
newborn baby *el/la recién naci-do/a* 2
news *las noticias* 3
newspaper *el periódico* 2
next *próximo/a, siguiente* 4, 2
next to, to the side of *al lado de* 3
niacin *la niacina* 8
nice *simpático/a* 1
night light *la lámpara de noche* 2
nightgown *el camisón* 3
ninth *noveno/a* 7
nobody *nadie* 5
none, not one *ningún, -guno/a* 5
non-profit *sin ánimo de lucro* 10
noon *el mediodía* 1
nor *ni* 5
norm *la norma* 11
normally *normalmente* 2
north *el norte* 8
North Pole *el Polo Norte* 10
not well *mal* PC
note *la nota* 4
nothing *nada* 5
to notify *notificar* 1
novelty *la novedad* 11
November *noviembre* PC
now *ahora* 1
number *el número* 5
nurse *el/la enfermero/a* 10
nursing *la enfermería* 2
nutrient *el nutriente* 9

to obey *obedecer (zc)* 3
objective *el objetivo* 9

to obtain *obtener (ie), conseguir (i)* 1, 10
occupation *el oficio* 4
ocean *el océano* 10
October *octubre* PC
of *de* 1
of course (not) *claro que sí/no* 7
Of course! *¡Claro!* 4
offer *la oferta* 2
to offer *ofrecer* 2
often *a menudo* 7
Oh! *¡Ay!* 2
oil *el aceite* 10
old *viejo/a, antiguo/a* 2
older *mayor* 2
on account of *a causa de* 3
on board *a bordo* 3
on hand *a la mano* 3
on the contrary *al contrario* 9
on the dot *en punto* 1
on the edge of *al margen* 5
on time *a tiempo* 3
one must *hay que* 2
one-eyed *monocular* 11
onion *la cebolla* 3
only *sólo, solamente* 1, 2
to open *abrir* 3
open air *al aire libre* 3
operation *la operación* 4
operation, running *el fun-cionamiento* 11
operator *el/la operador/a* 2
opinion *la opinión* 3
opportunity *la oportunidad* 4
optical *óptico/a* 5
optional *opcional* 4
orange *la naranja* 3
orchestra *la orquesta* 3
order *el orden, el pedido* 3
organizational chart *el organi-grama* 1
to organize *organizar* 1
original *original* 4
other *otro/a* 2
ounce *la onza* 4
our *nuestro/a* 2
out of *fuera de* 2
outer ear *la oreja* 4
outside *afuera* 4
oven *el horno* 5
overall *sobre todo* 4

overcoat *el abrigo* 4
to owe *deber* 2
own *propio/a* 2
owner *el/la dueño/a, propie-tario/a* 2
oxygen *el oxígeno* 3

Pacific *el Pacífico* 7
package *el paquete* 10
to package *empaquetar* 8
packaging *el empaquetado* 9
page *la página* 3
paid *pagado/a* 1
pain *el dolor* 10
to paint *pintar* 7
painting *la pintura* 1
pair *el par* 4
pajamas *el pijama* 3
pamphlet *el folleto* 3
panel *el panel* 4
panties *las bragas, las pantale-tas* 4
pants *los pantalones* 3
pantyhose *las pantimedias* 4
paper *el papel* 1
parade *el desfile* 4
paradise *el paraíso* 9
to pardon *perdonar* 3
pardon me *perdón* PC
to park *estacionar* 2
parking *el estacionamiento* 1
participating *participante* 2
party *la fiesta* 3
passenger *el/la pasajero/a* 3
password *la contraseña* 11
past *pasado/a* 4
pastry *el pastel* 3
patient *paciente* 1
patient *el/la paciente* 2
patio *el patio* 3
to pay *pagar* 1
payment *el pago* 2
payroll *la nómina* 7
peanut butter *la crema de cacahuate* 3
pear *la pera* 9
pen *la pluma* 1
pending *pendiente* 10
people, town *el pueblo* 10
percentage *el porcentaje* 2
perhaps *quizás, tal vez* 9
period, term *el plazo* 7
perishable *perecedero/a* 9

permission, permit   el permiso
   1
personal   personal   2
personnel   el personal   1
Peruvian   peruano/a   11
petrochemistry   la petroquímica
   9
pharmaceutical   farmacéutico/a
   2
photograph   la foto(grafía)   4
to pick up   recoger   3
piece   la pieza, el pedazo   3
pilot   el/la piloto   3
pity   la lástima   9
place   el lugar, el sitio   3
place setting   el cubierto   6
plague   la plaga   8
plague, epidemic   la peste   9
plaid   de cuadros   4
to plan   planear   1
to plant, to sow   sembrar (ie)   8
plate   el plato   3
to play (games, sports)   jugar
   (ue)   4
to play (music)   tocar   5
player (disc)   el reproductor   5
player (sports, games)   el/la
   jugador/a   1
pleasant   agradable   3
please   por favor   PC
pleased/nice to meet you
   mucho gusto   PC
pleasurable   placentero/a   3
pleasure   el placer   3
plenty   de sobra   7
to plug in   enchufar   5
pocket   el bolsillo   2
podium   el podio   5
police   la policía   1
policeman, policewoman   el/la
   (mujer) policía   1
policy   la póliza   1
politics, policy   la política   1
population   la población   5
port   el puerto   9
portable   portátil   9
porter   el maletero   3
portfolio   el portafolio, la cartera
   11, 7
portion   la porción   4
portrait   el retrato   5
Portugal   Portugal   7
Portuguese   el portugués   9

position, job   el puesto   1
possession, belonging   la pertenencia   2
post office box   la casilla   7
postgraduate   postgraduado/a
   4
potassium   el potasio   8
potato   la papa   3
poultry   las aves   10
pound   la libra   11
power   el poder, la potencia   8,
   11
powerful   poderoso/a   5
practice   la práctica   4
precisely   precisamente   2
to predict   predecir (i) (g)   8
to prefer   preferir (ie)   2
preferred   preferido/a   1
pregnancy   el embarazo   2
premium   la prima   2
to prepare   preparar   1
prescription   la receta   2
presence   la presencia   4
to present   presentar   2
press   la prensa   5
to press   pulsar   4
to pressure   presionar   10
prestigious   prestigioso/a   3
pretty   bonito/a, lindo/a   1, 2
previous   anterior, previo/a   2,
   1
price   el precio   2
principal   principal   4
to print   imprimir   11
printer   la impresora   1
priority   la prioridad   11
private   privado/a   2
privilege   el privilegio   3
prize   el premio   8
procedure   el procedimiento, las
   gestiones   2
process   el proceso   2
to produce   producir (zc)   1
production   la producción, la
   elaboración   1,4
profession   la profesión   1
profit   la ganancia   7
program   el programa   2
project   el proyecto   2
promise   la promesa   4
to promise   prometer   2
property   la propiedad   2
to propose   proponer (g)   4

to protect   proteger   4
protective   protector/a   8
protein   la proteína   8
proud   orgulloso/a   3
to prove   probar (ue)   10
to provide   proveer, proporcionar   1, 3
provider   el/la proveedor/a   2
provision, benefit   la prestación
   1
to provoke   provocar   11
proximity   la proximidad   9
Puerto Rican   puertorriqueño/a
   5
pulmonary, lung   pulmonar   10
purchase   la compra   2
pure   puro/a   12
to purify   purificar   7
purity   la pureza   9
purple   violeta   4
purpose   el propósito   9
purse   el bolso   4
put   puesto/a   1
to put on, to become   ponerse
   (g)   8
to put, set   poner   3
to put/go to bed   acostar(se)
   (ue)   4

quality   la calidad   4
quarantine   la cuarentena   9
quarter, room   el cuarto   1
question   la pregunta   1
to quit   renunciar   9

race   la raza   7
railroad   ferroviario/a   9
rain   la lluvia   8
to rain   llover (ue)   8
to raise   criar   5
rancher   el/la ganadero/a   8
range   la gama   11
rate   la tasa, la tarifa   2, 3
raw material   la materia prima
   9
reach   el alcance   5
to reach   alcanzar   3
to read   leer   1
reader   el/la lector/a   11
ready   listo/a   3
real estate   los bienes raíces   2
realistic   realista   1
reason   la razón   2

receipt *el recibo* 2
receipt, slip *la boleta* 7
receipts *la recaudación* 4
to receive *recibir* 1
reciprocal *recíproco/a* 12
recognition *el reconocimiento* 11
record *el historial* 2
to record *grabar* 5
recreation *la recreación, el recreo* 2, 3
to recycle *reciclar* 10
recycling *el reciclaje* 10
red *rojo/a* 2
red-haired *pelirrojo/a* 2
to reduce *reducir* 2
reduced *rebajado/a* 7
to reflect *reflejar* 8
refrigerated *frigorífico/a* 9
refrigerator *el refrigerador* 2
refund *el reembolso* 2
region *la región* 4
to register *inscribirse* 1
registration, enrollment *la inscripción* 11
registry *el registro* 4
to regulate *regular* 8
rehabilitation *la rehabilitación* 2
related to plant disease *fitosanitario/a* 9
relationship *la relación* 1
relationship (family) *el parentesco* 7
relative *el/la pariente* 5
reliable *confiable* 4
to remain *quedar, permanecer (zc)* 11, 3
to remember *recordar (ue)* 4
remittance *el envío* 7
to remove *quitar* 3
to rent *alquilar* 2
renter *el/la inquilino/a* 2
repair *la reparación* 6
repayment *el reembolso* 2
to repeat *repetir (i)* 4
to replace *reemplazar* 2
report *el informe, el reporte* 2, 4
representative *el/la representante* 4
representative, deputy *el/la diputado/a* 3

to reproduce *reproducir (zc)* 5
to require *requerir (ie)* 1
requirement *el requisito* 2
rescue *el rescate* 10
reserve *la reserva* 2
to reserve *reservar* 3
reserved *reservado/a* 3
residence *la residencia, el domicilio* 9
resident *el/la residente* 2
to resolve *resolver (ue)* 4
resource *el recurso* 4
respect *el respeto* 3
respectfully *respetuosamente* 9
respiratory tract *las vías respiratorias* 10
rest *el descanso* 8
to rest *descansar* 2
result *el resultado* 4
resumé *el currículum (vitae)* 1
retail *el menudeo* 4
retailer *el/la minorista* 4
retractor *el retractor* 4
return (item) *la devolución* 4
return (direction) *el retorno* 10
to return (not for objects) *regresar, volver (ue)* 2
to return (something) *devolver (ue)* 1
to revive *revivir* 5
to reward *recompensar* 3
rice *el arroz* 3
rice/seafood dish from Spain *la paella* 12
rich *rico/a* 3
right *el derecho* 1
right now *ahora mismo* 3
rigid *rígido/a* 4
ring *el anillo* 4
risk *el riesgo* 2
to risk *arriesgar* 7
river *el río* 10
road *el camino* 7
road, highway *la carretera* 4
robbery *el robo* 2
role *el papel* 1
room *la habitación* 3
root *la raíz* 5
rose *la rosa* 3
round trip *de ida y vuelta* 3

route *la ruta* 7
ruined *arruinado/a* 4
rule *la regla* 8
to run *correr* 2
rye *el centeno* 3

sad *triste* 2
safe *seguro/a* 4
salary *el salario, el sueldo* 1, 4
sale *la venta* 2
sale, liquidation *la liquidación* 4
salesperson *el/la vendedor/a* 3
same *mismo/a* 2
sample *la muestra* 11
sandal *la sandalia* 4
sapphire *el zafiro* 4
satisfied *satisfecho/a* 1
to satisfy *satisfacer (g)* 5
Saturday *sábado* PC
sauce *la salsa* 8
sausage *la salchicha* 3
to save *ahorrar* 2
savings *el ahorro* 2
to say *decir (g) (i)* 3
to say farewell *despedirse (i)* 4
scarcely, barely *apenas* 10
schedule *el horario* 3
school *la escuela* 1
science *la ciencia* 8
scissors *las tijeras* 5
scrambled *revuelto/a* 3
screen *la pantalla* 5
screw *el tornillo* 4
sea *el mar* 3
search *la búsqueda* 11
search engine *el buscador* 11
seat *el asiento* 3
seated *sentado/a* 3
second *segundo/a* 1
second one *el segundo* 11
secondary *secundario/a* 4
secret *el secreto* 6
secret *secreto/a* 12
security *la seguridad* 2
to see *ver* 2
see you later *hasta luego* PC
seed *la semilla* 8
to seem *parecer (zc)* 3
select *selecto/a* 4
to sell *vender* 1

seminar   *el seminario*   1
semi-truck   *el semi-remolque*   9
to send   *enviar, mandar*   2, 3
sender   *el/la remitente*   9
sense   *el sentido*   4
sensitive   *sensible*   11
sensitivity, vulnerability   *la susceptibilidad*   10
to separate   *separar*   2
separately   *por separado*   7
September   *septiembre*   PC
series   *la serie*   7
to serve   *servir (i)*   3
server   *el servidor*   11
service   *el servicio*   1
seventh   *séptimo/a*   7
severity   *la severidad*   4
sewer system   *el alcantarillado*   2
sex   *el sexo*   1
to shake   *sacudir*   10
to share   *compartir*   4
she   *ella*   PC
she likes   *le gusta*   2
sheet   *la hoja*   7
shelf   *el estante*   1
shellfish   *el marisco*   3
shift   *el turno*   8
ship   *el buque*   9
shirt   *la camisa*   3
shirt (for the beach)   *la playera*   3
shoe   *el zapato*   1
short   *bajo/a*   1
short (length)   *corto/a*   3
shortage   *la escasez*   8
shortly   *próximamente*   1
should   *deber*   2
shout   *el grito*   12
to shout   *gritar*   8
to show   *mostrar (ue)*   7
shower   *la ducha, la regadera*   3
to shower   *ducharse*   8
shrimp   *el camarón*   3
side   *lateral*   4
side   *el lado*   12
sign   *el letrero*   3
to sign   *firmar*   4
signature   *la firma*   3
silicon   *el silicio*   9
silk   *la seda*   3
silly   *tonto/a*   1

silver   *la plata*   4
similar   *semejante*   5
simplified   *simplificado/a*   2
since   *desde*   4
sincerely   *atentamente*   9
single   *soltero/a*   1
to sit down   *sentarse (ie)*   8
site   *el sitio*   3
site, placement   *el posicionamiento*   11
sixth   *sexto/a*   7
size   *la talla, el tamaño*   4, 8
sketch   *el dibujo*   3
skill   *la destreza*   1
skimmed   *descremado/a*   3
skirt   *la falda*   3
sky   *el cielo*   8
sleep   *el sueño*   2
to sleep   *dormir (ue)*   2
sleeve   *el manguito*   11
slip, petticoat   *la combinación*   4
slip, receipt   *la boleta*   7
slowly   *despacio*   7
small   *pequeño/a, chico/a*   2
to smell   *oler (ue)*   10
smile   *la sonrisa*   11
to smoke   *fumar*   3
smooth   *suave*   4
snow   *la nieve*   5
soap opera   *la telenovela*   8
Social Security   *el seguro social*   1
society   *la sociedad*   5
sock   *el calcetín*   3
soda   *el refresco*   2
sodium   *el sodio*   8
soft   *suave*   4
softener   *el suavizante*   5
sole   *la suela*   4
solitaire   *el solitario*   4
solitary   *solitario/a*   12
some   *algún, -guno/a*   5
somebody   *alguien*   5
something   *algo*   3
son   *el hijo*   2
soon   *pronto*   3
sophisticated   *sofisticado/a*   5
so-so   *regular*   PC
sound   *el sonido*   4
source   *la fuente*   2
South America   *Sudamérica*   3
soy   *la soya*   8

Spanish   *español/a*   4
Spanish (Castillian)   *el castellano*   8
Spanish speaker   *hispanohablante*   1
spare   *el repuesto*   4
to sparkle   *brillar*   11
speaker   *el altavoz*   5
special offer   *la oferta*   2
speciality   *la especialidad*   9
speech   *el discurso*   5
speed   *la rapidez*   8
to spend (money)   *gastar*   4
sphere, field   *el ámbito*   11
spirit   *el espíritu*   10
spokesperson   *el/la vocero/a*   5
sponsor   *el/la patrocinador/a*   8
sponsored   *patrocinado/a*   10
sport   *el deporte*   5
sport coat   *el saco*   3
sport-related   *deportivo/a*   4
spring   *la primavera*   8
square   *cuadrado/a*   4
stable   *estable*   3
stage   *la etapa*   4
stamp   *el sello*   2
standard   *estándar*   4
star   *la estrella*   8
to start (motor)   *arrancar*   4
to start up   *montar*   11
starting from   *a partir de*   4
state   *el estado*   1
state   *estatal*   9
stay   *la estancia*   3
steak   *el bistec*   3
steakhouse   *la churrasquería*   9
steering wheel   *el volante*   4
step   *el paso*   7
step by step   *paso a paso*   11
step, stage, procedure   *el trámite*   9
still   *aún*   10
still, yet   *todavía*   3
stimulated   *estimulado/a*   5
stock market   *la bolsa*   1
stockholder   *el/la accionista*   7
stocks   *las acciones*   7
stomach   *el estómago*   8
stone   *la piedra*   4
stopover (plane/ship)   *la escala*   3

store   *la tienda*   3
story   *el cuento*   11
stove   *la estufa*   5
strategy   *la estrategia*   5
street   *la calle*   7
strength   *la fortaleza*   10
strike   *la huelga*   8
strike, unemployment   *el paro*   8
to strive   *esforzarse (ue)*   4
strong   *fuerte*   1
structural   *estructural*   5
structurally   *estructuralmente*   4
student   *el/la estudiante*   1
to study   *estudiar*   1
stupid   *estúpido/a*   1
style   *el estilo*   4
to submit   *presentar*   7
subpoena   *la citación judicial*   10
substance   *la sustancia*   2
substitution   *la sustitución*   7
success   *el éxito*   1
such   *tal*   4
suede   *el ante*   4
to suffer   *sufrir, padecer (zc)*   2, 10
suffering   *el sufrimiento*   10
sugar   *el azúcar*   8
to suggest   *sugerir (ie)*   9
suggestion   *la sugerencia*   1
suit   *el traje*   1
suitable   *apropiado/a*   2
suitcase   *la maleta*   3
summary   *el resumen*   3
Summer   *el verano*   4
sun   *el sol*   8
Sunday   *domingo*   PC
supermarket   *el supermercado*   5
supervisor   *el/la supervisor/a*   1
supply   *el surtido, el suministro*   11
support   *el apoyo*   5
to support   *apoyar*   4
surcharge   *el sobrecargo*   3
surface   *la superficie*   10
surface cleaner   *el limpiasuperficies*   5
to surpass   *superar*   8
to surprise   *sorprender*   9
surrounded   *rodeado/a*   5

to survive   *sobrevivir*   10
suspenders   *los tirantes*   4
suspension   *la suspensión*   4
sustainable   *sostenible*   10
sweater   *el suéter*   3
sweatshirt, -suit   *la sudadera*   4
sweet   *el dulce*   9
to swim   *nadar*   3
swimming pool   *la piscina, alberca*   2, 3
Switzerland   *Suiza*   3
symbol   *el símbolo*   4
system   *el sistema*   1

table   *la mesa*   1
table, chart   *la planilla*   7
tablespoon   *la cuchara*   3
tailor   *el/la sastre*   4
tailoring   *la confección*   4
to take   *tomar*   2
to take along   *llevar*   2
to take care of oneself   *cuidarse*   8
to take charge of   *encargarse*   8
to take note of   *notar*   4
to take off   *despegar*   3
to take off, remove   *quitarse*   8
to take out   *sacar*   1
takeoff   *el despegue*   3
to talk, speak   *hablar*   1
tall   *alto/a*   1
tape recorder, burner   *la grabadora*   11
task   *la tarea*   5
taste   *el gusto*   8
tax   *el impuesto*   2
tax exemption   *la desgravación*   9
tea   *el té*   1
teacher   *el/la maestro/a*   1
teaching   *la enseñanza*   10
team   *el equipo*   1
teaspoon   *la cucharita*   3
technician   *el/la técnico/a*   9
telemarketer   *el/la televende-dor/a*   5
television set   *el televisor*   5
to tell   *contar (ue), decir (g) (i)*   4, 3
template   *la plantilla*   4

temporary   *temporal*   9
tenant   *el/la inquilino/a*   2
tendency   *la tendencia*   3
tenth   *décimo/a*   7
term   *el término*   11
terminology   *la terminología*   12
terrace   *la terraza*   3
terrain   *el terreno*   4
territory   *el territorio*   5
test   *la prueba*   4
thank you   *gracias*   PC
That's the way it is   *Así es*   2
that's why   *por eso*   4
to the contrary   *por lo contrario*   5
theater   *el teatro*   5
their   *su*   1
theme   *el tema*   5
then   *entonces*   2
there   *allí*   3
there is/are   *hay*   2
thermostat   *el termostato*   6
they   *ellos/as*   PC
thing   *la cosa*   2
to think   *pensar (ie)*   4
third   *tercer/o/a*   7
thirst   *la sed*   2
this   *este/a*   1
thought   *el pensamiento*   1
through   *por, a través de*   3
to throw   *tirar*   9
thumb, big toe   *el pulgar*   4
Thursday   *jueves*   PC
thus, so   *así*   4
ticket   *el boleto*   3
tie   *la corbata*   1
tied   *ligado/a*   5
time   *el tiempo*   2
time, occasion   *la vez*   2
tip   *la propina*   3
tire   *la llanta*   4
tired   *cansado/a*   2
title   *el título*   1
toast   *la tostada*   3
toaster   *el tostador*   5
today   *hoy*   2
toe (of shoe)   *la puntera*   4
together   *junto/a*   3
toilet   *el inodoro*   3
tomorrow   *mañana*   10
ton   *la tonelada*   11
tongue   *la lengua*   1

too *también* 2
too much *demasiado/a* 8
tool *la herramienta* 4
to touch *tocar* 5
tourism *el turismo* 9
towel *la toalla* 3
tower *la torre* 11
toxic *tóxico/a* 10
toy *el juguete* 8
trace *el rastro* 8
tracking *el seguimiento* 8
tracks *los carriles, raíles* 9
trade *el comercio* 1
trade *el oficio* 4
trailer *el remolque* 2
train *el tren* 4
to train *entrenar* 8
trainer *el/la entrenador/a* 1
training *la capacitación, el entrenamiento* 1, 4
tranquility *la tranquilidad* 9
to transform *transformar* 1
to translate *traducir (zc)* 3
translator *el/la traductor/a* 8
transportation *el transporte* 2
trash *la basura* 10
traveler *el/la viajero/a* 3
tray *la bandeja* 11
treasurer *el/la tesorero/a* 10
treatment *el tratamiento* 3
treaty *el tratado* 9
tree *el árbol* 10
trimester *el trimestre* 2
trip *el viaje* 3
truck *el camión* 2
True? Isn't that so? *¿Verdad?* 1
trunk *la cajuela, el maletero* 4, 3
truth *la verdad* 5
to try *tratar* 8
T-shirt *la camiseta* 3
Tuesday *martes* PC
tuition *la matrícula* 1
turkey *el pavo* 3
to turn off *apagar* 11
to turn on, light up *encender (ie), prender* 3, 5
tuxedo *el esmoquin* 4
to type (keyboard) *teclear* 5
typical *típico/a* 3

ugh! *¡fuchi!* 8

uncle, aunt *el/la tío/a* 10
under, underneath *debajo de* 3
underpants, shorts *los calzoncillos* 3
to understand *comprender, entender (ie)* 1, 4
underwear *la ropa interior* 4
unemployment *el desempleo* 7
unforgettable *inolvidable* 10
unfortunately *desafortunadamente* 10
union *sindical* 8
unisex *unisexo* 4
unit *la unidad* 4
to unite *unir* 8
united *unido/a* 1
United States *Estados Unidos* 9
university *la universidad* 4
unknown *desconocido/a* 7
unpleasant *antipático/a* 1
until *hasta* 5
up *arriba* 7
to update *actualizar* 3
upholstery *la tapicería* 4
use *el uso* 4
to use, utilize *utilizar* 2
user *el/la usuario/a* 11
utilities *los servicios, las utilidades* 2
utilization *la utilización* 7

vacuum cleaner *la aspiradora* 5
valet *el/la estacionador/a* 7
valid *vigente* 4
value *el valor* 2
value, price quote *la cotización* 2
varied *variado/a* 4
VCR *la videocasetera* 11
vehicle *el vehículo* 2
version *la versión* 11
very *muy* PC
vest *el chaleco* 4
viewfinder *el visor* 11
violet *violeta* 4
vision *la vista* 2
to visit *visitar* 3
vitamin *la vitamina* 8
voice *la voz* 3

voluntary *voluntario/a* 2
volunteer force, group *el voluntariado* 10

to wait for, hope *esperar* 2
waiter, waitress *el/la mesero/a, el/la camarero/a* 3, 7
waiting room *la sala de espera* 2
to wake up *despertarse (ie)* 8
to walk *caminar* 2
wall *la pared* 5
wallet *la cartera* 4
to want *querer (ie)* 3
wardrobe *el vestuario* 1
wardrobe, cupboard *el armario* 8
to warehouse, to store *almacenar* 8
warm *cálido/a* 3
to warm up *calentar (ie)* 5
warming *el calentamiento* 10
warning *el aviso* 10
to wash *lavar* 5
to wash up *lavarse* 8
washing machine *la lavadora* 2
waste *el desecho, el desperdicio* 10
watch *el reloj* 3
to watch, keep an eye on *vigilar* 1
water *el agua (f.)* 1
water landing *el acuatizaje* 3
to water, to irrigate *regar (ie)* 8
way, manner *el modo* 9
we *nosotros/as* PC
weak *débil* 2
wealth *la riqueza* 7
wearable *llevable* 11
Wednesday *miércoles* PC
week *la semana* 10
to weigh *pesar* 11
weight *el peso* 9
welcome *bienvenido/a* 1
welcome *la bienvenida* 10
well *bien* PC
well, since *pues* 2
well-being *el bienestar* 9
west *el oeste* 8
wharf *el muelle* 9
What? *¿Qué?* 1

What a shame! *¡Qué lástima!* 6

What day is today? *¿Qué día es hoy?* PC

What is your name? (familiar) *¿Cómo te llamas?* PC

What is your name? (formal) *¿Cómo se llama Ud.?* PC

What time is it? *¿Qué hora es?* 1

What's today's date? *¿Cuál es la fecha de hoy?* PC

wheel *la rueda* 9

When? *¿Cuándo?* 1

Where? *¿Dónde?* 1

wherever *dondequiera* 5

Which (one/s)? *¿Cuál/es?* 1

while *mientras* 3

while *el rato* 12

white *blanco/a* 2

Who? *¿Quién/es?* 1

wholesale *el mayoreo* 4

wholesale *al por mayor* 6

wholesaler *el/la mayorista* 4

whose *cuyo/a* 7

Why? *¿Por qué?* 1

wide *ancho/a* 9

wide, ample *amplio/a* 2

widowed *viudo/a* 1

wild *salvaje* 10

to win *ganar* 3

wind *el viento* 8

windbreaker *el rompevientos* 4

window *la ventana, la ventanilla* 1, 3

windshield *el parabrisas* 4

windshield wiper *el limpia-parabrisas* 4

wine *el vino* 3

winner *el/la ganador/a* 8

winter *el invierno* 4

wireless *inalámbrico/a* 11

with *con* 1

to withdraw *retirar* 7

withdrawal *el retiro* 7

withheld *retenido/a* 7

to withhold *retener (g) (ie)* 7

withholding *la retención* 7

within *dentro de* 3

without *sin* 3

witness *el/la testigo* 10

woman *la mujer* 1

wood *la madera* 2

word *la palabra* 11

work *la obra* 8

to work *trabajar* 2

work, job *el trabajo* 1

worker *el/la trabajador/a, el/la obrero/a* 9, 4

working *laborable* 4

working-class *obrero/a* 4

worksheet *la hoja de cómputo* 7

workshop *el taller* 2

world *el mundo* 1

worldwide *mundial* 3

worry *la preocupación* 5

to worry about *preocuparse* 3

worse *peor* 4

to worsen *empeorar* 9

wounded *herido/a* 10

to write *escribir* 2

writer *el/la escritor/a* 5

written *escrito/a* 10

yacht *el yate* 9

year *el año* 2

yellow *amarillo/a* 2

yesterday *ayer* 7

you (familiar) *tú* PC

you (familiar, plural) *vosotros/as* PC

you (formal) *usted* PC

you (plural) *ustedes* PC

you like (formal) *le gusta* 2

you're welcome *de nada, no hay de qué* PC

young *joven* 1

your (familiar) *tu* 4

your (formal, plural) *su* 1

yours, his, hers, theirs *suyo/a* 4

Zip code *el código postal* 1

Credits

Page 26: Michael Newman/PhotoEdit; **page 50:** Steve Jaffe/CORBIS; **page 61:** courtesy of Allstate; **page 66:** courtesy of Wells Fargo; **page 71:** courtesy of Memudo, with special thanks to Ángel Torres; **page 79:** courtesy of Countrywide; **page 80:** AP/Wide World Photos; **page 84:** courtesy of Mexicana; **page 85:** Patricia Rush; **page 89:** courtesy of Mexicana; **page 100:** reprinted with permission of the Hotel Intercontinental Miami; **page 107:** courtesy of Mexicana; **page 108:** courtesy of Dean Foster and Monster.com http://content.monster.com; **page 109:** Zigy Kaluzny/Getty Images, Inc.–Liaison; **page 113:** courtesy of Ford Motor Company; **page 124:** courtesy of Tornillos, Clavos y Herramientas; **page 130:** courtesy of Flamenco-world; **page 137:** courtesy of Target; **page 138:** courtesy of Home Depot; **page 143:** courtesy of Natalia de Cuba; **page 144:** Patricia Rush; **page 169:** Patricia Rush; **page 192:** courtesy of Washington Mutual, Inc.; **page 198: (top)** www.imaginepub.com Dinero y Fortuna. Reprinted by permission of Imagination Publishing, **(bottom)** Patricia Rush; **page 216:** SBA, U.S. Small Business Administration; **page 225:** courtesy of www.labournet.org.uk/spanish/; **page 230:** courtesy of Jack in the Box; **page 235:** AP/Wide World Photos; **page 236:** KELLOGG'S®, ZUCARITAS®, and KELLOGG'S FROSTED FLAKES® are registered trademarks of Kellogg Company. ©2002 Kellogg Co.; **page 242:** ©2001 Reckitt Benckiser Inc. Used by permission; **page 270:** courtesy of the California Department of Food and Agriculture; **page 144:** Patricia Rush; **page 277:** courtesy of Consumer Action, 717 Market St., Suite 310, San Francisco, CA 94103; **page 303:** courtesy of *Negocios y Tecnología,* www.negociosytecnologia.com; **page 314:** courtesy of *Prensa Técnica,* "Librerías: Los libreros cambian el manguito por el ratón" (Julio/Agosto, 2000); **page 324:** We would like to thank WorldCom, the pre-eminent global communications provider for the digital generation, for allowing us to use Tecnoguía, the industry's first on-line searchable English-Spanish glossary of over 1000 frequently used technological terms. To learn more about Tecnoguía, please visit www.worldcom.com/tecnoguia.

Index